May 7th '36

ma, Wilma, Wilma (I have to address the envelope to John because it is more proper for Callien)

I have been in the yelling mood ever since
 last delightful letter, now that another
 has come I must answer you right away.
 has been alone some time I did not (or could not)
 to you people because of a 'gap' caused
 your sending letters not via siberia
 ch
 I took over fifty days to come (except one
 ich came a little sooner but it must be one
   was written later.) So everything got
 ribly upsetting. We loved the type-written
 orts "of where about or what about's, but
 otionally they are a bit unsatisfactory.

)ou sound worried about my ways of life;
 ore running around helping people in
 neral, lots of worry & no exercise etc.
 ell, sometimes nothing can be done, it is
 lmost fatal I should slave & waste
 self on trash always, till — I mean unless
 ircumstance itself take mercy on me &
 hange. So far the circumstance is none too
 od for Phyllis the individual, though very
 mooth for the same person in all the capacities
  a family member. The weather is gloomy
  ry body has room repapered, furnished
 econated to receive life in better shape

【增订本】

莲灯诗梦 林徽因

陈学勇 著

人民文学出版社

图书在版编目(CIP)数据

莲灯诗梦林徽因／陈学勇著．—增订本．—北京：人民文学出版社，2021
ISBN 978-7-02-015955-0

Ⅰ.①莲… Ⅱ.①陈… Ⅲ.①林徽因（1904—1955）—传记 Ⅳ.① K826.16

中国版本图书馆 CIP 数据核字（2021）第 213397 号

责任编辑　周墨西
装帧设计　李思安
责任印制　苏文强

出版发行　人民文学出版社
社　　址　北京市朝内大街 166 号
邮政编码　100705

印　　刷　三河市中晟雅豪印务有限公司
经　　销　全国新华书店等

字　　数　349 千字
开　　本　680 毫米 ×1000 毫米　1/16
印　　张　32　插页 31
印　　数　1—6000
版　　次　2008 年 8 月北京第 1 版　2012 年 4 月北京第 2 版
印　　次　2021 年 11 月第 1 次印刷

书　　号　978-7-02-015955-0
定　　价　85.00 元

如有印装质量问题，请与本社图书销售中心调换。电话：010-65233595

1910年,林徽因(中)与父亲林觉民(右一)等在杭州

1916年,林徽因与表姊妹们身着培华女子中学校服合影。左起:王孟瑜、王次亮、曾语儿、林徽因

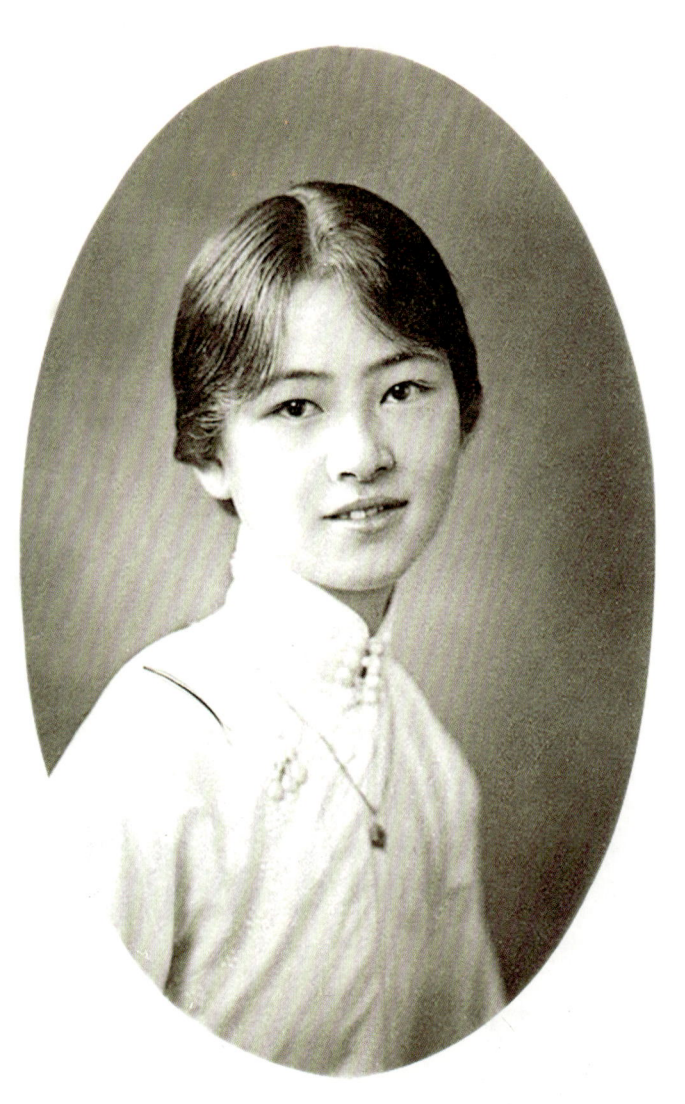

1920年，林徽因于伦敦

1920年，林徽因于伦敦

1920年,林徽因于伦敦

20 世纪 20 年代初，欧游期间的林徽因

1922年，林徽因在雪池林寓

1922年,林徽因与梁思成在北京景山后街
雪池胡同家中

20世纪20年代中期,林徽因、梁思成(左一)等在北京西单石虎胡同七号新月社院内

1924年秋,林徽因在美国宾夕法尼亚大学学生证上所用的照片

1925年,林徽因在美国宾夕法尼亚大学学生证上的照片

1928年，在欧洲度蜜月期间的林徽因

1928年，在欧洲度蜜月期间的林徽因

1928年，林徽因于北京

1930年,林徽因与梁思成在国内补拍的结婚照

1931 年，梁思成、林徽因在天坛祈年殿顶留影

1932年，林徽因与女儿梁再冰在一起

1933年,林徽因在河北正定县开元寺钟楼梁架上测绘

1934年，写作中的林徽因

1934年，考察途中的林徽因

1934年,梁思成与林徽因在考察山西民居途中

1934年,林徽因与费慰梅在山西

1934年，林徽因在浙江宣平延福寺梁上留影

1935年秋冬时节,林徽因从朝阳门外骑马归来

1935年，林徽因于北总布胡同三号家中

20 世纪 30 年代的林徽因

20 世纪 30 年代的林徽因在北总布胡同家中

20世纪30年代中期,林徽因在北总部胡同
三号家中

20世纪30年代中期,林徽因与梁再冰(左)、梁从诫在北戴河

1936年4月,林徽因与费正清、费慰梅在北平

1936年，林徽因陪伴女儿梁再冰（后立者）、侄女吴荔明在北总部胡同三号家中

1936年，林徽因与梁思庄携吴荔明在公园游玩

1936年5月,林徽因在考察龙门石窟途中

1936年，林徽因在测绘山东滋阳兴隆寺塔

1936年，林徽因在山东调查古建筑

1937年，林徽因在山西台怀县塔院寺考察

1937年，林徽因在考察古建筑途中

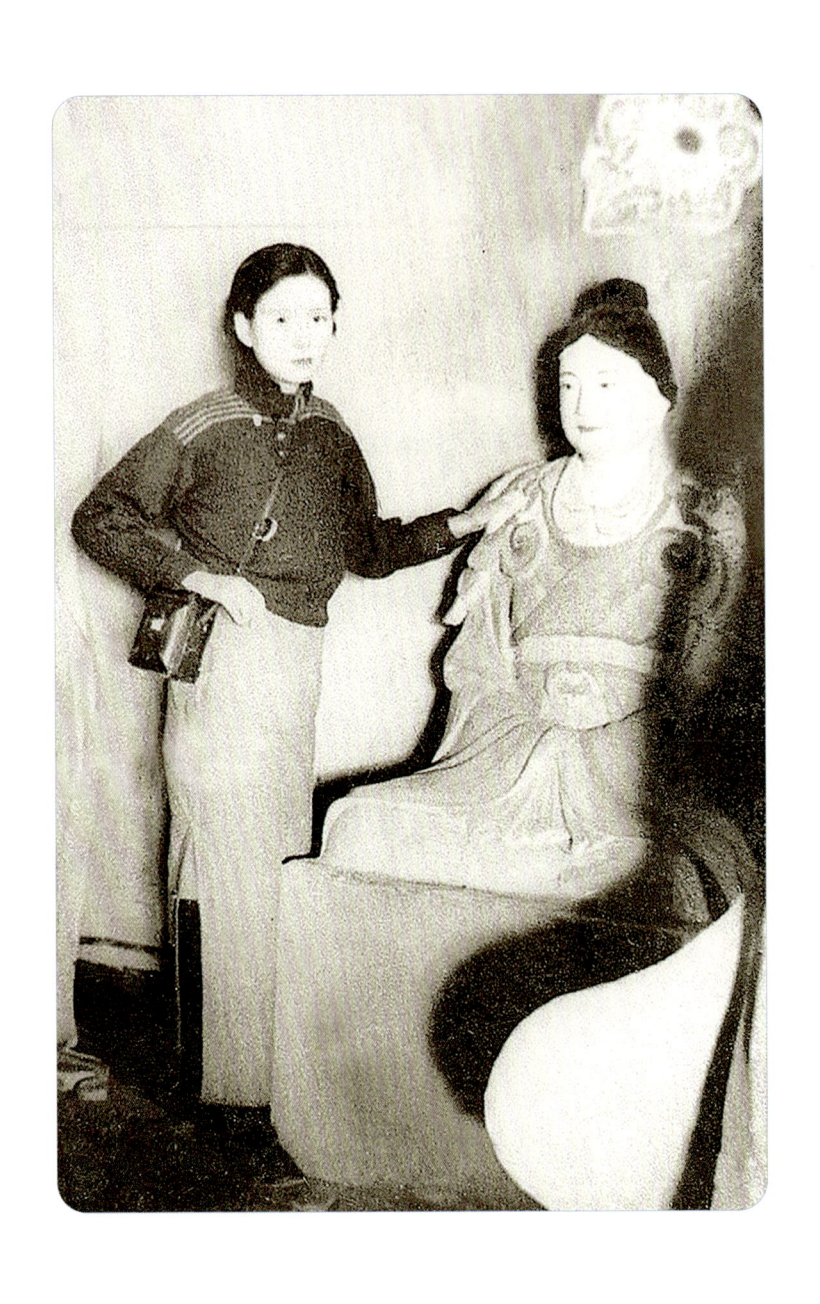

1937年,林徽因在佛光寺供养人宁公遇
塑像前

1937年，林徽因在陕西耀县药王庙测绘

1937年，林徽因在陕西榆次永寿寺雨花宫考察

1937年赴敦煌途中（后未成行），林徽因在陕西耀县一片罂粟花间留影

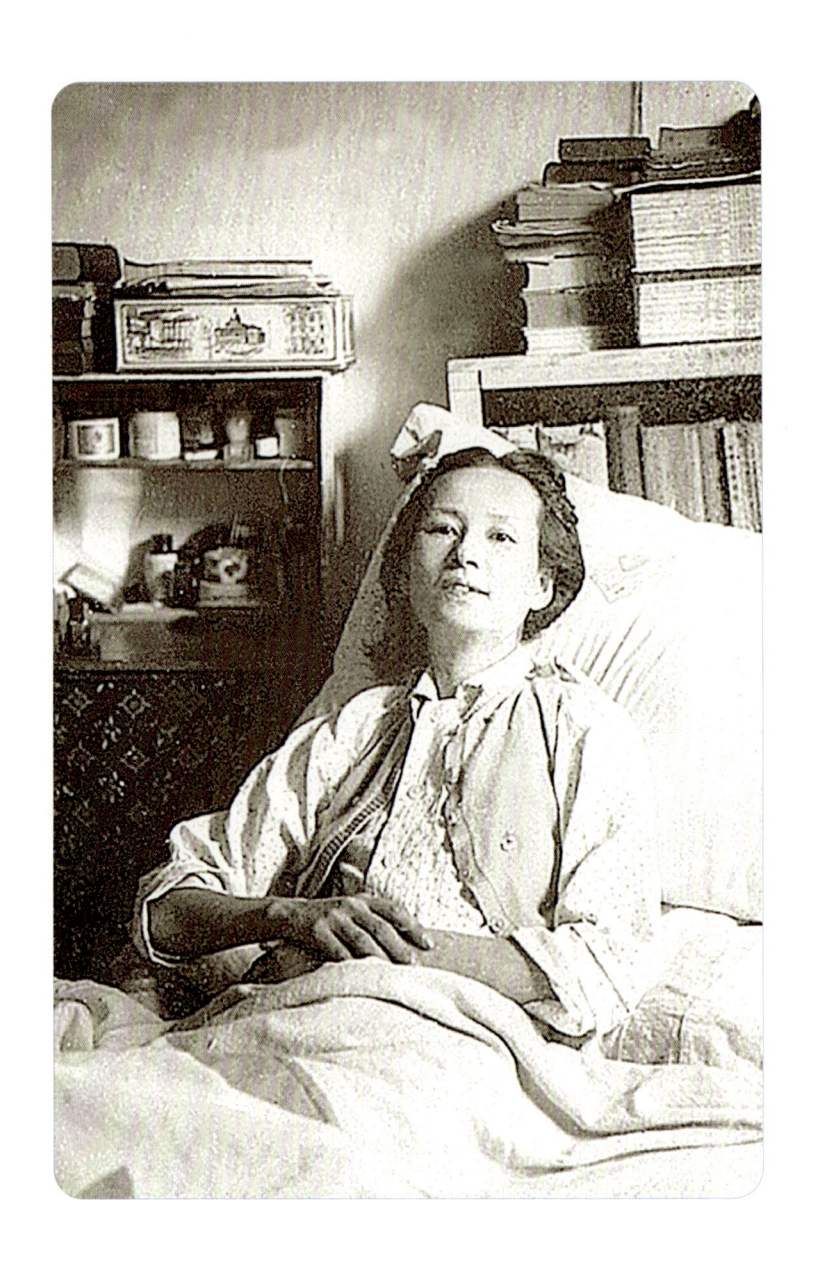

1943年，林徽因于四川李庄家中的病榻上

1945年抗战胜利后,林徽因与老友沈从文(左一)、金岳霖(右一)等在昆明

1950年，林徽因与清华营建系首届毕业生合影

晚年林徽因

林徽因墓

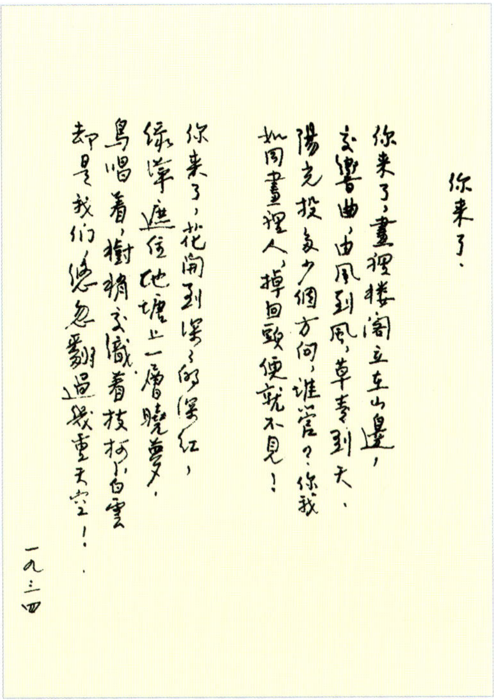

你来了

你来了,画里楼阁立在山边,
交响曲,由风到风,草李到天,
阳光投友个个方向,谁管?你我
如同画里人,掉回头便就不见!

你来了,花闹到梨~的深红,
绿浮进住地塘上一层晓梦,
鸟唱着,树梢又藏着枝枒白云
却是我们忽忽飘过载重天空!

一九三四

深笑

是谁笑得那样甜,那样深,
那样圆转?一串一串明珠
大小闪着光亮,迸出天真!
清泉底浮动,泛流到水面上,
灿烂,
分散!

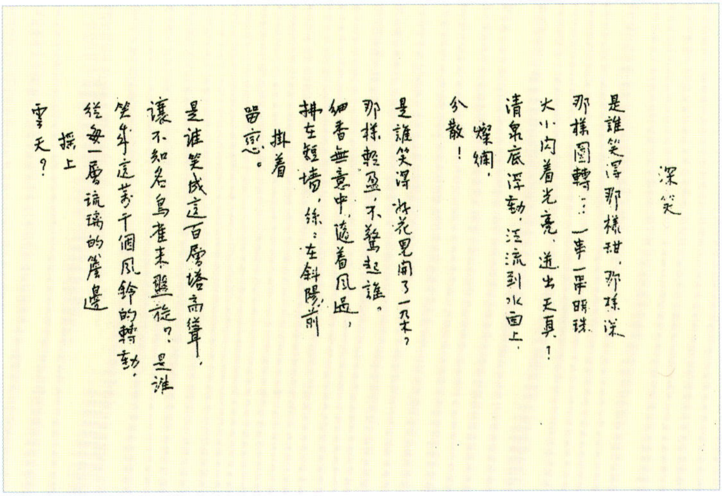

是谁笑得好花儿开了一朵?
那样轻盈,不惊起谁。
细香无意中,随着风过,
拂在短墙,丝丝在斜阳前
挂着
留恋。

是谁笑成这百层塔高耸,
让不知名鸟雀来盘旋?是谁
笑成这万千个风铃的转动,
从一层一层琉璃的檐边
摇上
云天?

(上)林徽因诗作手迹《你来了》
(1934年)

(下)林徽因诗作手迹《深笑》
(1935年)

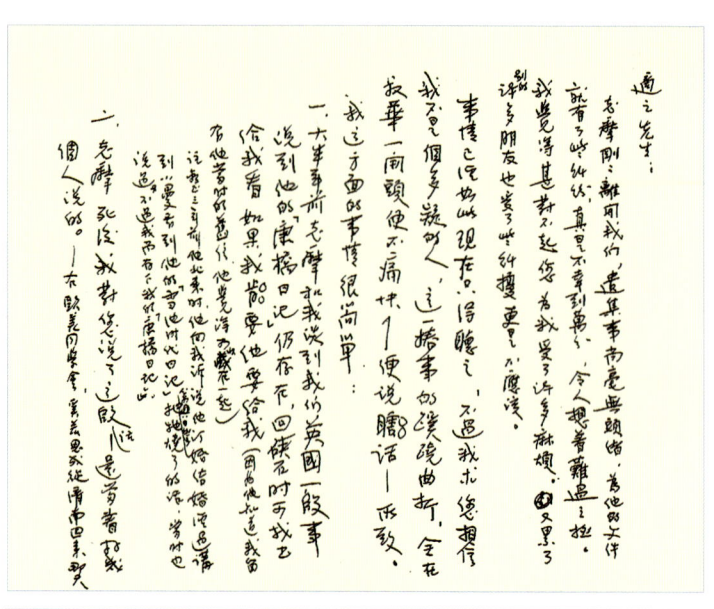

（上）1932年1月1日，林徽因致胡适书信手迹

（下）1933年11月（估），林徽因致沈从文书信手迹

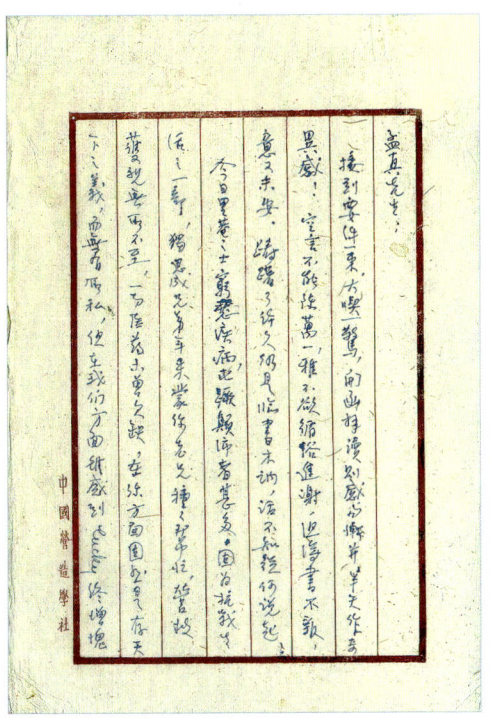

(左) 1936年5月7日，林徽因致费正清、费慰梅书信手迹

(右) 1942年，林徽因致傅斯年书信手迹

1926年圣诞节，林徽因设计的卡片

林徽因水彩画作

林徽因水彩画作

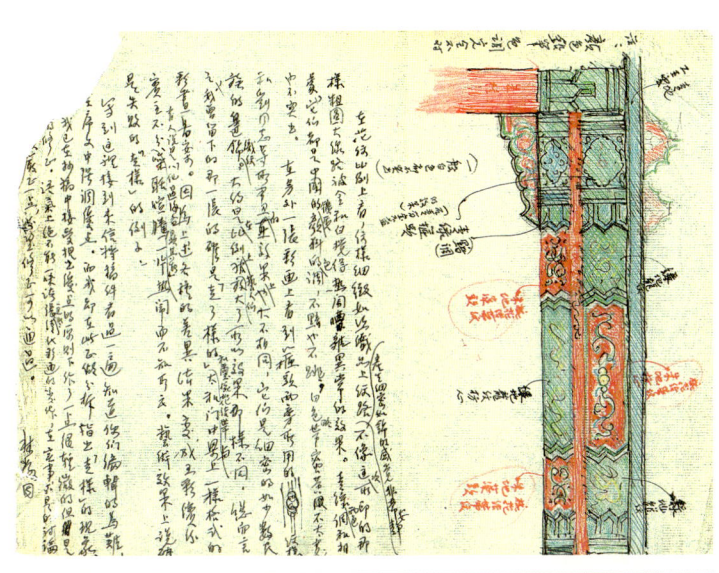

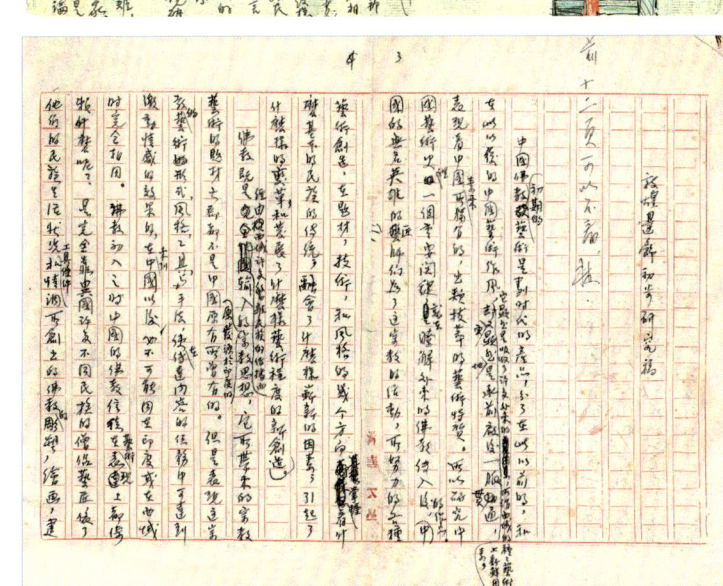

（上）林徽因《关于〈中国建筑彩画图案〉意见》手稿

（下）林徽因《敦煌边饰初步研究》手稿

林徽因指导常沙娜、钱美华、孙君莲
设计的丝头巾

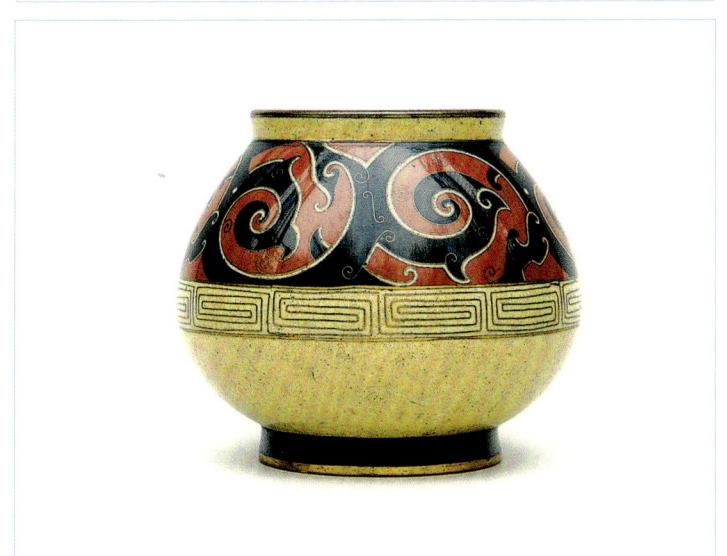

林徽因指导莫宗江设计的烟灰缸

1953年，林徽因为人民英雄纪念碑设计的雕刻装饰。林去世后，梁思成将其嵌在她的墓碑上

目录

前赞 …… 001
一 祖父 …… 007
二 父亲 …… 012
三 母亲 …… 027
四 童年 …… 033
五 伦敦 …… 040
六 徐志摩 …… 048
七 泰戈尔 …… 068
八 梁思成 …… 076
九 留学 …… 089
十 欧游 …… 103
十一 东北大学 …… 110
十二 北总布胡同三号 …… 120
十三 营造学社 …… 132
十四 香山 …… 149
十五 模影 …… 168
十六 窗外 …… 178

十七	梅 真	188
十八	京派之魂	200
十九	太太客厅	209
二十	金岳霖	220
二一	「八宝箱」悬案	232
二二	凌叔华	243
二三	冰 心	253
二四	沈从文	261
二五	费正清 费慰梅	270
二六	鼙鼓声起	283
二七	西南行	292
二八	昆 明	298
二九	名誉家长	313
三十	李庄	323
三一	北返	339
三二	清华园	347
三三	国徽	362

三四 景泰蓝　纪念碑	372
三五 古城	380
三六 夕阳	388
三七 遗韵	397
林徽因年表	407
世系简表	463
林徽因佚诗、佚文	467
主要参考书目	495
后记	497
第三版后记	503
第二版后记	505
增订本重印附记	507

前赘

女性作家大多不漂亮的——有这么一种解释，漂亮女性陶醉于自己姿色，便不思独立不谋发展，生活好像有恃无忧，少不了安顿她的地方。唯不具姿色者，无奈之下只得寻求其他途径以出人头地，写作算是一条捷径。此说还打出舶来的外国理论作依据。

这说法有无道理且不论，至于林徽因实在是个例外，谁不说林徽因漂亮？尽管她以才女著称，可除非读过她若干作品的读者，不然心目中的林徽因，无非仍是位美女。他们的印象来自电视剧和小报或不小的报纸，以及一些徐志摩的、林徽因的传记。有一个倒推论：如果林徽因不漂亮，徐志摩何至于那么狂热地迷恋她呢？这个风流诗人决计不看一眼稍欠姿色的女性，哪怕她才高八斗。于是，德、才、貌俱全的林徽因只剩下了漂亮。

斯人已逝，留存的不少林徽因照片，有些确实甜美可人，毋庸讳言，有的则未必。不是每次照相都能尽显其美，何况有的美质根本照不出来。可人与否，不如看看当年见过她的人如何说。徐志摩的话自然不能作数，情人眼里出西施。他的信里文章里，也没有怎么美言林徽因容貌。其他男性的话最好也不当真，理由无须说了。林徽因究竟何等美丽，由女性见证才更具说服力，理由同样的无须说。所幸，或早或晚见过林徽因的她们，或亲或疏，或老或少，留下了一段段精彩描述。

先看一个美国女同学的：她说林徽因是"一位高雅的、可爱的姑娘，像一件精美的瓷器"。（王贵祥：《林徽因先生在宾夕法尼亚大学》）话虽只有一句，却很是形象传神。当时林徽因在美国留学，正当最为青春的年华。

林徽因留学回来，结婚生子后容光依然。郭心晖女士中学时代听过林徽因讲课，她告诉来访者："一九三二年或一九三三年，林徽因到贝满女中为我们讲演'中国建筑的美'。她穿的衣服不太多，也不少。该是春天或秋天，当时这类活动一般都排在上午，在大礼堂。我们是教会学校，穿着朴素，像修女似的。见到林徽因服饰时髦漂亮，相貌又极美，真像是从天而降的仙女。林徽因身材不高，娇小玲珑，是我平生见的最美的女子。她讲话虽不幽默，却吸引人。当时我们似乎都忘了听讲，只顾看她人。"（本书著者和史学家臧振、散文家吴学瑶同访郭心晖老人笔录）

女教授全震寰也曾听过林徽因讲课，也曾类似地回忆："林徽因每周来校上课两次，用英语讲授英国文学。她的英语流利，清脆悦耳，讲课亲切，活跃，谈笑风生，毫无架子，同学们极喜欢她。每次她一到校，学校立即轰动起来。她身着西服，脚穿咖啡色高跟鞋，摩登，漂亮，而又朴素高雅。女校竟如此轰动，有人开玩笑说，如果是男校，就听不成课了。"（陈钟英：《人们记忆中的林徽因》）

两位女士眼里的林徽因正三十上下，可以想见的风姿绰约。作家赵清阁见到的林徽因，已经人到中年，照旧光彩照人："林女士已经四十五岁了，却依然风韵秀丽。她身材窈窕，穿一件豆绿色的绸晨衣，衬托着苍白清癯的面色，更显出恹恹病容。她有一双充满智慧而妩媚的眼睛，她的气质才情外溢。我看着她心里暗暗赞叹，怪不得从前有过不少诗人名流为她倾倒！"（赵清阁：《京华二十日记》）

林徽因重病在身了，她的美丽仍叫翻译家文洁若惊诧不已："按说经过八年抗日期间岁月的磨难，她的健康已受严重损害，但她那俊秀端丽的面容，姣好苗条的身材，尤其是那双深邃明亮的大眼睛，依然充满了美感。至今我还是认为，林徽因是我生平见过的最令人神往的东方美人。她的美在于神韵——天生丽质和超人的才智，与后天良好高深的教育相得益彰，没想到已生了两个孩子、年过四十的林徽因尚能如此打动同性的我。"（文洁若：《才貌是可以双全的——林徽因侧影》）

林洙的身份特殊，是梁思成的续弦。按常情说来，她或难免怀几分妒忌，可是对丈夫前妻同样一无例外地赞叹备至："我承认一个人瘦到她那样很难说是美人，但是即使到现在我仍旧认为，她是我一生中所见到的最美、最有风度的女子。她的一举一动、一言一语都充满了美感，充满了生命，充满了热情，她是语言艺术的大师。我不能想象她那瘦小的身躯怎么能迸发出这么强的光和热。她的眼睛里又怎么能同时蕴藏着智慧、诙谐、调皮、关心、机智、热情的光泽。真的，怎么能包含这么多的内容。当你和她接触时，实体的林徽因便消失了，而感受到的则是她带给你的美，和强大的生命力。她是这么吸引我，我几乎像恋人似的对她着迷。"（林洙：《困惑的大匠梁思成》）

冰心曾和林徽因、凌叔华、韩湘眉并称文学界"四大美人"，纵然老太太与林徽因有过芥蒂，她也承认："林徽因'俏'，陆小曼不'俏'。"（陈钟英：《人们记忆中的林徽因》）相比之下，徐志摩相中的陆美人竟黯然失色。与林徽因芥蒂更深的凌叔华，晚年这么说到林徽因："可惜因为人长得漂亮，又能说话，被男朋友们给宠得很难再进步。"（郑丽园：《如梦如歌》）从略带贬意的口吻里，无法否认林徽因漂亮得令众人宠爱。

这般连篇累牍引述众多女性赞美林徽因的言词，一是表明本书并不无视她的美丽；二是关于她的美丽，话都说在前头了，后面不再为此耗费笔墨。还需特别说明，林徽因非常反感他人夸赞她的容貌，哪怕夸赞的人是知己。金岳霖戏说她"林下美人"，她立即抢白："真讨厌，什么美人不美人，好像一个女人没有什么事可做似的。"（金岳霖：《我喜欢作对联，有时也因此得罪人》）容貌之美，对于林徽因的人生，其意义毋庸置疑，但决非主要的，更非唯一的。此传将要叙述的，是她的事业、她的才华、她的信仰、她的性格、她的情感、她的苦难、她的坚毅，总之，美丽之外的坎坎坷坷、灿烂辉煌。

◇ 1920年，林徽因在伦敦

◇ 1930年代的林徽因

一
祖 父

林徽因原籍福建闽县，今天的福州。再往上推，祖籍是河南。而她说，杭州是"一半家乡"（《纪念志摩去世四周年》），因为她诞生在杭州陆官巷，祖父林孝恂的官邸，在那里度过了孩提时期。杭州亦以林徽因为骄傲，称她为"杭州女儿"。西湖畔竖有一方石牌镂空的林徽因影像，很是别致悦目。

祖父从《诗经》取"徽音"两字为她命名，诗曰："思齐大任，文王之母。思媚周姜，京室之妇。大姒嗣徽音，则百斯男。"（《大雅·思齐》）老人的意思，要林徽因继承美德，再引出孙儿满堂吧。她是祖父长子的头生孩子，又是个女孩。

据说，林徽因容貌多得之祖父母的遗传基因，她有神的双眸像祖父，漂亮的脸庞像祖母，因而特别受祖母溺爱。祖母竟不让林徽因母亲照料女儿，将徽因放带在自己卧房里绕膝左右。那时她父亲留学海外，几个出了嫁的姑姑时常带孩子回娘家；她就和表姐妹们成天嬉闹，童年一点儿也不寂寞。七载的欢乐之后，她八岁随祖父移居上海，住在虹口老巴子路。十岁才跟着祖父进京，开始生活在父亲身边。这一年祖父病故。

五四那一代女性作家几乎都是官宦宅门的千金，最早的陈衡哲如此，冰心、庐隐、冯沅君、苏雪林莫不如此，凌叔华尤是巨族闺秀。比之二十年代成名的冰心，林徽因到三十年代才正式步入文坛，算晚了一代，但林徽因较冰心仅年幼四岁，到底属同一代淑女，同样地出身官宦之家。祖父林孝恂，前清光绪十五年（一八八九）

己丑科二甲第一百一十一名进士，授翰林院编修，后外放县衢州府。

林家有个传说，福州民俗元宵节女神游街，那天少年林孝恂上街看"游神"，无意中瞅见街对面一位也看热闹的姑娘，修长娟好。恰好那姑娘也看过来，四目相接，姑娘红霞满脸，急忙闪开，佯装与同伴说话。一瞬间邂逅，倩影已嵌入林孝恂心房。不过他悄悄藏在心底，直到家里给他定亲，始终未敢吐露心声。谁料洞房之夜揭开新娘红帔盖头，俊俏脸庞正是他心底从未淡去的那个姑娘，真称得上一段极富传奇的姻缘。（见陈三《爱的牺牲》）新夫人游氏，不仅貌美，而且聪慧、贤能，嗜爱诗文，一手好字，一手好女红。婚后伉俪情深，林孝恂为宦多年而不纳一妾，此又是宦海极为难得的良缘。

福建闽侯林氏本乃望族，不过到林孝恂这一支已经式微沦为布衣，他实起于寒微。林孝恂年轻时做过富户人家的教书先生，已没有了养尊处优的朱门生活。林长民回忆说："爹别就人家教读，与年所入不过数十千制钱，家计贫苦。"（《嫁王氏大姊和姊夫熙农先生五十双庆寿序》）偶尔林孝恂买了一个梨子回家，切成一片片分给几个孩子，他们非但不能尽兴解馋，反而愈加勾出馋虫。

林家转机始于林孝恂考中进士，至今林氏后人保存着一张全家福照片，它摄于杭州府邸，拍照时间大约在光绪二十几年，即十九世纪的最后时光。地点应是衙门后大院，下青砖铺地，上枝叶扶疏，似乎刻意规避富贵而近儒雅。照片上的人物，男性皆长袍马褂，瓜皮小帽；女性则偏襟大袄，额上扎青缎发箍。虽是清朝装束，看去却离民国不远了。上了照片的林家两代，包括儿媳和女婿，共十三人。林氏后人曾依次一个个注明了身份名字，身份不明的两位男性打了问号。长子林长民居右三，相貌比起弟兄们来格外清癯，最和林孝恂酷似。照片里没有林徽因，数年后她父亲林长民才成立家室，她没有赶上。

比林孝恂晚几科的光绪朝进士凌福彭，其女凌叔华与林徽因相熟。凌福彭仕途风顺，官至直隶布政使，进出紫禁城。凌的锐意进取，为袁世凯推行新政不遗余力，立志为山穷水复的晚清走出一片新天地。较之凌福彭，林孝恂似乎太缺雄心壮志。正直清廉的林孝恂，虽经济拮据而无意敛财。在翰林院做京官，官场应酬开销不菲，而家底很薄，便谋取外放。外放有条捷径，翰林院年度甄别考试时只要故意写错一个字，考官即明白此人想要离开京城。林孝恂如法行事，便到了杭州地区的金华、孝丰、仁和、石门、海宁诸州县，任各地父母官，最后升作代理的杭州知府。他所以有异于凌福彭，莫不是看透这座王朝大厦处处朽木矣，无意补天，不如偏居一隅，为地方尽力做点善事；再者培育新人，子侄多有旧王朝掘墓先驱。

林孝恂为官谨政慎刑，林长民略带几分自豪地炫耀："先严宦游二十年，握州县符七八年，决狱大小以千计，未尝冤抑一人。"（《先严哀启》）清季朝政颓败，林孝恂看出仕途难有作为，便萌生退隐念头。又因为揭发了上司过失，横遭报复，更加无心宦海沉浮。浙江设置海塘局衙门，管辖百余里海塘防汛御侮事务，任命林孝恂为总办，他辞谢再三，结果勉强接受了经办具体事务的提调差事。海塘屏障江浙七郡，林孝恂以提调职综领全局事务，操练防御团勇，亲自督导工程建设。沿塘百余里，奔走不息，寒暑无间，潮汛紧急时则昼夜守在工地。终于经不住这等劳累，不得尽其天年。

做了官的林孝恂，尽管头顶乌纱，却仍然不脱书卷气。二十世纪末浙江石门民间发现了一幅林孝恂手书的对联：

书幌露寒青简湿
墨花润香紫毫圆

对联恰是林孝恂宦余生活的写照。或许是这样的经历、这样的气质，有助林孝恂挣脱封建迂腐思想的泥淖。他本人曾经学习技艺，又谙熟医术，显示出务实的倾向。知府大人并不以"无才便是德"的教条禁锢眷属，夫人游氏即喜好典籍，且工于书法。教育子女也不分性别，女孩照样随男儿一起启蒙，她们日后个个能写字诵诗。家塾设置的课程，固然请了国学大家林琴南，不免讲析"四书五经"，但也延聘新派名流林白水，既介绍天文地理，又细述域外概略，甚至招了外籍教师华惠德（加拿大）、嵯峨峙（日本）来塾馆教习英文、日文。纵然晚清风气日渐开放，而基层官吏中能如此新旧不拒，中外兼学，毕竟不是多见的。

林孝恂的开明还惠及嫡系以外的后辈，入杭州家塾启蒙的除自生儿女，还有老家福建的侄儿，其中不乏出类拔萃者，如以《与妻书》凛然殉道的林觉民、与林觉民一起列为黄花岗七十二烈士的林尹民、前仆后继组织起义光复福建的林肇民。林孝恂又出资送外姓的蒋百里赴日本留学，蒋归来成为民国时期著名的军事教育家。

辛亥以后众多前清官吏纷纷回老家广置田产以保晚年，林孝恂却客居新开埠的上海，投股商务印书馆以助现代出版事业，始终非同俗流。

这样开明家庭出来的后代，追求革新，弄潮新流，当在意料之中了。

◇ 1899年前后，林徽因祖父林孝恂携全家摄于杭州

二
父　亲

　　开明的林孝恂，无疑期望长子林长民成为献身国家的俊彦，何况林长民天资聪慧，足资老父厚望。这个幼年经受前清旧衙庭训的少爷，乃光绪二十三年的秀才。后两度赴东洋留学，最终毕业于早稻田大学，成了新派人物。林长民得中外文化涵养，且广结政界名流，所交如日本的犬养毅、尾崎行雄，中国的张謇、岑春煊、汤化龙、宋教仁等，均政坛显要，其时林长民已经存有改革中国社会的宏大抱负。

　　林长民一名则泽，有字宗孟，时人多以字称呼。娶妾程桂林，宠爱之至，便号"桂林一枝室主人"。晚年宅院里栽着栝树两株，又自谓"双栝老人"。写给林徽因的家书常常具名"竢庐"；自制信笺的边款印"苣苓子"三字，与亲近友人信函即署用此号。

　　顺便说一说林长民的"长"字读音。现今流行读作"长（chang）"字，民长民短，不很说得通。他既字宗孟，那么《孟子》有云，"辅世长民莫如德"，意思以德行管理百姓。进士、翰林的父亲以此命名娇子，正说中了日后儿子致仕的人生。

　　有人这么记述林长民，他"躯干短小，而英发之慨呈于眉宇。貌癯而气腴，美髯飘动，益形其精神之健旺，言语则简括有力"。（徐一士：《谈林长民》）徐志摩以诗般的语言形容他口才："摇曳多姿的吐属，蓓蕾似的满缀着警句与谐趣，在此时回忆，只如天海远处的点点航影。"（徐志摩：《伤双栝老人》）

现今说及林长民,往往先要注明是"林徽因的父亲";而当年提到林徽因,刚相反,要说成"林长民女儿"。清末民初之际,林长民委实称得一位叱咤风云的倜傥之士。他从东洋归来即投入宪制运动,宣统元年被聚在上海的各省咨议局公推为书记,组织请愿同志会,要求清皇朝召开国会;民国元年参与议订临时约法,先后担任临时参议院秘书长、众议院秘书长。一九一七年入阁做过四个来月司法总长,为期甚短却名噪一时。与袁世凯关系很深的军阀张镇芳,为逃避治罪,贿赂林长民十万巨款以谋特赦。林长民断然拒绝,因此掷去总长乌纱。林很为自己的正气自许,特治了一枚"三月司寇"的闲章。林长民在司法总长任上与梁启超同僚,梁在内阁掌管财政。两位总长意气相投,携手鼎力推动宪政运动,是政坛"研究系"的两柱栋梁。章士钊很佩服林长民,说林"长处在善于了解,万物万事,一落此君之眼,无不涣然。总而言之,人生之秘,吾阅人多矣,惟宗孟参得最透,故凡与宗孟计事,决不至搔不着痒,言情,尤无曲不到,真安琪儿也"(《甲寅周刊》)。林长民本人亦每每自负其政治禀赋,以为必将有一番大的作为。

"巴黎和会"前夕,正在巴黎的梁启超用电报快速告知国内的外交委员会成员暨事务主任的林长民,言日本将继德国仍享有霸占青岛的特权。林长民连夜撰写时评文章《外交警报 敬告国民》(题目今多讹传为《山东亡矣》),发表于五月二日北京《晨报》。他迅速披露这一消息,旨在警醒世人。文章疾呼:"胶州亡矣!山东亡矣!国不国矣!"最后号召:"此皆我国民所不能承认者也。国亡无日,愿合我四万万众誓死图之!"这篇短文遂成导火线索,骤然点燃全国同胞爱国烈火,第三天即爆发了划时代的"五四运动"。林长民此举意义已超出个人操守,影响历史进退。然而与拒贿一样,他不得不再次为此弃官。当月二十五日便向大总统徐世昌辞去刚担任五个月的外交委员会委员一职,辞职呈文公开刊登于《晨报》:

> 长民待罪外交委员会者五阅月矣,该会仰备顾问,陈力就列,职责较微。自初次议决一案,由国务院电致专使,经月之后,当局意见忽生纷歧,虽经再三迁就,枝节横生,久已不能开会。长民兼任事务,无事可任。本应早辞,徒以荷我大总统之眷,厕于幕僚之列,非寻常居官有所谓去就者,故亦迁延以至今日。今者日本公使小幡酉吉君,有正式公文致我外部,颇以长民所任之职务与发表之言论来相诘问。长民愤于外交之败,发其爱国之愚,前者曾

经发布论文，有山东亡矣国不国矣愿合四万万众誓死图之等语，激励国民奋于图存。天经地义，不自知其非也……若谓职任外交委员便应结舌于外交失败之下，此何说也？闻阁议后曾将日使原文送呈钧座，用意所在，得无以公府人员难于议处，无以谢邻国而修睦谊乎？长民上辱我大总统之知究，不敢凭恃府职，予当局以为难。兹谨沥情上陈，务乞大总统准予开去外交委员暨事务主任兼差，俾得束身司败以全邦交。

此后林长民被打发到欧洲，代表中国参与"国际联盟"外交活动，纯系闲差，政坛上遭如此放逐，难再作为。眼看政治抱负已付诸东流，情绪很是消极过一阵。他说，对政治生活不但尝够了，而且厌烦了。此时胡适见到的林长民，"终日除了写对联条屏之外，别无一事"（《胡适日记全编》）。他自己也留下打油诗自嘲："去年不卖票，今年来卖字。同以笔墨换金钱，遑问昨非与今是。"（见叶克飞《那些风云流变中的只言片语》）

林长民是失败的英雄，失败了，仍不失为英雄。为宪政理想，他不懈地奋斗过，尽管几乎一事无成。不必为林长民惋惜，有过奋斗，人生自然灿烂。旧版《鲁迅全集》注释贬他是"政客"，不免委屈他于九泉之下。也许他确实是位政客，如果这词不含贬义。还是共和国总理周恩来比较公允，说北洋政府里有好人，指的正是林长民。好人林长民志在伟业，不屑钱财。官场多年，两袖清风。任职众议院秘书长，手里公款进出数百万，不熏半点铜臭。聘用姐夫王熙农经手账目、出纳款项，用人这般不避亲近，决非营私沉滓一气以肆意捞钱。这位姐夫，穷而正派，埋身银堆，清贫如故。林长民称道王熙农："若论人生操守，本不算什么奇节，而在这狗偷鼠窃、赃贿公开的社会，真是难能可贵的人格。"这话亦夫子自道。林长民身后几无积蓄，他辞世时，梁启超告白友人："现在林家只有现钱三百余元。"又说："字画一时不能脱手，亲友赙奠数恐亦甚微。目前家境已难支持，此后儿女教育费更不知从何说起。"林徽因留学费用的担子不得不由准公爹梁启超接了过来，至于两位未亡人和失怙的林徽因五个弟弟妹妹，给养尚待着落。梁启超致信与林长民同僚过的张国淦，呼吁他联系故交，为林长民遗孀、后人募集赈款："彼身后不名一钱，孺稚满堂，饘粥且无以给，非借赈金稍为接济，势且立濒冻馁。"此凄凉之状令人唏嘘，他们积极谋求成立"抚养遗族评议会"，以尽故交道义。

林长民有句名诗"万种风情无地着",可见他似乃父,不是纯粹的官僚。他比林孝恂格外富于性情,在伦敦邂逅的徐志摩,又是一个性情中人,两人立即引为知己。林长民把青年时期留日艳情对徐志摩一吐为尽,徐志摩据此演义成小说《一个不很重要的回想》(编入小说集易题《春痕》),故事描述,未婚的中国学生逸君恋上教他外文的妙龄女教师春痕,缱绻缠绵而未得成眷属。多年后逸君以名人再访东瀛,春痕则色衰有甚徐娘,风韵无存以至不辨她当年面目,拖着三个孩子,委琐絮叨。"逸的心中,依旧涵葆着春痕当年可爱的影像。但这心影,只似梦里的紫丝灰线所织成,只似远山的轻霭薄雾所形成,淡极了,微妙极了,只要蝇蚊的微嗡,便能刺碎,只要春天的指尖,便能挑破。"(《春痕》)春痕者,事如春梦了无痕也。

寓居英伦的日子,林长民和徐志摩玩过一场互传情书的文字游戏。相约林长民扮演有室男子苣冬,徐志摩扮已嫁少妇仲昭,鱼雁往返,俨然情思绵绵。如今已不可知往还了多少"情书",林长民死后由徐志摩公开了其中苣冬致仲昭一封。徐志摩赞它为传世之作:"至少比他手订的中华民国大宪法有趣味有意义甚至有价值得多。将来双栝斋文集印出时,我敢保这封情书,如其收入的话,是最可诵的一篇。"(《〈一封情书〉按语》)诗人说得有些夸张,自然不能太当真的。情书记述的南京下关遇刺情节确系林长民生平实事,可见假设的游戏非全属子虚乌有。"苣冬子"本是林长民个人专用信笺的边款,此更足以为佐证。好事的史学家顾颉刚作过一番索隐,他依据徐自华写给林长民的两首词考证,一首《水调歌头》(和苣苓子观菊):

冷雨疏烟候,秋意淡如斯。流光惊省一瞬,又放傲霜枝。莫怪花中偏爱:别有孤标高格,偕隐总相宜。对影怜卿瘦,吟罢笑侬痴。

餐佳色,谁送酒,就东篱?西风帘卷,倚声愧乏易安词。只恐明年秋暮,人在海天何处:沉醉且休辞!试向黄花问,千古几心知。

另外一首是《浪淘沙》(和苣苓子忆旧感事词):

久客倦东游,海外归舟。爱花解语为花留。岂比五陵游侠子,名士风流。

秋水剪双眸，颦笑温柔。花前一醉暂忘忧。多少壮怀无限感，且付歌喉。

顾颉刚认为两首的言辞"太亲密了"，疑心徐自华"或者便是仲昭吧？或不是仲昭而与她处同一的地位的吧"。徐志摩将顾颉刚的考据发表于自己主编的《晨报副刊》，并加缀"附识"，承认"经颉刚先生提起以后，我倒也有点疑心"。由于《晨报》影响甚大，由于徐自华和秋瑾的特殊关系众所周知，由于顾颉刚闻名的考据癖，加上知情的徐志摩跟着起疑，后人便以为林长民与徐自华真的发生过恋情。这恋情到底难以坐实，诗无达诂，靠诗意证故实，如七夕看巧云，把云想成什么就像什么。顾颉刚所指亲密之词，"偕隐总相宜"云云，实在都是咏物，非关人事。当然其中排除不了作者情怀，但此非关情爱。徐自华唱和林长民的词作还有《剑山人苣苳子为题拙稿感而有作》《和苣苳子东京万翠楼避暑原韵（二章）》《秋暮感怀再和留别韵寄苣苳子》。就题目上看，若他俩确是恋人一对，则通常有所避讳，不大会明标出来，不像西方或后来的中国新诗人，喜欢作品之前奉上一行，献给某某某。

柳亚子曾经称许徐自华、徐蕴华姐妹为"浙西两徐"，胞妹徐蕴华也有《水调歌头》（和林宗孟词人观菊）：

蓦地西风起，帘卷夕阳楼。问花何事晏放，可是为侬留？冷眼严霜威逼，回首群芳偏让，比隐逸高流。容易华年老，莫负一丛秋。

待把酒，拼沈醉，度吟讴。珊珊瘦骨，更将佳色胆瓶收。笑口纵开须惜，只恐秋光轻别，对此暂消愁。但愿明年景，依旧赏清幽。

也有《浪淘沙》（和宗孟词人忆旧感事）：

裘马访蓬瀛，仙侣相迎。四弦水调冠新声。省识青娥堪闭月，恰称香名。
蒿目感苍生，漫赋闲情。请缨破浪待功成。双桨好迎桃叶渡，名士倾城。

词语的亲密怕不亚亲姐，词牌和标题亦均雷同，大概俩姐妹作于同时同地，甚至可能出自同一情境。可见，徐自华与林长民不过是诗友，就如徐蕴华仅是诗友，姐姐充其量一位红颜知己。林长民对徐志摩毫不隐瞒自己往日恋情，如真有其事，徐不会说，"他却不曾提起过徐自华女士。"苣冬子、仲昭通信那种，徐当面问过，仲昭究竟是谁？林长民笑而不答。下次再问，林长民才释疑："事情是有的，但对方却是一个不通文墨的有夫之妇；我当时在难中想着她也是有的，但交情却并没有我信上写的那样深。"徐志摩交代《晨报》读者，"我关于'仲昭'，所知止此"。（均见徐"附识"）一九二三年夏天林长民南来西子湖畔，即信告徐志摩，欲在杭州租赁房屋，拟供伊人之用，"数千里外，有一不识字人，使我心肠一日百转"。（致徐志摩信），其情谊之深还需说吗；而此情此事，徐志摩又一清二楚。看来林、徐的话皆打了点折扣，林的折扣或许是徐代他打的。徐志摩两边打折扣，想必有不便明言的忌讳。其时徐自华仍健在，且近在咫尺，"数千里外"之言，显然又否定了她的恋人身份。林长民是才子，徐自华是才女，两人交往无非惺惺相惜。何况两人政治识见不尽相同，于袁世凯态度上，林支持徐反对，尤为径庭。所以，指仲昭乃浙江石门丧夫寡居的徐自华氏，显然捕风捉影。

虚拟的致仲昭情书，不能只看作文人无聊的文字游戏，其实是林长民借它浇胸中块垒。他对徐志摩感慨，此信是"一篇纪实之作，十年前事，于公一吐衷曲，书竟，若鲠去喉"。又坦言，"欲现身说法耳"。（致徐志摩信）

不久林长民在北京高等师范学校作了一场严肃的讲演《恋爱与婚姻》，对恋爱的神力作了惊世骇俗的描述："这神力不是凌空的，完全是从造物主构造的男女性所欠缺的实体发生出来的。不过是因着世间作伪的心理，作伪的学问，作伪的文字语言，把他们的真相汩没了。"讲演结尾的话是：

> 诸君多是师范学生，将来有教导社会的责任，务望大加鼓吹，非把我们全国青年男女，乃至将来无量数的青年男女，一个个安顿在极幸福，极耐久，极和乐，极平淡，极真挚的社会基础之上，算是我们今天惠了他们的。至于婚姻问题，关系社会经济的状况，财产的制度，也极重大。全世界上的青年男女也多在苦海中间，那是另一问题。建立的理想非达到经济制度，财产制度大革命，大成功的时候，这恋爱和婚姻的问题，不能得无上圆满的解决。我今天所说的还是目前应急的办法。"食色性也"，望诸君放着大胆去研究它。

这段话很能说明，当时戏称林长民为"恋爱大家"的人，如果含嘲讽轻薄口吻，岂非是对这位文明道德先驱者的莫大误解。两万余字的记录稿，多处闪烁真知灼见，大胆的，超前的，又不一概排斥传统的观念，即使今天读来仍不乏启迪。研究中国近代婚恋观的演进，近一个世纪前的这个文本，不失为足具价值的史料。它的淋漓酣畅，洋洋洒洒，又不难窥见作为演说家的林长民的风采。

　　林长民性情之外兼具过人才艺，他不全力以赴投身政治的话，极可能成为建树非凡的文学家，或某一领域的艺术家。他已然享有书法家盛名，其书写的"新华门"匾额，至今悬于中南海南大门。这块匾额该是他晚年的墨迹，年轻时的字似乎平常，今存写给林徽因的二十余封家信，尚不足以多言书法魅力。可是仅数年之后，行草的"旅欧日记"和小楷《五十双庆寿序》，均令人刮目相看，行云流水，散淡洒脱，随意不失法度，疏朗中透着凝练，置于名家名作之列毫无愧色。今人编选的《二十世纪福州名人墨迹》中所刊的林长民一幅扇面一通信札，亦未达"旅欧日记"那炉火纯青的境地。

　　"旅欧日记"中大半文字可当游记作品阅读，蕴含林长民的文学才华，如描摹游览瑞士名胜一段：

　　　　余等登岸馆于 Hotel Splendiol，馆面湖背山，而湖自 Vevey 以东，对岸诸峰，回合渐紧，故□楼窗望远，虽水天相接，而左右映带，岚翠若扉。扉半启，右辟而左弇也。湖光如练，鹅鹳之属，飞泳其上，其乐无极。四时半同人出游，盘山而上。山稍稍凹处，不见湖光。亭馆无数，多富人巨室别墅。行数里后，旷然面水。树木森蔚，略有松柏，针细而短，其枝横出，不若吾东方之松干之夭矫。

寥寥数行，有景有情，景致美妙，情愫蕴藉。以此状景抒情的文字功力，如果投入文学创作，其成就不难期待。他的文学作品很少，只有一些新旧体诗歌。人称林长民诗人，但诗作多散佚，搜寻困难。二十年代初福建乡人编辑的《星报》便有他若干诗作，不知与林长民唱和过的徐自华著《听竹楼诗抄》《秋心楼诗词》《忏慧词》是否附录有林氏作品。而林长民的文章，虽多是涉及政事的论说，却亦文采斐然。徐志摩似有意为林长民编印一部《双栝斋文集》，却因为诗人那几年的忙碌，又未料遽然早逝，最终没能了此心愿，给今人留下了遗憾。

　　林长民欧游归来，政治生活余波未尽。一九二三年北京的中国大学十周年纪念，有人搞问卷调查，问到最愿意谁来政府组阁，林长民获三票。比林票多的有王正廷、段祺瑞、孙文、王宠惠及蔡元培、陈独秀、梁启超、汪兆铭等，五六票至十数票。不如林长民者只得两票的是唐继尧、康有为、徐树铮、孙宝琦、周树模；再问最愿谁当教育总长，林长民获十六票。在他前面的是蔡元培、范源濂、梁启超、胡适、汪兆铭、王正廷、黄炎培、陈独秀、彭允彝、章太炎、汤尔和、康有为，列其后近三十人，其中有王宠惠、吴稚晖、李大钊、张謇、颜惠庆、蒋梦麟、傅增湘、章士钊、熊希龄等。（见一九二三年七月十六、十七日《晨报副镌》）似乎林长民尚未尽失人气，一度被内定为教育总长，还希望胡适做他的次长。虽然未果，显然他受了鼓舞，于是大有东山再起的念头。他以蔡元培等人"不干与政治问题为恨"（蔡元培：《致胡适信》），那一段时期四处游说，鼓动胡适、顾维钧、王亮畴一班活动家，积极组织新的政治团体。然而他的"研究系"印痕太深，又与郑孝胥等清室遗老有所走动，已经沦为政治舞台上的落伍者，当然为更加新派的势力所嫌忌，终究未得成功。

　　林长民本人却意识不到这一点，说穿了还是书生意气。尽管他兼具识见和才干，却不谙宦场门道，立身于狡诈多变的政坛而欠缺游刃。一九二五年发生奉直战争，局势诡谲莫测。他受段祺瑞牵累，难以存身于张作霖控制的故都。受关外反叛张作霖的部将郭松龄蛊惑，林长民也想藉此脱离险境，拟借道关外折回天津。行前托人带函经汪大燮转致段祺瑞，表明初衷。可惜未及深思熟虑，郭松龄秘密派来的专列等候林长民两日，催他尽快决策。于是仓促出行，到锦州会晤郭松龄，卷入起事讨伐张作霖。郭松龄非成事之辈，草草举事，匆匆败阵。林长民随郭松龄逃逸，先困于锦州郊外的荒村小苏家屯，他知事有不妙却无退路，连连痛吟："无端与人共患难。"郭松龄夫妇遭生擒，林长民中流弹死于非命。这一年林长民仅五十岁挂零，正值英年。林长民投奔郭松龄前有朋友劝阻，可是他奢望政坛上卷土重来，置忠告罔闻。

　　林徽因说父亲是她唯一的知己，林长民同样也说女儿是他的知己。林长民还说，"做一个有天才的女儿的父亲，不是容易享的福"。这个相知的父亲走得太过匆匆，又是这样意外地谢世，不能不叫人感叹万分。上门吊唁者数百，而舆论褒贬不一。

外人不详内情，指为逆贼有之，誉为志士有之。时人称颂："宗孟在研究系中，其名为梁任公所掩，而其文艺造诣，实在任公之上，对于艺术兴趣亦较浓，不幸竟不能有所表现，而仓促拉杂以没也。"（张慧剑：《辰子说林》）他的启蒙塾师林白水则感叹："卿本佳人，何为作贼？"（见徐一士《谈林长民》）非常赏识他的章士钊亦以他的罹难"无过鸿毛"藐视。林长民的结局哪里是一个词语一句话说得明白的？还是梁启超的挽联可谓知人之论：

天所废，孰能兴，十年补苴艰难，直愚公移山而已；
均是死，容何择，一朝感激义气，竟舍身饲虎为之。

再如何评价，说林长民一生献于社会、建设宪制，该是无人质疑的。述说中国现代社会法治进程，当不该遗忘这位手订中国第一部宪法的宪政先驱。

附：林长民《一封情书》

仲昭爱览：

　　前书计达。未及旬日，乃有不欲相告，而又不忍不使吾仲昭一闻之讯。虽此事关吾生死，吾今无恙。昭读此万勿忧惶，忧惶重吾痛，昭为吾忍之。中旬别后，昭返常熟，吾以闽垣来电，再四受地方父老兄弟之托，勉任代表。
　　当时苟令吾昭知之，必以人心相背尚属一斗讧时代，不欲我遽冒艰险。然迫促上道，我亦未及商之吾昭，遂与地方来者同行赴宁。车行竟日，未得一饱。入夜抵下关，微月映雪，眼底缤纷碎玉有薄光。倏忽间人影杂，则乱兵也。下车步数武，对面弹发，我方急避，其人追我，连发未中。但觉耳际顶上，飞火若箭，我昏，扑地有顷。兵亦群集，讯我姓名。我呼捕狙击者，而刺客亦至，出上海新将军捕状，指我为敌探，遂绳系我送致城内军令部，囚车轹雪，别有声响。二十里间，瘦马鞭曳，车重路难，我不自痛，转怜兹畜；盖同乘者五六人，露刃夹我，载量实过马力。寒甚，我已破裘淋湿，遍体欲僵。只有一念语昭，心头若有炽火，我增温度。夜半抵营门，立候传令。又经时许，门开，引入一厅事，曰是军法庭，数手齐下，解余衣搜索，次乃问供。我不自忆夹带中带有多少信件，但见堂上一一翻阅。问曰黄可权何人，答曰吾友，河南代表，分道赴武昌矣。又曰昭何人，我闻昭名，神魂几荡。盖自立候营门后至此约二时间，念昭之意，已被逻骑盘问，军吏搜索，层层遮断。今忽闻之，一若久别再晤，惊喜交迸。少迟未答，咤叱随之，则曰亦吾友。曰黄函叙述事迹，尚无疑窦，昭函语气模糊，保无勾煽情事？再三诘问，我正告之曰，昭吾女友，吾情人，吾生死交，吾来生妻。函中约我相见于深山绝中，不欲令世间浊物闻知，无怪麾下致疑之。今若以此函故磔我，较之中弹而死，重于泰山矣；三弹不中，而死于一封书，仇我之弹，不足亡我，忧我之书，乃能为我遂解脱，吾甘之也！此房闻我怒骂，乃微笑曰，好风流！听候明日再审。于是押送我一小室中，有褐无被，油灯向尽，烟气熏人。我困极饥极，和衣躺下，一合眼间，窗纸已白。默祝有梦，偏偏不来。忽念世事，觉得人类自家建设，自家破坏，吾勇吾智，吾仁人爱物之性，尽属枉然。此是吾平生第一次作悲观语。自分是日再审，必将处决。但愿昭函发还，使我于断前有暇，尚能高声一朗读之。于是从头记忆，前后凌乱，不能成章，懊起步，不觉顿足。室外监卒突入，喝问何事，不守肃静。彼去我复喃喃，得背诵什八九喜不自胜。呜呼吾昭！昭平日责我书生习气，与昭竞文思，偏不相下，今则使我倾全部心力，默记千百余字，乱茧抽绪之书，一读一叫绝，不足以偿吾过耶？吾昭，吾昭！昭闻此不当释然耶？有顷求监卒假我纸笔，居然得请，然吮墨濡写，不能成文，自笑丈夫稍有受挫折，失态至此！计时已促，所感实多，一一缩其章句，为书三通，一致吾党二三子，一致老父，一致昭也。正欲再请，乞取封面，窗外枪响，人影喧闹。问何事，监者答云，兵变。复有人驰至，曰总司令有令，传林某人，书不及封，随之而去。至一广庭，绕廊而过，候室外，有人出，则夜来审问者，揖余曰，先生殆矣！余曰，即决乎？曰否，今已无事，昨夕危耳。入则酒肉狼藉，有人以杯酒劝饮。我问谁为总司令，曰我便是。我问到底何事，彼云英士糊涂，几成大错。我知事已解，总司令且任根究，英士上海将军字也。呜呼吾昭，此时情境，恨不与昭共视之，将来或能别成一段稗史，吾才实所未逮。昭近状恐益多难堪事，我乃刺刺自述所遇，无乃为己过甚？此间事解，我已决辞所任，盼旬日内能脱身造常，与昭相见，再定大计，并请前此未及就商之罪。苍苍者留我余生，将以为昭，抑将使我更历事变苦厄，为吾两人来生幸福代价耶？旬日期近，以秒计且数十万，我心怔动，如何可支。我吻昭肌，略拟一二，亦作镇剂，望昭察之！

        苣冬　书
        千九百十一年十二月二十四日
        时在宁过第二夜新从监室移往招待所

◇ 林长民三十三岁像

◇ 林长民像

◇ 1920年，林徽因与父亲林长民在伦敦

◇ 林长民手书扇面

◇◇ 林长民《五十双寿序》手迹

三 母亲

莫不是上苍为了平衡，已经给了林徽因一位杰出的父亲，竟又为她安排一位平凡而又平凡的的母亲，甚至不及平凡的贤妻良母。林徽因生母何雪媛的头脑像她一双裹得紧紧的小脚，守旧还有点儿畸形。

何雪媛是林长民的继室。原配叶氏来自福建同籍门当户对的人家，幼小指腹为婚，成年缺少感情。叶早早病逝，没有留下儿女。何雪媛进林府，虽做继室却无异原配。本值得庆幸，可是不幸出在她自己身上。何雪媛系林家客居浙江的小城嘉兴人，父亲开个小作坊，她属典型的小家碧玉。家庭殷实，又仗着排行最小，何雪媛便有着此类女孩通常难免的任性。脾气既不可人，也不会女红。出阁前父母尚可容忍，嫁到林府岂能不受传统妇德约束。目不识丁，一无文化熏陶，当上大户少奶奶以后一如既往，与做姑娘时几无改观。不幸再遇上一派闺秀风范婆母，游氏岂止女红在行，亦喜好读书，且工于书法。婆媳间素养的悬殊愈其加深嫌隙，何氏讨不到婆婆欢心则是必定的了。婚后八年何雪媛为林长民生下聪慧的长女林徽因，林家迎来期盼日久的第三代，婆婆游氏担起照料头孙女儿职责，这固然体现祖辈天性，备加疼爱孙辈，却又何尝不是怀疑儿媳能否称职地教养她头胎娇儿。何雪媛的素养，性情，经验，无疑远远不符仕宦家教的起码要求。婆婆宁可让回娘家寄居的林徽因大姑姑代行母教，也不让生母沾边行教，因为大姑母知书识礼。直到游氏病故，林徽因七岁才回到生母怀里，而婴、幼七载，母女间的生分已悄然形成，尤其在母亲一方。女儿长大懂事，毕竟骨肉相连，况且目睹生母备受冷落、屈辱，她本能地怨恨父亲无情；同时，她又明白何氏失宠的缘由，怨恨里包含理解、无奈。此后何氏还生有一男一女，但接连夭折。男婴未保，林府自当怀断后之忧，由此引起对何氏那份不满俨然名正言顺。假如何雪媛曾经憧憬过高攀官宦的美梦，那么她尝到了门不当户不对的苦果。

林长民长年在外的缘故吧，林府相当克制，许久没有为他再添新人。直到娶何氏后第十年，林长民才纳了上海女子程桂林为妾，林徽因叫她二娘。二娘虽也没有什么文化，但性情乖巧，加上一连生了几个儿子，丈夫便沉湎于"桂林一枝室"，越来越冷落在后院的何氏，她实际过着分居的孤单生活。后院的清冷使原本脾气不好的何氏愈加暴躁乖戾，幼小的林徽因尽管备受父亲宠爱，可是目睹母亲的不平处境、无名怒火，常常感到困惑和悲伤。梁从诫这么说林徽因矛盾心态："她爱父亲，却恨他对自己母亲的无情；她爱自己的母亲，却又恨她不争气；她以长姊真挚的感情，爱着几个异母的弟妹，然而，那个半封建家庭中扭曲了的人际关系却在精神上深深地伤害过她。"（梁从诫：《倏忽人间四月天》）林徽因的小说《绣绣》写分别遭丈夫和父亲遗弃的一对母女，刻画妻子性格短处，读者不难从小说中绣绣形象想象林徽因对她母亲的复杂情感。

母亲性格短处带给林徽因的烦恼，到父亲去世多年余绪犹存。何雪媛对丈夫和姨太太的怨愤，像常见的世俗女性那样，迁怒到姨太太的子女身上。异母弟林恒从福建到北平投考清华大学，寄住梁林家，林徽因视如同胞。何氏却不肯释怀，常与林恒起着无谓的鸡毛蒜皮冲突。林徽因在致好友费慰梅信中抱怨："最近三天我自己的妈妈把我赶进了人间地狱。我并没有夸大其词。头一天我就发现我的妈妈有些没气力，家里弥漫着不祥的气氛，我不得不跟我的同父异母弟弟讲述过去的事，试图维持现有的亲密接触。晚上就寝的时候已精疲力竭，差不多希望我自己死掉或者根本没有降生在这样一个家庭……那早年的争斗对我的伤害是如此持久，它的任何部分只要重现，我就只能沉溺在过去的不幸之中。"（《致费慰梅信》）

母亲也给了林徽因性格上的负面遗传，至少急躁是其一。两个急躁的女性，哪怕是母女，只要生活在同一屋檐下，冲突就不可避免了：

> 我自己的母亲碰巧是个极其无能又爱管闲事的女人,而且她还是天下最没有耐性的人。刚才这又是为了女用人。真正的问题在于我妈妈在不该和女用人生气的时候生气,在不该惯着她的时候惯着她。还有就是过于没有耐性,让女用人像钟表一样地做好日常工作但又必须告诫她改变我的吩咐,如此等等——直到任何人都不能做任何事情。我经常和妈妈争吵,但这完全是傻帽和自找苦吃。
>
> (《致费慰梅信》)

母亲只剩林徽因这么个唯一骨肉,自丈夫不测就始终跟随林徽因生活,最后林徽因又先她而去,白发人送了黑发人。何氏差不多是林徽因驮了一辈子的精神小包袱,关于这对母女关系,哲学家金岳霖写给费正清的信里分析得非常精辟,他这么看何氏:

> 她属于完全不同的一代人,却又生活在一个比较现代的家庭中,她在这个家庭中主意很多,也有些能量,可是完全没有正经事可做,她做的只是偶尔落到她手中的事。她自己因为非常非常寂寞,迫切需要与人交谈,她唯一能够与之交流的人就是徽因,但徽因由于全然不了解她的一般观念和感受,几乎不能和她交流。其结果是她和自己的女儿之间除了争吵以外别无接触。她们彼此相爱,但又相互不喜欢。我曾经多次建议她们分开,但从未被接受,现在要分开不大可能。

信写于四十年代昆明。林徽因病逝数年梁思成续弦,何雪媛依旧随着梁思成生活。上世纪七十年代初,她后半生依附的女婿梁思成又再先她而去,何氏又随梁的遗孀林洙过日子。总理周恩来得知林徽因母亲仍健在,指示有关部门补贴每月五十元生活费。"文革"红卫兵来抄家,抄出何氏衣箱底一柄刻有"蒋中正赠"字样的短剑。这还得了,老太太站着发愣,不知何等灾难降临。短剑是林徽因异母弟林恒念航空军事学校的遗物,凡航空学校毕业的学员,每人照例获得这个离校纪念品。此剑是林恒牺牲后林徽因收藏下来的,林徽因病故归了老太太收存。红卫兵没有在意何氏,梁思成夫人林洙为她饱受了一顿皮肉之苦。何氏生厌的林恒死后多年,遗物又叫老人受一阵惊吓,她是不是想,真个是不解的宿怨。

八十多岁的何氏老态龙钟了,日常生活依赖善良的林洙女士照料。何氏不知道在医院里的女婿已经病故,她孤寂地走完人生的最后半年,更加孤寂地悄然消逝。才女的生母悲剧地度过了一生,是漫长的所谓"无事的悲剧"。这样无声无息的悲剧,中国女性里很多,多得连她们自己都不再意识到是悲剧。

◇ 1922年，林徽因与梁思成及林母摄于雪池林寓

◇ 1929年，林徽因与梁思成、母亲何雪媛、女儿梁再冰在沈阳

◇◇ 1930年，林徽因与梁思成、母亲何雪媛

四 童年

现存最早的林徽因照片是三岁留下的那张，一人立在院子里，靠着气派的座椅，个子仅略微高出椅子扶手，蒙眬的眼光注视着陌生世界。后来的一张到了八岁，是她和胞妹麟趾（五岁，不久夭折）及表姐王孟瑜（十四岁）、王次亮（十二岁）、曾语儿（十一岁）的合影。那天林长民带她们逛街，留影纪念。照片有林长民题识，其中说道："徽音白衫黑绔，左手邀语儿，意若甚。实则两子偶黙，往往相争果饵，调停时，费我唇舌也。"

关于林徽因童年的文字材料少得近于零。父亲去世过早，母亲没有文化，几乎没有人确切、具体地记述过她的童年。她自己不会没有记忆，也不会不曾对人说过，但未留下多少文字痕迹，即使对她儿女也不大愿意回首那些往事。林徽因的一篇散文透露她六岁那年出过水痘，儿童都要经历一回的这个疾病，她家乡叫"水珠"。她竟然不像许多儿童那样感受难忍的病痛，却说："当时我很喜欢那美丽的名字，忘却它是一种病，因而也觉到一种神秘的骄傲。只要人过我窗口问问出'水珠'么？我就感到一种荣耀。"（《一片阳光》）这异乎寻常的感受最早显露了她的艺术气质。

幼小的林徽因和一群表兄弟表姊妹住在杭州祖父的朱门大院里，享受了大户人家少爷小姐们都有的欢乐。她的启蒙教育落在同住一处的大姑母身上，大姑母出嫁后依然常年住在娘家。林徽因异母弟林暄曾回忆："林徽音生长在这个书香家庭，受到严格的教育。父亲不在时，由大姑母督促。大姑母比父亲大三岁，为人忠厚和蔼，对我们姊兄弟亲胜生母。"（致本书著者信）这位姑母弥补了母亲性格、文化方面的缺陷，此时林徽因的天地有如祖父的庭院，一片阳光灿烂。

父亲常年在外奔波，留林徽因在祖父身边，留下一个通信员。她六岁开始为祖父代笔给父亲写家信，今天无法读到这些信了；所幸家人保存了一批父亲给她的回信，此录最早的一封，那年林徽因七岁。

徽儿：
　　知悉得汝两信，我心甚喜。儿读书进益，又驯良，知道理，我尤爱汝。闻娘娘往嘉兴，现已归否？趾趾闻甚可爱，尚有闹癖（脾）气否？望告我。
　　祖父日来安好否？汝要好好讨老人欢喜。兹寄甜真酥糕一筒赏汝。我本期不及作长书，汝可禀告祖父母，我都安好。
　　　　　　　　　　　　　　　　　　　　　　　父　长民　三月廿日

要说此时的林徽因还是个需要父亲哄骗的孩子，那么从下一封信可以见出，尽管她还只是十二岁儿童，却已长成能够倾听父亲心声的早熟的小姑娘：

　　本日寄一书，当已到。我终日在家理医药，亦藉此偷闲也。天下事，玄黄未定，我又何去何从？念汝读书正是及时。蹉跎了，亦爹爹之过。二娘病好，我当到津一作计议。春深风候正暖，庭花丁香开过，牡丹本亦有两三范向人作态，惜儿未来耳。葛雷武女儿前在六国饭店与汝见后时时念汝，昨归国我饯其父母，对我依依，为汝留□，并以相告家事。儿当学理，勿尽作孩子气，千万。书付
　　徽儿
　　　　　　　　　　　　　　　　　　　　　　　桂室老人　五月五日

林徽因对知友费慰梅谈论过自己的童年生活，费慰梅这句话或许是那时林徽因情状的概括："她的早熟可能使家中的亲戚把她当成一个成人而因此骗走了她的童年。"（《梁思成与林徽因》）早熟二字点中了林徽因童年生活的特征。祖父病故

以后，全家人住在天津，父亲多在北京忙于政事，林徽因几乎成了天津家里的主心骨；伺候两位母亲，照应几个弟妹，甚至搬家打点行李，全部由这个十二三岁的女孩承担起来了。她成年后在保存的一封父亲写给她的信上这么批注："二娘病不居医院，爹爹在京不放心，嘱吾日以快信报病情。时天苦热，桓病新愈，燕玉及恒则啼哭无常。尝至夜阑，犹不得睡。一夜月明，桓哭久，吾不忍听，起抱之，徘徊廊外一时许，桓始熟睡。乳媪粗心，任病孩久哭，思之可恨。"

林徽因所以早熟，除了由于聪慧，主要应该追寻于几乎是遭遗弃的母亲在她心里蒙上的阴影。纵然她自己深得父亲以及其他长辈的宠爱，但是，当受宠之后回到冷落的后院，面对母亲阴沉怨愤的神情，她不得不过早地体验世态的灰暗。由此也促成林徽因成年后自立的人生态度和好强性格。身处抗战后方艰苦境地，书籍无多，仍要一个书架。木材金贵，便用煤油箱替代制作；一间陋室，仍少不得窗帘，用废弃的旧布，拼接得天衣无缝。凡此种种，邻居们钦佩再三。

一九一六年林长民全家开始定居北京，林徽因进了有名的培华女子中学读书。此前京城政局不稳，林长民卷入是非，便把家室安置在天津，他两地往返。表姐们都进的培华女中，林徽因和她们合拍了一张照片。统一的校服，个个亭亭玉立，美丽端庄。四姐妹像幼时一样亲密无间，如今依旧形影相随。姑娘们星期天上街乃一道耀眼风景，特别招引目光。有轻薄男子尾随而来，她们不得不请来身材高大的表兄弟充当保镖。

培华女中是所教会办的贵族学校，校风谨严而规范，原本聪明的林徽因受到良好培育，日后出色的英语水平即起步于此。从大户旧宅跨入这充溢朝气、讲究文明的一方新天地，这为不久放飞的才女奠定了翱翔的坚实基础。置身这样的教育环境，林徽因早早萌生了文化意识，趁父亲远游日本的时候，她翻出家藏的数量可观的字画，一件件过目分类，编撰成收藏目录。编得幼稚可想而知，她在父亲家信上注言："徽自信能担任编字画目录，及爹爹归取阅，以为不适用，颇暗惭。"

培华女中的林徽因已走出了她的童年。一名中学生，她取笔名"尺棰"，翻译了王尔德童话《夜莺与玫瑰》，发表在很有影响的《晨报五周年纪念增刊》，还为增刊设计了封面。于她一生而言，首次发表文字，只是露出尖角的小荷，然而昭示了她日后在文坛上迎风怒放。

◇ 1907年，三岁时的林徽因

◇ 1916年，林徽因于北京

◇ 1918年4月16日，林长民致林徽因书信手迹。旁批楷书系林徽因手迹。

◇ 一九一二年，林徽因与姊妹们。左起：林徽因、曾语儿、王次亮、麟趾、王孟瑜。林长民在卡纸上题字："壬子三月，携诸女甥诸女出游，令合照一图。麟趾最小，握其手、衣服端整、身亭亭者，王孟瑜。老袖襞积，貌圆张目视者，瑜妹次亮。长面、发覆额最低者，语儿曾氏。徽音白衫黑裤，左手邀语儿，意若甚暱，实则两子俱黠，往往相争果饵，调停时时，费我唇舌也。瑜、亮大姊出，语儿四妹出，徽、趾吾女。趾五岁，徽九岁，语十一，亮十二，瑜十四，读书皆慧。长民识"

五
伦 敦

一九二〇年春天林长民以"国际联盟协会"中国分会代表身份赴欧洲考察西方宪制，特意携林徽因同行，旅居伦敦一年有半。这次远行，其实是林长民着意引领爱女登上她新的人生历程，不论生理还是心理，从此林徽因告别了她少女时代。

林徽因对此当然毫无意识，林长民则高度自觉。他行前明确告知女儿："我此次远游携汝同行。第一要汝多观察诸国事物增长见识。第二要汝近我身边能领悟我的胸次怀抱……第三要汝暂时离去家庭烦琐生活，俾得扩大眼光，养成将来改良社会的见解与能力。"(《致林徽因信》)

开春回暖宜于出行了，三月二十七日父女离北京启程南下，胡适、张慰慈等往车站送行。四月一日由上海登上法国Pauliecat邮船，张元济、高梦旦、李拔可等送往码头。航行在烟波浩淼的海洋，林徽因纵目远眺，视野从未有过如此开阔。开阔的不只是自然境界，还有她的胸襟，千金闺秀第一次感受到了窗外偌大的世界。船行至地中海，五月四日那天，同船赴法勤工俭学的百余名学生举行"五四运动纪念会"，林长民和王光祈发表演讲。林长民说："吾人赴外国，复宜切实考察。若预料中国将来必害与欧洲同样之病，与其毒深然后暴发，不如种痘，促其早日发现，以便医治。鄙人亦愿前往欧洲，以从诸君之后，改造中国。"(见《时事新报》六月十四日刊载的通讯《赴法船中之五四纪念会》)林长民的志愿亦即他对女儿的期望，林徽因再次领会父亲携自己出国的初衷。她参与政治性社会活动，此是有文字可据的第一次。

五月七日邮船抵达法国，父女转道去英国伦敦，先暂时住入 Rortland，后租阿门二十七号民房定居下来，八月上旬林徽因随父亲漫游了欧洲大陆。瑞士的湖光山色、比利时的钻石和动物园、法国的灿烂文化，以及德国经受了一次大战后满目的战火遗迹，都让她感到惊奇。林长民日记中的日内瓦湖风致显然有别于林徽因儿时的西湖：

> 罗山名迹，登陆少驻，雨湖烟雾，向晚渐消；夕阳还山，岚气万变。其色青、绿、红、紫，深浅隐现，幻相无穷。积雪峰巅，于叠嶂间时露一二，晶莹如玉。赤者又类玛瑙红也。罗山茶寮，雨后来客绝少。余等憩 Hotel at chardraux 时许……七时归舟，改乘 Simplon，亦一湖畔地名。晚行较迅。云暗如山，霭绿于水，船窗玻璃染作深碧，天际尚有微明。
>
> 　　　　　　　　　　　　　　一九二〇年八月十四日

在伦敦，林长民为爱女聘用了两名教师，辅导英语和钢琴。英语教师 Phillips，林长民译作斐理璞，为人朴实忠厚。斐理璞母女一起住在林长民寓所，林徽因很快信赖喜爱她们，成了朋友。八月下旬林徽因考入爱丁堡一所学校 St.Mary College，学校距住处阿门二十七号两英里多路，行小路穿过一个公园，出园门即是学校，走大路则路远需要雇车。校长是位七十来岁的孀妇，但热情而诚恳。进了这所学校，林徽因的英语愈加娴熟纯正，后来她一笔流利优美的英文赢得了哈佛校长的女儿费慰梅由衷的赞赏。

林长民交游甚广，时常有中国同胞和外国友人来访。他夫人不在身边，女儿林徽因自然顶替了主妇角色。这也是林徽因社会交际的开始。决非寻常的交际，她所结识的是一批中外精英人物——当时的精英或将来的精英。著名史学家 H.C. 威尔斯、大小说家 T. 哈代、美女作家 K. 曼斯菲尔德、新派文学理论家 E.M. 福斯特，皆西方文坛顶级名流。旅居欧洲的张奚若、陈西滢、金岳霖、吴经熊、张君劢、聂云台……归国后无一不各领风骚于所处领域。林徽因起步之时就有这么高的平台，是令同时代许多优秀女性十分羡慕的。正是在伦敦，林徽因确立了献身建筑科学的志愿。都这么传说，父亲的房东是位女建筑师，林徽因从她那里感受到了建筑的魅力。（另一种说法是，启蒙她建筑学志愿的是一位英国女同学。见梁从诫：《倏忽人间四月天》）为何献身建筑，林徽因本人回答是："我跟随了我的父亲周游了欧洲。在我的旅行中，我第一次萌发了学习建筑学的梦想。现代西方的一流的壮观（建筑）激励了我，充满我心中的愿望是将其中的一些带回到我的祖国。我们尤其需要建造的理论，因为这能够使你的建筑物屹立许多个世纪。"（专访——《中国姑娘将自己献身于拯救她的祖国的艺术》，见王贵祥《林徽因先生在宾夕法尼亚大学》）深一层因素还在她认识到："中国的衣食住行是一种艺术，也是一种文化，处处体现出人的精神和意志，是我国光彩夺目的文化财富之一。"（钱美华：《缅怀恩师》）虽然当时她的意识没有如此自觉、明确。

　　林徽因与英文家庭教师斐理璞（Betty Phillips）的友谊，由斐理璞延及斐理璞的亲友，她更深度走近了英国民间。斐理璞姻亲克柏利经营一家糖果厂，林徽因不时接受他馈赠的可可糖，前后吃了不下三个木箱。满口的可可余香，多年后林徽因仍感慨系之。另一位柏烈特医生，有五个女儿，她们相处自是另一番亲切。一九二一年夏天，林徽因随柏烈特全家往英岛南部海边避暑，一个多月里差不多天天下海游泳。姑娘们泡在温暖的海水里嬉戏，头上蓝天白云，林徽因竟一时忘却了孤身在伦敦的父亲，真切感受到异邦生活的情趣。暑期一过，林徽因即告别柏烈特一家离开海滨，几星期后就和父亲一起结束了少女时期英伦的愉快岁月。

　　旅居英国将近两年的日子里，林徽因也有寂寞，尤其是父亲去欧洲大陆开会的时候。毕竟这是她第一次从早到晚孤单地打发二十四小时。她才十六七岁，又是在异乡天涯。林徽因结识了留学伦敦的徐志摩，徐的热情、风趣，自会减却她不少寂寞，但是还谈不到萌生恋情。纵然徐志摩情焰炽热，由伦敦追到北京——在北京林徽因已名花有主。不过，朋友间的情谊总在。徐志摩闻说世界小提琴王克莱斯勒（Kreisler）有北京之行，各驻华使馆联合请克莱斯勒为西方外交官和侨民演奏。诗人火速联系克莱斯勒本人，联系相关人员，联系剧场，请小提琴王也为中国听众加演一场。林徽因积极推波助澜，奇迹般两天内促成克莱斯勒的演奏会。那天林徽因担任司仪，首次亮相文化界。她报告举办此场演奏会旨趣，说明音乐与文化的关系。还介绍了欣赏西方音乐常识，提醒不能如观看中国戏曲，动听时大声喝彩。第二天报纸即有演奏会报道，那时故都民众对西方音乐十分隔膜。林徽因说，演奏会"唤醒过北京一次——也许唯一的一次——对音乐的注意。谁也忘不了那一年，克拉斯拉到北京在'真光'拉一个多钟头的提琴"。(《悼志摩》)

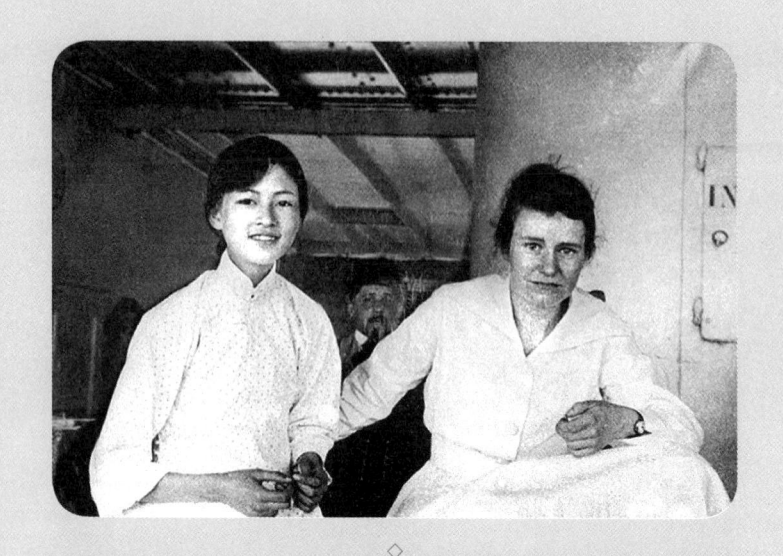

◇ 1920年，林徽因赴欧途中与同船旅客合影

◇◇ 1920年，林徽因与父亲林长民在伦敦寓所进餐

◇ 1920年，林徽因与父亲林长民在伦敦

◇ 1920年，林徽因在伦敦

◇ 1920年，林徽因在伦敦

六
徐志摩

　　诗人徐志摩出生在浙江海宁与诗歌毫不搭界的绅商家庭，父亲徐申如经营当地多种产业，颇孚人望，任海宁商会会长。徐申如不仅在本省享有兴办实业的声誉，而且播及省外，和清末江苏大实业家张謇过从不疏，投股张謇的企业集团。徐申如希望徐志摩子承父业，送他去美国留学，准备为他进入金融界打下学业基础。徐志摩自己也曾经怀有实业野心，想做一个中国的汉密尔顿，成为兼通经济的政治家。赴美途中撰文自励，寄回国内亲友，激昂慷慨一番："方今沧海横流之际，固非一二人之力可以排奡而砥柱，必也集同志，严誓约，明气节，革弊俗。"（陈从周：《徐志摩年谱》）此刻他是个后世陌生的热血男儿。抵达美国后一度钻研社会主义，留意民生疾苦。徐志摩再次越洋过海，由北美大陆来到西欧岛国，原是为的崇拜罗素。他宁可放弃即将到手的哥伦比亚大学博士帽，情愿再涉重洋，以求做一名罗素的及门弟子。老天太作弄人，徐志摩踏进皇家学院校园前夕，罗素已被学校除名，刚启程来了中国。失之交臂，失望之至。徐志摩经著名作家狄更生的劝说和介绍，留在英国进伦敦政治经济学院学习，而后转到康桥皇家学院，住在沙士顿小镇。另有学者考证，徐志摩在《我所知道的康桥》中关于他追随罗素而赴英伦的自述并不符合事实，跟从英国政治学家拉斯基才是他的初衷。（见刘洪涛：《徐志摩与剑桥大学》）

　　徐志摩订交林长民父女，差不多就在结识狄更生的同时。也许是初次社交性见面的拘谨,徐志摩没很在意旁边十六岁的这个女孩。林徽因望着二十三岁的徐志摩,看他比自己高出许多,并架着一付衬大年龄的眼镜,竟脱口叫他"叔叔"。徐志摩登门正式再次拜访林长民,他才惊喜异常地发现,林家姑娘那么聪慧伶俐、楚楚动人。徐志摩慢慢成为林寓常客,显然已经是意不在酒的醉翁了。平常即使不来登门,醉翁也书信频频。他以沙士顿小镇一家杂货铺做邮件做收发点,每天一吃完早饭便匆匆奔往杂货铺。有人质疑,徐志摩所收是旁人的来信,如"明小姐"或林长民"情书",并无林徽因的笔墨。(参见余立新:《林徽因与徐志摩的书信交往》)

林徽因与徐志摩很快地亲切交往起来,她有多条交往理由。童年生活在杭州,算个大同乡;祖父在距杭州不远的海宁做过知县,又近了一步;母亲则是毗邻海宁的嘉兴人。如今邂逅伦敦,千万里外天涯幸遇故乡人,彼此间的共同话题自然无穷无尽。再说,徐志摩那么乖巧,讨人喜欢。他聪明绝顶,他的中学同窗郁达夫,素来狂傲自负,却不得不佩服徐志摩:"尤其使我惊异的,是那个头大尾巴小,戴着金边金丝眼镜的顽皮小孩,平时那样的不用功,那样的爱看小说——他平时拿在手里的总是一卷有光纸上印着石印细字的小本子——而考起来或作起文来却总是分数得的最多的一个。"(郁达夫:《志摩在回忆里》)徐志摩又是团火,充满朝气,如他自己说的:"我是个好动的人,每回我身体行动的时候,我的思想也仿佛就跟着跳荡。"(《自剖》)在阴冷潮湿的伦敦,特别是少有朋友上门的寂寞时刻,刚刚接触世界的林徽因当然难以拒绝这团火。此时徐志摩虽还不是诗人,诗性潜质不会不有所展露。蔡元培后来撰徐志摩挽联,上联即是:"谈话是诗,举动是诗,毕生行径都是诗,诗的意味渗透了,随遇自有乐土。"更不必说徐志摩待人宽厚、体贴,尤其会讨好女性,吸引女孩。梁实秋对徐志摩也有一段形象生动的描绘:

> 我曾和他下过围棋,落子飞快,但是隐隐然,颇有章法。下了三五十着,我感觉到他的压力,他立即推枰而起,拱手一笑,略不计较胜负。他就是这样的一个潇洒的人。他饮酒,酒量不洪,适可而止。他豁拳,出手敏捷,而不呶呶逼人。他偶尔也打麻将,出牌不假思索,挥洒自如,谈笑自若。他喜欢戏谑,从不出口伤人。他饮宴应酬,从不冷落任谁一个。他也偶涉花丛,但是心中无妓。他也进过轮盘赌局,但是从不长久坐定下注。

(《回首旧游》)

徐志摩是可爱的，而于林徽因来说，这只不过是朋友般的可爱而已。她没有料到，他们的亲切交往在徐志摩那方急速超越了友谊的界线，而且长时紧追不舍，林徽因惶恐起来，不得不求助父亲来守住这条情感防线。所以就有了一九二二年林长民给徐志摩这一封信：

> 志摩足下：长函敬悉，足下用情之烈，令人感悚，徽亦惶恐不知何以为答，并无丝豪（毫）mockery（嘲笑），想足下（误）解耳。星期日（十二月三日）午饭，盼君来谈，并约博生夫妇。友谊长葆，此意幸亮察。敬颂文安。
>
> 　　　　　　　　　　　　　弟长民顿首，十二月一日。徽音附候。

不知徐志摩是如何答复的，他的回信没有保存下来。从第二天林长民再致徐志摩信看，大体能够推测到，徐志摩暂时收起了炽热情感。

> 得昨夕手书，循诵再三，感佩无已。感公精诚，佩公莹洁也。明日午餐，所约咸好，皆是可人，咸迟嘉宾，一沾文采，务乞惠临。虽云小聚，从此友谊当益加厚，亦人生一大福分，尚希珍重察之。敬复
>
> 志摩足下
>
> 　　　　　　　　　　　　　　　　长民　顿首　十二月二日

第三天午餐吃得如何无从知晓，想来彼此都是绅士风度，事后他们的融洽相处，证实林长民"友谊当益加厚"的心愿。

尽管林徽因并未许口，而徐志摩早已决意跟张幼仪离婚。张幼仪有孕在身，徐志摩毫不怜惜地抽身离去，把才到英国的发妻扔在沙士顿冰冷的小屋。更其过分的是，他要妻子打掉胎儿。张幼仪借口打胎危险，徐志摩无理地拿游泳比喻，游泳死人，难道不游泳？婴儿刚一出生，徐志摩即逼迫妻子签署了离婚协议。这前后徐志摩有过一些关于爱情、自由的表白，不论言辞怎样的冠冕堂皇，决计掩饰不了他对一个柔弱女子的冷酷。既然是现代知识分子，竟失却博爱，很难得到谅解。林徽因对此岂会无所感知？

林徽因与徐志摩相识，无疑是一件影响两人一生的重要事情。对徐志摩来说尤是如此，这段交往完全改变了他的人生航向，想做中国的汉弥尔顿，不意变成了中国的雪莱。他在《猛虎集序》里这样记述自己的转变：

> 我查过我的家谱，从永乐以来我们家里没有写过一行可供传诵的诗句。在二十四岁以前我对于诗的兴味远不如对于相对论或民约论的兴味……
>
> 但生命的把戏是不可思议的！我们都是受支配的善良的生灵，哪件事我们作得了主？整十年前我吹着了一阵奇异的风，也许照着了什么奇异的月色，从此起我的思想就倾向于分行的抒写。一份深刻的忧郁占定了我；这忧郁，我信，竟于渐渐的潜化了我的气质。
>
> ……生命受了一种伟大力量的震撼，什么半成熟的未成熟的意念都在指顾间散作缤纷的花雨。我那时是绝无依傍，也不知顾虑，心头有什么郁积，就付托腕底胡乱给爬梳了去，救命似的迫切，哪还顾得了什么美丑！

徐志摩说的"忧郁""郁积"，正是追求林徽因未能遂愿所致。失恋造就了诗人，近似西谚说的"愤怒出诗人"更如中国的诗句："文章憎命达。"优秀诗人不仅需要愤怒，还需要艺术锤炼。初涉新诗园圃的徐志摩自然锤炼不足，这场落了半年之久的"缤纷的花雨"，仅仅润湿园土而未出青苗。这批为数不会少的作品，徐志摩没有存留一首在他的诗集里，后人也没搜集到一首，今后钩沉它们的希望大概也渺茫。

徐志摩的狂热追求已经众人皆知，但林徽因陷入爱河与否，学界始终未取得共识，至今无人提供林徽因热恋徐志摩的确凿证据。诸多传闻，如说林、徐"在英国一块儿坐火车，经过长长的山洞时，两人拥而长吻"（今圣叹：《徐志摩情多于诗》），纯属捕风捉影的无稽之谈。更为甚者，某林徽因同时代的名人，竟登出不负责任的文字："林徽因魅力之大，实在令人无法思议，徐志摩因她而死，金岳霖因她不娶，毛泽东因她革命……"（见《大家写林徽因作一专书》，刊台湾版《传记文学》五十五卷二期。）讹传的始作俑者乃陈从周撰于六十多年前的《徐志摩年谱》，《年谱》一九二二年有关于徐志摩与张幼仪离异一条："从周再案，是年林徽因在英，与志摩有论婚嫁之意，林谓必先与夫人张幼仪离婚后始可，故志摩出是举（按，指离异）……后以小误会，两人暂告不欢。"陈是建筑教授，又身为诗人的表妹夫，此说自然不胫而走。然而，徐志摩罹难那年陈从周只是不足十三岁的少年，与诗人没有什么接触，他的材料多得自走访亲友。关于林徽因"论婚嫁"之说，即传闻于亲属，既无举证，也未考证。后人袭用此说的众多文章、著述，描述徐、林相恋情状纵然绘声绘色，也不过是根据"年谱"所作的文学演义罢了。

为此，二十世纪九十年代，本书著者专访了两位尚健在的与徐志摩、林徽因均相识的友人，他们全予以否认。

经济学家陈岱孙说："徐志摩与林徽因在伦敦恋爱也不可信，那时林徽因才十六七岁。徐志摩这人很糊涂，有一次请客，只一桌人，客人都到了，他没想，到坐下一看全是女性。徐志摩与林徽因恋爱，林长民也不会同意。"（一九九一年五月二十日著者与散文家奚学瑶同访陈岱孙记录）

陈叔通侄女、陈植之妹陈意女士，二十年代留学美国攻读家政系营养学，林徽因有时从费城到纽约，因陈植和梁、林的熟悉关系，多借住陈意宿舍。陈曾问过她和徐有无恋情，林徽因称无，言词十分明确。她说，自己决不能做破坏别人婚姻的事，徐志摩不该抛弃张幼仪。还说，自己曾经劝过徐志摩与张幼仪和好。（一九九一年五月二十二日著者访问陈意记录）

另有了解内情的同时代人，他们已公开发表的文字，都和陈岱孙、陈意的看法一致。

文洁若和萧乾同去看望冰心，问及林对徐有没有过恋情，冰心断然否认："林徽因认识徐志摩的时候，她才十六岁，徐比她大十来岁，而且是个有妇之夫，像林徽因这样一位大家闺秀，是绝不会让他为自己的缘故打离婚的。"（文洁若：《才貌是可以双全的——林徽因侧影》）

林徽因的莫逆之交费慰梅（Wilma Fairbank）说得更详尽，她在《梁思成与林徽因》一书（曲莹璞、关超等译）中写道：

> 在多年以后听她（按，指林徽因）谈到徐志摩，我注意到她的记忆总是和文学大师们联系在一起——雪莱、济慈、拜伦、凯塞琳·曼斯菲尔德、弗吉尼亚·伍尔芙，以及其他人。在我看来，在他的挚爱中他可能承担了教师和指导者的角色，把她导入英国的诗歌和戏剧的世界，以及那些把他自己也

同时迷住的新的美、新的理想、新的感受。就这样他可能为她对于他所热爱的书籍和喜欢的梦想的灵敏的反应而高兴。他可能编织出一些幻想来。

我有个印象,她是被徐志摩的性格、他的追求和他对她的热烈感情所迷住了,然而她只有十六岁,并不是像有些人所想象的那样是一个有心计的女人。她不过是一个住在父亲家里的女学生。徐志摩对她的热情并没有在这个缺乏经验的女孩身上引起同等的反应。

以后费慰梅回答张幼仪侄孙女的疑问,进一步解释了原因:"林徽因自己是大姨太太的独女,父亲喜欢二姨太太,她给他生了儿子。林徽因不能想象自己走进的一种人生关系,其中竟使她会自然想到母亲一样的羞辱。"(张邦梅:《西服与小脚》,转引自苏单:《信仰只一细炷香》)费慰梅表述得再清楚不过了,尽管徐编织幻想,林却没有同等程度的反应。

徐志摩的挚友、痴爱林徽因终老的金岳霖告诉后世人:徐志摩"临离伦敦时他说了两句话,前面那句忘了,后面是'销魂今日进燕京'。看,他满脑子林徽因,我觉得他不自量啊。林徽因、梁思成早就认识,他们是两小无猜,两小无猜啊。两家又是世交连政治上也算世交。两人父亲都是研究系的。徐志摩总是跟着要钻进去,钻也没用!徐志摩不知趣,我很可惜徐志摩这个朋友。"(陈宇:《金岳霖忆林徽因》)

林徽因同辈人中唯凌叔华晚年的说法略现偏差,她这么回忆:"他和林徽因、陆小曼等等恋爱也一点不隐藏地坦白告诉我多次了。"(赵家璧:《谈徐志摩遗文》,一九八三年第一期《新文学史料》季刊)所谓偏差,指凌的表述容易造成误解,似乎林徽因与徐志摩相恋过。只要仔细辨析这话,恋爱的主语是徐志摩,语意只在表达徐的恋林恋陆,至于林是否恋徐,并未加以确认。再参阅华裔女作家木令耆记述凌叔华的有关谈话:"然后她(凌叔华)叙述了一下徐志摩生前死后的一些故事,尤其是关于徐志摩与梁思成、林徽音的友谊……徐志摩是这对夫妇的密友,为了林徽音在北京的一次演讲,徐志摩赶上飞机从上海飞去,不幸途中飞机失事。"(木令耆:《菊访》,载《海外华人作家散文选》)这里两次道及徐、林关系,凌叔华用词是"友谊""密友",均无涉情事。凌叔华与林徽因有过芥蒂,如果传闻纷纷的"恋情"确属事实,那么凌叔华不会讳莫如深。再放开来看,所有徐、林同时代的知情人，除了否认的证言，没有一人证实过林徽因回应了徐志摩的热烈追求，这不至于是共谋的集体沉默吧。

看来，林徽因之子梁从诫下面的话，未必如某些文章所质疑，为其母避讳：

> 在我和姐姐长大后，母亲曾经断断续续地同我们讲过他们的往事。……当徐志摩以西方式诗人的热情突然对母亲表示倾心的时候，母亲无论在精神上、思想上，还是生活体验上都处在与他完全不能对等的地位上，因此也就不可能产生相应的感情。母亲后来说过，那时，像她这么一个在旧伦理教育熏陶下长大的姑娘，竟会像有人传说的那样去同一个比自己大八九岁的已婚男子谈恋爱，简直是不可思议的事。
>
> （梁从诫：《倏忽人间四月天》）

梁从诫还听姐姐梁再冰说过，林徽因曾这么议论徐志摩："（他）也是一个会欢喜穿粉红绣花鞋女子的那种人。"（见梁从诫《与诗人徐志摩的亲密友谊》）联想到徐志摩有首诗歌《别拧我，疼》，把闺房调情形诸笔墨，有伤格调，林徽因的议论未见得空穴来风。徐志摩这点儿残剩的粗俗，有如落进林徽因眼里的沙子，尽管非常细小。

同样，梁思成对费慰梅说的话也未必是替妻子避讳。他说，不管徐志摩向林徽因求婚这段插曲造成过什么其他的困扰，但这些年徽因和她伤心透顶的母亲住在一起，使她想起离婚就恼火。在这起离婚事件中（按，指徐志摩和张幼仪离异），一个失去爱情的妻子被抛弃，而她自己却要去代替她的位置。（费慰梅：《梁思成与林徽因》）耐人寻味的是，当事人徐志摩对此缄口不言，只在写给陆小曼看的日记里不经意地透露过一句："我固然这辈子除了你没有受过女人的爱，同时我也自信我也该觉着我给你的爱也不是平常的。"（《爱眉小扎》，一九二五年九月十六日）林徽因不在女人之列吗？更为直接的材料，是林徽因本人抗战期间给沈从文信中的话，她这样回忆伦敦岁月：

> ……差不多二十年前，我独自坐在一间顶大的书房里看雨，那是英国的不断的雨。我爸爸到瑞士国联开会去，我能在楼上嗅到顶下层楼下厨房里炸

牛腰子同洋咸肉，到晚上又是在顶大的饭厅里（点着一盏顶暗的灯）独自坐着（垂着两条不着地的腿同刚刚垂肩的发辫），一个人吃饭，一面咬着手指头哭——闷到实在不能不哭！理想的我老希望着生活有点浪漫的发生，或是有个人叩下门走进来坐在我对面同我谈话，或是同我同坐在楼上炉边给我讲故事，最要紧的还是有个人要来爱我。我做着所有女孩做的梦。而实际上却只是天天落雨又落雨，我从不认识一个男朋友，从没有一个浪漫的人走来同我玩——实际生活所认识的人从没有一个像我所想象的浪漫人物，却还加上一大堆人事上的纷纠。

这几乎是林徽因对她旅居伦敦生活仅存的记述。十六岁女孩热切地期盼爱情，所以期盼，因为爱情还没有发生。她"从不认识一个男朋友"（可作有情人解），包括经常登门经常来信的徐志摩在内，"从没有一个像我所想象的浪漫人物"，也包括徐志摩。这话再次间接地排除了她对徐怀抱过恋情。

徐志摩触山而亡，林徽因回顾与徐十多年的过从，在致胡适信中作了个小结：

这几天思念他得很，但是他如果活着，恐怕我待他仍不能改的。事实上太不可能。也许那就是我不够爱他的缘故，也就是我爱我现在的家在一切之上的确证。志摩也承认过这话。

这话是可信的，她没有必要，也无法对了然一切的胡适言不由衷。

世人津津乐道于徐、林相恋，或者是"好事者"将愿望当成事实；或者误会当年，以为林徽因这样新派的女性不会对诗人的追求无动于衷。他们都忽略了，当初徐志摩和林徽因其实并不般配，一个是官宦世家的千金，已名满京城；一个充其量属偏于一隅的富家子弟，尚没成为后人眼中的上帝骄子诗人。他们同样忽略，初出国门的林徽因，仍满怀中国传统的伦理观念，难以新派到毫无顾忌地爱上比她大七八岁且有了家室的男子。徐志摩死后，林徽因曾经有的放矢地自辩：

实说，我也不会以诗人的美谀为荣，也不会以被人恋爱为辱。我永是"我"，被诗人恭维了也不会增美增能，有过一段不幸的曲折的旧历史也没有什么可羞惭。（我只是要读读那日记。给我是种满足，好奇心满足，回味这古怪的世事，纪念老朋友而已。）

我觉得这桩事人事方面看来真不幸，精神方面看来这桩事或为造成志摩为诗人的原因，而也给我不少人格上知识上磨练修养的帮助。志摩 in a way 不悔他有这一段苦痛历史，我觉得我的一生至少没有太堕入凡俗的满足，也不算一桩坏事。志摩警醒了我，他变成一种 stimulate 在我生命中，或恨，或怨，或 happy，或 sorry，或难过，或苦痛，我也不悔的，我也不 proud 我自己的倔强，我也不惭愧。

我的教育是旧的，我变不出什么新的人来，我只要"对得起"人——爹娘、丈夫（一个爱我的人，待我极好的人）、儿子、家族等等，后来更要对得起另一个爱我的人，我自己有时的心，我的性情便弄得十分为难。前几年不管对得起他不，倒容易——现在结果，也许我谁都没有对得起，你看多冤！

我自己也到了相当年纪，也没有什么成就，眼看得机会愈少——我是个兴奋 type accomplish things by sudden inspiration and master stroke，不是能用功慢慢修炼的人。现在身体也不好，家常的负担也繁重，真是怕从此平庸处世，做妻生仔的过一世！我禁不住伤心起来。想到志摩今夏的 inspiring friendship and love 对于我，我难过极了。

（《致胡适信》）

近年新披露的陆小曼日记稿本（载《陆小曼文存》，与陆小曼整理的刊本差异甚多，刊本删削了下面引述的内容），也透露了剃头挑子一头热的事实，可引为佐证："我回家后收拾了一下他（徐志摩）给我的东西，他的日记同他心爱的信，我亦看了一遍，日记我没有敢看，恐怕没有什样胆量，可惜这样一个纯白真实的爱，叫她（林徽因）生生壁了回来……还说他不敢侵犯她，她是个神女□。"（一九二五年三月十一日）"我真生气，况且他亦爱过她（菲）的，人家多不受。""可是有的人（像他）还得受像她似的人的冷眼，那岂不是太不公平了么？"（一九二五年三月十五日）"她（林徽因）给他（张歆海）的信我亦见了，简直同给你（徐志摩）的完全两种口气，今天歆海看完信，他说：'这样看起来志摩没有（希望）了。'"（一九二五年三月廿日）这些都是陆小曼私下袒露的真情，她见证到的是："壁了回来"、"多不受""冷眼"、"没有（希望）了"云云，可见林徽因态度的明确坚定。

这么多知情人、当事人，直接相关的言语，误信林徽因爱过徐志摩的学者置若罔闻，却去引证不实的传闻，索引徐、林诗歌里无稽的隐情，或对当事人含糊的片言只语，只作可能其一的解读，而排除其他多种可能的意向。

以后两人日益加深的交往和相知，以及社会上道听途说的飞短流长，当然也有林徽因某些易为常人误解的举动，即把徐志摩罹难飞机残骸的碎片挂于卧室，致使外界越来越深信传闻。残骸碎片，照中国常情来看，它几乎是林徽因"恋徐"的铁证；然而，具有君子之风的当事人则另是一种肚腹，它无非表现林徽因、梁思成夫妇对逝者情感之深的一种怀念方式——林徽因异母弟林恒抗战驾机捐躯，她也置其残骸碎片于内室——而且是绅士式的坦荡。倘若珍藏残骸碎片真含有特殊情感的话，那么此举将置同居一室的梁思成于何地？容忍爱妻这般怀念恋人（如果是恋人），在以中国常情度人者又该匪夷所思了。

一位知情的前辈经编辑之口转告著者，林徽因确有过对徐志摩的恋情。著者应该特别重视老人的看法，然而她至今并未公开披露任何依据。不知能否公开依据、何时披露。披露之前，著者只能按寓目所及的材料，仍如是叙述。

徐志摩在他的短诗《你去》称林徽因是"永远照彻我的心底"的"那颗不夜的明珠"。他哪里禁得住璀璨明珠的吸引，尽管一时追求不见成效，却未能稍许收敛，以至愈加狂热。他对恋爱的态度是："须知真爱不是罪（就怕爱不真，做到真的绝对义才做到爱字），在必要时我们得以身殉，与烈士们爱国，宗教家殉道，同是一个意思。"(《志摩日记》一九二五年八月十九日）据说，林长民携林徽因离开英伦归国，为了免生是非，对徐志摩不辞而别。一年后徐志摩也回到北京，继续他不懈的追求，哪怕林徽因已经与梁思成公开了恋爱关系。当这对恋人在松坡图书馆小屋幽会，徐志摩不知趣地常来打扰，忠厚如梁思成也不得不贴一张字条在门上："Lovers want to be left alone.（情人不愿受干扰）"徐志摩如此受挫，怏怏而去，但仍不死心。经过一年多无奈的等待，直到泰戈尔访问中国，徐志摩和林徽因（其实还有梁思成等众多朋友）一起接待、一起演戏，徐误以为再次出现曙光，再度加紧追求，甚至搬出了泰戈尔说项。最终的结果依旧徒劳。他陪泰戈尔离京去太原的一刻，禁不住望着车站上送别人群中的林徽因，泪眼盈盈，写下了伤情的言词：

我真不知道我要说的是什么话,我已经好几次提起笔来想写,但是每次总是写不成篇。这两日我的头脑只是昏沉沉的,开着眼闭着眼都只见大前晚模糊的凄清的月色,照着我们不愿意的车辆,迟迟地向荒野里退缩。离别!怎么的能叫人相信?我想着了就要发疯,这么多的丝,谁能割得断?我的眼前又黑了!

(《徐志摩全集》)

同行的恩厚之见徐志摩过于伤感,随手夺下信纸,现今留存的只是一封残简。凭此残简,可以推断两天前徐志摩和林徽因有过一次认真的约见,徐志摩十分的情意绵绵。要是将其想象成古诗古剧中长亭外有情人的分手,则未必合乎实情。林徽因果真和徐志摩一样地情意绵绵,当会是另一番言词。月色的凄清,两天后徐志摩这样的悲戚,合乎情理的想象应该是,林徽因再次宣告了徐志摩这些日子的期盼仍是个泡影。再有可能,林徽因在凄清的月下告诉他,自己已决定七月份与梁思成双双远赴美国留学。信中说的"离别",并非眼前的挥手,乃是几月后相距万里迢迢,将是长达数年的天各一方。

徐志摩彻底绝望,第二年与陆小曼的热恋时,就向新恋人倾诉了:

我倒想起去年五月间那晚我离京向西时的情景:那时更凄怆些,简直的悲,我站在车尾巴上,大半个黄澄澄的月亮。在东南角上升起,车轮阁的阁的响着,W还大声的叫"徐志摩哭了"(不确);但我那时虽则不曾失声,眼泪可是有的。怪不得我,你知道我那时怎样的心理,仿佛一个在俄国吃了大败仗往后退的拿破仑,天茫茫,地茫茫,叫我不掉眼泪怎么着?

(《爱眉小扎》)

拿破仑似的吃败仗,说得岂不明白!本来事情可以画上句号了,林徽因偕梁思成出国,徐志摩恋上新人陆小曼,各有归属。但是远居美国的林徽因莫名其妙地发了封电报给徐志摩,求他回电以报声平安。徐志摩看着电报故态复萌,立即跑到邮局回电。他不知,林徽因同时也给张歆海发了同样内容的电报,也属意过才女的张歆海已先到一步回电。林徽因这个近似恶作剧的玩笑实在过火，莫非不仅仅是个玩笑。痴情的徐志摩毫不介意，反倒写诗纪实，题目便是《拿回吧，劳驾，先生》。

林徽因留学归来已成梁家新妇，徐志摩也与陆小曼终成眷属。两人重逢，徐坎坎坷坷，林几经沧桑，彼此都已成熟，真正成了知己。纵然外界时有流言飞语，他们的交往却十分坦然，相知越来越深。林徽因在协和小礼堂为驻华外交官们演讲北平皇城建筑，结束时预告下一次讲中国的宗教建筑，特意朗读了徐志摩诗作《常州天宁寺闻礼忏声》，她称赞"这首诗所反映的宗教情绪与宗教建筑的美是浑然天成的"。可她万万没想到，这一天正搭乘飞机从南方赶来为她捧场的诗人，经山东党家庄雾天撞山，魂飞天外，如他的诗句："止息了一切的动，一切的扰攘。"仿佛冥冥之中诗人早已留下了谶语。

徐志摩的突然罹难，林徽因格外感到失去知音的无比痛惜。说徐志摩为林徽因而死固然不妥，但毕竟有点关联，林徽因心含歉疚该在情理中，不宜过度阐释。她不胜哀痛地写道：

突然的，他闯出我们这共同的世界，沉入永远的静寂，不给我们一点预告，一点准备，或是一个最后希望的余地。这种几乎近于忍心的决绝，那一天不知震麻了多少朋友的心。现在那不能否认的事实，仍然无情地挡住我们前面。任凭我们多苦楚的哀悼他的惨死，多迫切的希冀能够仍然接触到他原来的音容，事实是不会为体贴我们这悲念而有些须更改；而他也再不会为不忍我们这伤悼而有些须活动的可能！这难堪的永远静寂和消沉便是死的最残酷处。

（《悼志摩》）

梁思成前往撞机的济南附近收尸，带去了林徽因亲手制作的希腊式铁树叶小花圈。北平的追悼会也是林徽因、梁思成夫妇和余上沉布置的。有文章误传，林徽因主持了追悼会："全身穿孝，左右两名健妇搀扶这希腊雕刻型美妇人，哭得成了个泪人儿，直往地下倒去，乱碰乱撞，恨不得立刻死了就好的。"写成这般情景，活脱一个世俗庸常的妇人，林徽因便不是林徽因了。

头两年忌日，林徽因都哽咽着嗓子，用鲜花围住逝者照片，和朋友们默默相对。

以后她不满意这悼念的老套形式，认为既近于伤感，更有欠庄严。除点明阴阳两界的阻隔外，实在没有多大纪念意义。第三个周年，林徽因恰好去浙江考察古建筑。回程那天，火车驶过海宁硖石，她站在车门口，凝望故人家乡，身处幽暗的站台，又一次泪水溢出了眼眶。尽管她仍不满意自己的伤感，但伤感与否哪里能由她理智把控。她想起徐志摩的诗，依旧是伤感的诗句：

> 火车禽（擒）住轨，在黑夜里奔：
> 过山，过水，过陈死人的坟；
> ……
> 就凭那精窄的两道，算是轨，
> 驮着这份重，梦一般的累坠。

四年后林徽因终于挣脱出这份伤感，她告白徐志摩："你应当相信我不会向悲哀投降，什么时候我都相信倔强的忠于生的。"林徽因深切地认识到，"他人格里最精华的却是他对人的同情，和蔼，和优容"。在她心里，徐志摩的信仰正伴随她前行：

> 虽然四年了你脱离去我们这共同活动的世界，本身停掉参加牵引事体变迁的主力，可是谁也不能否认，你仍立在我们烟涛渺茫的背景里，间接地是一种力量，尤其是在文艺创造的努力和信仰方面。间接地你任凭自然的音韵，颜色，不时的风轻（清）月白，人的无定律的一切情感，悠断悠续仍然在我们中间继续着生，仍然与我们共同交织着这生的纠纷，继续着生的理想。你并不离我们太远。你的身影永远挂在这里那里，同你生前一样的飘忽，爱在人家不经意时莅止，带来勇气的笑声也总是那么嘹亮。还有，还有经过你热情或焦心苦吟的那些诗，一首一首仍串着许多人的心旋转。
>
> （《纪念志摩去世四周年》）

悼念徐志摩的文章不少，而写过两篇悼文的作者，唯郁达夫、沈从文及林徽因。郁达夫和徐志摩同窗，沈从文受过徐志摩提携，两人都写得情文并茂，但又都不及林徽因的浓烈、深沉。她心目中，"志摩最动人的特点，是他那不可信的纯净的天真，对他的理想的愚诚，对艺术欣赏的认真，体会情感的真实，全是难能可贵到极点。"(《悼志摩》)

　　才子追求佳人未得终成眷属的故事并不少见，少见的倒是，虽不能成眷属，却一直保持着纯真友情。尤其是林徽因，不拘陋习，仍与志摩大度大方地保持过从，甚至引为知己，堪称女性中的超凡脱俗之辈。后人与其捕风捉影，津津乐道虚妄的恋情，不如正视史实，咀嚼他们的坦荡过从，发扬其常人不易有的处事态度。

◇ 青年徐志摩

◇ 1920 年，访欧期间的林长民

◇ 20 世纪 20 年代初，欧游期间的林徽因

◇ 1920年，林徽因在伦敦寓所壁炉边读书

◇◇ 1920年，林徽因于伦敦

◇ 1924年,林徽因与泰戈尔、徐志摩在北京

你去

你去,我也走,我們在此分手;
你上那一條大路,你放心走,
你只消跟從這光明的直線,
你看那街燈一直亮到天邊,
你先走,我站在此地望着你,
放輕些脚步,別教灰土揚起,
我要認清你的遠去的身影,
直到距離使我認你不分明。

◇ 徐志摩致林徽因诗作《你去》手迹

七
泰戈尔

　　林徽因的才华再次展示于社会是在泰戈尔访问北京的那些日子，一九二四年的四、五月间。访华前泰戈尔刚获得诺贝尔文学奖，是东方第一位戴上这顶桂冠的作家，正享誉世界文坛。北京讲学社请到诗翁，当时中国文化界视为一大盛事。讲学社的主事人是梁启超、林长民他们。梁氏弟子、林氏忘年交的徐志摩担当翻译，也算跑腿的，事先负责具体联络，后又全程陪同。自四月十二日至五月三十日，长达五十来天，泰戈尔到了上海、杭州、南京、济南、北京、太原、汉口等许多城市，足迹遍及半个中国，徐志摩则寸步不离。四月二十三日，泰戈尔一到北京，林徽因就往车站参加了欢迎、接待。

　　二十五日，她跟随父亲，与梁启超、胡适等一起陪同泰戈尔游览北海，参观松坡图书馆，又赴设在静心斋的茶会。

　　二十六日，林徽因与徐志摩、陈西滢等陪同泰戈尔游览京郊法源寺，观赏丁香花。

　　二十七日，她陪同泰戈尔游览故宫御花园，并拜会溥仪，这回更兼作翻译。晚上陪同参加北京文学界招待泰戈尔的宴会。

　　二十八日，她与梁思成等陪同泰戈尔往先农坛同北京学生见面。徐志摩担任翻译。

二十九日，再与胡适、徐志摩、王统照、颜惠庆等人陪同泰戈尔。午前参加北京画界在贵州会馆的欢迎会。下午参加庄士敦的招待。

下旬，林徽因还与丁西林、胡适等人陪同参加了凌叔华在私宅举办的欢迎泰戈尔家庭茶会。

许多天来，林徽因的陪同日程安排得满满当当。

泰戈尔同北京学生见面的场面，吴咏所著《天坛史话》中有生动的描写："林小姐人艳如花，和老诗人挟臂而行，加上长袍白面，郊寒岛瘦的徐志摩，有如苍松竹梅的一幅三友图。徐志摩的翻译，用了中国语汇中最美的修辞，以硖石官话出之，便是一首首的小诗，飞瀑流泉，淙淙可听。"因其记述的生动，这段文字流传甚广，因此地点也误传在天坛。有的传记夸张成"天坛前人山人海，水泄不通"。另有传记重墨渲染："祈年殿飞檐上的风铃，流水般摇响一片铜声的静穆，如一曲高远的梵歌，悠悠自天外飞来。"泰戈尔讲演原先确实定在天坛的圜丘，但考虑听讲学生多经济不怎么富裕，而天坛门票钱却不菲，于是临时改往不收门票的先农坛。当天《晨报》刊有改变讲演地点的启事，翌日《晨报》又有讲演于先农坛的详细报道："午后二时，即有无数男女学生驱车或步行入坛，络绎不绝，沿途非常拥挤。讲坛设在雩内之东坛（即一品茶点社社址），坛之四围布满听众，有二三千人之多。京学界各团体之代表均聚集坛上，天津绿波社亦派有代表来京欢迎，至三时零五分泰氏始到，乘坐汽车至雩坛门前下车，林长民为导，同来者为其秘书恩厚之、葛玲女士及林徽因、王孟瑜女士并梁思成等。"

五月八日诗翁六十四岁寿辰，接待泰戈尔活动推向高潮，北京文化界借协和大礼堂为他庆寿。胡适主持庆典，主要内容：一是梁启超代表大家为他起了一个中国名字"竺震旦"，赠他一方"竺震旦"印章。二是文化人用英语演出了泰翁的诗剧《齐特拉》（《Chitra》）。正剧开演前，特意设计一个人体造型：林徽因身穿古代服饰，携手稚气可爱的幼童（黄子美六岁儿子），一并仰望左上方皎洁明月。聚光灯下成美妙剪影，新奇夺目。观众眼前一亮，顿时掌声四起。不负新月社同人匠心，绝妙地为自己宣传了一回。剧情梗概是，主人公齐特拉公主尚武有成而其貌不扬，在山林里邂逅邻国王子阿俊那，对他一见钟情。她虽屡建战功却不得王子欢心，于是祈求爱神赐给自己美貌，最终得以姣好面容和王子结成夫妻。然而婚后的齐特拉又为失去了本来容颜后悔，恰好王子也仰慕邻国公主征服乱贼的英名。他并不知情,心仪的这位公主正是自己妻子。齐特拉再次恳求爱神恢复了她原先并不漂亮的容颜,王子十分意外,顿时无比惊喜。幕布就在浪漫的皆大欢喜结局中徐徐下垂。

戏由张彭春导演,梁思成绘制布景,林徽因饰演女主角齐特拉。担任其他角色的无一不是名流:张歆海饰演王子阿俊那,徐志摩饰演爱神玛达那,林长民饰演春神伐森塔。连跑龙套者亦非寻常之辈,袁昌英演村女,丁西林和蒋方震演村民。王赓太太陆小曼也在台下忙活,泰戈尔抵京则是王赓率领警卫到车站开道的,开演前发售演出说明书的女士也正是王太太陆小曼。她持大沓说明书站礼堂入口处,递上一份,收回大洋一枚。来了个吝啬观众,甩下说明书径直而入,陆小曼来了太太脾气,跟着抛下说明书扭身甩手不干了,众人围着她好劝歹劝才息了太太怒气。

幕布拉开,新式布景叫观众惊叹不已。丛林上空悬一弯晶莹新月,月下齐特拉公主的造型姿态曼妙动人。那几天报纸连篇累牍的文章盛赞这场演出,印度朋友称赞林徽因的英语流利悦耳。五月十日北平《晨报副刊》说:"林宗孟(按,即林长民)君头发半白还有登台演剧的兴趣和勇气,真算难得。父女合演,空前美谈。第五幕爱神与春神谐谈,林徐的滑稽神态,有独到之处。林女士徽音,态度音吐,并极佳妙。"演出情景十多年后仍有人记忆犹新,赞叹林徽因一口流利英语的清脆柔媚,真像一个外国好女儿。(见赵森《徐志摩演戏的回忆》,载《朔风》杂志一九三九年八期。转见韩石山:《徐志摩传》)林徽因出色演技令她本来不小名气愈发在古都声誉日隆。她一生酷爱戏剧,可惜,出演《齐特拉》既是她一生里首次粉墨,也是最后登台。此后她创作过剧本,设计过舞美,指导过旁人排演,自己竟再无机会结缘演剧。林徽因和看过此剧的观众,能不遗憾无穷?

应邀观看演出的人大有文化界名流,台下就坐着日后与新月社芥蒂越来越深的鲁迅。鲁迅当天日记记下:"逮夕八时往协和学校礼堂观新月社祝泰戈尔氏六十四岁生日演《契忒罗》剧本二幕,归已夜半也。"梅兰芳也来了,表示回谢吧,五月十九日梅剧团在开明戏院演出《洛神》招待泰戈尔。可能就在此前后林徽因结识了梅大师,从此她爱上京剧。梅兰芳也很敬重这位才女名媛,传闻林徽因在场,梅兰芳总不肯落座。传闻来自一次萍水相逢的外国朋友查理斯半个多世纪后的回忆,(见费慰梅著《梁思成与林徽因》)流布甚广。虽为读者津津乐道,但可信度不大。林徽因自一九二一年冬英伦归国至一九二四年初夏出国留学,其间与梅兰芳社交接触为数有限，那时她身份也不至于震慑梅大师到如此程度。报刊上确登过一张林徽因坐梅兰芳站的照片，摄自北平图书馆。馆长袁同礼宴请两位外国来宾，诸多名人名媛陪席。合影大概在宴前，前排就坐除外籍宾客，余皆女士。他们的先生一律侍立于后，有梁思成、叶公超和外交官冯至海，连东道主袁同礼站后排，后排还有未携夫人的徐志摩、温源宁、陈受颐；梅兰芳在温左侧，陈赟左侧是程艳秋。照片上有坐有立，没有敢与不敢。而且这次宴会日期迟至查理斯和林徽因分别几年之后，分别后他们再未重逢，也无联系了。有人质疑，与传闻意思或相反，该是梅兰芳在场林徽因不敢坐下。对照费慰梅此著两种译本（各由曲莹璞等译和成寒译），两个译本译得相同，都是梅兰芳不敢入座的语意。译文不会有误，剩下的可能只会是查理斯当时听错，或年久他记错。

泰戈尔离开中国了，连日来相伴左右的林徽因，为他翻译，为他演出，既聪敏又可人，令诗翁生依依惜别之情。他想助成徐志摩追求林徽因的美事，劳而无功，临行时留下了一首小诗：

    天空的蔚蓝，
    爱上了大地的碧绿，
    他们之间的微风叹了声"哎！"

◇ 1924年5月8日，为庆祝泰戈尔六十四岁生日，林徽因饰演泰戈尔诗剧《齐德拉》中的公主。此为林着装照

◇ 1924年，林徽因与泰戈尔在北京

◇◇ 1924年5月，林徽因、梁思成与泰戈尔在北京

◇ 1924年5月，林徽因与梁思成、徐志摩、泰戈尔、恩厚之、林长民等在北京

◇ 1924年5月，林徽因（左一）与泰戈尔、徐志摩、恩厚之等在北京景山庄士敦家门前

◇◇ 1924年5月，林徽因（二排左二）与泰戈尔、颜惠庆、任萨姆、徐志摩、庄士敦、恩厚之、沈摩汉、润麒等在北京景山庄士敦家门前

八

梁思成

  与林徽因终成眷属的是梁思成，梁启超长子。思成之前梁家先有过一个夭折的男孩，因此平辈或晚辈都称呼思成二哥或二叔、二舅。

  梁思成个子瘦小，而白净秀气。妹妹思庄眼里的二哥，怎么看他，怎么潇洒，叫他"Handsome boy（漂亮小伙子）"。梁思成进入清华学校便是校园里异常活跃的人物，喜爱绘画，任《清华年报》美术编辑；喜爱音乐，当管弦乐队队长，吹第一小号；喜爱体育，获得过校体育运动会跳高冠军。他的外语也好，翻译了王尔德作品《挚友》，发表于《晨报副镌》；还与人合作译了一本威尔司的《世界史纲》，由商务印书馆出版。莫要意外，这么活跃的大学生，留给同学们的深刻印象竟是"具有冷静而敏捷的政治头脑"。"五四"运动爆发，"他是清华学生中的小领袖之一，是'爱国十人团'和'义勇军'中的中坚分子"（黄延复：《有政治头脑的艺术家》）。梁思成所在的清华癸亥级人才济济，日后成就斐然的同窗大有人在，顾毓琇、梁实秋、吴文藻、孙立人、施嘉炀、王化成，以及与梁思成同道的陈植，个个各有建树。

  众多兄弟姐妹里，梁启超最寄厚望于思成，从学业、婚姻到谋职，都一一给予入微的关怀、照顾。然而，梁启超毕竟是开明的父亲，并不包办。思成结婚前夕梁启超致信说："你们若在教堂行礼，思成便用我的全名，用外国习惯叫做'思成梁启超'，表示你以长子资格继承我全部的人格和名誉。"（梁启超手书）。对具备多方面发展潜能的梁思成，他没有规定儿子一定走哪条人生道路，唯一不希望他再做政治家。最终影响梁思成献身于建筑科学的是恋人林徽因，谈到此事梁思成曾说：

> 当我第一次去拜访林徽因时，她刚从英国回来，在交谈中，她谈到以后要学建筑。我当时连建筑是什么还不知道，徽因告诉我，那是包括艺术和工程技术为一体的一门学科。因为我喜爱绘画，所以我也选择了建筑这个专业。
>
> （见林洙《困惑的大匠梁思成》）

有几种传记根据这话，便将林徽因、梁思成相识年份定在林徽因从英国归来的一九二一年，这里梁思成初次拜访林徽因和他俩的相识时间混为了一谈。这次拜访之前，林徽因已经认识了梁思成。林、梁两家世交，往来频频，林徽因出国前便有很多结识梁思成的机会。女儿梁再冰关于林徽因尚未出国时与梁思成见过面的记述是可信的：

> 父亲大约十七岁时，有一天，祖父要父亲到他的老朋友林长民家里去见见他的女儿林徽因（当时名林徽音）。父亲明白祖父的用意，虽然他还很年轻，并不急于谈恋爱，但他仍从南长街的梁家来到景山附近的林家。在"林叔"的书房里，父亲暗自猜想，按照当时的时尚，这位林小姐的打扮大概是：绸缎衫裤，梳一条油光光的大辫子。不知怎的，他感到有些不自在。
>
> 门开了，年仅十四岁的林徽因走进房来。父亲看到的是一个亭亭玉立却仍带稚气的小姑娘，梳两条小辫，双眸清亮有神采，五官精致有雕琢之美，左颊有笑靥；浅色半袖短衫罩在长仅及膝的黑色绸裙上；她翩然转身告辞时，飘逸如一个小仙子，给父亲留下了极深刻的印象。
>
> （《回忆我的父亲》）

正如梁再冰所说，梁启超早已有了与林家联姻的意愿，林长民也很乐意有此通家之好。不过，梁启超仅仅止于意愿，没有进而干预两人婚事。他对儿女婚姻的态度相当民主，梁林相恋后他说："我对于你们的婚姻得意得了不得，我觉得我的方法好极了，由我留心观察看定一个人，给你们介绍，最后的决定在你们自己，我想这真是理想的婚姻制度。"（《致梁思顺等信》）至迟在农历壬戌（一九二二）年底林长民就提出为这对年轻人订婚，但是梁启超仍以为不必，想法是行此大礼可在四五年后。事实上，在此期间梁思成和林徽因都没有失去再选择佳偶的自由，他俩确又经历了不短的恋爱过程，一个不再选择而可能选择过程。中国留学生中不乏爱慕、追求林徽因的同胞，无不是门第不凡、本人优秀的俊彦。林徽因情感依然独钟于梁思成，未曾有过丝毫旁骛念头。同在美国留学的顾毓琇回忆："思成能赢得她的芳心，连我们这些同学都为之自豪，要知道她的慕求者之多有如过江之鲫，竞争可谓激烈异常。"（顾毓琇：《一个家庭两个世界》）

梁、林真正恋爱开始在林徽因旅居英伦回国以后，并且排除了徐志摩不知趣的干扰。梁思成常常选在环境优美的北海公园与林徽因幽会，那里坐落着新建的松坡图书馆。父亲是馆长，它做了梁思成的近水楼台。礼拜天图书馆不开馆，难不倒衣袋里有钥匙的思成。林徽因又跟随梁思成去过郊外的清华学堂，观看他参加的音乐演出；和他一起逛太庙，刚进庙门梁思成就失了踪影，她正诧异，小伙子已爬上大树喊她名字。那段时光于林徽因来说何其温暖灿烂。

没想到，加速他俩恋爱进程的是一场意外车祸。一九二三年五月七号的国耻日，梁思成骑摩托和弟弟思永上街要参加示威游行，摩托行到长安街被国务院里权贵金永炎的汽车撞倒。思成满身是血，思永带伤回家报信。梁家慌成一团，当天几房大大小小正在欢聚一堂，为梁启超二弟请寿酒。不幸消息冲散了酒席，赴席的林长民全家也跟着挨饿。林徽因更是着急慌神，她头一次遇着亲人遭受如此灾祸。梁家两弟兄住院治疗，思永伤轻不几日出院，思成却大伤了筋骨落下残疾，左腿比右腿短了小小一截。林徽因每天往医院服侍，恰值初夏时节，梁思成汗水淋淋，她顾不得避讳，揩面擦身，护理无微不至。两人恋爱以来从未如此频繁亲密地接近，恋情经受惊吓、焦虑过后倒愈发甜蜜。

因为车祸，梁思成本来计划当年赴美留学的日期只得推迟一年。这一迟，正逢到林徽因中学毕业，她也考取了半官费留学资格。车祸又玉成了一件美事，两人比翼齐飞，漂洋过海。越洋航船上年轻人双双敞开胸襟，迎向扑面的劲风，他们憧憬的前程颇似脚下的海面、头上的天空，愈往前行，愈加辽阔、愈加湛蓝。

到了大洋彼岸，身处异国他乡，双方家人远在万里之外，梁思成对林徽因格外关心体贴。朝夕相伴的日子，感情弥笃，愈益依恋。一九二五年林长民身亡，失怙的孤女依赖梁家势成必然。梁启超随即致信儿子，嘱他转告林徽因：

> 我和林叔的关系，他（她）是知道的，林叔的女儿，就是我的女儿，何况更加以你们两个的关系。我从今以后，把他（她）和思庄（梁启超二女儿）一样地看待，在无可慰藉之中，我愿意他（她）领受我这种十二分的同情，渡过他（她）目前的苦境。他（她）要鼓起勇气，发挥他（她）的大才，完成他（她）的学问，将来和你共同努力，替中国艺术界有点贡献，才不愧林叔叔的好孩子。
>
> （《与思成书》）

林徽因留学的开销断了来源，谋虑不等完成学业即回国独自谋生，因而梁启超又说："徽音留学总要以和你同时归国为度。学费不成问题，只算我多一个女儿在外留学便了。"（《与思成书》）几天后梁启超就着手兑现承诺，致信问梁思成：林徽因尚有的留学费用还能支撑多长时间，嘱他立刻回告，以便筹款及时寄到补充。其实梁家的经济也不宽裕，梁启超准备动用股票利息解难，甚至说了这样的话："只好对付一天是一天，明年再说明年的话。"可见梁启超早把林徽因提前纳为家庭一员，对徽因多了一份舐犊之情。在给海外子女的信中他牵挂着孩子们："思成、徽音性情皆近猬急，我深怕他们受此刺激后，于身体上精神上皆生不良的影响。他们总要努力镇摄自己，免令老人耽（担）心才好。"（《给孩子们书》）

舍去梁启超所说的猬急，林徽因与梁思成性格差异实在很大。梁思庄的女儿吴荔明这么比较："徽因舅妈非常美丽、聪明、活泼，善于和周围人搞好关系，但又常常锋芒毕露表现为自我中心。她放得开，使许多男孩子陶醉。思成舅舅相对起来比较刻板稳重，严肃而用功，但也有幽默感。"（吴荔明：《梁启超和他的儿女们》）深知父母的梁从诫说得比较具体："父亲喜欢动手，擅长绘画和木工，又酷爱音乐和体育，做事却喜欢按部就班，有条不紊；母亲富有文学家式的热情，灵感一来，兴之所至，常常可以不顾其他，有时不免受情绪的支配。"彼此的长长短短也体现在古建筑研究上："母亲在测量、绘图和系统整理资料方面的基本功不如父亲，但在融汇材料方面却充满了灵感，常会从别人所不注意的地方独见精彩，发表极高明的议论。"(《倏忽人间四月天》) 两人经常为学术见解、具体方案争执，可是基于志趣相同，取长补短，相得益彰，如俗话"一加一大于二"，合力开创了中国现代建筑学，世人传为美谈。林徽因病逝以后，同事们为梁思成惋惜，他的文章平淡得多。梁思成亦坦然承认："我所有写的好的文章的眼睛都是你妈妈点上去的。"(见2000年2月台湾《联合报·副刊》) 可是说到日常生活，两人性格差异则是另一码事情另一番情景了。

或许梁思成认定他对林徽因负有特殊责任，林徽因反觉得自己应当享受更加充分的自由。她是那么受同学欢迎，常常陶醉在众人的殷勤里。两人间的龃龉不可避免，大学第一年尤为激烈，梁启超曾说："思成和徽音，去年便有好几个月在刀山剑树上过活！"(《给孩子们书》) 这是林徽因和梁思成必须经历，又必定安然度过的磨合期，他们的爱情基础非常牢固，矛盾冲突一旦过去，不同性格有效推动了课程学习。费慰梅记述：

> 在大学生时代，他们性格上差异就在工作作风上表现出来。满脑子创造性的徽因常常先画出一张草图或建筑图样，随着工作的进展，就会提出并采纳各种修正或改进的建议，它们自己又由于更好的意见的提出而被丢弃。当交图的最后的期限快到的时候，就是在画图板前加班加点拼命赶工也交不上所要求的齐齐整整的设计图定稿了。这时候思成就参加进来，以他那准确而漂亮的绘图功夫，把那乱七八糟的草图变成一张清楚整齐能够交卷的成品。
>
> (《梁思成与林徽因》)

毕竟志同道合，哪怕眼前没有订婚，终成眷属的结局乃水到渠成的事。梁思成每去女生宿舍约林徽因出来幽会，等在楼下心情急切；爱打扮的楼上人，面容、发式、衣袜，哪处都不肯将就，迟迟下不来，常常叫梁思成等个二三十分钟。弟弟思永写了一副对子调侃他们："林小姐千装万扮始出来；梁公子一等再等终成配。"横批"诚心诚意"。

真正令人担忧的不在两个恋爱者本人，忧在梁家两个重要成员，首要一个是梁启超夫人李蕙仙。李夫人为前清礼部尚书堂妹，由尚书大人做主、操办，嫁给了梁启超。这位大家闺秀年长夫君四岁，遇事果断，意志坚决，支持梁启超事业，不失闺中贤内助。老夫人在梁家说话举足轻重，当家不怠。可是她性情有点乖戾，对未进门的林徽因那样不避讳男女大防、无所顾忌地服侍医院里的儿子，非常看不顺眼，由此她成了这门亲事的一大阻力。不久李夫人病故，梁、林心理上刚刚释下重负，不意李夫人长女梁思顺又给他们带来烦恼。梁启超二十岁得头生子女思顺，隔八年才有思成。他对这个女儿宠爱无比，叫她"大宝贝"，为她的书房起名"艺蘅馆"。艺蘅馆主人名符其馆，颇具文才，编就传诵一时的《艺蘅馆词选》。李夫人病故，二夫人王桂荃老实厚道，遇事不拿什么主意。已经成人的梁思顺干练精明，既是父亲的助手，年龄又比弟妹们大出许多，是他们的长姐，参加家庭事务的意见，分量不比李夫人轻去多少。她虽与梁、林同辈，但反对他俩婚姻的态度有如思成的生母。梁、林留学美国时，思顺恰随驻外使节的丈夫周国贤任职驻加拿大使馆，愈加自觉负起就近看护弟弟的责任，便与林徽因发生了正面冲突。思永同在美国留学，偏袒未来嫂子，不断写信回国，求助梁启超劝说思顺，父亲夹在其中左右为难。幸而数月后冲突化解，梁启超欣喜不已，作数千言长信给海外子女们，重点大谈梁、林二人："思顺对于徽音感情完全恢复，我听见真高兴极了。这是思成一生幸福关键所在，我几个月前，很怕思成因此生出精神异动，毁掉了这孩子，现在我完全放心了。"（《给孩子们书》）

一九二七年底，梁启超在国内为身处海外的梁思成、林徽因举行了隆重订婚仪式。林徽因父亲既已过世，母亲不宜行事，便由姑父卓君庸代行商议。礼仪按传统手续一一操作。梁启超提出，以旧式红绿庚帖各一份，合写男女籍贯、生年月日时辰及父上三代。聘物是一件玉器、一件小金如意（正式行聘时无如意，改为两方玉器，一红一绿）。梁家请了曾任司法部司长的书法家林宰平做媒人，庚帖也请他缮书。梁启超二夫人王桂荃请人择定农历丁卯年壬子月丙戌日（阳历十二月十八日）为吉日，那天梁启超因京城风潮未息，又顾虑养病期间不胜劳累，于是委托梁思成二叔代为主持仪式。清晨告庙谒祖，中午大宴宾客，晚上家族欢聚。天津梁宅也小小装点了一番，和一群孩子嬉戏热闹了半天。梁启超事先撰写了《告庙文》寄往美国，嘱咐思成夫妇好好收藏纪念。

遵照梁启超盼咐，三个月后林徽因和梁思成的结婚大礼举办于加拿大首都渥太华。婚期选在三月二十一日，为的是纪念宋代建筑家李诫。史籍记载李诫生平极少，这天是宋代碑刻上留存的与他相关日期，也是关于李诫现存资料中唯一的日期。几年后他们的新生男孩又取名"从诫"。

曾经阻挠婚姻的梁思顺成了婚礼操办人,她丈夫担任驻加拿大总领事,这就有了诸多方便。他们没有遵照梁启超的意思去教堂行婚仪,改到了总领事馆。纵然林徽因受了近四年美国文明的熏陶,看上去俨然相当洋气,可骨子里仍存有中国传统观念,婚事上特别在意祖传习俗。婚礼是人生一重大时刻,她的思绪飘至遥远的故国。她不愿像西方那样穿一身白纱,接受牧师祝福。东方的新娘应该穿戴鲜红的凤冠霞帔,无奈渥太华不能找到这样的婚服,她自行设计、缝制了一套别具色样的穿戴,头上环裹饰以嵌珠的头巾,左右垂下两条彩缎,也算有冠有帔了。领口袖口都配上宽条彩边,比素净洁白的西式婚纱来得喜庆。参加婚礼的记者把梁林结婚照登上报纸,引起了当地民众的轰动。

梁启超写信给新婚夫妇:"你们结婚后,我有两件新希望:头一件你们俩体子都不甚好,希望因生理变化作用,在将来健康上开一新纪元。第二件你们俩从前都有小孩子脾气,爱吵嘴,现在完全成人了,希望全变成大人样子,处处互相体贴,造成终身和睦安乐的基础。"慈父的可怜之心很是感人,而这番叮嘱并非多虑。尽管梁思成善于隐忍林徽因的急躁性子,亲戚戏称思成是一柱出气的"烟囱",但是烟囱偶有堵塞,便起了口角。如身旁有用人在,两人就用英语交锋。一九三六年初发生过一次争吵,异乎寻常的激烈。梁思成随即乘火车南去上海办事,林徽因在家伤心不已,痛哭了二十四小时,中间只睡了三四个钟点。梁思成到底后悔得快,在火车上即连发两个电报,同时还寄来了一封和解信,又如往常,家庭战争烟消云散了。林徽因对此的体会是:"在夫妇中间为着相爱纠纷自然痛苦,不过那种痛苦也是夹着极端丰富的幸福在内的。"他们争吵,正缘自彼此太过在乎。林徽因认为:"冷漠不关心的夫妇结合才是真正的悲剧。"(《致沈从文信》)抗战胜利喜讯传来的时刻,梁思成正独自在重庆办事,不能在家里与爱妻共享这巨大喜悦,他感到莫大孤寂。

后人多议论林徽因与三个男性的婚恋关系,为此前的徐志摩遗憾,为此后的金岳霖叹息,恰恰是既成眷属的梁思成似乎不太为某类读者接受。徐志摩的洒脱殷勤,金岳霖的睿智宽厚,与梁思成的执着坚毅,各有可爱处。梁的婚恋如愿,得之于双方志同道合。林徽因立志建筑学,视为生命。梁思成愿意随从恋人献身,便融入林徽因生命。携手并肩,相辅相成,夫妇共创了中国现代建筑学的辉煌。

如果林徽因当初爱上诗人，或多添一位诗人而失去杰出的女建筑学家；如果改嫁给哲学家，已然的女建筑学家成就怕难以更上一层楼。中国不缺诗人，即便是女诗人；中国需要建筑学家，更其需要杰出的建筑学家。着眼社会，应该庆幸林徽因的抉择。

　　梁思成在林徽因心目中终究是位温和的君子，他对林徽因关爱无比，两人精神上亦息息相通。有人怀疑道："梁（思成）是否真正爱着自己的妻子林徽因呢？"进而臆测："梁思成与林徽因看起来郎才女貌十分般配，实际上梁与林的婚姻本质上极为不幸。"（苗雪原：《伤感的旅途》）这么说有点无事生非，有点似梦乡呓语，他是否以为林徽因徒具其"女貌"了。梁思成、林徽因的婚姻与悲剧无缘，即使在日常生活中，他们也充满了情趣。有时夫妇俩比赛记忆力，互相考测，哪座雕塑原座出在何处石窟、哪行诗句出自谁的诗集，那甜美的家庭文化氛围令人产生李清照、赵明诚在世的感受。民国时期文人中流行一句俏皮话："文章是自己的好，老婆是人家的好。"梁思成改为："文章是老婆的好，老婆是自己的好。"他这话也在朋友中盛传。诚然，两人相伴终生自不免龃龉，也起过波折，但不论一帆风顺，还是困顿颠踬，哪怕落在极度艰苦的境地，梁、林夫妇都始终相扶相携，相濡以沫。家里人笑他俩是一对"欢喜冤家"。林徽因自嘲，两人是一对"难夫难妇"。最后，"难夫"把"难妇"送到了她人生终点，留下了国人称颂不已的美谈。

◇ 1908年，思顺（后排最高者）、思永（思顺前）、思庄（中间椅子上最年幼者）、思成（右一）、思忠（右二，座椅中）等"双涛园群童"摄于日本

◇ 1925年前后，林徽因与梁思成、梁思庄在明十三陵神道前

◇◇ 1925年前后，林徽因与梁启超、梁思庄在北京游览长城

◇ 1928年,林徽因、梁思成自美国经欧洲返国途中

◇ 1928年3月,林徽因身着自己设计的民族服饰与梁思成在加拿大渥太华拍摄的结婚照

◇◇ 1928年3月,新婚时的林徽因与梁思成

◇ 梁启超五十五岁亲笔将自己的照片题赠林徽因

九 留学

一九二四年初夏，半官费留学生林徽因启程出国，正好因车祸耽搁一年的梁思成与她同行。六月双双赴美国就读宾夕法尼亚大学，同船的有陈植。陈是陈叔通的侄儿，也去学建筑，成为梁、林的终生挚友。林长民自北京千里迢迢陪行到上海，伫立码头，目送"亚洲皇后"号轮船徐徐驶往黄浦江口。女儿身影娇小，傍梁思成身边，渐渐模糊成一粒小点儿。小点儿消失于他视野，竟成父女永诀。翌日上海《申报》报道了林长民送女留学的消息。

海船经一路风浪，七月六日抵达大洋彼岸纽约绮色佳（Ithaca），先入康乃尔大学（Cornell University），利用暑假补习几门课程。林徽因选修"户外写生"和"高等代数"，梁思成除"户外写生"还选了"三角"与"水彩静物画"。九月正式入读费城（Philadelphia）宾州大学（University of Pennsylvania），可是林徽因没有如愿进建筑系，那时这个系不收女学生，因为学此专业她们有某些不便。流行的解释出自费慰梅，她听说，学建筑需整夜画图，无人陪伴的女孩在场不很相宜。（《梁思成与林徽因》）另一种解释似更近于实际，该校原先允许女生选修建筑学，只是不许进入人体写生教室，避免课上分散男生专注，女生本人也略会尴尬。而获取学位，必须有人体写生课成绩。美国其他学校未设此禁规，便有女生到哥伦比亚大学补修了这门课程，再回宾夕法尼亚申请学位。（见王贵祥《林徽因先生在宾夕法尼亚大学》）

林徽因一入学就上了三年级，注册的英文名字叫菲莉斯（Lin Phyllis Whei-Yin）。林徽因无奈另选了美术系，美术系和建筑系同属美术学院，美术系同样开设一些建筑方面的课程。她身在美术心在建筑，好在建筑系里学生有梁思成，林徽因不太困难地旁听了美术系没有的建筑专业课。

林徽因天性活泼大方，何况已有过一年多旅居英国的经历，她很快适应了异国校园的生活，进而成为中国留学生学生会里社会委员会的委员。美术系三年级共有四名学生，林徽因与家在本地的伊丽莎白·苏特罗（Elizabeth Sutro）友谊最深，她经常到苏特罗父母家里做客。苏特罗晚年依然清晰地记得，林徽因"是一位高雅的、可爱的姑娘，像一件精美的瓷器……而且她具有一种优雅的幽默感。"（见王贵祥《林徽因先生在宾夕法尼亚大学》）

地方报纸也关注起聪颖的中国姑娘菲利斯，美国同学比林斯写了一则生动报道：

她坐在靠近窗户能够俯视校园中一条小径的椅子上，俯身向一张绘图桌。她那瘦削的身影匍匐在那巨大的建筑习题上，当它同其它三十到四十张习题一起挂在巨大的判分室的墙上时，将会获得很高的奖赏。这样说并非捕风捉影，因为她的作业总是得到最高的分数或偶尔得第二。她不苟言笑，幽默而谦逊，从不把自己的成就挂在嘴边。

"我曾跟着父亲走遍了欧洲。在旅途中我第一次产生了学习建筑的梦想。现代西方的古典建筑启发了我，使我充满了要带一些回国的欲望。我们需要一种能使建筑物数百年不朽的良好建筑理论。

"然后我就在英国上了中学。英国女孩子并不像美国女孩子那样一上来就这么友好。她们的传统似乎使得她们变得那么不自然地矜持。"

"对于美国女孩子——那些小野鸭子你怎么看？"

回答是轻轻一笑。她的面颊上显现出一对色彩美妙的、浅浅的酒窝。细细的眉毛抬向她那严格按照女大学生式样梳成的云鬓。

"开始我的姑姑阿姨们不肯让我到美国来。她们怕那些小野鸭子，也怕我受她们的影响，也变成像她们一样。我得承认刚开始的时候我认为她们很傻。但是后来当你已看透了表面的时候，你就会发现她们是世界上最好的伴侣。

在中国一个女孩子的价值完全取决于她的家庭。而在这里,有一种我所喜欢的民主精神。"

(《中国姑娘将自己献身于拯救她的祖国的艺术》,
刊一九二六年一月十七日《蒙塔那报》)

一次大学生的圣诞卡设计竞赛中聪明绝伦的林徽因又获了奖,她用点彩技法画一幅圣母像,颇有中世纪欧洲圣母像的苍古感,这件珍贵的文物至今保存在学校档案馆。仅以两年时间,她就如期取得了美术学士学位;作为建筑系旁听生,竟然不到两年,修完主要课程,难以置信地受聘担任建筑设计教师助理,不久更成为这门课程的辅导教师。

梁启超为思成和她寄来了国内新发现的古籍《营造法式》,它是宋代李诫所著。父亲的关怀和期待,无疑坚固了两个年轻人献身中国建筑史研究的志向。

林徽因在美国接受建筑专业教育,多得那里文化熏陶,并没有沦为洋派俘虏。她借当地报纸采访,严厉批评了西方建造师给中国带去中西夹杂、不伦不类的时髦而讨厌的建筑物。她深深感慨:"我们悲伤地看到,我们土生土长的和特有的本色的艺术,正在被那种'与世界同步'的粗暴狂热所剥夺。"甚至点名:"荷兰的砖瓦匠与英国的管道工,正在损害着中国的城市。"(见王贵祥《林徽因先生在宾夕法尼亚大学》)一个到人家那里启蒙的女孩,有这般清醒识见和坚定态度,可贵精神令人感佩。林徽因此后孜孜不倦于建筑事业,一生坚持了洋为中用初衷。

那几年留美中国学生兴起演戏风,他们取中国传统戏曲的剧情,用英语对白。演出《琵琶记》那次,梁实秋饰蔡中郎,谢文秋饰赵五娘,冰心饰牛小姐,顾一樵饰牛丞相。这批剧迷由演而谋改革,余上沅、闻一多酝酿倡立"中华戏剧改进社"。饰演齐特拉公主大放光彩的林徽因自然是他们发展入社的重点目标。余上沅给胡适的信里提及:"近来在美国的戏剧同志,已经组织了一个中华戏剧改进社,社员有林徽音、梁思成、梁实秋、顾一樵、瞿士英、张嘉铸、熊佛西、熊正瑾等十余人,分头用功,希望将来有一些贡献。"(《胡适来往书信选》)朱湘给闻一多的信,进而发挥他诗人的想象,期望闻一多学成回到国内,办一所无门户之见的艺术大学:"有梁思成君建筑校舍,有骆启荣君担任雕刻,有吾兄(按,指闻一多)濡写壁画,有余上沅、赵太侔君开办剧院,又有园亭池沼花卉草木以培郭沫若兄之诗思,以逗林徽因女士之清歌,而郁达夫兄年来之悲苦得借此消失。"(见《闻一多年谱》)林徽因留学时期的业余戏剧活动,显然是她获得学士证书后进入耶鲁大学戏剧学院的重要诱因。她在著名的G.P.帕克教授工作室学习,成为我国第一个在国外学习现代舞台美术的学生。她的天赋及美术和建筑的基础,使她得以也在这个专业里出类拔萃。同学里常有临到作业交卷时请她救急,一个求助过的同学后来成了百老汇有名的舞美设计师。

林徽因客居异邦两年有余,何时回国尚无定期,突然传来父亲噩耗,失去了这位倾心交谈的大朋友,她思念故国的情绪日益浓重,烦恼、苦闷、焦虑,此时她把自己比喻为"精神充军"。正值此时,胡适到美国访问,林徽因闻讯兴奋异常。她说动费城教育会邀请胡适讲演,自然想借机向老大哥倾诉一番。胡适此行是他成为名人首次回负笈旧地,近乎衣锦还乡,日程满满。老大哥历来宽厚,林徽因一纸成功,召之即来。以往林徽因和胡适见面不少,但够不上对话的朋友身份,从未有畅谈机会。林徽因年幼胡适十多岁,老大哥眼里的林徽因,除了是徐志摩的意中人、梁思成的有情人,更多是个纯真的中学生、年幼小妹妹。林徽因摊开纸写信,曾一阵犹豫,担心此举是否唐突,刚见胡适很有些不自在。胡适惯常的绅士气度,还有于故交之女的怜爱,最终溶解了她的忐忑。一夕倾谈,林徽因如久旱逢雨,诸多往事叫她感触万千。

话题很广,从宗教、政治到教育,特别是人事,人事里又少不了谈徐志摩。林徽因偕梁思成久离北京,徐志摩与陆小曼热恋,两三年来发生的种种事端,万里之隔不免误会。经胡适细细排解,那些她不明白的疑窦一一化解。往日她以为深知徐志摩其实并未真正了解,或许还误伤过他。这回与胡适交谈后,她检出徐志摩所有来信再翻阅一遍,才逐渐看明白了这位浪漫诗人。她请老大哥转告徐志摩,希求彼此谅解,用徐志摩常说的话就是,"让过去的算过去的",不必重提了,永远默念在心底。

徐志摩担心美国的生活将宠坏林徽因,其实不然。三年的异域生活,经历过种种人事纠纷,林徽因已不再是北京四合院里那个爱做美梦、染一丝虚荣的娇小姐。她由人生的理想主义阶段跨入了现实主义阶段,胡适当面称赞她老成了好些。

林徽因走向成熟不可忽略一个重要因素,就是这两年梁、林双方家庭适处在多事之秋。梁思成母亲病故;林徽因父亲不测;梁启超被误诊错切一只肾脏,兆示他距生命的尽头不远。

两个年轻人出国前夕，思成的母亲李蕙仙已经乳癌复发。为了孩子前程，坚强的母亲忍痛放行。梁思成到美国仅一个多月，母亲病情急速恶化，梁启超发电报急召思成回国，然而未待思成做好行前准备，母亲已经气息奄奄，等不得游子归来了。思成只得放弃床前尽孝的远归，痛彻肺腑。李蕙仙是梁氏家族的主心骨，与梁启超又感情甚笃，她弃世好比梁家大厦折了一根顶梁柱，思成的伤感不能不波及林徽因。

予林徽因致命打击的是林长民噩耗，林长民一直担负着女儿精神导师的角色。林长民正当盛年，与各界俱有关系，人脉深广。尽管事业受挫，毕竟仍孚有声望。这面林徽因前进的坚实后盾，现在一夜间成乌有，林徽因如无根浮萍飘飘荡荡。林家的物质损失也非同小可，林长民收入是全家唯一的经济来源。一朝离去，两位遗孀、一大帮未成年儿女，生计全失去了着落。林长民为宦多年而廉洁清贫，死后只留下三百余元现钱。为此梁启超四处设法筹集赈款，筹建"抚养遗族评议会"。然而集资有限，评议会也不了了之。起先林徽因得到的是父亲尚未毙命的误传，她还心存一线希望。不几天又得知噩耗无疑，遗骸已遭焚烧，而且无从运回了。父亲的死是她人生中遭受的第一次巨大打击，为此林徽因动摇了留美学业的专心致志，渴望立即回国自谋生路。母亲和梁启超均苦口劝阻，无论如何需要完成学业。她又筹划勤工俭学打工一年，自筹留学费用。梁启超仍然不忍她罹此苦辛，全力承担各种支出。林徽因那独立性格，受梁家这般恩惠，不能不感到寄人篱下的懊丧。以前她从未怀有忧患和屈辱的意识，现在真切地感受到了立足社会的压力。

就在梁启超奔波料理林长民丧事不久，他本人健康也出现了问题，小便带红。他自信体质一贯强健，没有警觉到严重，不知恰是要他性命的肾病先兆。林徽因失去父亲，梁启超俨然替补了父辈空缺。老人爱才，早就视林徽因如女儿一般，现在更对她增添一份怜爱，自觉肩负起家长兼导师的责任。他素来对儿女们循循善诱："'人之生也，与忧患俱来，知其无可奈何，而安之若命'，是立身第一要诀。"对林徽因寄予殷切期望："他（林）要鼓起勇气，发挥他（她）的大才，完成他（她）的学问，将来和你（思成）共同努力，替中国艺术界有点贡献，才不愧林叔叔的好孩子。"（《致梁思成信》）梁启超又直接写长信开导林徽因，遗憾这封长信未能留存下来。尤为遗憾的是，不久这么一位慈祥长者必须住院治疗。起初进德国人办的医院，医生不明病因，以为只是细血管破裂，不予重视，贻误了治愈最佳时机。后来转入协和医院，确诊右侧肾脏坏死，急需切除。手术台上护士错画了手术切口记号线，右侧错到左侧。医生也未加细察，切除好肾留下了坏的一侧。梁启超元气于此耗尽，大限临近便成定数。费慰梅在《梁思成与林徽因》里说，由于协和医院名声攸关，误切肾脏的医疗事故作"最高机密"不让外传，四十年代外界和梁思成才得知真相。梁思成续弦林洙所著《困惑的大匠梁思成》也说："对这一重大医疗事故，协和医院严加保密，直到一九四九年以后，才在医学教学中，讲授如何从光片中辨别左右肾时，列举了这一病例。梁启超的子女，也是在一九七〇年梁思成住院时，才从他的主治医师处得知父亲真正的死因。"此说为众多林徽因传记采用，其实不确。当年这起事故即传向社会，引起了《晨报副镌》《现代评论》等重要报刊的议论。梁启超病倒，连遭打击的林徽因再受沉重一击。梁氏大厦渐渐倾覆，而她已纳入这个家族，唇齿相依。比之那次父亲猝不及防的遇难，这回林徽因的受伤不似猛烈，却隐痛愈加绵长，磨炼也愈加入骨。林长民文人气十足，是朋友似的父亲，但舐犊之情不在细处；梁启超是父亲似的朋友，对其关爱备至，一旦失去了梁启超无微不至的呵护，林徽因看似柔弱的肩膀就开始承受难以承受的重负。

◇ 1926 年，林徽因、梁思成与陈植等人在宾夕法尼亚大学

◇ 1927年3月,梁思成、林徽因身着中国传统服饰在宾夕法尼亚大学留影

◇◇ 1927年,林徽因与梁思成在宾夕法尼亚大学

◇ 留美期间,林徽因与陈植、陈意等留学生在宾夕法尼亚大学

◇ 1927年前后,林徽因与梁思成(左一)、吴文藻(左四)、陈意(左五)、陈植(最前者)等留学生合影

◇ 1927年前后,林徽因与杨廷宝(右一)、陈植(右二)等留学生美国留影

◇ 1927年，林徽因在宾夕法尼亚大学

◇◇ 1927年，林徽因在宾夕法尼亚大学毕业时留影

◇ 梁启超五十六岁时留影。他将这幅照片题赠每个孩子。此为梁启超人生中最后一张留影

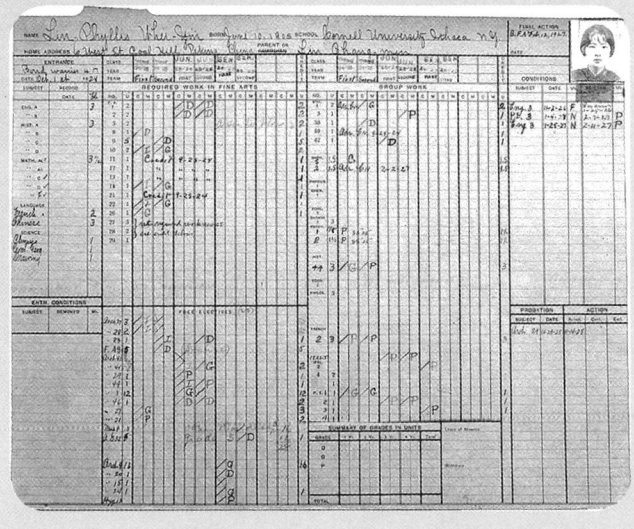

◇ 1924年，林徽因为《晨报五周年增刊》设计的封面

◇◇ 1927年，林徽因在宾夕法尼亚大学的成绩单

十
欧 游

梁启超病重之际,一九二八年春夏,林徽因和梁思成离开留学四年的美国。两人共同起步宾夕法尼亚大学,最后结业,梁思成在哈佛,林徽因在耶鲁。来时处子童男,走时人夫人妇,往欧洲欢度蜜月。他们从欧洲取道俄罗斯回国,此后林徽因再也没有重新踏上欧美两块大陆。

蜜月之旅长达五六个月,它更像是一次欧洲建筑考察行。关于回程路线,年轻人为着省钱,打算由陆路经莫斯科过西伯利亚回国。梁启超主张走海道,认为刚建国的苏联野蛮残破,没有什么可看,出入苏联边境甚或有意外危险,也不一定省钱。他亲自替新郎新娘设计了行程路线:

> 我替你们打算,到英国后折往瑞典、挪威一行,因北欧极有特色,市政亦极严整有新意(新造之市,建筑上最有意匠者为南美诸国,可惜力量不能供此游,次则北欧特可观),必须一往。由是入德国,除几个古都外,莱茵河畔著名堡垒最好能参观一二,回头折入瑞士看些天然之美,再入意大利,多耽搁些日子,把文艺复兴时代的美,彻底研究了解。最后便回到法国,在玛赛上船,(到到西班牙也好,刘子楷在那里当公使,招待极方便,中世及近世初期的欧洲文化实以西班牙为中心。)中间最好能腾出点时间和金钱到土耳其一行,看看回教的建筑和美术,附带着(替我)看看土耳

其革命后政治。

(《致梁思成信》)

  梁启超叮嘱儿子："我盼望你每日有详细日记，将所看的东西留个影像（凡得意的东西都留他一张照片），可以回来供系统研究的资料。若日记能稍带文学的审美的性质回来，我替你校阅后，可以出版。"（同上）

  梁思成似乎并未听从父亲嘱咐，至今未见披露这份应该记下的日记，梁思成续弦林洙证言："他们在欧洲游历的观感没有留下文字的记录。"（林洙：《困惑的大匠梁思成》）多种林徽因传记描述的梁、林游览欧洲各地情景，纵然绘声绘色，恐怕都不大可靠。林徽因对她的学生关肇邺回忆过那次参观西班牙阿尔罕布拉宫情景，唯有学生这份回忆算是此次欧游印下的雪泥鸿爪。

  格兰纳达郊外的阿尔罕布拉宫是处西班牙名胜，历经岁月的剥蚀还得以完整保存。梁林夫妇下午才到达这个古城，住进旅馆后错过了往郊区的旅游班车。他们随即雇了马车飞驰而去，还是没能赶在闭宫之前。幸好东方青年的热忱打动了宫殿守门人，守门人不仅同意他们进入参观，并且像一名导游，陪同他们一路游览。长方形的主体石榴院和狮子院互相垂直矗立在不高的山上，俯视着浓郁树丛和蜿蜒红墙。石榴院用于朝觐，狮子院供妃嫔居住，一肃穆，一奢华。此时游人散尽，石榴院内长条水池涟漪闪烁，波动着天上的群星。周围月色氤氲，给他们以梦幻般的游仙感受。狮子院十二个石狮，个个生气勃勃又似躁动不安，筑建宫殿时格兰纳达小国正遭受西班牙君主强加的屈辱。林徽因欣赏眼前的王宫，它在精致、富丽中给人一种忧郁的气息。皓月升天，年轻夫妇不舍地乘马车返回城里，回望笼罩在凄迷月色下的古老宫殿，林徽因一阵感慨，想起哀伤中国亡君李后主的有名词句：

  四十年来家国，三千里地山河。凤阁龙楼连霄汉，玉树琼枝作烟萝。几曾识干戈？ 一旦归为臣虏，沈腰潘鬓消磨。最是仓皇辞庙日，教坊犹奏别离歌。垂泪对宫娥。

  欧游数千里，林徽因、梁思成虽未作什么文字记载，倒带回了大量照片。各地大大小小、远远近近的留影，多姿多态，后人好像一路随行。只是林徽因对自己的留影很不满意，她气恼地埋怨："在欧洲我就没有照一张好照片，你看看所有的照片，人都是这么一丁点。思成真可气，他是拿我当 Scale（标尺）呀。"

欧游未能如期结束。梁启超为年轻夫妇安排了东北大学建筑系教职，并且由他们创建这个系，创建事务诸多，夫妇俩匆匆提前行程。或许是这个原因，新夫妇没有遵行父亲建议的路线，依旧取道陆路，乘上穿越西伯利亚的列车，颠簸行过鄂姆斯克、托木斯克、伊尔库茨克、贝加尔……到边境转乘中国列车，经哈尔滨、沈阳抵达大连，在那里又换乘轮船到大沽上岸，冒着倾盆大雨登上开往北平的列车。

窗外荒漠无垠，看尽俄罗斯冻土，这样的旅行实在单调乏味。幸好另外一对年轻人扫除了他俩的旅途寂寞，这对年轻人，查理斯和费迪（有人译作芙瑞莉卡或蒙德里卡），来自美国。列车停在月台上，查里斯夫妇从满眼衣衫不整、举止粗鲁的旅客中，蓦然发现与众不同的林徽因、梁思成，他们惊异中国夫妇的斯文、高雅，尤其是林徽因的美丽，更有她的气质、性格。美国夫妇渴望了解陌生新奇的文明古国，中国夫妇尚眷顾刚刚分别的异域故旧，双方都感兴趣的话题足够他们聊上一路。四人热烈交谈，为遇到如意旅伴而快慰。在沈阳一起下车参观了大图书馆，查里斯看到许多人朝梁思成打躬作揖，他感受到国人心目中梁任公的巨大威望。到了北平，梁林夫妇热情陪同查里斯和费迪游览故都的名胜古迹，徜徉大街小巷，出入饭馆、戏院、店铺，以至一睹梁启超的私家花园。

短暂相处查里斯已经深切地认识到，这对瘦小的中国夫妇心里揣着崇高理想，有着强烈的社会责任感。而梁思成和林徽因眼里，阔别数年的祖国变得异常陌生和混乱。他们震惊，乃至担心自己是否将会像欧文笔下的人物文克尔那样，与环境格格不入，并对将来能有多大作为产生怀疑。即便如此，夫妇俩还是决心要找到自己的位置，将海外学到的本领尽力奉献给国家，多少怀有田园诗般的梦想，将自我融入养育他们的大地。

查里斯和费迪在中国走马观花过后去了日本京都，两对夫妇邂逅匆匆，如浮萍、如行云，没有再度相逢。可是美好的记忆在美国朋友心里珍藏了一生，查里斯晚年写下数千字的回忆，他说："菲利斯是感情充沛、坚强有力、惹人注目和爱开玩笑的。"（费慰梅：《梁思成和林徽因》）这次旅途短暂结伴，莫不是个前奏，林徽因、梁思成将与另一对美国夫妇——费正清和费慰梅结下非同寻常的友情。

◇ 1928年，在欧洲度蜜月期间的梁思成与林徽因

◇ 1928年，在欧洲度蜜月期间的林徽因

◇ 1928年，在欧洲度蜜月期间的林徽因

◇ 1928年，在欧洲度蜜月期间的林徽因

十一
东北大学

　　病中梁启超写信给欧游度蜜月的新人："（我）在康复期中最大的快慰是收到你们的信。我真的希望你能经常告诉我你们在旅行中看到些什么（即使是明信片也好），这样我躺在床上也能旅行了。我尤其希望我的新女儿能写信给我。"见字如面，最后一句袒露了老人的急切心情，他已四年没见到林徽因。

　　八月中旬新郎新娘到家，全家大人小孩个个兴高采烈，欢迎林徽因正式加入梁氏家族。院子里赛如过节，梁启超格外疼爱的小儿子老白鼻（父亲叫他Baby，故有此昵称，即直到二○一六年四月十四日才去世的航天权威专家梁思礼）成天挨着新娘二嫂。几年不见，变化了的林徽因并没像梁启超顾虑的那么洋味十足。梁启超告诉海外的大女儿思顺："新娘子非常大方，又非常亲热，不解作从前旧家庭虚伪的神容，又没有新时髦的讨厌习气，和我们家的孩子像同一个模型铸出来。"一句话，欣慰，满意，溢于言表。

　　思成回国前梁启超已经思谋儿子的供职问题。他卖着老脸拜托清华校长，建议清华大学增设建筑图案讲座，让思成任教。想进清华很不容易，校长不敢擅自做主，需经学校评议会投票。梁启超又为儿子筹划过退路，若进不了清华，则暂且去上海大藏画家庞莱臣处，为庞老先生做几个月义务秘书。最差的打算是思成在家赋闲一二年，为日后工作做些学问准备。这时沈阳的东北大学正创办建筑系，决定邀请先已毕业于宾夕法尼亚大学的杨廷宝担任系主任。可是杨廷宝先已受聘某公司，他推荐还未到家的学弟梁思成代替自己。清华学堂这边的答复相当勉强，东北大学那边十分殷切。权衡之后，梁启超来不及征询儿子意愿，当机立断，代思成收下了东北大学聘书。东北大学任教月薪二百六十五元，属该校新教师薪水中最高的一级。

新夫妇在北京行了大婚拜祖礼仪，稍事休息，梁思成独自先行赶赴沈阳，着手筹组东北大学建筑系。它将是中国大学第一个建筑学系，其他学校仅设建筑专业，而且这样的学校也少。林徽因抽空回福州老家接了母亲北上，她出生以来还没有到过故乡福州，没有见过祖父老屋门口写上林字的大红灯笼，没有见过父亲置办在水部高桥巷的日本式平房。她特意看了父亲创办的福建法政专门学校，为两所中学的学生作了讲演，一次讲"建筑与文学"，一次讲"园林建筑艺术"。暑假后开学林徽因才和母亲一起到沈阳，这一走没有再回老家一次。她替林天民叔叔设计了东街文艺剧场，这是她留在故乡的唯一遗迹，如今剧场已拆除。故乡之行，能看到的只剩下一张林徽因和亲友在法政学校门前的合影。

东北大学由张作霖儿子张学良创办，林长民命丧张氏父子手下，林徽因若不能释怀父仇，决不会来这伤心之地。学校建筑系创建之初教员仅梁、林二人，可谓"夫妻店"。林徽因讲授"雕饰史"和建筑设计，后来又讲"专业英语"。她几乎每晚在课堂上替学生修改绘图作业，时常至夜深才得回家。夜间工作恰是宾夕法尼亚大学建筑系不收女生的原因，林徽因无意中给了母校无言的嘲讽。林徽因教过的四十多个学生，其中走出了刘致平、刘鸿典、张镈、赵正之、陈绎勤，这么一群日后建筑界精英。堂弟林宣也是她的学生，晚年在西安冶金建筑学院担任教授。那时东北时局很不稳定，社会治安相当混乱，土匪出入乃常事。校园地处城乡结合处，土匪从牧区进城，纵马疾驰，经过校园门口，蹄声杂沓，校内家家户户不敢亮灯，漆黑中弥漫着恐怖气氛。林徽因撩起一线窗幔偷看外面，月光下骏马上的剽悍男子，个个披红色斗篷，一闪而过；诗人眼里出浪漫，她眼前，仿佛再现了中古骑士风采。

沈阳是大清入关前的重镇，古建筑不少，尤见特色的是清代皇室陵寝。林徽因和梁思成教学之余忙着到处考察，他们留有一张测量北陵的照片。照片上梁、林一左一右爬在石兽两侧，正悉心细察这座经数百年风雨剥蚀的遗物。原先他们对中国古建筑的了解仅仅是从课堂到书本，实地考察是在沈阳起步的。建筑系教员第二年增添了生力军,来了梁思成的老同学陈植,来了童寯和蔡方荫。四人组合成"梁、陈、童、蔡营造事务所"。林徽因虽没挂名,可事事参与其中。她主要研究古代建筑,建筑规划和工程设计只是她的副业。房舍设计方面留下的作品不多,和梁思成合作设计的"萧何园",应该是她最初的工程实践。要论当时林徽因完全独立设计的作品,该是一枚小小的东北大学校徽。东北大学改组后,张学良亲任校长,公开悬赏征求校歌和校徽。校歌最终选中了赵元任应征的歌词:"白山高高／黑水滚滚／有此山川之危利／故生民质朴而雄豪／地所产全美／所在相与劳／东邻兮日本／北果骄饶／苟捍卫之不利／宁宰割之……"校徽选中林徽因设计的图案,整体图形是一具盾牌,其间巍峨耸立着白山,横流着滔滔黑水,构思呼应了校歌内容。学校颁发应征奖金,赵元任八百元,林徽因四百元。

梁林夫妇在任教东北大学的第一个学期结束时,梁启超终于因误割左肾丢了性命。林徽因作为长媳,循当时习俗,麻衣草履,饮泣料理丧事。事后,她与丈夫共同为公爹设计了墓碑。墓体、碑体均取材大理石,高二米八,宽一米七,呈中国建筑中的榫头几何形状,与传统的墓碑设计迥异,浸透着现代建筑气息。中国传统特色的设计保留在距碑、墓不远处的亭子,备家人祭扫休憩的处所。《新月》杂志组织了悼念梁启超专辑,徐志摩特约林徽因撰写《梁启超先生最后××天》特稿,这篇文章后来由梁思成等众多子女具名的《梁任公得病逝世经过》一文所代替,也没有发表在《新月》,而是别处。半年后林徽因的第一个孩子诞生,夫妇为女儿取名"再冰",以纪念离别不久的祖父,梁启超的书房命名"饮冰室",他的著作称《饮冰室文集》。林徽因为婴儿写了首小诗,题写在照片背面。整首诗已亡佚,长大了的再冰见过,但只记得一句:"滴溜溜圆的脸……。"

林徽因做了母亲,体质虚弱,极不适宜东北寒冷干燥的气候环境,加之染上肺结核病,不得不停止一切劳作,一九三〇年冬天回到北平治疗静养。徐志摩见到了她和梁思成,诗人形容她夫妇瘦得像一对猴儿,林徽因脸上颧骨明显突出。第二年梁思成跟着辞去东北大学教职,继任者是东北籍的童寯。梁林夫妇离开沈阳,除去林徽因健康状况的原因外,还有些别的缘故。日本军国主义侵略中国的野心愈发明目张胆,东北形势日益吃紧,很难再容纳一张平静的书桌。不久果然发生了"九一八事变",日本军人关闭了大学,此其一。张学良治理学校不脱军阀作风,扬言要枪毙那些纷争不已的各派教员,这使受过欧美民主思想熏陶的知识分子们非常反感，此其二。要说更为直接的原因，则是北平新建立的营造学社亟待梁林夫妇加盟。沈阳不过是林徽因人生的一个小小驿站，逗留时间虽不长，却从这里发轫，逐步取得了建筑学的辉煌成就。

被迫关闭的东北大学建筑系由童寯主持南迁到上海，当中国第一届本科建筑系学生毕业的时候，梁思成写去三千字长信热烈祝贺。信中他深情地预期，这些毕业生将是"国产"建筑师的"始祖"，他们责任重大，前程无量。他代表林徽因，以两个人的名义向学子们道喜，愿他们通过努力，将来能为中国建筑事业开辟一个新的纪元。

◇ 1928年，林徽因留学归国，返闽探亲时和叔父弟妹等在福州

◇ 1929年，林徽因与梁思成测绘沈阳北陵

◇ 在东北大学工作时的林徽因

◇ 1929年，在沈阳初为人母的林徽因

◇◇ 1929年秋，林徽因怀抱出生二十七天的女儿梁再冰在沈阳

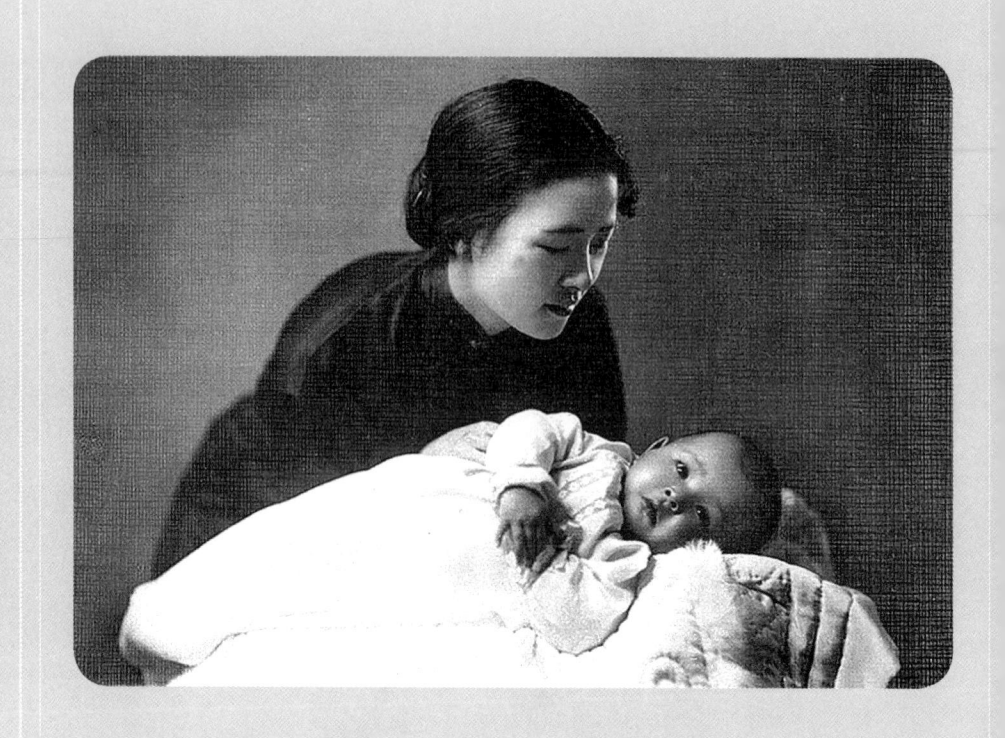

◇ 1929年秋冬之交，林徽因与女儿梁再冰在一起

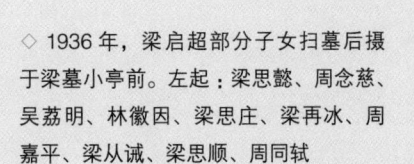

◇ 1936年，梁启超部分子女扫墓后摄于梁墓小亭前。左起：梁思懿、周念慈、吴荔明、林徽因、梁思庄、梁再冰、周嘉平、梁从诫、梁思顺、周同轼

十二
北总布胡同三号

梁思成、林徽因夫妇从沈阳回北平定居,起初借住西直门思成的大姐家,暂时息脚,很快迁居东城米粮胡同,这条胡同还住着胡适、傅斯年、陈垣。靠近老大哥得便许多,但住房太过狭窄,再迁到宽敞的北总布胡同三号。三号是一套两进的四合院,卧室、浴室、更衣室、卫生间、书房、办公室,大大小小四十来间。它也坐落东城,傍着皇城根。院里栽满丁香、海棠和马缨花树,里院和外院隔一道垂花门。里院客厅,市民通常用的窗棂纸换成更加透光的玻璃,阳光直透,洒满厅内一地。梁启超手书的联轴:

   清水出芙蓉 天然去雕饰
   白鸥没浩荡 万里谁能驯

挂在墙上特别引人瞩目。西北向窗下的办公桌宽宽大大,摆着林徽因喜欢用的毛笔和砚台,旁边紧挨书架,架上插满中外文书籍。上悬另外一副隶字对联,不详谁的墨迹:

   读书随处净土
   闭户即是深山

恰是这对学者夫妇精神写照。书香，墨香，来客没有不称道三号的静谧、优雅。

比之沈阳住处的简单陈设，住入北总布胡同三号，一应俱全。高朋满座，迎来迎往，林徽因开始展露家庭主妇才干。雇用了两个厨师、两个保姆、一个车夫、一个专管书房的听差，纵然各事有人职守，但省不了操持丈夫、母亲、孩子及仆人们生活的琐琐碎碎。费慰梅说，"她实际上是这十个人的囚徒"（费慰梅：《梁思成与林徽因》)。林徽因在梁家是长嫂，在林家是长姐，弟妹们不断来吃住，凑巧一起来了，她不得不调整住房。要安顿下男男女女，林徽因画过一张床铺图，这个那个，共计安排了十七张床铺，每张床铺标明是谁来睡。她得准备十七套铺盖（挤得车夫借宿别人家），还要准备他们的早点、茶水，让他们如意，一切都义不容辞。

林徽因痛惜时间，家务干扰了她画设计图或写文章。遇用人请示，立即放下草图或文章，亲临过问。有时她还要过问三号之外的事情，陈妈报告邻居房顶上裂了个大洞，住户自己修缮不起，求林徽因给房东说情。邻居是早在乾隆年间就租房的老住户，按租赁规矩交的仍是二百年前议定的租房价款，三间房依旧只付五十个铜板。再要房东负担修缮，哪好意思启齿。林徽因哭笑不得，自己掏钱代邻居付了修缮费。她厌烦无能的母亲爱管事，又顾虑自己管事耽搁工作，实际上，她管得一点都不少，管得富有成效。

又一个男婴一九三二年夏天进了北总布胡同三号，取名从诫，希望他步宋代李诫后尘研究建筑。梁从诫诞生在协和医院，福建老乡林巧稚为他接生。林大夫手写的英文接生记载至今完整保存在医院档案室，上面留有从诫的脚丫子印纹。小宝贝带给年轻母亲的喜悦充溢《你是人间的四月天——一句爱的赞颂》字里行间：

我说你是人间的四月天；
笑响点亮了四面风；轻灵
在春的光艳中交舞着变。

你是四月早天里的云烟，
黄昏吹着风的软，星子在
无意中闪，细雨点洒在花前。

那轻,那娉婷,你是,鲜妍
百花的冠冕你戴着,你是
天真,庄严,你是夜夜的月圆。

雪化后那片鹅黄,你像:新鲜
初放芽的绿,你是:柔嫩喜悦
水光浮动着你梦期待中白莲。

你是一树一树的花开,是燕
在梁间呢喃,——你是爱,是暖,
是诗的一篇,你是人间的四月天!

林徽因这首小诗当今广为传诵,常被研究者解读成献给徐志摩的作品。梁从诫否认它与徐志摩有何关联,亲属因某种缘由的辩解难免偏颇,遭人质疑亦常事。但也不必因为出自亲属之口一概不信。平心咀嚼小诗文本,不怀成见的话,爱情?亲情?它近于哪一种情感,还能体味出个大概。再可补说一句,因为徐志摩,和那部家喻户晓的电视剧,这首诗歌成了林徽因最为知名的作品。通读林徽因全部诗作,它远不是最该为读者传诵的一首。

北总布胡同里的梁从诫还很年幼,除了记得院子树木很高很多,不再留下其它印象,连母亲年轻时美丽容貌也依稀得近于无。姐姐梁再冰稍大几岁,不少温馨琐事尚记得许多,生病时得到母亲悉心护理,温馨留痕尤其不能忘怀。病中从保姆房里移到母亲卧室,紧紧依偎,口干却不宜多喝水,母亲白天小滴小滴湿润她嘴唇,夜间小茶壶搁床头,叮咛她实在难忍不过,就小小抿上一口。每次抿茶,总见母亲注视着她的动静,侍候娇女的母亲一夜无眠。

三号院落并不总是温馨的,异母弟林恒寄住的那些日子,家里气氛时时别扭尴尬。林徽因母亲心胸不宽,对林恒的不满、挑剔,脸面上不作一点掩饰。林徽因安抚无辜的小弟,尽心让他感受到姐姐的关怀呵护,以冲淡母亲的冷漠敌意。梁思成大姐的女儿和母亲赌气住进北总部胡同,事先没有告知父母,引起大姐恼怒。

大姐夜半找上门来拖女儿回家，女儿死活不愿。大姐竟然说，你这么喜欢往舅舅、舅母家里跑，为什么不跟舅舅、舅母要学费？不三不四的言语气得林徽因说不出话，更不能与她一般见识。大姐临走时宣称：女儿在这里会染上激进的婚恋观念，有人激进到连婚姻都不相信。她含沙射影，讥讽紧挨梁家不愿结婚的金岳霖。诸如此类，说大不大，说小不小，一天下来林徽因筋疲力尽。

　　三十年代社会激烈动荡，林徽因、梁思成始终恪守不介入政治运动的信条，然而政治运动不能不震动到这个宁静院落。"一二·九"示威游行的学生遭军警棍棒追捕，有人被打得奄奄一息。正在汇文中学读书的林恒参加游行，十多小时过去仍不见他回家。林徽因焦急地到处打电话探询弟弟下落，梁思成开汽车跑一家家医院，在受伤学生中寻人，始终不见林恒踪影。等到半夜得着消息，林徽因自己驾车到西城一处僻静小巷接着了弟弟。那几天北总布胡同三号成了进城游行学生的接待站和避难所，一个学生被大刀砍得血流满面，林徽因连忙给他包扎急救。梁思成五妹梁思懿最与林徽因相处融洽，她担任燕京大学"中华民族解放先锋队"大队长，游行队伍的指挥。梁思懿知道她上了黑名单，当晚躲到哥嫂家里避难。梁思成、林徽因以为，五妹只有立刻离开北平方能逃此一劫。林徽因连夜为思懿乔装打扮，用火钳为她烫发，给她戴上耳环，抹上脂粉，给她套上一件绸子旗袍，大学生霎时变成时髦"少奶奶"。林徽因扶"少奶奶"藏进小汽车，梁思成一路护送到火车站，登上南下列车。临别交代思懿，途中凶吉，以暗语电报给兄嫂报信。平安发贺电，出事则致唁文。结果收到的电文："恭贺弄璋之喜"，三天焦虑石头落地。

　　分内分外，家事国事，占去林徽因多少光阴和精力，无疑如朋友所担心，她的事业多受牵制。可正是居住北总部胡同三号的日子，林徽因常常外出考察古建筑，奠定了一位杰出建筑学家的坚实基础。外出回来，南窗下，小说、诗歌、散文、剧本，一篇篇一首首，连连面世，三号院女主人已经成为蜚声文坛的作家。

　　北总布胡同岁月是林徽因最美好年华，虽患病而未入膏肓；虽时有纷扰却无碍大局。兴致来时，套双高统皮靴，全身紧裹骑马装，娇弱身躯即刻矫健起来，扬鞭驰骋，那风姿肯定令人神往。她能饮啤酒，偶尔抽烟，谈锋锐不可当。遇见不公、有损公德的丑事，必愤然而起，唇枪舌剑。山西考古途中，费慰梅目睹了客厅之外的林徽因，"休息好了的时候，她对于美丽的景色和有意思的遭遇报以极端的喜悦。但是当她累了或由于某种原因情绪低落的时候,她可能是非常难对付的。当环境不好的时候我们大家都不好受,可是她在这种时候就会大声咒骂起来。"(《梁思成与林徽因》)哈佛校长的女儿很是为此难堪,她确不准两人孰是孰非。林徽因嫉恶如仇,怒形于色,她摆不脱闺秀拘谨,温良忍受。

  人说"金屋藏娇",北总布胡同藏着一位敢言、敢笑、敢怒的林徽因。那间雅致温馨的书房,她脍炙人口的诗文、剧本,一生文学辉煌,尽在此时此地。加上梁思成非凡贡献,半个世纪后,北京开发房产要推倒这一带民居,北总布胡同三号的存废,引发民众舆论纷纷谴责。开发单位慑于民意不得不中止进场施工,但为时已晚,"三号"旧观已经损坏了十之八九。且不论该存该废(推想林徽因更可能持废弃意见),民众这么怀念她,足以欣慰九泉下的亡灵。

◇ 北京北总布胡同的林徽因、梁思成故居

◇ 北总布胡同三号雪景

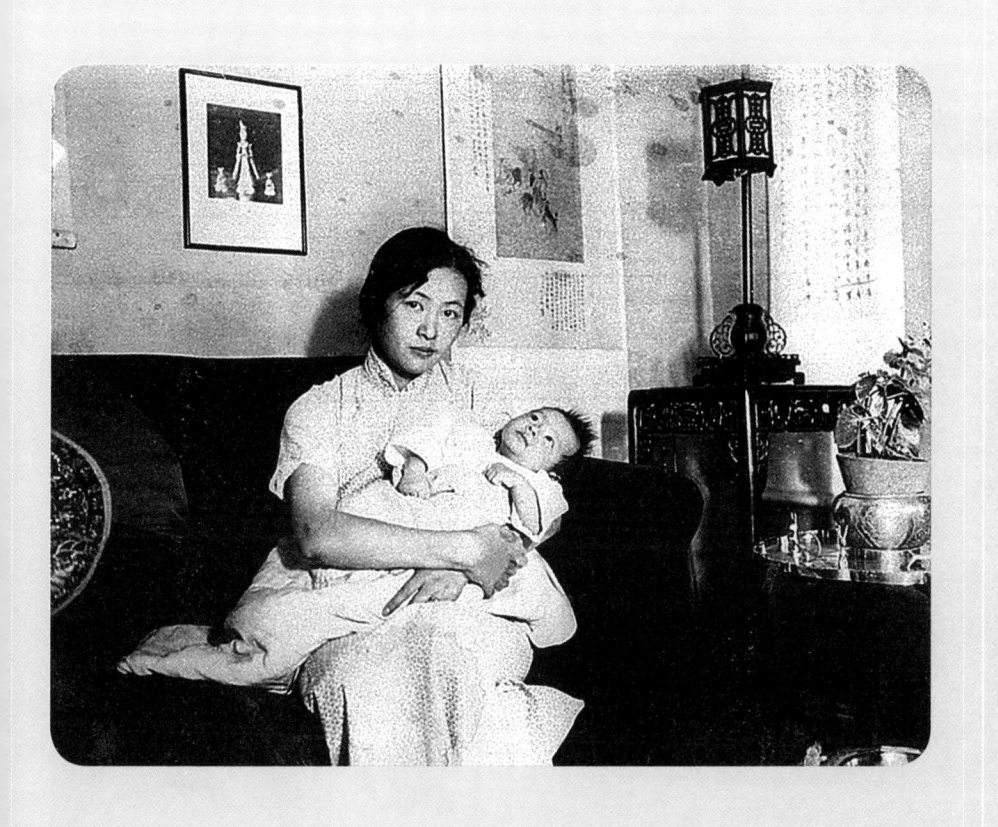

◇ 1932年，林徽因怀抱出生的儿子梁从诫

◇ 1933年前后，林徽因与女儿梁再冰、儿子梁从诫在一起

◇◇ 1933年前后，梁思成与儿女们在一起

◇ 20世纪30年代中期，林徽因与女儿梁再冰、儿子梁从诫在北平北总布胡同三号家中

◇ 1941年，林徽因画给女儿的漫画

◇ 20世纪30年代中期,林徽因在北平北总布胡同家中对佛

十三
营造学社

今日说的建筑当年称营造，四十年代后期梁思成创办的清华大学建筑系便称营建系。

一九二九年朱启钤自费在北平建立了"中国营造学会"，它原是旨在研究建筑文献的学术团体，后由"学会"改名为"学社"，加强了建筑实践的考察。当时朱启钤自任社长，请学社成员、清华学堂老校长周贻春专程赴沈阳，动员梁思成、林徽因加入他的队伍。梁思成起初很是犹豫，一面是不舍亲手建起的东北大学建筑系，另一面碍于朱启钤本人口碑不佳。

朱启钤是个老牌官僚，曾经官至国务总理，与赵秉钧、陈宧、梁士诒一起拥戴袁世凯复辟，总揽登基大典事务，名声狼藉，时人叫他们四个为"四凶"。然而朱启钤还不失为尚存事业心的官僚，任职国会参议院期间，他经手修建中山公园，对古代建筑发生了浓厚兴趣。他偶然在南京的江南图书馆发现了宋代古籍李诫的建筑著述《营造法式》，自此决心倾注财力和心血，将余生献给古建筑研究，本人不谙建筑，专的操持人员组织。朱启钤撰写的《中国营造学社缘起》，认识到，"方今世界大同，物质演进。兹事体大，非依科学之眼光，作有系统之研究，不能与世界学术名家公开讨论"。同时又深感中国古建筑文献大有绝灭之虞，亟须人才发掘弘扬。苦心创建学社，为的就是"绝学大昌，群才致用"。

有感朱启钤这般深明大义、求贤若渴，梁、林夫妇再三权衡，终于决定回北平加盟学社。朱启钤辟天安门故宫内一角，为学社提供了十几间西庑旧朝房作办公处所。梁思成担任学社研究部主任，位在社长之下，众人之上。林徽因的岗位是校理。一九三二年营造学社又请来刘敦桢任文献部主任，偏重建筑史料研究，梁思成改为法式部主任，务在实地考察。梁思成、林徽因实现了朱启钤的宏愿，朱启钤则成就了梁林的事业。夫妇俩由衷感激这位伯乐，一九三四年出版了梁思成著《清式营造则例》，他在序言中特向朱启钤表示谢意："若没有先生给我研究的机会和便利，并将他多年收集的许多材料供我采用，这书的完成即使幸能实现，恐也要推延到许多年月以后。"话是梁思成所说，实为夫妇俩共同心声。林徽因不仅在实际研究中与丈夫默契合作，而且执笔撰写了统率全书的第一章"绪论"。

梁思成遗孀林洙统计，北平期间的营造学社，除测绘故宫的重要建筑六十余处，及市内的安定门、阜成门、东直门、宣武门、崇文门、新华门、天宁寺、恭王府外，还走出北平，调查了一百三十七个县市，考察古建筑殿堂房舍一千八百二十三座，详细测绘的建筑二百零六组，完成测绘图稿一千八百九十八张。（林洙《困惑的大匠梁思成》）

林徽因生下从诫后，身体竟明显好了起来，力争与梁思成同行外出考察。五六年时间里，林徽因的足迹遍及六七个省份，几乎是不到一年外出长途跋涉一次，西北到过距甘肃不远的耀县，东南到了临近福建的宣平。北京八大处，山西大同的华严寺、善化寺及云冈石窟；太原、文水、汾阳、孝义、介休、灵石、霍县、赵县的四十多座寺庙殿阁，河北的正定隆兴寺，苏州的三清殿、云岩寺塔，杭州的六和塔，金华的天宁寺，宣平的延福寺，开封的繁塔、铁塔、龙亭，山东有十一个县，包括历城神通寺和泰安岱庙，以及西安的旧布政司署，陕西的药王庙，处处留下了林徽因的足迹，一条十分漫长艰辛的行程。梁思成为《清式营造则例》写序时特别说明："内子林徽音在本书上为我分担的工作，除'绪论'外，自开始至脱稿以后数次的增修删改，在照片之摄制及选择，图版之分配上，我实指不出彼此分工区域，最后更精心校读增删。所以至少说她便是这书一半的著者才对。"

梁林在北方最后一次考察，也是最为辉煌的一次，要数五台山木结构佛光寺的发现。西方的古代建筑基本由石块砌成，经得起风雨侵蚀，雷火毁坏，因而仍大量留存至今。中国楼台亭阁、庙宇寺院，多以砖木构建，经不起大自然破坏，民国时期已不知是否有唐代木构建筑存在。日本人曾扬言，要看木构建筑只有去他们的奈良城。林徽因和梁思成立志找到中国唐代的木构建筑，其难无异大海捞针。旧中国没有一份建筑名录，到全国各地去寻找，没有指引，没有线索，茫无目标。有志者事竟成，山重水复地辛劳奔波，他们最终发现了硕果仅存的佛光寺。一九三七年初夏，梁思成、林徽因和学社同仁莫宗江、纪玉堂向五台山进发。山路狭窄崎岖，一行人骑着驮骡慢慢颠簸前行。后来连骡子也不肯走的时候，只得下来牵着它继续一步一步往前。步履蹒跚了两天，他们在黄昏中蓦然远远望见夕阳下金光四射的宏伟殿宇。走近细看，上翘的飞檐，硕大的斗拱，还有柱头、门窗，处处都像唐朝工匠的高超手艺。重大发现的兴奋顿时驱散众人浑身疲惫。科学不能只凭直觉，兴奋过后，需要他们细密地考察确证。林徽因爬上高悬的大殿脊檩，寻找可证的文字依据，通常那里会写下建造年代，这实在是既很辛苦又极危险的劳作。脊梁上面一片漆黑，打亮手电，只见檩条盖满了千百只蝙蝠，竟驱之不散。拍照相时镁光灯闪亮，不意间惊飞了层层叠叠的蝙蝠，可木梁还挤满了密密麻麻的臭虫。头几天他们就不停地爬上爬下，与蝙蝠、臭虫周旋。天道酬勤，林徽因的远视眼终于远远发现两丈高的大梁底面，有一行模模糊糊墨迹。再费劲辨认了半天，看出是："女弟子宁公遇"，其余依旧模糊一片。继而费时两天，搭了高支架，洗去梁上积得很厚的浮灰。再费三天时间才读全了梁面的题字。明白了是女施主宁公遇捐资建造佛殿的，大殿建于唐朝大中十一年，即公元八五七年。它是中国现存最早木构建筑，古建筑奇观！从此中国人不必远去日本看别人家的宝贝建筑了，人人极度狂喜，无需问梁、林如何。又是夕阳西下的时刻，殿前庭院里一片灿烂。大家取出本来用作应急的饼干、牛奶和罐头沙丁鱼，倾其所有，大大饕餮了一顿，顾不得明后天断餐之虑。

  野外考察生活着实非常艰辛，体力不支外每每担心断餐，在穷乡僻壤弄到钵说不清什么做的黑糊糊面条就算幸运。交通极其不发达的当年，行路对人是一种考验。目的地一般都在偏远的深山荒野，一切都靠近乎原始的大车毛驴，风尘扑面不算倒运的日子。学社某日考察笔记记载："下午五时暴雨骤至，所乘之马颠蹶频仍，乃下马步行，不到五分钟，身无寸缕之干。如是约行三里，得小庙暂避。"又一日记载："行三公里骤雨至，避山旁小庙中，六时雨止，沟道中洪流澎湃，明日不克前进，乃下山宿大社村周氏宗祠内。终日奔波，仅得馒头三枚（人各一），晚间又为臭虫蚊虫所攻，不能安枕尤为痛苦。"有时能宿在大车店已经可以庆幸，但大车店早晨起身，谁不全身虱子，一挼一把。艰辛更在于风险，途中要提防土匪出没；到考察点，测量旧寺古塔，爬上风蚀了数百上千年的顶端，随时都有坠落致残致命的可能。梁思成记述："今天工作将完时，忽然来了一阵'不测的风云'，在天晴日美的下午五时前后狂风暴雨，雷电交作。我们正在最上层梁架上，不由得感到自身的危险。不单是在二百八十多尺高将近千年的木架上，而且近在塔顶铁质相轮之下，电母风伯不见得会讲特别交情。"

种种困难于寻常人来说已殊属不易，而林徽因，一个养尊处优的闺秀，一个严重的肺结核患者，却经受住了劳其体肤的洗礼。不敢置信，她会和男子一样，餐风宿雨，爬梁上柱。正是这样的境地，林徽因显示出她的坚忍、刚毅以及对事业的执着。翻遍她关于考察古建筑的全部文字，我们找不到她抱怨工作艰苦的片言只语。下面这段心底溢出的倾诉，有如阳光般明媚：

> 我们因为探访古迹走了许多路；在种种情形之下感慨到古今兴废。在草丛里读碑碣，在砖堆中间偶然碰到菩萨的一只手一个微笑，都是可以激动起一些不平常的感觉来的。乡村的各种浪漫的位置，秀丽天真；中间人物维持着老老实实的鲜艳颜色，老的扶着拐杖，小的赤着胸背，沿路上点缀的，尽是他们明亮的眼睛和笑脸。由北平城里来的我们，东看看，西走走，夕阳背在背上，真和掉在另一个世界里一样！云块，天，和我们之间似乎失掉了一切障碍。我乐时就高兴的笑，笑声一直散到对河对山，说不定哪一个林子，哪一个村落里去！我感觉到一种平坦，竟许是辽阔，和地面恰恰平行着舒展开来，感觉最边沿的边沿，和大地的边沿，永远赛着向前伸……

（《山西通信》）

既然这般热忱投身古建筑事业，获得丰硕回报就理所当然的了。林徽因是中国第一位建筑学女教授，第一位女建筑师，又是唯一登上天坛祈年殿宝顶的女性建筑师。梁思成的建树，没有林徽因的奉献是不可想象的。他由衷致谢夫人："我不能不感谢徽因，她以伟大的自我牺牲来支持我。"这支持，不是作为丈夫的助手，乃是一直和梁思成完全站在同等平台上切磋、合作。一位诗人发现：林徽因"实际上却是他（梁思成）灵感的源泉"。（卞之琳：《窗子内外：忆林徽因》）梁思成和林徽因常常为一个看法乃至一个词语表达争论不休。在中国现代建筑学史上,素来梁、林并称,两人你中有我,我中有你,不可或分。

　　读者通常只从林徽因的文学作品中感知她非凡才华,却不大了解,她在建筑研究领域里的建树同样令同行们十分钦佩。是她首先敏锐地留意到佛光寺梁上的字迹,为确证寺庙的年代提供了铁证。坐着开往太原的列车经过榆次,她向窗外单单那么无意地一瞥,便敏锐地察觉,远处的雨花宫非同寻常。以后考察证实,它是一座建于公元一〇〇八年宋代初期的建筑,是古建中简洁结构的重要例证,体现了中国建筑风格由唐到宋的过渡,在建筑史上占有极为重要特殊的地位。

　　林徽因的文学天赋,帮助她将枯燥乏味的建筑论文写得文采斐然,灵动飞扬,有些篇章完全可以当作优美散文来欣赏。比如《晋汾古建筑预查纪略》的开头:

　　　　去夏乘暑假之便,作晋汾之游。汾阳城外峪道河,为山右绝好消夏的去处;地据白彪山麓,因神头有"马跑神泉",自从宋太宗的骏骑蹄下踢出甘泉,救了干渴的三军,这泉水便没有停流过。千年来为沿溪数十家磨坊供给原动力,直至电气磨机在平遥创立了山西面粉业的中心,这源源清流始闲散的单剩曲折的画意,辘辘轮声既然消寂下来,而空静的磨坊,便也成了许多洋人避暑的别墅。

　　　　说起来中国人避暑的地方,哪一处不是洋人开的天地,北戴河,牯岭,莫干山……所以峪道河也不是例外。其实去年在峪道河避暑的,除去一位娶英籍太太的教授和我们外,全体都是山西内地传教的洋人,还不能说是中国人避暑的地方呢。在那短短的十几天,令人大有"人何寥落"之感。

　　　　以汾阳峪道河为根据,我们曾向邻近诸县作了多次的旅行,计停留过八县地方,为太原,文水,汾阳,孝义,介休,灵石,霍县,赵城,其中介休至赵城间三百余里,因同蒲铁路正在炸山兴筑,公路多段被毁,故大半竟至徒步,滋味尤为浓厚。餐风宿雨,两周艰苦简陋的生活,与寻常都市相较,至少有两世纪的分别。

　　以学者论,梁思成有必备的求实精神、稳重作风和严密思维,可是才情上,建筑学界公认逊于他夫人。梁思成起草的文稿,非得经过夫人修改润色他才肯发表。

他的文章，那些闪光的句子显然出自林徽因的点睛。朋友们不无依据地说，林徽因去世后，梁思成再也没能写出先前那样精彩漂亮的文章。

林徽因以诗人的激情，看见坚硬冰冷的建筑物中蕴涵着"诗意"和"画意"，在科学里看见艺术。她说，在她的眼里，"无论哪一个巍峨的古城楼，或一角倾颓的殿基的灵魂里，无形中都在诉说，乃至于歌唱，时间上漫不可信的变迁；由温雅的儿女佳话，到流血成渠的杀戮"。无生命里萌发了生命，无情物体弥漫着情感，她以人本精神烛照工程技术，融合了科学与艺术，于是她提出一个令建筑学界叹服的概念"建筑意"（见《平郊建筑杂录》），将建筑学研究注入了人文的色彩。"建筑意"是林徽因在建筑学上极富才情的独特建树。

中国古代先贤、欧洲文艺复兴时期巨匠，能驰骋于艺术与科学两个领域，甚至在某一成果中同时放射两大领域的光辉，林徽因秉承了他们遗风，她的建筑研究和文学创作同样，光华四射。

◇ 1931年，梁思成、林徽因在天坛祈年殿陛匾下与勘查人员合影

◇ 1932年，林徽因在杏子口北崖石佛龛考察

◇ 1933年9月，林徽因在云冈石窟考察

◇◇ 1934年春，林徽因带领南下的东北大学学生考察独乐寺

◇ 1934年夏，林徽因在山西汾阳县小相村灵岩寺考察时凝望佛像

◇ 1936年5月，林徽因、梁思成一行在考察龙门石窟途中

◇◇ 1936年，林徽因在山东历城测绘神通寺墓塔

◇ 1937年，林徽因、梁思成一行在前往山西五台山寻找佛光寺途中

◇ 1937 年，林徽因在佛光寺大殿佛像前注目

◇ 1937年，林徽因在佛光寺院内测绘一座经幢

◇ 1937年，林徽因在佛光寺祖师塔上檐

◇◇ 1937年，林徽因与莫宗江在佛光寺后山墓塔前

◇ 1937年，林徽因在山西台怀县清凉石前

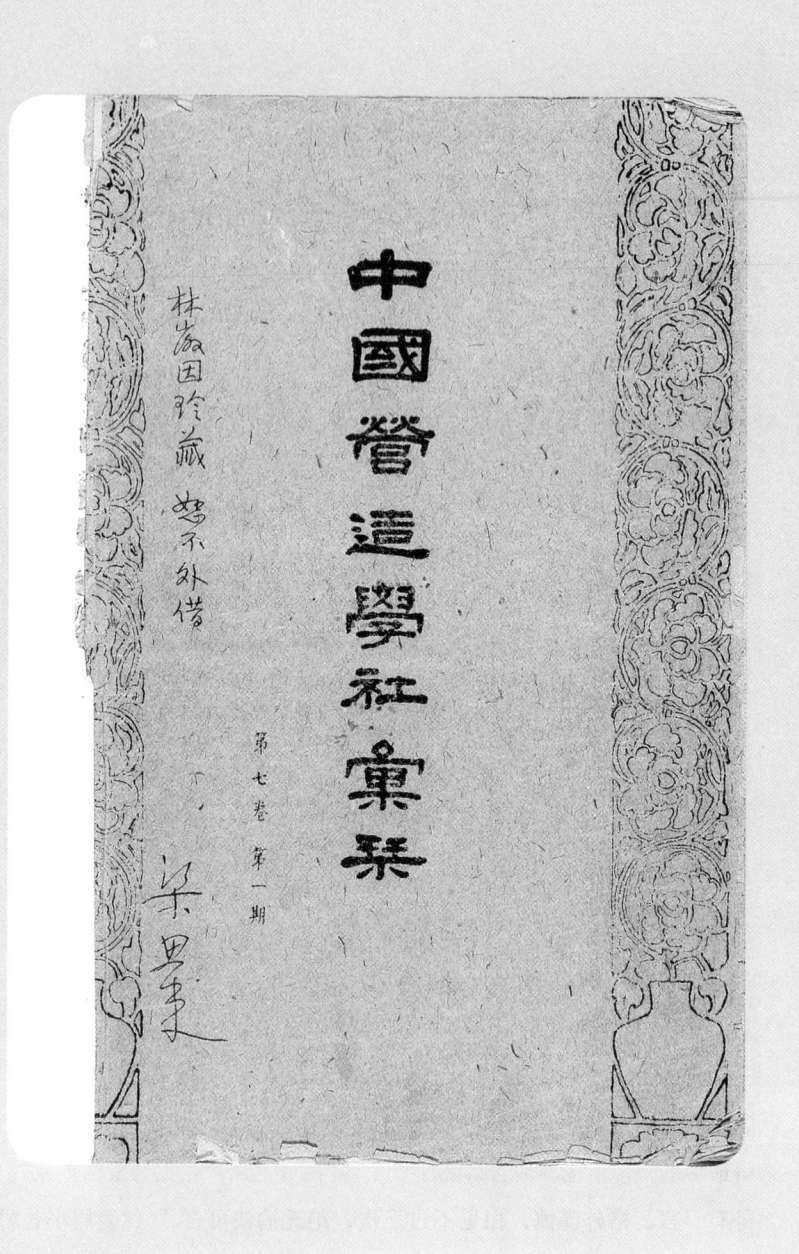

◇ 林徽因珍藏的《中国营造学社汇刊》第七卷第一期

十四 香山

　　林徽因移居北平西郊香山疗养，时在一九三一年春天。很多文章误传她住在著名的静宜园双清别墅，按她堂弟林宣回忆，林徽因的住所其实是别墅附近的一排平房。在那段岁月里，林宣曾上山看望病中的林徽因。他记得，平房落在斜坡上，房前一条走廊。林徽因住第一间，她母亲住第二间，女儿在第三间，第四间用作厨房。徐志摩写给山上的林徽因信里也提到，"我还牵记你家矮墙上的艳阳"，似亦可佐证。最直接的证据是留存的一张香山留影，林徽因手扶矮墙，不像豪华别墅的环境，与林宣所述吻合。

　　梁思成平日居城内，周末开车接林徽因三代回家过礼拜天。朋友们三三两两来探视林徽因，来的有冰心、凌叔华、沈从文这群活跃文坛的作家，也有金岳霖、张奚若、罗隆基和张歆海、韩湘眉夫妇，这些不在文学圈内的朋友。无疑徐志摩是来得最多的一个，他写信告诉陆小曼："此次（上山）相见与上回不相同，半亦因为外有浮言，格外谨慎，相见不过三次，绝无愉快可言。"（《爱眉小扎》）这话只哄哄陆小曼罢了，能见到的史料，留下徐志摩上山痕迹就不止三次。他说绝无愉快，无非担心妻子多疑。冒雨上山那回，雷声隆隆，雷过有虹。徐志摩从沈从文那里露出马脚的，沈从文当天写信调侃他："一个人坐在洋车上颠颠簸簸，头上淋着雨，心中想着'诗'。你从前做的诗不行了，因为你今天的生活是一首超越一切的好诗。"（《沈从文全集》）

林徽因远居山间休养，有的是闲暇时间，书桌、床头堆满她喜爱的文学书籍。晚上，一卷在手，焚一炷香，披一袭洁白睡袍，沐浴着溶溶月色，她不免有几分自我陶醉。林徽因在梁思成面前自我得意，说她这样如画中人物，"任何一个男人进来都会晕倒"。丈夫气她："我就没有晕倒。"聪明的林徽因糊涂一时，她该想到，此话说错了对象，配听此话的当是丈夫以外的男人。

就在这时候，林徽因开始了文学创作，最先是诗歌。置身香山诗意的环境，情不能自己；或者受女作家冰心、凌叔华的写作欲感染。徐志摩的起劲鼓动更是不言而喻。根本的动因怕还是，身怀诗人气质的林徽因，不能不写诗，迟早要写诗。她曾经表白：

> 对于我来说，"读者"并不是"公众"，而是一些比我周围的亲戚朋友更能理解和同情我的个人，他们急于要听我所要说的，并因我之所说的而变得更为悲伤或更欢乐。

（《致费慰梅信》）

她的诗，既为心声，又用以与知音情感交流。

这之前，她只发表过一篇王尔德童话《夜莺与玫瑰》译作，刊一九二三年《晨报》五周年的纪念增刊，署笔名尺棰。现在最先发表两首诗作《仍然》《那一晚》也署名尺棰，何以署用颇具哲学意味的笔名，未见解释。也就这几篇署了尺棰，以后不论发表哪种体裁作品，均用本名林徽音、徽音。《诗刊》杂志是她诗作起步园地，署名曾误植为林薇音，读者容易误认为海派作家林微音的作品。下期《诗刊》赶紧更正，但读者、学者混淆两位作家的现象持续了七八十年。林徽因说，不怕我的作品误会成他的，只怕误会他的作品是我的。她担心这样一直误会下去，于是署名改作林徽因，日后以徽因名字通行于世。

《谁爱这不息的变幻》是她最早发表的几篇作品之一：

> 谁爱这不息的变幻，她的行径？
> 　催一阵急雨，抹一天云霞，月亮，
> 　星光，日影，在在都是她的花样，

更不容峰峦与江海偷一刻安定。
骄傲的,她奉着那荒唐的使命:
　　看花放蕊树凋零,娇娃做了娘;
　　叫河流凝成冰雪,天地变了相;
　　都市喧哗,再寂成广漠的夜静!
　　虽说千万年在她掌握中操纵,
她不曾遗忘一丝毫发的卑微。
难怪她笑永恒是人们造的谎,
　　来抚慰恋爱的消失,死亡的痛。
但谁又能参透这幻化的轮回,
谁又大胆的爱过这伟大的变幻?

　　如果这首十四行诗算是林徽因的处女作(与《仍然》《那一晚》同时发表,不易区分它们创作时间的先后),那么它向世人表明,林徽因的诗歌创作的起步不同凡响。那时不少抒写个人失意的女性诗人,她们的作品多缠绵而流于滥情,或过分胶着于具体生活的描摹。这首诗纵然没有完全摆脱个人失意情怀,落笔却升华到形而上的抒怀,不无些微哲理意味。与此相辅,作者摄取那些日月星云、峰峦江海的意象,自然给诗作平添几分胸襟的博大、气魄的雄浑。诗歌的最后一问,将无限的遐想留给了读者,余音袅袅。

　　当然,最吸引读者的往往是那些歌咏爱情的诗篇。有个青年读罢《那一晚》热泪盈眶,特意买了一册关于林徽因的著作送给他爱恋的女友。

　　那一晚我的船推出了河心,
　　澄蓝的天上拖着密密的星。
　　那一晚你的手牵着我的手,
　　迷惘里星夜封锁起重愁。
　　那一晚你和我分定了方向,
　　两人各认取个生活的模样。

到如今我的船仍然在海面飘，
细弱的桅杆常在风涛里摇。
到如今太阳只在我背后徘徊，
层层的阴影留守在我周围。
到如今我还记着那一晚的天，
星光、眼泪、白茫茫的江边！
到如今我还想念你岸上的耕种，
红花儿黄花儿朵朵的生动。

那一天我希望要走到了顶层，
蜜一般酿出那记忆的滋润。
那一天我要跨上带羽翼的箭，
望着你花园里射一个满弦。
那一天你要听到鸟般的歌唱，
那便是我静候着你的赞赏。
那一天你要看到零乱的花影，
那便是我私闯入当年的边境！

（此诗于一九九一年才被发现，首次收入人民文学出版社版《中国现代作家选集·林徽因》。）

有研究者把这首诗认定为林徽因写给徐志摩的恋歌。他们这样读解，算是见仁，别人不妨见智，不要规定读者非如何读它不可。"诗无达诂"，有如中国民俗七月初七看巧云，云朵飘在夏日晴空，说它像马像犬，皆无可无不可。林徽因即说过："写诗究竟是怎么一回事，真是惟有天知道得最清楚！读者与作者，读者与读者，作者与作者关于诗的意见，历史告诉我传统的是要永远地差别分歧，争争吵吵到无尽时。因为老实地说，谁也仍然不知道写诗是怎么一回事的，除却这篇文字所表示的，勉强以抽象的许多名词，具体的一些比喻来捉摸描写那一种特殊的直觉活动，献出一个极不能令人满意的答案。"（《究竟怎么一回事》）读诗，还是虚空一点相宜。西方本有以抽象"爱情"为歌咏主题的写诗传统，林徽因写诗正从西方诗人学起。

带着先验之见坐实了读它,往往难以自圆其说。先设定林徽因恋过徐志摩,难免越读越像剑桥康河那一晚幽会的重现。事实林徽因离开伦敦,是与徐志摩不辞而别的,根本不存在缠绵牵手这一幕。凭着有些研究者的索引本事,有些诗句就无法索引得彻底。"到如今我的船仍然在海面飘(漂),/细弱的桅杆常在风涛里摇。"诗句中飘荡不定的生活与写诗时林徽因安居乐业的现状大相径庭。她作这首诗在成家以后,倘若她真盼望有一日私闯徐志摩的爱情花园,那么置丈夫梁思成于何地?此诗发表的《诗刊》杂志由徐志摩主持编政,在恋人的刊物发表给恋人的情诗,林徽因不至于如此招摇。《那一晚》署笔名"尺棰",同期刊登的《谁爱这不息的变幻》则署原名林徽音,这是否要避免误读以引起无聊的流言?

另一首《别丢掉》,梁实秋(灵雨)批评它晦涩难懂,朱自清作《解诗》为之辩白,说它"是一首理想的爱情诗,托为当事人的一造向另一造的说话"。经朱自清一番解读,这首诗屡屡进入各种选本,翻译家许渊冲还译成英文:

> Don't cast away
> This handful of passion of a bygone day
> which flows like running water soft and light
> Beneath the cool and tranquil fountain,
> At dead of night
> In pine-clad mountain
> As vague as sighs, but you should e'er be true.
>
> The moon is still so bright;
> Beyond the hills the lamps shed the same light,
> The sky besprinkled with star upon star,
> But l do not know where you are.
> It seems
> You hang above like dreams.
> You ask the dark night to give back your word,
> But its echo is heard

And buried though unseen

Deep, deep in the ravine

它被许多学人看作是林徽因积极回应徐志摩的作品。朱自清并没有这么说，只言"托为当事人"，即不专指哪一个具体的人。朱自清和林徽因、梁思成夫妇多有过从，写这文章前不久，他还在火车上和梁思成相遇长谈过一次。所谓假托的话不会是虚言，也正是创作惯用的一种手法。一厢情愿索引本事的研究者，忽略了此诗写作时间是在徐志摩飞去的第二年夏天。斯人已逝，诗里如何能一再说"你仍要保存着那真！""你问黑夜要回那一句话——你仍得相信"。有评论家认为"述事"是林徽因诗歌的一大特征，是它高出那些只是抒情写景的作品的原因所在，"将林诗里所述之事分析出来，理解因此而深下去并且清晰了"。（蓝棣之：《林徽因的文学成就与文学史地位》）假如甘居索引派读林徽因诗歌，大概会越读越糊涂的。哪怕索引得似乎一清二楚，那蕴涵普遍意义的情愫也要被索引圈住，这样赏诗，极易将人生意义的普遍性降为专指具体人事的个别性，束缚你品味林诗的深邃意境和想象空间。

退而言之，即使她写了实有所指的爱情诗篇，也未必均为徐志摩而作。某些篇什，硬要索引，或更适合索引给其他男性，如写于一九三三年岁末的《忆》，是不是像给金岳霖的呢？去年两人刚确凿无疑地相爱过一回；《城楼上》像是给梁思成。凭什么说，"没有任何一首是写她与丈夫梁思成之间的爱情故事的"？不给丈夫的理由居然是"丈夫又不大有时间读诗"。（见蓝棣之文）再退一步，即使写给徐志摩，也并非抒发林徽因热恋徐的情感。《仍然》若像有人所考订，是给徐的话，那也是谢绝："你的眼睛望着我，不断的在说话：／我却仍然没有回答，一片的沉静／永远守住我的魂灵。"

这位持偏见的学者，把林徽因诗作内容简单、生硬地归纳为一个诗"核"，"核"的含义是写她"在爱情中的体验和成长，从而探索爱情在生命中的意义，诗在人生中的地位"。他的本意可能在于充分评价林徽因诗歌的成就，结果却将枝叶扶疏的林诗曲解为一株孤寡干瘦的独干，与初衷适得其反。认真统计，爱情题材的诗篇占林诗比重倒是有限，她吟咏最多的还是直接抒发人生感受的作品。她常常会记录一个细小的生活画面，如《静坐》《风筝》《藤花前》和《山中一个夏夜》。它们不是生活琐屑的简单实录，定要与读者咀嚼出人生的诸多况味。有时她会描摹一缕难以言说的思绪，如《昼梦》《题剔空菩提叶》和《八月的忧愁》，而诗人看似抽象的思绪又总附着在形象的画面上，仿佛与你为难，将其归类为生活的描摹，抑或思绪的抒发，皆不容易。最典型莫如一首《中夜钟声》：

钟声
　敛住又敲散
　　一街的荒凉
听—
　那圆的一颗颗声响，
　直沉下时间
　　　　静寂的
　　　　　咽喉。
　像哭泣，
　像哀恸，
将这僵黑的
中夜
　葬入
　那永不见曙星的
　空洞—
轻—重，……
—重—轻……
这摇曳的一声声，
　又凭谁的主意
　把那剩余的忧惶
随着风冷——
　　纷纷
　　　掷给还不成梦的
　　　　人。

本来无非常见的人间一瞬，到了林徽因笔下，便营造出浓浓的伤怀氛围，感人至深。忧惶人所见的夜自然荒凉，荒凉的夜引得人愈加忧惶。情景交融，很有意境，近乎王国维所言"不隔"的标准。中国新诗出现"阶梯式"，常人多以为起始于共和国初期的郭小川，他仿效马雅可夫斯基，由前苏联舶来。读罢林徽因这一首，大概可以说，中国的此种诗体"古"已有之了。沈从文写于一九三八年的《谈朗诵诗》说到诗歌形式问题，已经提到三十年代诗坛，"或摹仿马雅可夫斯基的体裁的诗歌，两字组成梯级形的新体裁，盛行一时"。这篇文章批评"革命诗"的同时赞赏了林徽因，据此猜想，林徽因可能早已读过马雅可夫斯基。

林徽因有句诗"我想象我在轻轻的独语"（《十一月的小村》），独语是她诗歌创作基本手法，也就是自我对话。她原本不是为发表而写，发表只是应对编辑朋友的索讨。莫非她曲高和寡，常感到孤独？莫非是孤独，才那么无比健谈？独处时她异常寂寞，也就异常善感，同时也异常多愁。她说："没有情感的生活简直是死！"执着追求完美的生活质量，现实却总不如她憧憬的完美。于是诗人的情绪难免沮丧，寂寞这个词就反复出现于她的诗句。尽可说这是女诗人的弱点，却是不难得到谅解的弱点，何况它呈现在诗里那么凄美动人。秋天来了，诗人心里愈加有许多话倾诉，标明感秋题目的诗即有《秋天，这秋天》和《给秋天》，含有秋意的题目有《红叶里的信念》和《十月独行》，另外一些诗篇，题目没有点明秋字，似乎也不与秋相关，但说的还都是秋意的话。她的诗作大多篇幅短小，而写给秋天的诗篇则相对较长。《秋天，这秋天》七十余行，《红叶里的信念》整一百行，算是她现存最长的两首作品。（梁从诫先生说，林有一首遗佚的长诗《刺耳的歌声》，不详其篇幅。）林徽因患恶疾肺结核，在当时属不治之症，或许她觉得自己提前进入了人生的秋天，来日无多了。但她又不愿意承认自己到了人生的冬季，她坚信自己的才华，亟待有一次秋的丰收。那信念正像诗里写的："但（我）心不信！空虚的骄傲／秋风中旋转，心仍叫喊／理想的爱和美，同白云／角逐；同斜阳笑吻，同树，／同花，同香，乃至同秋虫／石隙中悲鸣，要携手去；／同奔跃嬉游水面的青蛙，／盲目的再去寻盲目的日子，——／要现实的热情再另涂图画，／要把满山红叶采作花！"这才是林徽因诗作中最为令人感佩的思绪。她珍爱生命，但决不苟且。她写道："如果我的心是一朵莲花，／正中擎出一枝点亮的蜡，／荧荧虽则单是那一剪光，／我也要它骄傲的捧出辉煌；""算做一次过客在宇宙里，／认识这玲珑的生从容的死，／这飘忽的途程也就是个——／也就是个美丽美丽的梦。"美丽岂止是诗人的梦，同样美丽的是耽于这美梦的心灵。

　　切莫误会林徽因，以为她只作专注个人情感的低吟浅唱。她的野外考察经历，她素来具有的人文精神，令笔墨投向"太太客厅"窗外。诗人现存的诗篇仅六十余首（林徽因生前没有出版过诗集，直到一九八五年由陈钟英、陈宇两位先生搜集成册，初次出版了《林徽因诗集》，收入作品五十五首。二〇〇五年陈学勇编集的《林徽因文存》，收诗歌计六十七首），其中颇有一些叹息民众苦难或描摹民众生活的作品，可惜它们没有得到读者以及研究专家应有的关注。例如《微光》：

> 街上没有光，没有灯，
> 店廊上一角挂着有一盏；
> 他和她把他们一家的运命
> 含糊的，全数交给这暗淡。
>
> 街上没有光，没有灯，
> 店窗上，斜角，照着有半盏。
> 合家大小朴实的脑袋，
> 并排儿，熟睡在土炕上。
>
> 外边有雪夜，有泥泞；
> 沙锅里有不够明日的米粮；
> 小屋，静守住这微光，
> 缺乏着生活上需要的各样。
>
> 缺的是把干柴；是杯水；麦面……
> 为这吃的喝的，本说不到信仰，——
> 生活已然，固定的，单靠气力，
> 在肩臂上边，来支持那生的胆量。

明天，又明天，又明天……
一切都限定了，谁还说希望，——
即使是做梦，在梦里，闪着，
仍旧是这一粒孤勇的光亮？

街角里有盏灯，有点光，
挂在店廊；照在窗槛；
他和她，把他们一家的运命
明白的，全数交给这凄惨。

面对微光下苟延残喘的贫民，诗人岂能无动于衷，笔墨简练，却有十分动人的力度。"窗外"题材的诗篇可以见到的还有《年关》《旅途中》《茶铺》《小楼》，等等。

无视这些作品，你视野里的林徽因诗歌便不全面，心目中的诗人林徽因决不完整。与她同时期的众多女诗人，或为民众呐喊而流于粗制滥造，或于词句精雕细镂而忘却民生疾苦，她们笔下鲜有林徽因似的，以优美形式表现"窗外"内容的精品。林徽因的诗歌优美，但与柔媚无缘；它坚韧，却远离刚烈。哪怕看似没有多少内容的小诗，她也要做得亦玲珑精致，亦别有滋味，像描述"窗内"琐事的《静坐》：

冬有冬的来意，
寒冷像花，——
花有花香，冬有回忆一把。
一条枯枝影，青烟色的瘦细，
在午后的窗前拖过一笔画；
寒里日光淡了，渐斜……
就是那样底（地）
像待客人说话

> 我在静沉中默啜着茶。

从常人以为很平常的生活里（有的甚至谈不上是生活，仅仅人生长河里一个瞬间的静态）能写出诗来，足以见出林徽因那别常人的纤细敏感的艺术禀赋。她的《六点钟在下午》，距发表三十一年后，后辈诗人邵燕祥偶然向别人提起这首诗，对方竟一下就能背出："六点钟在下午，／点缀在你生命中，／仅有仿佛的灯光，／褪败的夕阳，窗外／一张落叶在旋转！……"女诗人这类绝句小令式的作品，有如"床前明月光"般脍炙人口。

林徽因曾以《新月》杂志为发表诗作园地（事实上，发表于《新月》的诗作数量很是有限），也与徐志摩多有交流切磋，她的作品入选《新月诗选》，研究者因而不无原由地奉她为"新月诗人"。诗人卞之琳可不这么看："她的诗不像新月诗人那样的方块格律诗，而是将口语融入古典的外国的词语，创造出独特的形象和意境，才气过人。"（见陈钟英《人们记忆中的林徽因》）林徽因尤其不喜欢强加于她的这顶桂冠。她虽为女性，但与新月的男诗人们相比，譬如最负盛名的徐志摩，她的诗歌难得地那样纯净、雅洁，绝对无染颓唐、轻浮以至偶尔的俗气（徐的某些诗即难脱此种瑕疵）。其中咀嚼人生的作品，尤不乏思考的深邃。诗歌是最宜宣泄感情的文学体裁，林徽因阐释诗歌创作机制时，正视它灵感重要的同时，一再提醒不可忽略理智的因素，应该：

> 追逐着理智探讨，剖析，理会这些不同的性质，不同分量，流转不定的意象所互相融会……
>
> 写诗，或又可说是自己情感的、主观的、所体验了解到的；和理智的、客观的、所体察辨别到的同时达到一个程度，腾沸横溢，不分宾主地互相起了一种作用。

（《究竟怎么一回事》）

理智与情感并存，这意思她重复过多次。见诸自己的创作实践，她的诗，富于情致而外，含一点知性，耐一点寻味，便助成有些篇章的典雅、大气。林徽因还把小说的白描手法用于写作诗歌，擅长素描场景和人物，予浓郁的诗意以鲜活生活画面来支撑，诗风又增添了几分明朗、清新。如果不算入选《新月诗选》的沈从文，新月诗人中就少有如林徽因这样同时擅写小说的诗人了。

　　林徽因为自己编定过一本诗集，一九三七年春天出版的《新诗》杂志刊登过出版它的预告（尚未定书名）。可能是她忙于野外考察，耽搁了编辑进程，等到她归来已经爆发全面抗战，由此她错过了生前唯一一次出版诗集的机会，遗憾之至。后人经多方搜寻，终于在一九八五年印行了《林徽因诗集》，离她立志出版诗集那年将近半个世纪，距诗人病逝整整三十年。

◇ 1930年，林徽因与女儿梁再冰在北平香山

◇◇ 1931年，林徽因与女儿梁再冰在北平香山

◇ 1932年，林徽因在北平香山

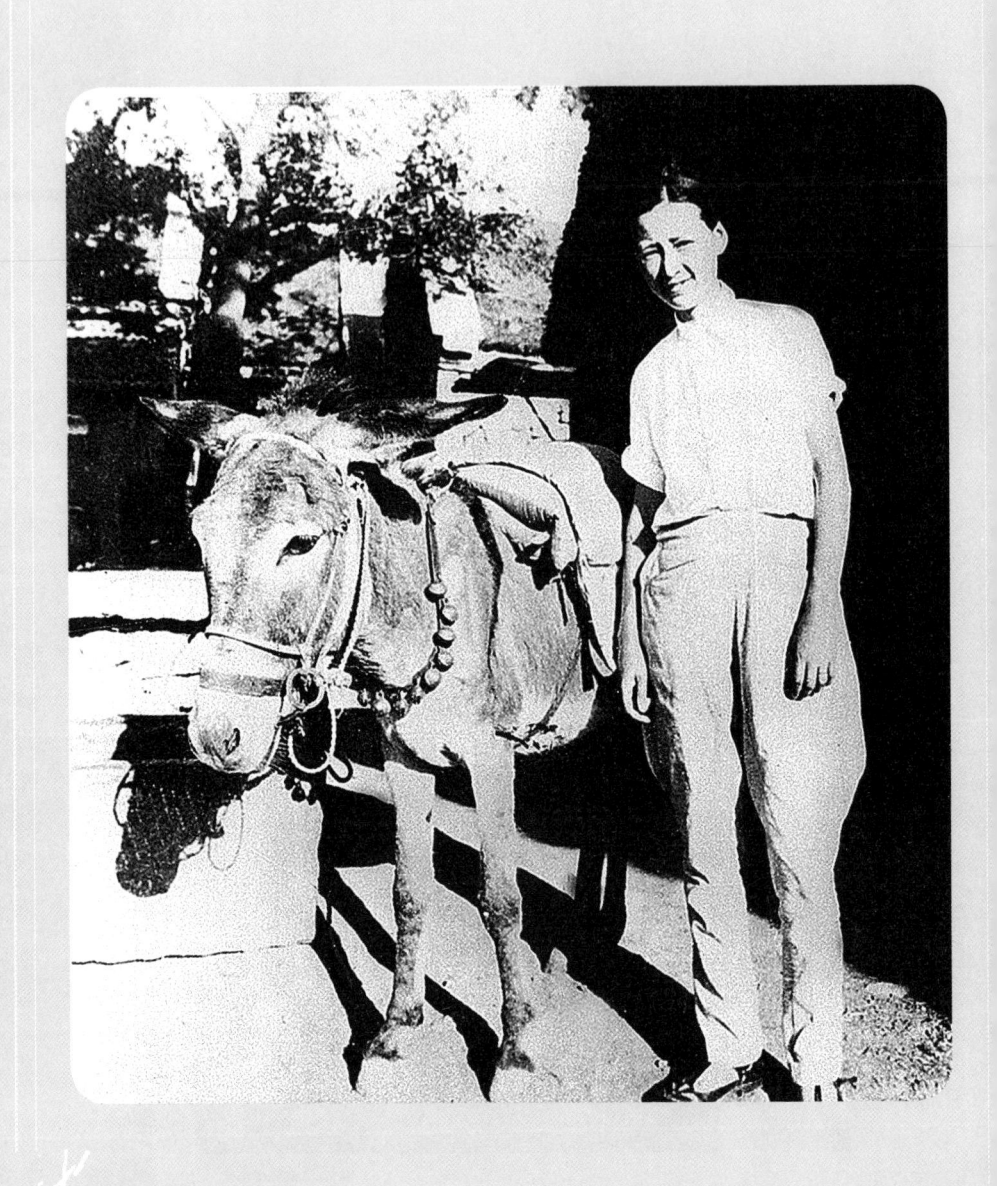

◇ 1935年，在北平香山养病期间的林徽因

◇ 1936年,林徽因带孩子们在北平西山骑毛驴

◇◇ 1936年,林徽因偕母亲、三弟等在北平香山

◇ 1936年前后,林徽因在北平香山

别丢掉
Don't Cast Away

林徽因
许渊冲（译）

别丢掉
这一把过往的热情，
现在流水似的，
轻轻
在幽冷的山泉底，
在黑夜，在松林，
叹息似的渺茫，
你仍要保存着那真！
一样是明月，
一样是隔山灯火，
满天的星，只有人不见，
梦似的挂起，
你向黑夜要回
那一句话——你仍得相信
山谷中留着
有那回音！

Don't cast away
This handful of passion of a bygone day,
Which flows like running water soft and light
Beneath the cool and tranquil fountain,
At dead of night
In pine-clad mountain,
As vague as sighs, but you should e'er be true.

The moon is still so bright;
Beyond the hills the lamps shed the same light,
The sky besprinkled with star upon star,
But I do not know where you are.
It seems you hang above like dreams.
You ask the dark night to give back your word,
But its echo is heard
And buried though unseen
Deep, deep in the ravine.

◇《别丢掉》英译

◇ 1931年4月《诗刊》第二期（刊有林徽因诗作《那一晚》。）

◇◇ 刊载林徽因作品的《新月》杂志（徐志摩编）

十五
模 影

  几乎与写诗同时,林徽因即开始了小说创作。第一篇《窘》一九三一年初夏发表于徐志摩编辑的《新月》杂志。它没有什么故事,也说不上曲折的情节,仅一串日常琐屑的连缀。单身中年教授维杉北上度暑假,见到友人少朗的女儿芝,分别三年的芝已长成娉婷少女,他情不自禁地喜欢上了这个只有自己一半年龄的女孩。碍着辈分的深沟,他不能表露心迹,多次欲言又止,暧昧而尴尬。芝同样由于辈分关系,看他如叔叔,倒大方坦然。与芝交往的少年小孙,年岁相仿,可能发展成男友。芝因此更对维杉的情感浑然不觉,天真地与他无忌讳地说笑。一方有意,一方无心,由此而生出维杉一次次的窘态。维杉潜意识里蓄满爱的因素,而理智使他意识到不可能也不应该存此因素。他的窘态,固然起自情爱,若放大了看,作者呈现的未必不是知识分子的人生尴尬。

  《窘》系林徽因的小说试作,似乎还带点游戏文字的味道。描述一个知识分子的情爱窘态,容易被视为有闲者无聊的文字。小说发表数十年来,无论从改造社会的激进层面,还是从况味人生的大众视野,都无法对其进行合理的解读,它"理所当然"地长时间没有得到评论界的关注。近年倒有学者几次提及它,因为他们从维杉身上捉摸出了徐志摩的身影。"这显然是以作者与徐志摩当年在英国伦敦的交往为本事的。"(高恒文、桑农:《徐志摩与他生命中的女性》)"寄寓着她与诗人徐志摩感情交往中的一种感兴。"(朱寿桐:《新月派的绅士风情》)果真如此,不妨看它是一种暗示，林徽因和徐志摩之间，有情和无意而已。

抛开所谓的"本事"和"寄寓"，《窘》仍不失为应该关注、客观解读的作品。只要不苛求它"思想性和与社会意义都淡得多"（陈钟英、陈宇：《建筑学家、诗人林徽因》），单从表现人性的某一点上看，它并非没有意义。林徽因那一派作家，提前艺术地实践了今日以人为本的观念。这样的题材、这样的人物，曾为自诩社会责任感的现代作家所不屑，或忘却。就"物以稀为贵"这一点，它至少能够获得别具一格的艺术价值。

《窘》的小说艺术已经相当圆熟，难以置信它是作者的初试身手。组织细密流利，刻画深入含蓄，语言简洁隽永，满篇蕴藉。纵然维杉窘态百出，但作者笔墨控制于心理描述，极少形诸他的言语举止。旁人不易察觉，主人公有窘态无窘相，体现了作者对他的理解和宽容，分明渗透着"京派"的绅士风度。少女芝不是小说的主角，而作品描写她纯真烂漫、情窦初开的情状惟妙惟肖，其鲜明不亚于重力着墨的维杉窘态。《窘》的起点之高再次信服地证明林徽因非凡的文学才华。那种对于《窘》艺术不成功的批评（高恒文等：《徐志摩与他生命中的女性》），可能是嫌其内容"琐屑"而殃及艺术鉴赏而失之偏颇。《窘》的内容确不够厚实，意义也有限，可是作者将生活点滴表现得非常充分圆满，有如体育赛事里高台跳水，所选动作虽然难度不大，可是完成得十分出色。

《窘》还向研究者昭示，三十年代心理小说非新感觉派所独擅，而且比之刘呐鸥等作家相当洋腔洋调的作品，《窘》更合乎国人的审美情趣。它融合了中西艺术手法的成功，早于施蛰存对心理小说所作努力。说到意识流小说的民族化，《窘》不逊于在它之后发表的施蛰存名篇《春阳》。如果考察中国意识流小说进程，《窘》超越了林徽因小说创作本身的意义，放眼中国现代小说流派史，当记下这一贡献。

《窘》遭评论家们冷淡，林徽因一时不再涉津小说。她是失去了创作小说的信心还是负气呢？直到一九三三年她才又创作了《九十九度中》，又不肯即时发表，藏之箧底整年。尽管朱自清读了手稿认为，"确系佳作，其法新也"。（《朱自清全集》"日记编"，当时日记未刊。）可林徽因仍旧没有披载它的意思。第二年年林徽因参与"学文社"编务，《九十九度中》发表于创刊的《学文》杂志。它起初和《窘》同样的寂寞，发表近一年没有什么反响。说有稍许的回应，却是一位国立大学文学教授的困惑，教授私下自曝，完全读不懂这篇小说。为此，李健吾（刘西渭）

予以公开评论，竭力称赞："在我们过去短篇小说的制作中，尽有气质更伟大的，材料更事实的，然而却只有这样一篇，最富有现代性。"评论的结尾感叹："奇怪的是，在我们好些男子不能控制自己热情奔放的时代，却有这样一位女作家，有最快利的明净的镜头（理智），摄来人生的一个断片，而且缩在这样短小的纸张（篇幅）上。"（李健吾：《九十九度中——林徽因女士作》）李健吾鉴赏品位在读者中颇有口碑，经李健吾如此褒扬，人们开始注目《九十九度中》，它渐成林徽因最享声誉的小说。

九十九度是民国时期温度计惯用的华氏刻度，相当现今通用的摄氏三十九度多。小说愈发打碎了情节、故事，没有主人公，没有一以贯之的头尾。众多本不相关的人和事，只是发生在同一个烈日下的北平城里，跳来跳去编排在一起。散落故都的形形色色的生活断片，分头一一写来：三个挑夫担着饭庄食担送往办婚事的喜燕堂；坐洋车路过的卢二爷想着找谁到哪里吃饭聊天；张家大宅门里忙着为老太太办七十寿筵；卢二爷的包车夫杨三把主人拉到目的地，即刻自己转回来寻另一个车夫王康，索讨王康借他的十四吊钱，两人起了纠葛在喜燕堂门外打了一架；喜燕堂内婚典上拜堂的不如意新娘子阿淑，"一鞠躬一鞠躬地和幸福作别"，幻想有个童年伙伴赶来救她逃离婚典。诸如此类，俨然杂乱无章的素材一堆。可是，和卢二爷车夫杨三打架的王康，是拉客人到喜燕堂的车夫，喜燕堂里新娘子阿淑幻想的童年伙伴正是和卢二爷吃冰淇淋的逸九；卢二爷看见的三个挑夫，送食担去喜燕堂后在张宅胡同口喝酸梅汤，其中一个中了暑，寻求医生乞讨暑药，正喝酒打麻将的医生不耐烦给药贻误了医治，医生恰巧是寿星张老太太的内侄孙。生活碎片由此全串了起来，因此李健吾说："作者把一天的形形色色披露在我们眼前，没有组织，却有组织；没有条理，却有条理；没有故事，却有故事，而且那样多的故事；没有技巧，却处处透露匠心。"（《九十九度中——林徽因女士作》）林徽因的构思委实精妙，多幅故都街头的速写传神之至，作品承载着丰富的社会内容，作者的人道主义精神溢透纸背。

六七十年后中国文坛再度兴起意识流小说，晚年的卞之琳想到《九十九度中》，大有今不如昔之叹："这篇允称吾国早期最像样的意识流小说，与徐志摩也向这方面试过一手的《轮盘》那一篇相得益彰，且尤胜于它，也多少合公超所说同时含写实精神的，我也觉得比今日大陆流行的'意识流'小说道地、纯正，远胜过准荒诞派'新潮''新锐'的时髦梦呓。"(《赤子心与自我戏剧化：追念叶公超》)近年来学界开始把《九十九度中》列为中国现代短篇小说经典,屡屡选入高校读本。

遇到知音,林徽因接连创作了两篇小说《钟绿》和《吉公》,以后接着是《文珍》《绣绣》。小说主人公都取自生活原型,林徽因便给它们冠以一个总题目"模影零篇",成为系列作品。较第三人称客观叙述的作品《窘》《九十九度中》有了变化,"模影零篇"均采用第一人称;人物又与现实里人、事贴得较近,难免引起熟人对号入座,对上号的亲戚为此不快。不快归不快,林徽因还是颇为看重这一组作品。它们全部发表于《大公报》"文艺"副刊,《钟绿》和《吉公》都发表在一九三五年。那年林徽因受报社约请,选辑了这个年度的《大公报文艺丛刊·小说选》,她当仁不让,把本年自己仅有的两篇小说全选了进去,它们确乎是选本众多篇什的上乘。

《钟绿》描写一个红颜薄命的悲剧,希腊籍女学生钟绿美艳绝伦,她的如意未婚夫无名暴亡,最后自己殒命于一条海上小帆船。美人、美事,凄美的结局,小说营造了浓浓的诗化的意境。中国现代小说这么着意美的作品不多,或难辞唯美的嫌疑。相比较,《吉公》则归另一种风貌,深沉得多。清朝末年南方世家子弟吉公,一个外曾祖母抱来的螟蛉子,晚辈们不称他舅公,却总带上名字又略去个舅字,曰吉公。吉公心灵手巧,传入中国不多时的钟表,到他手里拆拆装装,易如反掌。吉公做过科学救国的美梦,但不为守旧的家庭理解,更因不属本族血脉而遭族人的冷落和歧视,斥之另类。只有当家族照相的时候,大家才看重吉公,看重的仅仅是他的照相技术。他擅长器械,深藏技术发明的潜能,可是备受压抑,潜能始终是潜能,没有机会对社会做出一点贡献。末了凭借照相作媒介,他才得以离开这个家族入赘了"外江"人家,遗憾最好的年华已经过去,吉郎才尽。小说结尾,吉公"年老了,当时的聪明一天天消失,所余仅是一片和蔼的平庸和空虚"。这个结尾,余音袅袅,留给读者的,是唏嘘加启悟。

林徽因借一个小人物的没有血泪的无事悲剧,剑指压抑个性、扼杀人才的时代,深沉历史感蕴含字里行间。如果说《九十九度中》对社会的批判偏于感性,词意犀利,那么《吉公》明显侵染反思色彩,意蕴深厚。小说开篇写道:"二三十年前,每一个老派头旧家族的宅第里面,竟可以是一个缩小的社会。"全篇最后一句是:"相信上天或许要偿补给吉公他一生的委屈,这下文的故事,就应该在他那个聪明孩子和我们这个时代上,但是我则仍然十分怀疑。"林徽因如此审视人物,如此放眼时代，比同时期匍匐于巧织情节、滥觞情感的诸多女性作家，远远胜出了一大筹。林徽因研究建筑史，她史家眼光透彻这篇小说。

《吉公》呈现的是灰暗世界的灰色人物，《文珍》另辟蹊径，看到灰暗世界里放出的一道灿烂光芒。卖身丫头文珍几乎是个完美无缺的姑娘，善良、美丽、可人、伶俐、大方，都不用说，最值得说的，是她勇于掌握命运的意志和胆略。文珍得到大户门庭上上下下喜欢，她却不满足寄人篱下苟且一生。她知道自己的容貌秀丽，难得更清醒地明白，"好看的人没有好命，更可怜"。芳少爷看上她了，她糊涂地做过甜梦。纨绔子弟岂有真诚，梦自然破灭。主子再做主把她嫁给钱庄账房，遵从主子，便可改变她卑微身份。但她不甘心重蹈旧式女子覆辙，心中萌生了新的幸福憧憬，又不动声色。钱庄账房迎亲前夕，她出人意料地和邻院的年轻革命党人出奔了。大户人家的少爷吉公，到底未能挣脱时代摆布的悲剧命运，而出身低贱的女佣文珍，把命运紧紧地攥在自己手中。林徽因不再止步于同情弱者，进而挖掘他们身上至美的精神品性。小说没有点明文珍出走之后的结局，不排除出奔后的文珍将命运更惨的可能。然而成败不再重要，单是这灿烂的人生一搏，足以令人钦佩、起敬。同是婢女身份，《雷雨》中的四凤糊涂，《家》中的鸣凤软弱，皆未免一死。唯独文珍，她看透世事，内敛锐气，为微贱女子们开出一条生的希望之路。小说细腻地刻画了十七岁女孩由屈辱到抗争的过程，形象丰满，不似同题材作品常见的一个干瘪枯槁的反抗符号。在林徽因小说的其他人物形象里，也难有她这么个性鲜明、形象丰满，文珍应该是现代文学女性画廊中十分耀眼的一个。

最后一篇小说《绣绣》，常被研究者用以窥视林徽因与父母关系的窗口。绣绣十一二岁，和母亲别居一处，父亲耽于新欢卿卿我我，只有每月送生活费才来看母女一次，每次总被母亲气走。绣绣背地里埋怨父亲："爹爹也太狠心了，妈妈虽然有脾气，她实在很苦的，她是有病……常常一个人在夜里哭她死掉的孩子。"可是又追悔幼小时不解人意，失落了有过的父爱。尽管她十分同情母亲，小说却用大部分篇幅描写她的脾气，暴躁，懦弱，不通事理，悲剧或由她而起。父亲不再关顾绣绣，母亲拿绣绣撒气，她对双亲，"有点恨着他们，但是蒂结在绣绣温婉的心底的，对这两人到底仍是那不可思议的深爱"。小说总题"模影零篇"，有生活里的原模，真是她自己家庭的影子？父亲冷漠，母亲世俗，绣绣早熟，似可对应，然而它终究是小说，不宜太当家庭本事解读。小说以女孩视点看家庭纠葛，以家庭纠葛写女孩心理反映，刻画绣绣复杂细微的心态，惟妙传神，技巧比刻画心态的类似作品《窘》胜了一筹。绣绣的可爱可怜，遇父母"不淑"，引邻居叹息，"这都是孽债，绣绣那孩子，前世里该他们什么？"《绣绣》是林徽因六篇小说中最感人的一篇，只因主题不够"宏大"，没有触及社会批判、历史反思，未得到足够关注。它虽不能于批判中给人鼓动，不能于反思中予以启迪，不能于颂扬中树立示范，如《九十九度中》，如《吉公》，如《文珍》，但教化人伦于民众，不亦无声无息里慢慢推动社会前进。《绣绣》之后林徽因不再有小说问世，只怪日本军打到中国来了。

林徽因小说尽管数量很少，少得令研究者不甘。它们很能显示京派小说特色，四篇"模影零篇"比前两篇显著。从人性出发，取童年视角，以回忆来叙事，呈现风俗画风情画，理性地、节制地、从容舒缓、抒情地展示人物命运，恰是京派小说魅力所在。与其他京派小说家相比，林氏小说又不失其艺术个性。她深受中国古典作品和西方现代文艺思潮的双重影响，作品兼具古典意味和现代色彩。从题材的深刻、结构的周密、表现时理智、文体上雅致，乃至语言简洁、描绘细微，诸多方面，既反映京派的一般风貌，又卓然自成一家。她那柔曼、细密，自是杨振声、沈从文、萧乾、师陀这样的男性作家所不备，即使看京派中同为女性的凌叔华，林徽因也是少闺秀气息，少温婉风貌，大异其趣的。

林徽因的小说创作历程仅短短五六年时间，留下作品只六个短篇。无法讳言它太少，但是凭借如此之少的作品得以名垂中国现代小说史，不能不说是道文坛奇观。联想到古代的王之涣、外国的梅里美，王之涣存六首小诗，千余年来耀眼于集数万首的《全唐诗》；梅里美的中短篇小说不到二十篇，跻身法国文豪行列。林徽因小说曾经缺失中国现代小说史多年，缺失她的小说史必是书遗下缺憾的史著。所幸学界终于复归了林徽因的历史地位，为研究者们一遍遍阐释。

◇ 1935年，林徽因在北平北总布胡同三号居所

◇ 1936年,林徽因与儿女梁再冰、梁从诫在北海公园

◇ 1936年，林徽因与儿女梁再冰、梁从诫在北海公园

◇ 1936年，林徽因携儿女梁再冰、梁从诫在郊外踏雪

十六
窗外

  任你如何偏爱林徽因，都似乎很难称她为散文家。严格说来，狭义的散文，即所谓美文，她写得少而又少，以美文衡定，甚至少于她的小说，总共五六篇吧。除这几篇，林徽因还有过一篇《贡纳达之夜》，抒发她游览西班牙小城的感受。不知它发表何处，抑或根本没有发表，只是梁从诫先生提到过它。《惟其是脆嫩》《究竟怎么一回事》常被编入散文类书籍，其实它们应该属于文学评论。前一篇泛论文学与创作环境（重点论刊物）的关系，后一篇专谈诗歌创作的动因。因为均不那么学究，形近乎美文，大家都作它美文读了。

  虽说林徽因散文作品仅寥寥数篇，可是多有人称道它，以至说她诗歌"不如她的散文好"（李辉：《听"苦吟诗人"聊天》）。说她散文当在"五四以来优秀篇目之列"（姜德明：《余时书话》），说"将这些散文放在散文大家的作品一起也是毫不逊色的"（应国靖：《文坛边缘》）。然而出乎意料，林徽因诗歌、小说创作差不多同时起步的时候，除不能不写的一篇《悼志摩》，她文学生涯中未去涉足散文领域达数年之久；本可随时一挥而就的散文，竟是她这三种作品中篇幅最少的体裁。何以如此之少，真不大好解说。

  其实，若要真切了解林徽因其人的精神、品格、气质与才华，是非读她散文不可的。人们从小说可以窥探她的人生态度，从诗里可以感受她的情感波澜，而能见其为人、个性者，莫过于读她散文。她的睿智、爽朗，还有幽默，活脱脱见之那几篇散文。今日读者从林徽因同辈人的回忆中，无限神往才女风采，可斯人已去，想一睹其人已不可得，读她散文或能略补一二。

　　林徽因两篇悼念徐志摩的美文已为读者所熟知，《悼志摩》是她初次执笔的散文作品。当时悼徐文章很多，论情文并茂，实难有谁超过这一篇的，那份顿失知音的伤痛，林徽因抒写得淋漓尽致。《纪念志摩去世四周年》在痛定思痛后，情感经岁月沉淀，她怀念挚友的情感趋于知性。不过，真正充分体现林徽因散文特色的倒在另外几篇。

　　凡见过林徽因的人莫不惊讶她健谈，她的异域知交费慰梅女士（著名学者费正清夫人）这么描述过林徽因："老朋友都会记得，徽因是怎样滔滔不绝地垄断了整个谈话。她的健谈是人所共知的……话题从诙谐的轶事到敏锐的分析，从明智的忠告到突发的愤怒，从发狂的热情到深刻的蔑视，几乎无所不包。她总是聚会的中心和领袖人物，当她侃侃而谈的时候，爱慕者们总是为她那天马行空般的灵感中所迸发出来的精辟警句而倾倒。"（《梁思成与林徽因》）

　　机智明快的口若悬河，透着博学，现出雄辩，正是林徽因散文显著的艺术特征。《蛛丝和梅花》从客厅门框上两根蛛丝轻轻地牵到一枝梅花上写起，引证古典诗词里咏梅的名句，一首连着一首，信手拈来。再联想起东方人惜花的传统，惜花而解花，解花而解说与花关连的爱情，由此又辨析起中西方爱情诗中月色意境的异同……蛛丝就这样化为情思，越牵越长，真如作品中的一句话："由门框梅花牵出宇宙，浮云沧波踪迹不定。"读者从散文中享受到了徜徉浮云沧波般酣畅的陶醉。

　　比起在"窗内"遐想的《蛛丝和梅花》，记述作者野外考古感受的《窗子以外》，则恣肆淋漓得多。它从"窗外"四个乡下人的背影谈起，浮想联翩，连珠炮似的激发出一个个似断又连的话题。谈到自己家里的雇工，谈到街上卖白菜的、推粪车的，谈到行旅中认不得路错过站头的老妪，最终引申出，身处客厅上层身份的自己与窗外下层人民的隔膜。文章里有生动的叙事："偶一抬头，看到街心和对街铺子前面那些人，他们都是急急忙忙地，在时间金钱的限制下采办他们生活所必需的。两个女人手忙脚乱地在监督着店里的伙计称秤。二斤四两，二斤四两的什么东西，且不必去管，反正由那两个女人的认真的神气上面看去，必是非同小可，性命交关的货物。并且如果称得少一点时，那两个女人为那点吃亏的分量必定感到重大的痛苦；如果称得多时，那伙计又知道这年头那损失在东家方面真不能算小。于是那两边的争执是热烈的，必须的，大家声音都高一点；女人脸上呈块红色，头发披下了一缕，又用手抓上去；伙计则维持着客气，口里嚷着：错不了，错不了！"可谓小说《九十九度中》的散文版。作者的状物惟妙惟肖，写小说的素描功力同样在散文中施展。状物为的是议论，下面议论绝对不是空洞乏味的："你是仍然坐在窗子以内的，不是火车的窗子，汽车的窗子，就是客栈逆旅的窗子，再不然就是你自己无形中习惯的窗子，把你搁在里面。接触和认识实在谈不到，得天独厚的闲暇生活先不容你。一样是旅行，如果你背上捐的不是照相机而是做买卖的小血本，你就需要全副的精神来走路；你得留神投宿的地方，你得计算一路上每吃一次烧饼和几颗沙果的钱；遇着同行战战兢兢的打招呼，互相捧出诚意，遇着困难时好互相关照帮忙；到了一个地方你是真带着整个血肉的身体到处碰运气，紧张的境遇不容你不奋斗，不与其他奋斗的血和肉的接触，直到经验使得你认识。"于此，"窗子"成了林徽因话语里特定含义的词汇。又不妨谓之诗歌《微光》的散文版。它是林徽因去野外考察古建筑时接触民间的人生体悟，她同情大众，反省自己，她的感受代表了相当一群正直知识分子的典型心态。作者没有浅薄地觉得，与民间这有限的接触就能够同底层打成一片了。相反，她清醒地意识到："不管你走到哪里，你永远免不了坐在窗子以内的。"比之某些浮躁的知识分子，林徽因对于自己与民众关系的认识要客观切实得多。《窗子以外》是她最负盛名的散文，后来由朱自清选入《西南联大国文示范读本》，传诵一时。诚如卞之琳所言："林徽因的散文，在我看来，是并非形式上的诗，不外露的诗。"（卞之琳：《窗子内外：忆林徽因》）即或《窗子以外》形式上与诗离得很远，也应该读出浓郁的诗意。当然不是理解狭窄的那种花前月下意境，它明朗，结实，近如白居易的新乐府。

　　林徽因的艺术气质和文学素养，致使她的建筑学专业文章，竟也同样文采斐然，情思邈邈。它们的若干章节、片段，无异于游记或抒情小品，十足的美文。前已引述过林徽因建筑文章中的叙事文字，这里不妨再介绍一节议论：

　　　　这些美的存在，在建筑审美者的眼里，都能引起特异的感觉，在"诗意"与"画意"之外，还使他感到一种"建筑意"的愉快。这也许是个狂妄的说法——但是，什么叫做"建筑意"？我们很可以找出一个比较近理的含义或解释来。

　　　　顽石会不会点头，我们不敢有所争辩，那问题怕要牵涉到物理学家，但经过大匠之手艺，年代之磋磨，有一些石头的确是会蕴含生气的。天然的材料经人的聪明建造，再受时间的洗礼，成美术与历史地理之和，使它不能不引起鉴赏者一种特殊的性灵的融会，神志的感触，这话或者可以算是说得通。

无论哪一个巍峨的古城楼，或一角倾颓的殿基的灵魂里，无形中都在诉说，乃至于歌唱，时间上漫不可信的变迁；由温雅的儿女佳话，到流血成渠的杀戮。他们所给的"意"的确是"诗"与"画"的。但是建筑师要郑重郑重的声明，那里面还有超出这"诗""画"以外的"意"存在。眼睛在接触人的智力和生活所产生的一个结构，在光影恰恰可人中，和谐的轮廓，披着风露所赐与的层层生动的色彩；潜意识里更有"眼看他起高楼，眼看他楼塌了"凭吊兴衰的感慨；偶然更发现一片，只要一片，极精致的雕纹，一位不知名匠师的手笔，请问那时锐感，即不叫他（它）做"建筑意"，我们也得要临时给他（它）制造个同样狂妄的名词，是不？

建筑审美可不能势利的。大名显赫，尤其是有乾隆御笔碑石来赞扬的，并不一定便是宝贝；不见经传，湮没在人迹罕到的乱草中间的，更不一定不是一位无名英雄。以貌取人或者不可，"以貌取建"却是个好态度。北平近郊可经人以貌取舍的古建筑实不在少数。摄影图录之后，或考证它的来历，或由村老传说中推测他的过往——可以成一个建筑师为古物打抱不平的事业，和比较有意思的夏假消遣。而他的报酬便是那无穷的建筑意的收获。

谈林徽因散文，最好连她的书信也包括在内。林徽因的书信不同借书信体抒情说故事的文学作品，它们完全是出于生活往来的私函，本义上的信札，未想到公之于众。尽管如此，林徽因有些信札比散文还散文。她写这些信，为的交流情感，自谓"随笔信"（林徽因：《致沈从文信》），给费正清费慰梅夫妇的许多信即是，很够格的优美散文，叙事、抒情、议论，不着一点刻意地流向笔端。写这样的信，她很惬意，得到情绪释放的快感。有时竟以不准自己写信作为自我惩罚的手段。一九三八年春天她由长沙向西南迁徙，抵达昆明立即写信给沈从文，头一段话就这样的：

事情多得不可开交，情感方面虽然有许多新的积蓄，一时也不能去清理

（这年头也不是清理情感的时候），昆明的到达既在离开长沙三十九天之后，其间的故事也就很有可纪念的。我们的日子至今尚似走马灯的旋转，虽然昆明的白云悠闲疏散在蓝天里。现在生活的压迫似乎比从前更有分量了。我问我自己三十年底下都剩一些什么，假如机会好点我有什么样的一两句话说出来，或是什么样事好做，这种问题在这时候问，似乎更没有回答——我相信我已是一整个的失败，再用不着自己过分的操心——所以朋友方面也就无话可说——现在多半的人都最惦挂我的身体。一个机构多方面受过损伤的身体实在用不着惦挂，我看黔滇间公路上所用的车辆颇感到一点同情，在中国做人同在中国坐车子一样，都要承受那种的待遇，磨到焦头烂额，照样有人把你拉过来推过去爬着长长的山坡，你若使懂事多了，挣扎一下，也就不见得不会喘着气爬山过岭，到了你最后的时候。

  这还不算信中最具文学色彩的段落，更不是偶尔刻意的笔墨，纯是日常心绪的流淌。原本也是写给私人的《山西通信》，收信人以文学作品在《大公报·文艺副刊》刊登了。信里关于她去野外考察与乡民们融洽相处情景的那些描写，生动而富于感染力。可能是《山西通信》受到读者欢迎，才引发出内容类似的《窗子以外》面世。书信语言渗入她美文，即亲切的聊天风格。

  这般富有文学意味的书信，费正清费慰梅夫妇收到的最多，而且都是英文。费慰梅说，"徽（费慰梅呼林的昵称）用英文写，文如其人地亲切地让我们共尝她的情感，她生活中的胜利和悲哀。也许这批信件是她唯一的英文作品集。"又说："当我还是一个中文的初学者的时候，她已经是一位精通英语的大师了。"（费慰梅：《回忆林徽因——为"林徽因文集"而作》）谈论林徽因的散文，"随笔信"也算在一起的话，数量就不见得少了。林徽因能否称得上散文家无需较真，事实是，她存世的少许散文胜于若干号称著名散文家的作品。

◇ 1930年代，林徽因在乡间小道上

◇ 1933年，林徽因（中）与刘敦桢（右）、莫宗江（左）在去往山西大同调查古建的途中

◇ 1934年，林徽因在山西考察古建途中

◇◇ 1934年，林徽因与梁思成在山西考察途中

◇ 1936 年，林徽因在北平

◇◇ 20 世纪 30 年代中期，林徽因在北平郊区

◇ 刊载林徽因作品的《大公报〈文艺副刊〉》

十七
梅 真

　　主演泰戈尔戏剧《齐特拉》那次，林徽因演戏禀赋为世人共睹，可这第一次登台竟是绝响，怕她自己都不会相信的。然而，学习和工作再忙，身体再差，未能阻挡她热爱戏剧，参加相关戏剧的活动断断续续了许多年。留学时是业余的"中华戏剧改进社"的活跃成员，进耶鲁大学戏剧学院是随帕克教授学习舞台美术，算是进了科班。无奈建筑是她的最爱、她的事业，她终究不无遗憾地没有从事戏剧职业。不过，要是出现机会，她会忍不住参与一下的。为了谋求一个合适的道具，她跑遍全城，跑了三天，敬业精神不亚专业戏剧人员。

　　患病在京郊香山疗养，林徽因有的是时间。"北平小剧院"在城内公演话剧《软体动物》，此剧讽刺饱食终日的有闲太太，慵懒得如软体动物，报纸反响热烈。赵元任、余上沅他们任编剧、导演、舞美，都是林徽因的熟人。熟人看戏的还有不少，胡适写了《〈软体动物〉的公演》。观众议论不断传到山上，林徽因极想一睹为快，可是家人管住她下不得山来，只好阅读报纸望梅止渴。《晨报》"剧刊"登出余上沅的一篇《〈软体动物〉的舞台设计》，偏重强调设计中的困难。另外一篇陈治策的《〈软体动物〉的幕后》，注脚似的自曝了困难种种。公演的成功在编、导、演，唯独舞台设计差强人意。两篇文章的作者正是两位舞美设计人，多少有自我辩护的嫌疑。林徽因对此如鲠在喉，发表了《设计和幕后困难问题》，略持异议："观众的评判是对着排演者拿出来的成绩下的，排演中间所经过的困难苦处,他们是看不见的,也便不原谅的(除非明显的限制阻碍如地点和剧团之大小贫富)。何况设计人列举的多不是不能克服的困难。"林徽因的文字算平和、诚恳的,并在文章里表示,"有机会和小剧院诸位细细面谈",文章最末一句:"我为小剧院高兴。"岂料陈治策、余上沅两位不能接受,接连抛出《〈软体动物〉用的白布单子——答林徽音先生》和《答林徽音女士》。他们认为林徽因吹毛求疵,因而稍带嘲讽地问道:"林先生,你干吗不牺牲一晚的时间去看一看我们的公演呢?"这一问刺痛了身患重病的林徽因,报纸正误传当天林徽因参加什么跳舞盛会,于是她再发而为文《希望不因〈软体动物〉的公演引出硬体的笔墨官司》,逐条堵住了那两位的辩解。不过口气仍相当克制,收敛平素健谈的辩论锋芒,不无幽默和机智。她声明:"这是我最末次的'笔答',不然这官司怕要真打到协和医院的病房里去。"(指她病体支持不住)"剧刊"编辑熊佛西赶忙加按语宣布争论告停。

林徽因喜好辩论,笔战似乎仅此一回。她的批评,或使余上沅感到求全责备的委屈,但在林徽因,以她舞美素养和求全性格,实在出于为同道求个锦上添花,不该错以为逗能煞大家风景,像她后一篇文章写的:"俗话说'冤家怕是同行'!不过每件学问的促进常是靠着'同行'的争论的。"而前一篇立意尤深:

> 凡做一桩事没有不遇困难的。我们几乎可以说:事的本身就是种种困难的综合,而我们所以用以对付、解决这些困难的,便是"方法","技巧",和"艺术创作"。

爱之深,恨之切,余上沅、陈治策何以忽略了这耐人寻味的逆耳忠言呢?他们误在就事论事,和林徽因很隔膜。她的能言好辩,当然有它臻于完美的内蕴。这场争论充其量是中国现代戏剧发展中的小小插曲,无所谓意义。但是,从中足以见出林徽因所持人生信条,及所以取得杰出成就的根由:凡事发乎上。

林徽因不是眼高手低之辈,一九三五年冬天曹禺给了她一次展露舞美才华的机会,请她担任《财狂》舞台设计。在天津演出的《财狂》据法国名剧《悭吝人》移植,曹禺主演。那几天《益世报》《大公报》连日赞扬林徽因的布景设计:

一进瑞庭礼堂便遥见在舞台上建筑的亭台楼阁，后面绕着一道飞廊和树木。……在蔚蓝的天色下和玲珑的庭院中，衬出各种人物的活动，好像一幅美丽的画境，这不能不说是设计者苦心的结晶。幸亏三幕在空间上是一致的，不然对于这笨重的布景，真不知要费多大工夫去搬弄。

(水皮《〈财狂〉的演出》)

《财狂》堪称为舞台空前的惊人的成功，布景方面，我们得很佩服林徽因女士的匠心：楼一角，亭一角，典丽的廊，葱青的树；后面的晴朗青色的天空，悠闲淡远，前面一几一凳的清雅，都在舞台上建筑了起来，无论角度，明朗暗色线，都和谐成了一首诗，有铿锵的韵调，有清浊的节奏，也是一幅画，有自然得体的章法，有浑然一体的意境。这里我们庆祝林女士的成功。

(伯克《〈财狂〉评》)

布景和灯光，这不能不归功于林徽因女士的精心设计，建筑师的匠心。一座富于诗意的小楼，玲珑的伫立在那里，弯弯的扶梯……远远的小月亮门，掩映着多年没有整理的葡萄架，含羞逼真的树木，是多么清幽……台上的一草一木，一石一阶，件件都能熨帖观众每一个细胞呢。

(岚岚《看了〈财狂〉后》)

林徽因的小说、散文写得太少，这已经让读者深感惋惜，最为惋惜的是，剧作才华毫不逊于其他体裁的林徽因，留下的剧本最少，少到只有一个，这一个还是未能完篇的残本，即四幕剧发表了三幕的《梅真同他们》。

一本很有些影响的林徽因传记(林杉：《一代才女林徽因》，先由作家出版社出版，后修订易名《林徽因传》，改由九洲出版社出版，并获得大陆"中国首届传记文学优秀作品奖"，另有台湾版)，传写林徽因创作《梅真同他们》那段，耗费数千言描述当年北平彩排《梅真同他们》的情景。绘声绘色的文字，俨然再现林徽因本人和沈从文、丁西林、杨振声诸位名家莅临排练现场的情景，他们指导这一处那一处，彼此间谈笑风生。作者笔墨十分生动，读者有如身临其境，可惜这些描述全属子虚乌有(此据《林徽因传》)。《梅真同他们》全剧构思为四幕，一九三七年五月开始连载于创刊的《文学杂志》月刊，每期刊发一幕，至七月发表了一至三幕。杂志本计划八月初刊出最后一幕，因六七两月林徽因在外地考察古建筑，没能及时交付，故而"编辑后记"特别作了说明："林徽因女士去山西旅行，《梅真同他们》的第四幕稿未能按时寄到，只好暂停一期，待下期补登。"为补林徽因作品遗缺，杂志临时登出她一首小诗《去春》。紧接着七月上旬抗战全面爆发，八月份的第四期杂志印出后随即停刊。据说，九月的第五期曾经付印，第六期也已编成，都未得与读者见面（见常风《回忆朱光潜先生》），编辑许诺刊登第四幕的下一期没有了下文。抗战胜利后《文学杂志》复刊，林徽因继续为它写稿，却始终未见《梅真同他们》剩下的第四幕。它是一个没有完成的剧本，哪个剧团会排演一个剧本尚未写完的大戏。《梅真同他们》剧情发生在有产阶级的客厅，表现几对年轻人爱情纠葛。这种客厅里的风波，即使剧本完篇了，抗战爆发，大不合时宜。枪炮声中的北平，已失去排演这种戏的氛围。再说，六七月份林徽因正远在山西，直至"七七事变"后一周才仓促赶回古都，这其间她哪有时间哪有闲情观看排演。

太平岁月倒是很适宜品赏这个戏的，老作家李君维（东方蟋蟀）六十年后忽然想起他少年时代读过的林徽因剧本，而今重读一遍，仍旧赞不绝口，说"经历了半个世纪的潮汐起落，读来依旧感到清新隽永"，赞赏它是个"未完成的杰作"。老人悬想梅真的归宿如何，心怀一丝第四幕原稿幸存于世的希冀，专门撰写文章，指望史料专家把它打捞出来。（李君维：《梅真下落不明》，刊一九九八年十一月七日《新民晚报》）关注梅真归宿的不止李君维一人，早在林徽因生前已有人问过她，她的女主人公最终怎样了？她幽默地回答，梅真抗战去了。

读今日留存的三幕文本，剧情不很曲折。李府二房的二少爷下午要从供职的南方回来，他的姐姐妹妹——三位小姐正筹备当天晚上的家庭舞会。前三幕戏就是请客人、布置舞厅、少爷到家，第四幕该是舞会吧。不很曲折的剧情里人物关系则相当复杂。梅真是卖到李府的丫头，因时代的进步及主人李太太的开明，梅真得到与府里小姐少爷们一起进学校受教育的恩遇。她有了文化，加上伶俐，于是爱上她、想娶她、打她坏主意的人一个又一个。唐先生勉强默许了与李府大小姐的婚约，实际爱的是梅真；受过李府恩惠的电料行小老板以为自己和梅真很般配；李家大房太太（不是李太太）一心一意要打发梅真出去给人家做小妾；大小姐的女友在用心事圈套二少爷。二少爷和梅真青梅竹马，正是梅真的心上人。二少爷暗恋梅真已久，但两人之间长期没有点破；少爷怕母亲李太太为难，她顾忌儿媳的丫头身份会遭大房太太奚落。不是太太亲生的大小姐妒忌后母偏爱梅真，时时与她作梗；正当二少爷决心点破爱意之际，又因旁人造成的误会使梅真负气，负气更加重了误会。众多矛盾纠结起来就等着最后一幕的化解，偏偏残缺了这一幕。

剧名已明白提示，梅真是各种矛盾的焦点。学校新式教育给了她一点新派思想，可她毕竟没有彻底解脱丫头身份。她"又不是小姐，又不是客人，又不是亲戚"，"上不上下不下的"，在李府的处境势必尴尬。这尴尬制约了她的婚恋态度，她不能早早勇敢坦荡地跨出与二少爷相爱的一步。相比文珍，梅真确软弱了一些，但她自有软弱的缘故。文珍早出生了一个时代，所逢清末，完全是个任人宰割的丫头。最后到了绝境，唯有一走而后生。梅真并非不明白出走是条路，她说："丫头就是丫头，这个倒霉事就没有法子办，谁的好心也没有法子怎样的，除非，除非哪一天我走了，不在你们家！"梅真到底没有走，她不会真想走，至少此刻还不想走。李府是个中产阶级，赤裸的封建时代已成过去，李太太尤其沐浴着人道主义光辉。府里三小姐、四小姐又都平等地待梅真如朋友，更不必说还有个觉慧似的二少爷。梅真与李府这种特殊关系，没有到黄河，很难苛求她像文珍那样，走出个光芒四射。

林徽因为剧本题了一首黄庭坚的五言绝句《题梅》："梅蕊触人意，冒寒开雪花。遥怜水风晚，片片点汀沙。"诗无疑是献给梅真的，她的写照，作者用以表达对人物的怜爱与同情。

梅真的尴尬处境根本上由府上李太太的尴尬心态所致。李太太能给丫头和小姐少爷一样上学的机会诚属难能可贵，然而她终究置身于大家庭，中国三十年代的中产阶级富户，再文明的大户人家不免残留种种封建遗习。婆婆在世的时候，李太太"做了十来年的旧式儿媳妇"；婆婆死后她还有不得不迁就的当家大伯子。直到分户、守寡，她才成为一家之主，为时已稍晚，无力做主改变梅真丫头身份。如果此时李太太下了决心，不是没有彻底解放梅真的可能，可是无形压迫就是下不了决心。她一面邀请梅真参加少爷小姐们的家庭舞会，一面仍然差她给少爷小姐端茶倒水。所以很新派的四小姐质疑母亲："妈妈是不是个真正摩登人?"这样半新半旧的开明太太形象,在那个年代她较之全新的中年主妇更为多见。当然,无论如何李太太是位赢得尊敬的人物,她这一番话是叫人感动的:"我自己寻常很以为我没有娇养过孩子,就现在看来我还应该让你们孩子苦点才好!你看,你们这宴会,虽然够不上说奢侈,也就算是头等幸福。这年头挨饿的不算,多数又多数的人是吃不得饱的,这个有时使我很感到你们的幸福倒有点像是罪过!"

剧中出场不多的三小姐文霞,是个最具光辉品质的形象,文霞出场前四小姐就说她"有点普罗派"。剧本有这样的介绍:"她虽是巾帼而有须眉气概的人,天真稚气却亦不减于文琪(四小姐)。爱美的心、倔强的意志、高远的理想,都像要由眉宇间涌溢出来。她自认爱人类,愿意为人类服务牺牲者,其实她就是一个富于热情又富于理想的好孩子。"看来,作者嘉许她的品性,并不认可她的做法。当她鼓动梅真,坦然与客人平等地一起参加晚上的舞会,"今天这时候正是试验你自己的时候。"却碰了梅真的软钉子:"什么试验不试验的,尽是些洋话!"三小姐是林徽因笔下唯一的具有一点儿无产阶级思想色彩的人物,在作品中虽然不甚重要,却使我们有机会窥见,反映在林徽因艺术创作中她政治上对普罗派的态度。

林徽因最赞赏的是另外两个配角——纯真善良的四小姐文琪和爱恋文琪的黄仲维。丫头梅真能够直呼四小姐其名"李文琪",文琪的平等意识或有甚于《雷雨》里可爱天真的周冲。周冲平等相待四凤,民主意识里夹有异性相悦因素,可四小姐完全引梅真为朋友为同学。周冲的意识遭父亲嘲笑,四小姐的做法却得到母亲鼓励。李太太朝四小姐背影感慨:"这年龄时期最快活不过,我喜欢孩子们天真烂漫,混沌一点。"显然,李太太意识倾向搁在这个最小的女儿身上。爱上四小姐的黄仲维,是个新潮画家,活泼顽皮,不修边幅,真诚爽直,率性而为。解决梅真问题的症结,正由黄仲维一语中的:"你们不会不要让她当丫头么?"他和四小姐的恋爱最终成功,其间并无曲折,这成功看似闪电般的突然,实质是人以群分,水到渠成。这一对恋人大概寄托着林徽因的社会理想。

剧情发展到第三幕,四小姐与黄仲维,梅真与二少爷,他们的恋爱一成一败。作者取对比构思,给观众以暗示,剧本的意蕴即在于此。推想第四幕剧情,可能借舞会给梅真归宿以最终交代。大胆推想,有可能梅真和二少爷如愿双双出走。

故事的结局不会是悲剧,这个戏也就不会是个悲剧。自然也不该是喜剧,林徽因给《文学杂志》主编朱光潜寄去剧稿曾附信表白:"我所见到的人生中戏剧价值都是一些淡香清苦如茶的人生滋味,不过这些戏剧场合须有水一般的流动性,波光鳞纹在两点钟时间内能把人的兴趣引到一个 Make–believe 的世界里去,爱憎喜怒一些人物。像梅真那样一个聪明女孩子在李家算是一个丫头,她的环境极可怜难处。在两点钟时间限制下,她的行动对己对人的种种处置,便是我所要人注意的。这便是我的戏。"(《文学杂志》第一期"编辑后记")

不是悲剧的《梅真同他们》,它的剧作技巧与悲剧《雷雨》和《日出》多有相似之处。明显不过的是场景集中,三幕全设在三小姐四小姐共用的那间书房,第四幕想来也很可能不再移到别处。《雷雨》有一幕在鲁大海家,《日出》有一幕在翠喜栖身的窑子,《梅真同他们》的场景可能更为集中。二三十年代写剧,大多注重人物台词而不很在意人物出场时的"提示"文字。曹禺创始紧抓住它刻画人物,林徽因同样看重这一艺术手段。尤为难得的是,林徽因把那么多人物,彼此复杂的爱情纠葛,日常化地从容展开展示,举重若轻。她和曹禺一样善于处理戏剧冲突,可她的剧本不像《雷雨》那样剑拔弩张,也不像《日出》那样喧嚣嘈杂,其味真是独特的淡香清苦。

林徽因将京派小说家的审美趣味带上了舞台,她不愿肆意宣泄情感,而以智性看待人生世事。淡香清苦,既是《梅真同他们》表现出的人生滋味,又是它的艺术魅力所在。剧本不追求热烈刺激,不夸张人物言行,不刻意激化冲突,如实地展示生活场景。观众仿佛走进一个现实中家庭,忘记身在剧场。初次尝试剧本创作的林徽因,竟把戏舞台的关目技巧驾驭得如此娴熟,委实令人惊叹叫绝。艺术品位很高的朱光潜刚读到第一幕剧稿,便禁不住在他执笔的《编辑后记》中赞美:"现在话剧中仍留有不少的'文明戏'的恶趣,一般人往往认不清 Dramatic 与 Theatrical 的分别,求看一个'闹台戏',林徽因女士的轻描淡写是闷热天气中的一剂清凉散。"倘若《梅真同他们》得以完稿的话,它会在三十年代剧坛引起轰动不是一个奢望。林徽因留给文坛的遗憾太多,《梅真同他们》生不逢时,乃至不能足月问世,又是其一。

酷爱戏剧的林徽因,创作过这个剧本以后,因为战乱,因为重病,因为忙于工作,她不再是演员,不再是编剧,不再是舞美设计,至多做个舞台下的普通观众,纵然仍有感想，仍逮住机会想参与，终究是台下人，与戏剧艺术彻底分手了。有看戏机会她不会错过的。清华大学学生剧团英语演出《守望莱茵河》，林徽因热心给排练提供意见。演出那晚，她抱病观看，梁思成、金岳霖陪她出现在礼堂，吸引来众多视线，成开演前剧场一道风景。一九四八年冬天，积雪半尺多深，部队文工团到刚解放的清华园演出大型秧歌剧《血泪仇》，它是林徽因从未见识过的新型戏剧，她不听家人劝阻，执意请人留个观看座位。体不从心，出家门几步就不住地又咳嗽又喘气，无奈退回家躺下，上回有过的风景永远消逝了。

◇ 20世纪20年代初，林徽因在北平家中与表姐合影

◇ 20 世纪 30 年代中期,林徽因在北平北总布胡同三号家中

◇ 1935年，林徽因于北平北总布胡同三号家中

◇◇ 1935年，林徽因在北平北总部胡同三号院中

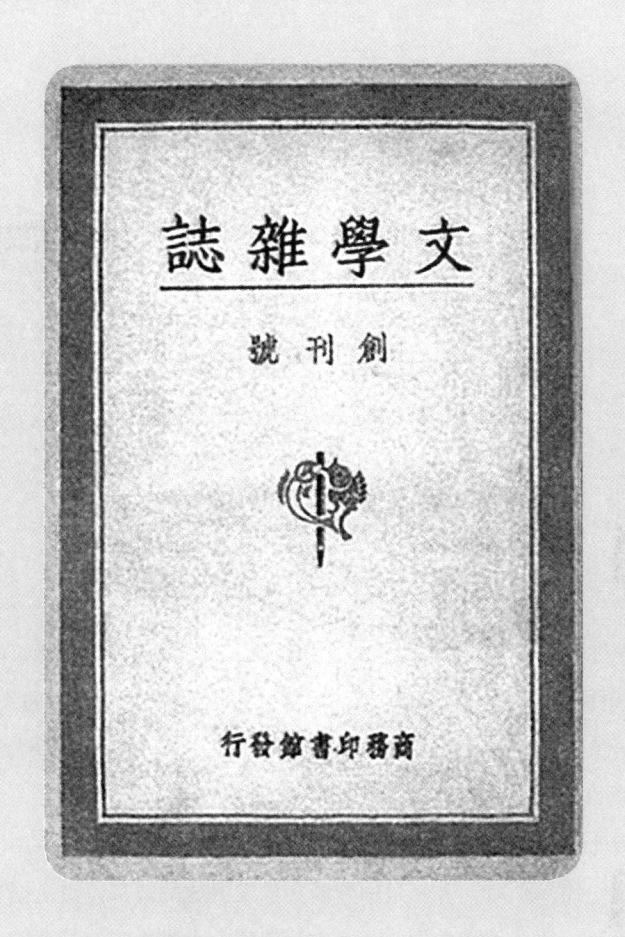

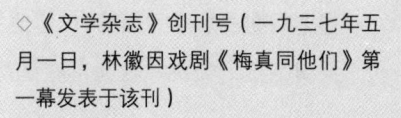

◇《文学杂志》创刊号（一九三七年五月一日，林徽因戏剧《梅真同他们》第一幕发表于该刊）

十八
京派之魂

　　这么一位才女，诗歌、小说、散文、剧本，各类体裁无所不能，而且都出了精品，林徽因很快赢得北平文坛的钦佩和爱戴。她也热衷文学活动，每每发表宏论，见解精辟，语惊四座。所以萧乾说："她又写，又编，又评，又鼓励大家。我甚至觉得她是京派的灵魂。"（萧乾：《致严家炎信》）

　　京派是二十世纪三十年代中期活跃于北平的一个文学流派，在中国现代文学史上占有重要一席。那时，曾经是中国新文学发源地的故都，被占据它的张作霖高压得一片恐怖。不久北伐胜利，革命中心南移，大批作家纷纷奔往南方，开始倡导无产阶级文学，故都的文坛顿时陷入沉寂。留居北平而不甘寂寞的一批文人陆续聚集起来，由他们接手的《大公报》"文艺"副刊和先后出刊的杂志《学文》《水星》《文学杂志》为创作园地，开创了与南方革命气势迥异的京派文学。他们大多是旧京的教授、大学生，教授们已经享誉文坛，多为名家。大学生则个个是校园新秀，在此起步，成为日后的名家。他们中有周作人、朱自清、废名、沈从文、叶公超、凌叔华、朱光潜、萧乾、李健吾、卞之琳、何其芳……林徽因似乎介乎前后两者之间，比新秀有点资格，较名家尚待建树。按萧乾的说法，京派初期的"盟主"是周作人。其实周作人的前辈身份和消极思想已与生气勃勃年青俊彦显露出距离。杨振声称得上后期的京派"领袖"，但他的作品数量、影响毕竟有限。林徽因领受"京派的灵魂"这个美称，含义不在她是否居于领军地位，而是深厚的文学素养，以及喜好发表宏论的活跃性格，还有并非绝对无关的性别、容貌因素，她自然而然地成为"当时京派的一股凝结力量"（萧乾：《致严家炎信》）。

经常发表林徽因作品的《新月》杂志，于一九三三年六月四卷七期停刊，最后一期刊登了林徽因的诗作《山中的一个夏夜》。三个月过去，杨振声和沈从文着手联合编辑《大公报》"文艺副刊"。副刊前身原名"文学"，由偏向古代的吴宓教授主编，改版为"文艺"，编辑方针明显转向了当代。（"文学"副刊原先改名"文艺副刊"，第一百三十三期始改名"文艺"，编辑并未易人，方针也一仍其旧，此统称"文艺"副刊。）林徽因参与了这个转变的谋划，两位新主编开编副刊前请宴商讨编务，少数与席的几位文友中就有林徽因。请客吃饭，席上讨论编辑事务，日后几成为"副刊"惯例。报社在天津，北平的编者每月一回邀集大家餐聚，地点多在中山公园的"来今雨轩"。只要有时间，健康也许可，林徽因必定到场，必定侃侃而谈。

"文艺副刊"首期便发表了林徽因初次撰写的文艺评论《惟其是脆嫩》，文章写道：

> 我们问：能鼓励创作界的活跃性的是些什么？刊物是否可以救济这消沉的？努力过刊物的诞生的人们，一定知道刊物又时常会因为别的复杂原因而夭折的。它是极脆嫩的孩儿。那么有创作冲动的笔锋，努力于刊物的手臂，此刻何不联在一起，再来一次合作，逼着创作界又挺出一个新鲜的萌芽！管它将来能不能成田壤，成森林，成江山，一个萌芽是一个萌芽。脆嫩？惟其是脆嫩，我们大家才更要来爱护它。

改刊伊始，没有刊登署名编者的表态文字，林徽因文章道出他们心声，或许就以此替代了"改刊词"。副刊第二期上又发表了林徽因诗作《微光》，然后接连不断的是《秋天，这秋天》《年关》《城楼上》《深笑》《别丢掉》《雨后天》和《八月的忧愁》……《大公报·文艺副刊》成为她发表作品最多的园地。后来萧乾接手副刊，他特请林徽因从一九三五年的"副刊"小说中遴选优秀作品，结集为《大公报文艺丛刊小说选》出版。入选作品三十篇，作者不仅包括杨振声、沈从文、凌叔华、老舍等知名高手，并有初次创作小说的季康（杨绛）、尚不为人熟知的叔文（沈从文夫人张兆和）以及后来参加"左联"的沙汀等人。这本"小说选"和林徽因撰写的"题记"，系学人研究京派文学的重要文本。

　　林徽因还参与了《大公报·文艺副刊》一件盛事，即评选"大公报文艺奖金"获奖作品，是该报庆祝复刊十周年主要活动。（一般都说"复刊"十周年。萧乾说法是："《大公报》原是天津天主教人英敛之于一九〇二年［光绪二十八年］创办的，一九二六年吴鼎昌把它盘过来，成立了一个'新记公司'。一九三六年九月是这家公司接办的十周年。"萧乾：《一代才女林徽因》）受聘的十名"审查委员"（类似今日评委），林徽因外，其他九人是朱自清、叶圣陶、杨振声、沈从文、凌叔华、李健吾、朱光潜、巴金和章靳以。他们评出了芦焚（师陀）的《谷》（小说奖）、曹禺的《日出》（剧本奖）、何其芳的《画梦录》（散文奖）。每次评选讨论，林徽因都有独到见解发表。她说，散文集《画梦录》胜过剧本《日出》，《日出》主题及内容都很好，但场景穿插过多，因而显得杂乱。（见《朱自清日记》）

　　酝酿《大公报》文艺副刊改刊之际，林徽因业已完成了小说《九十九度中》创作。一万三四千字的篇幅似不便发表在版面有限的报纸，一九三四春它在才创刊的《学文》杂志亮相。就流派和成员而言，《学文》乃《新月》的延续。一九三三年末，"新月"旧人聚集在胡适家聊天，于是聊出了这份杂志。用担任主编的叶公超的话讲，"《学文》的创刊，可以说是继《新月》之后，代表了我们对文艺的主张和希望。"（《我与〈学文〉》）定名《学文》，取自古训"行有余力，则以学文。"聊天时不知林徽因是否在座，她为此事积极地推波助澜是一定的。最好的证明便是，她特地为杂志设计了封面，典雅、别致。此外，创刊号上有她的小说《九十九度中》，还有日后几乎家喻户晓的诗篇《你是人间的四月天》。

　　至抗战爆发前，京派文学以创办《文学杂志》表明这一流派步向高峰。刚留学归来的朱光潜担任杂志主编，他邀集大家商量筹备事宜，林徽因必定是健康缘故，由梁思成代为出席。梁思成曾建议过以《大都》为刊名，他不过传达了林徽因意思，暗示刊物办在故都。按理"大都"比泛泛的"文学杂志"尤能提示京派文学风貌，竟未予采纳。大家议定林徽因与周作人、朱自清、杨振声、沈从文、叶公超、废名、凌叔华、李健吾、朱光潜等十人列名编委。这不是个挂名的编委会，每人分头审读来稿，每月一次编委例会。例会上林徽因、叶公超和沈从文三个最爱争辩。朱光潜执笔的发刊词《我对于本刊的希望》，表达了同人共同希望，他是个忠实、优秀的执行主编。杂志封面仍由林徽因设计，没添多少花饰，质朴，大气。《梅真同他们》的连载三期，平添杂志分量。这本刊物出版得太晚，第四期时爆发抗战断了下文。然而《文学杂志》生命力惊人，战火只迫使它休克一度，并没夭折。沉寂八年后一旦抗战胜利，立即梅开二度。复刊的《文学杂志》又向文坛奉献了一大批优秀作品，其中便有林徽因诗歌九首。

　　当年京派文学颇遭左翼作家的嫌忌，乃至批评。"大公报文艺奖金"小说奖原是评给了萧军的《八月的乡村》，这位追随鲁迅的小说家再三通过巴金转达他谢绝受奖的态度。出于这个原因，获奖作品换成了芦焚的《谷》。茅盾还以批评家身份拿《学文》作靶子射去一箭："我们对于《学文》的印象，便是'熟烂的果子'，你一眼看到的，是他们那圆熟的技巧，但在圆熟的技巧后面，却是果子熟烂时那股酸霉气——人生的空虚。"（茅盾：《〈东流〉及其他》）不知他酸霉气的"印象"从何而来，人们很可怀疑茅盾是否真正读过《学文》，是否读到了《学文》刊登的《九十九度中》。当然更不敢奢望他阅读林徽因选编的《大公报文艺丛刊小说选》了，所选作品，不乏"趋向农村或少受教育分子或劳力者的生活描写"（该书"题记"）。

　　受茅盾批评影响的大有人在，他们应该读一读《大公报文艺丛刊小说选·题记》。林徽因这篇文章不长，但较为集中地表达了她的文学思想。她认为，"作品最主要处是诚实。诚实的重要还在题材的新鲜、结构的完整、文字的流丽之上"。诚实正是林徽因文学思想的核心。她所谓的诚实，既意味着作者既要忠实于他自己的生活，又包含作者还必须忠实于他体验生活所得来的情感，这后一层深入的含意，对林徽因文学观念来说更为重要。小说可以虚构不违背生活的情节，但"毫不能用空洞虚假来支持着伤感的'情节'"！她指责有些作品，"故意地选择了一些特殊浪漫，而自己并不熟识的生活来做题材，然后敲诈自己有限的幻想力去铺张出自己所没有的情感，以骗取读者的同情"。"那些认真的读者，要从文艺里充实生活认识人生的，自然要感到十分的不耐烦和失望的"。此处再引出诚实的另一层含义，以文学伴行人生的读者，必定要求作家写自己熟悉的理解的生活，不应编造，不应虚幻，不应为了观念扭曲生活，她对普罗文学的反感正在于此。林徽因写过一封长信给萧乾，专门阐释有关"诚实"的问题，可惜这封具有特殊意义的书信在"文革"初期化成了灰烬。通读林徽因作品不难发现，它们无不是按诚实原则身体力行的成果。这样的作品无论如何也不会散发烂果子的酸霉气的，相反，它正不谋而合地实践了茅盾一贯提倡的写实主义主张。

虽然京派作家反对把文学变作政治集团斗争的工具,林徽因文章里也经常出现"人性"这样的词语,如前所述,这并不意味着她无视社会矛盾,只求洁身自好去做桃花源中人。在"题记"里林徽因希望作家"更得有自己特殊的看法及思想、信仰或哲学"。在那篇相当于《大公报》"文艺"副刊发刊词的《惟其是脆嫩》中,林徽因连连发问:"难道现在我们这时代没有形形色色的人物、喜剧悲剧般的人生作题(材)?难道我们现时没有美丽,没有风雅,没有丑陋、恐慌,没有感慨,没有希望?!难道连经这些天灾战祸,我们都不会描述,身受这许多刺骨的辱痛,我们都不会愤慨高歌迸出一缕滚沸的血流?!"

◇ 1934年，林徽因在北平北总布胡同家中

◇ 1936年，林徽因与梁思成

◇ 1936年4月,林徽因与美国著名女演员爱琳·麦克马洪在颐和园谐趣园

◇《大公报文艺丛刊1 小说选》(林徽因选辑,一九三六年八月上海大公报馆初版)

十九
太太客厅

旅欧归来的中国文人，带回西方"文艺沙龙"的风雅习俗。朱光潜刚到北平，栖身在慈慧殿三号，那里每月有一次作家聚会，大家一起读诗，实验新诗是否具有诵读的可能。梁宗岱、李健吾读法文，冯至读德文。读英文的多，有叶公超、孙大雨、罗念生、周煦良和朱光潜，俞平伯则吟诵词曲。这些朱自清似都不太在行，他专注的是中文字音的性能。朱光潜住处的读诗会还来过周作人、废名、王力、林庚、卞之琳、何其芳、曹葆华、徐芳，热烈可谓盛极一时。林徽因也偶尔光临，她除擅长朗读英文诗歌，还用老家福建闽腔诵读中国古诗。名为读诗会，实际也读散文。有时读徐志摩、朱自清、老舍的散文，流畅似水，环转如珠，比读诗尤见效果。读诗会其实也是学术交流会，会上免不了分歧、争论。梁宗岱是常发奇谈怪论的一位，也就常遭林徽因反驳，双方争得面红耳赤。才女争强好胜，颇有气势，君子招架不住，最后败下阵来的一定是梁宗岱。某次聚餐，能言善辩的叶公超、梁宗岱同时缄口不言，杨振声笑着问叶，你怎么只顾着吃菜？叶公超指了指慷慨陈词的林徽因，彼此会心一笑。

这样的读诗会早先也有过。闻一多有间闻名的黑屋子，四壁裱糊得漆黑，只拦腰嵌一道金线，徐志摩将其比喻成非洲女人的手臂套了个金镯。黑屋子聚集过"清华四子"：子沅朱湘、子离饶孟侃、子潜孙大雨、子惠杨世恩，都是诗人。稍后中南海里也召集过类似的读诗会，另外一处中国风谣学会，聚集着胡适、顾颉刚、罗常培、容肇祖他们。女主人召集的沙龙最早应数陈衡哲的客厅,那里聚会间隔时间略长,每月仅一次,固定在某星期四下午,来的基本全是女性。

当年北平的文艺沙龙,最为人津津乐道的就是东城北总布胡同三号,林徽因的"太太客厅",因为客厅的女主人有才有貌有谈锋。这个租来的宅院距东皇城根很近,仅百米之遥。它没有朱光潜的慈慧殿三号那间厅堂宽大,却远比它舒适、温馨。两进的四合院,坐北朝南,客厅里满地阳光。透过玻璃窗望出去,垂花门把都市喧嚣隔在门外,方砖铺地的院子,错落着一株海棠、两株马缨花、几株丁香,浮动的暗香一阵阵飘进客厅。每天下午举行茶会的这个"太太客厅",按说还连带后院金岳霖的寓所。逢周六下午,来客便移足金岳霖那间排满八个书架的长方形起居室,它和梁家院子只隔一道相通的边门。大家叫它"湖南饭店",轮到这一天,金岳霖管来客晚饭,管饭的东道主一口湖南腔。

朱光潜的"读诗会"直奔主题,与会者有备而来。林徽因的"太太客厅",则没有主题,随意、即兴、散漫、神仙会,宽松之至,朋友间的私人情谊和共同志趣是联系彼此的精神纽带。"太太客厅"里不大读文学作品,来客也不限于沈从文之类的作家。哲学教授金岳霖、经济学教授陈岱孙、政治学教授钱端升、考古学教授李济、艺术学教授邓叔存、艺术家常书鸿,都是常客。而张奚若、周培源、陶孟和则喜欢偕夫人双双而至,陶夫人沈性仁是位翻译家。来者晚年大多成了他们各自领域的巨擘。梁思成的妹妹、侄女也时常带着女同学凑热闹,她们只为一睹才女风采。这些女孩里便有几年后加入共产党的龚澎、二十多年后名扬四海的作家韩素音,再有是林徽因才相识不久的一对美国年轻学者费正清和费慰梅。陈岱孙说,他在这里遇见过费慰梅的父亲、哈佛校长坎南(Walter B.Cannon)。

太太客厅里饮茶论道,绝非女主人用来附庸风雅的闲处,林徽因本人已雅到极致。若说附庸,只是别人来附她。客厅的日子是林徽因精致生活的组成,与病中忘我工作一样,都是她追求生活质量的一个侧面,工作与清谈,有岭有峰,一座山。金岳霖说:"梁思成林徽因的生活就从来不是打发日子的生活,对于他们,日子总是不够用的。"(《金岳霖的回忆和回忆金岳霖》)林徽因有首她的各种文集失收的小诗:

优闲的仰着脸
望：
日子同这没有云的天
能不能永远？
又想：
（不敢低头）
疑问同风吹来时，
影子会不会已经
伸得很长，
寂寞的横在
衰柔的青草上？

仅五十余字的短章，看似不甚起眼的题材，意象似乎也平常，谁没有过仰脸望天的时刻，没有过低头凝视草动影移？然而，摄取这平常得不能再平常的琐屑，油然品味出作者隐隐的一缕情思。日子是人来过的，无云（必须无云）的天则是永恒的自然。希冀岁月久长乃人性本初，若在希冀中白白流逝了岁月，岂不与本初相忤。诗里未必没有一丝逝水如斯的惆怅，但诗人是否也提醒你或她自己，万不可让时光寂寞无聊地磨蚀。有此体悟便明白诗人，借客厅以紧紧攥住悄悄流失的时光，过好日子。

太太客厅里话题十分广泛，进客厅的人都颇具各门学养，可不论他建树哪方学术领域，无不喜欢诗词书画，谁不能发挥几句？议论时政自是不免，个个忧国忧民，以天下为己任。这批饱饮洋墨水的自由主义知识分子，大体与胡适的立场、态度相仿。他们憧憬西方民主制度，以为那是中国的出路。国民党政权仿照的是西方模式，他们理应支持当局，反对共产党暴力革命。前苏联革命的见闻给他们刺激、恐惧，远庖求安。然而现实又是，数千年封建遗习残留在国民党衙门机制和鱼肉人民的权贵身上，包括蒋介石，弊端、劣迹、恶习，随处可见。自由主义知识分子以良知、正直，搬用西方的民主标准，批评当局是异常辛辣尖锐的，十足的书生意气。不过，他们对介入政治活动极为谨慎，即使是研究政治学的学者，也尽量将话题收束在学术层面，坐而论道，纸上谈兵。林徽因是这群知识精英宠爱的中心骄子，费慰梅这样记述沙龙女主人的风采：

> 每个老朋友都会记得，徽因是怎样滔滔不绝地垄断了整个谈话。她的健谈是人所共知的，然而使人叹服的是她也同样擅长写作。她的谈话和她的著作一样充满了创造性。话题从诙谐的轶事到敏锐的分析，从明智的忠告到突发的愤怒，从发狂的热情到深刻的蔑视，几乎无所不包。她总是聚会的中心和领袖人物，当她侃侃而谈的时候，爱慕者总是为她那天马行空般的灵感中所迸发出来的精辟警语而倾倒。
>
> （费慰梅：《梁思成与林徽因》）

"太太客厅"里林徽因的许多见解别具慧眼，虽不着一字，却无字无形地滋润了北方文坛。她在客厅里约见青年作家，提携有为的新人。初出茅庐的文学青年向往神秘的客厅、神化的太太，以一登北总布胡同三号院为幸。《大公报·文艺副刊》发表了萧乾的小说处女作《蚕》。小说刚上报纸，林徽因立即托沈从文约请萧乾来东城北总布胡同。萧乾就读的燕京大学远在西郊海甸，听说将要见着才女，他兴奋得几天坐立不安。进城那天穿得干干净净，骑了两小时自行车到府右街沈家，随同沈从文进了这座他向往已久的文学象牙塔。萧乾终生难忘林徽因那绰约风姿，原以为身患重症的女主人一定斜倚病榻，满面倦容，不意林徽因全身骑马装。她常和费正清、费慰梅夫妇去外国人的俱乐部骑马，此时刚刚归来。林徽因迎面就夸奖萧乾："你是用感情写作的，这很难得。"写作能够投入感情，孺子可教，这是林徽因约见他的原由。林徽因说个不停，在座的金岳霖和沈从文、梁思成全没有插嘴的缝儿。萧乾受此激励，比喻女诗人一番高论犹如在刚起跑的小马驹后腿上亲切地抽了一鞭。一面定终生，他由此飞驰起来，成为京派文学的生力军。萧乾这样记下初见林徽因印象："学识渊博、思想敏捷，并且语言锋利的评论家。她十分关心创作。当时南北方也颇有些文艺刊物，她看得很多，而又仔细，并且对文章常常有犀利和独到的见解。对于好恶，她从不模棱两可。同时，在批了什么一顿之后，往往又会指出某一点可取之处"。（萧乾：《一代才女林徽因》）他与林徽因也结下了终生不渝的友谊，林徽因病逝四十五年后，双鬓染霜的萧乾已然成就卓著，他回顾一生文学道路，虔诚地表白："在我心坎上，总有一座龛位，里面

供着林徽因。"(萧乾:《回顾我的创作道路》)

像萧乾知遇林徽因的还有卞之琳和李健吾,才情十足的两位作家提起这位客厅女主人异口同声,称赞不绝。卞之琳内向、口讷,也说:"当时我在她的座上客中是稀客,是最年轻者之一,自不免有些拘束,虽然她作为女主人,热情、直率、谈吐爽快、脱俗(有时锋利),总有叫人不感到隔阂的大方风度。""她年龄比我只大六岁,因为师辈关系,一直被我尊为敬佩的长者,但也是我感到亲切的知己。"(卞之琳:《窗子内外:忆林徽因》)

这么一个"太太客厅",这么一位睿智的太太,发表过无数启人心智的隽言妙语,它们都如过耳春风,飘逝了,无影无踪。萧乾感叹:"每逢我聆听她对文学,对艺术,对社会生活的细腻观察和精辟见解时,我心里就常想:倘若这位述而不作的小姐能像十八世纪英国的约翰逊博士那样,身边也有一位博斯韦尔,把她那些充满机智、饶有风趣的话一一记载下来,那该是多么精彩的一部书啊!"(萧乾:《一代才女林徽因》)林徽因身边没有博斯韦尔,她自己也难得把即兴言词著为文章,或有例外,不过寥寥数篇。不妨抄录林徽因谈论诗歌创作文章的头两段,读者权当进了一回"太太客厅",尽力想象女主人酣畅雄辩的谈吐:

> 写诗究竟是怎么一回事?
> 写诗,或可说是要抓紧一种一时闪动的力量,一面跟着潜意识浮沉,摸索自己内心所萦回,所着重的情感——喜悦,哀思,忧怨,恋情,或深,或浅,或缠绵,或热烈,又一方面顺着直觉,认识,辨味,在眼前或记忆里官感所触遇的意象,——颜色,形体,声音,动静,或细致,或亲切,或雄伟,或诡异;再一方面,又追着理智探讨,剖析,理会这些不同的性质,不同分量,流转不定的情感意象所互相融会,交错策动而发生的感念;然后以语言文字(运用其声音意义)经营,描画,表达这内心意象,情绪,理解在同时间或不同时间里,适应或矛盾的所共起的波澜。
> 写诗,或又可说是自己情感的,主观的,所体验了解到的;和理智的客观的所体察辨别到的,同时达到一个程度,腾沸横溢,不分宾主地互相起了一种作用,由于本能的冲动,凭着一种天赋的兴趣和灵巧,驾驭一串有声音有图画,有情感的言语,来表达这内心与外界息息相关的联系,及其所发生

的悟理或境界。

(《究竟怎么一回事》)

关于"太太客厅"后世有种种不实传闻，其中钱锺书写小说影射"太太客厅"的说法传播较广，台湾学人据此将其写进了著述。(见汤晏：《民国第一才子钱锺书》和杨士明：《钱锺书小说中的胡适、傅斯年与徐志摩》等)这篇小说就是钱的名作《猫》，他们不仅坐实主人公李先生和李太太影射了梁思成、林徽因，并开出小说中其他人物与现实中名流名单，予以一一对号，实在无事生非：

袁友春——林语堂

曹世昌——沈从文

陆伯麟——周作人

傅聚卿——朱光潜

马用中——罗隆基

赵玉山——赵元任、胡适

郑须溪——傅斯年

陈侠君——徐志摩

小说里写的李先生，"心广体胖"、很想当官，雇用秘书捉刀替自己写游记，躲在门外偷听太太与男子说话。体型不符，鄙俗猥琐到这地步的小人形象，与饱学敬业的梁思成岂不南辕北辙。李太太的沙龙女主人身份好像对得上林徽因，凭身份指认何其牵强，凡沙龙女主人都是林徽因？李太太的出身、经历、气质、举止诸多方面，与林徽因的差异一天一壤。李太太父亲做过藩台，属前清遗老；太太本人度新婚蜜月去的是日本；为漂亮眼皮到美容院动刀、为恼羞打秘书耳光，哪有林徽因一点影子。如是影射，李太太与年轻男秘书调情更是亵渎了林徽因——梁思成或林徽因根本没有雇用过私人秘书。除了客厅女主人身份的空壳，两个太太的毫无相似之处。李太太浅薄，贪婪，懈怠，俗不可耐，而林徽因睿智，进取，优雅，大度，岂是这个妇人能望其项背。特别不可想象，一腔爱国情怀的林徽因怎么可能像李太太那样，容忍小说里一班软骨头袁友春、马用中、傅聚卿在她客厅里大发"让步"日寇的谬论。影射说不可信，小说里可举例证太多，周作人、林语堂从未步入北总布胡同三号；徐志摩在"太太客厅"形成之前已命归黄泉，何以有小说里有他们一番表演……无需费力考辨下去。轻信李太太影射林徽因之说，添乱不浅。林徽因人格必遭歪曲，作品阅读必受影响，助长无稽之风，流弊蔓延，令人可畏。

莫非钱锺书早有先见之明，或者《猫》发表之日就听到了什么，他在包含《猫》在内的小说集《人·兽·鬼》序言写下了这一段话："我特此照例声明：书里的人物情事都是凭空臆造的。不但人是安分守法的良民，兽是驯服的家畜，而且鬼也并非没管束的野鬼；他们都只在本书范围里生活，决不越轨溜出书外。假如谁要是顶认自己是这本集子里的人、兽或鬼，这等于说我幻想虚构的书中角色，竟会走出了书，别具血肉、心灵和生命，变成了他，在现实里自由活动。"

◇ 北总布胡同三号梁宅内景

◇ 北总布胡同三号梁宅书房一角

◇ 1935年，林徽因于北平北总布胡同三号家中

◇北总布胡同三号里快乐的孩子们（左起：梁从诫、吴荔明、周嘉平、梁柏有、梁再冰）

二十
金岳霖

认定钱锺书小说《猫》影射的一串名单里意外地没有金岳霖,他倒是走进"太太客厅"次数最多、与梁思成夫妇关系最为密切的人物。林徽因与他确发生过恋情,双方情真意切,不像与徐志摩似的被捕风捉影。林和金的恋情,理智地终止以后,金岳霖和梁思成,以及梁家后人,持续了几十年友情,终生不渝。金岳霖送走了林徽因,林徽因儿子送走了金岳霖。

都说金岳霖是湖南人,当然不算错的,他母亲隶属衡阳籍,他生在长沙,到老都操一口浓重的湖南乡音。要是按老法认真追踪,金岳霖祖籍在浙江诸暨,他祖父那辈还在浙东经营着农田。迁徙湖南是他父亲那一代的事情,父亲到盛宣怀治下做官,官至三品顶戴;后来追随张之洞办洋务,主持过湖南的铁路建设,到黑龙江当过金矿局的总办。金岳霖谢世前留下回忆说:"父亲是浙江人。""虽然我的母亲、舅舅、舅母都是湖南人,我可不能因此就成为湖南人。"(《金岳霖的回忆》)

辛亥前夕金岳霖考入清华学堂,接着民主革命爆发,学生都剪辫子,金岳霖也不例外。他剪下辫子,套唐诗诌了一首俏皮的打油诗:

  辫子已随前清去,
  此地空余和尚头。

> 辫子一去不复返，
> 此头千载光溜溜。

　　三年后金岳霖赴美国留学，听说国内袁世凯要恢复帝制，独自大哭了一场。他留美先入宾夕法尼亚大学，正是十年后林徽因就读的学校。不久升学哥伦比亚大学研究院，学商科，后改修政治学。金岳霖同学中有张奚若、孙科、宋子文和蒋梦麟。留学那几年，他与胡适有过往来，与张奚若等发起成立了中国自由主义者同盟，又与张奚若、徐志摩一同出刊《政治学报》。已经留美长达六年，再转道英国学习西方哲学，又是一年有余。再后来，花费三年时间游历了德国、法国和意大利。总共海外十年的岁月使金岳霖成了浸透西方文化的洋学生，装着满肚子洋墨水回来，创建了清华大学哲学系。他是中国逻辑学界泰斗，学问做得极其高深，那本名著《论道》有如天书。冯友兰调侃金岳霖："他的长处是能把很简单的事情说得很复杂；我的长处是把很复杂的事情说得很简单。"（见许渊冲《钱锺书先生与我》）西南联大校园有过一道风景，小路上两人迎面相遇，略胖略矮的一位，长胡子，罩灰蓝布长袍；另一位高高瘦瘦，戴墨镜，西裤，衬衫，风衣搭在肩上。瘦的问，"芝生（冯友兰字），到什么境界了？"不待回答，一起哈哈大笑，擦身而过。这道风景是学生看见的，学生是联大的女诗人郑敏。

　　金岳霖结识林徽因，林徽因已然是梁太太了，居间介绍的是热情的徐志摩。金岳霖见证了徐志摩与张幼仪离婚，并作了徐志摩、陆小曼婚礼上的伴郎。大约一九三一年秋冬，金岳霖迁居北总布胡同二号，与梁家毗邻。金岳霖、林徽因都说得一口漂亮的英语，常以英语交谈，两人共同感兴趣的人与事不少。金岳霖祖父在浙江务农，林徽因祖父在浙江做官。金和林是校友，宾夕法尼亚大学校园先后留下青春踪迹。外加徐志摩，彼此自然有没完没了的话题。

　　如果说林徽因只是文学舞台上一个"票友"，那么金岳霖连"票友"也说不上，他纯粹是台下的"观众"。可是，这个观众的喝彩对林徽因来说非同一般，林徽因坦言，她对写作能够"重具信心"，就是"老金一直期望于我和试图让我认识到其价值"（《致费慰梅信》）。这样的"观众"起码得有相当的文学修养，金岳霖是有的。他作过一篇悼念女翻译家沈性仁的文稿，看它一段：

性仁老是为我担忧。我使她难堪的地方非常之多,有时她明白地告诉我,在我比较清醒的时候有时我也能够感觉的到。可是她不说而我又感觉不到的时候又哪里能够以数目计呢?现在她已经去了。中年以上的人差不多完全靠老朋友,新朋友是不容易得到的。心思、情感、兴趣、习惯等等都被生活磨成尖角,碰既碰不得,合也合不来;老朋友在同一历史道路上辗转而来,一见就会心领意会、情致怡然。性仁这一去是不回头的。近两年来我常常想志摩,他离开我们已经快十二年了,我觉得相别已经太久。十分年老的人还可以有一种"既哀逝者行自念也"的感想,我们这班只在中年与老年之间的人连这点子感想都不容易得到,留下来的大概还相当的长,想起来未免太长一点。

(此稿在金岳霖去世后编入《金岳霖的回忆与回忆金岳霖》,编者拟题为《悼沈性仁》。)

金岳霖的情思、文采,都叫人赞叹。他还专门写过一篇英语的论文《真实小说中的真理》(Truth in True Novel)。金岳霖从事的逻辑教学藏着文学素养,林徽因从冷硬的砖块中看到诗情的"建筑意",金岳霖也能诗意地讲授毫无诗性的逻辑课程。他的学生回忆,"听了金先生一年的课,几乎无法作笔记,他的逻辑课可以说真不讲逻辑,想到哪里讲到哪里",但是,"到学年终结时我一面读着他的那本书,一面回顾他一年来课堂所讲的具体章节,我才发现我听到的是金老讲了一年的诗,是诗的意境和诗的结构。乍听去,仿佛'语无伦次',其实他是把逻辑的道理用诗的手法表达给听众了"。(吴小如:《忆金岳霖先生》)

无需说,林徽因与金岳霖彼此赏识。林徽因美丽、聪慧,脱俗于寻常女子;金岳霖执着、深沉,睿智又非一般学者所及。金岳霖常年西餐,仿佛绝对西方;他又喜欢养蛐蛐,绝对东方。林徽因积极汲取西方思想营养而讨厌沾染"洋鬼子的浅薄习气",金岳霖恰可引为同调,他武装了西方精神,同时也颇具国学功底。看似严肃的金岳霖,不乏东方意味的幽默。当年张奚若远赴西安,朋友们聚餐饯行,金岳霖作了一则游戏文字调侃朋友,国学和幽默都藏在了里面:

敬启者,朝邑亦农公奚若先生不日云游关内,同人等忝列向墙,泽润于

"三点之教"者数十礼拜于兹矣，虽鼹鼠饮河不过满腹，而醍醐灌顶泽及终身。幸师道之有存，忽高飞而远引，望长安于日下，怅离别于来兹。不有酬觞之私，无以答饮水思源之意。若无欢送之集，何以表崇德报恩之心。兹择于星期六日下午四时假座湖南饭店开欢送大会，凡我同门，届时惠临为盼。

门生杨景任

再门生陶孟和沈性仁，梁思成林徽因，陈岱孙，邓叔存，金岳霖启

杨景任是张奚若的夫人。金岳霖戏称张奚若为"三点之教"者，因为张发表讲话，开头每每是"我要讲三点……"

金岳霖说的"湖南饭店"并非街上的饭馆，指他家的吃饭间。每周六金岳霖有茶会，来客便这般戏称。隔壁的太太客厅，来者大体是作家、教授、学者；金岳霖接待形形色色人物，来过美国哈佛大学校长，也来过斗蟋蟀的老头儿；来过演员，来过的一个女学生，后来成为大名鼎鼎的华裔作家，叫韩素音。学界名流、文坛大家不会少的，更少不得一墙之隔的林徽因、梁思成夫妇。它一样是个沙龙，而且有家厨备足可口的西洋点心。想来，缺少一位极富魅力的女主人，"湖南饭店"就不大为后世追忆，只有他自己晚年还唠叨唠叨。

金岳霖嗜好作对子，几乎成他终生癖好。他的对子，喜欢嵌入朋友的姓氏或名名字。比如送沈性仁的对子：

性如竹影疏中日
仁是兰香静处风

两句的头一字合起来即"性仁"，送吴景超、龚业雅夫妇的是：

以雅为业龚业雅非诚雅者
维超是景吴景超岂真超哉

都对得严丝合缝。金岳霖赠给梁思成、林徽因夫妇的一付十分简洁，最有情趣：

梁上君子
林下美人

梁思成看了挺高兴，说他就是要做"梁上君子"，只有上梁实地考察才能创建中国现代建筑学。林徽因就恼了："真讨厌，什么美人不美人，好像一个女人没有什么事可做似的，我还有好些事要做呢！"金岳霖醒悟顾此失彼了，立即改口赞同林徽因看法。金岳霖最为读者熟悉的对子，是半付，祭奠林徽因病逝的挽联，邓以蛰合作，对了下半付：

一身诗意千寻瀑
万古人间四月天

这回嵌的不是姓名，乃林徽因诗作题目《你是人间的四月天》。若看到这副对子，安息者会说些什么呢？含笑黄泉，抑是抱恨苍天？

金岳霖可爱的地方很多，最为人乐道的是养鸡，那只大公鸡很是出名。其次是"看"水果，他买苹果或鸭梨，净拣个儿大的，买了不吃，全按大小个排序，一溜儿排列在条案上，十分自得地看来看去。有时买来的水果拿出去和孩子们的比大小，倘若他的大，乐个不住；小了，便进到孩子们小肚皮里。童心未泯。

于这一切背后的，是林徽因心目中金岳霖的个性魅力："我们亲爱的老金，以他具有特色，富于表现力的英语能力和丰富的幽默感，以及无论遇到什么事都能处变不惊的本领，总是在人意想不到的地方为朋友们保留一片温暖的笑。"（《致费慰梅信》）对方，金岳霖内心藏着的林徽因也无比动人。抗战中林徽因迁徙到昆明，面容开始衰老，病情日益加重，即使在这般状态下，金岳霖依旧情不自禁地赞叹：林徽因"仍然是那么迷人、活泼富于表情和光彩照人——我简直想不出更多的话来形容她"（《致费正清信》）。

同辈人亲切地称呼金岳霖"老金"，梁家孩子叫"金爸"。不只是梁家，孩子们都叫他"金爸"。金岳霖自己没有子女，他曾有过一个同居的外籍伴侣丽琳(Lilian Tailor)，后来丽琳回了自己国家，金岳霖一直过着单身生活。

金岳霖与林徽因近在咫尺，天天见面，渐渐爱上才女。金岳霖比林徽因大九岁，林徽因很仰慕比她年长的、厚道的知性的老金。一次梁思成外出考察古建筑，金岳霖"乘虚"向她表白了心迹。林徽因陷入了两难的境地。费慰梅这么评说林和金："她那众人都感知的吸引力，向他提供了在他那深奥的精神领域内所缺乏的人性的漩涡。在她这方面，他的广泛的人生经历和他天生的智慧是他成为她的创造性的完美的接受者和可心的鼓舞者。"（费慰梅：《梁思成和林徽因》）林徽因感受到梁思成对她情感多深，况且他们已经有了一个和美的小家庭。她又明白，老金有许多梁思成所不具备的可恋之处，值得自己终生相守。林徽因是珍重感情的人，两个男子，一个已经给予她幸福，一个将一定能够给予她如意的情爱。该如何抉择？她不能立即决断。等梁思成考察回来，林徽因坦然诚恳地把问题摊给了丈夫。林徽因去世后梁思成对续弦林洙女士回忆过这件事情："徽因见到我时哭丧着脸说，她苦恼极了，因为她同时爱上了两个人，不知怎么办才好。她和我谈话时一点不像妻子和丈夫，却像个小妹妹在请哥哥拿主意。"不难想象梁思成当时的惊愕、痛苦，他这样形容自己所受刺激："我半天说不出话来，一种无法形容的痛楚紧紧抓住了我，我感到血液凝固了，连呼吸都困难。"同时，他又有一种受到信任的欣慰，由此更深地读懂了不寻常的妻子。梁思成同样一时不能答复，整夜无眠。他说："我问自己，林徽因到底和我生活幸福，还是和老金一起幸福？我把自己、老金、徽因三个人反复放在天平上衡量。我觉得尽管自己在文学艺术各方面都有一定的修养，但缺少老金那哲学家的头脑，我认为自己不如老金。"梁思成不凡，没有像寻常人那样以自身得失作为思考的基点，首先为所爱的人着想，表现出大爱的无私。第二天，梁思成郑重表明了自己的态度：林徽因是自由的，如果她选择老金，自己就真诚祝愿他俩永远幸福。林徽因感动不已，对着丈夫泪流满面。梁思成也潸然泪下，夫妇俩泪水里融和的是同一感怀。林徽因向金岳霖转述了梁思成的原话，金岳霖以哲学家的理性收回了爱的追求："看来思成是真正爱你的，我不能去伤害一个真正爱你的人，我应当退出。"（均见林洙《困惑的大匠梁思成》）莫把主动退出的金岳霖看作令人同情的失败者，他以另一种方式，同样感受着梁思成拥有的幸福。多少年后金岳霖说过这样的话："（1）恋爱是一个过程。恋爱的结局，结婚或不结婚，只是恋爱全过程的一个阶段。因此，恋爱的幸福与否，应从恋爱的全过程来看，而不应仅仅从恋爱的结局来衡量。（2）恋爱是恋爱者的精神和感情的升华。恋爱的对象，在一定程度上，是恋爱者的精神和感情的创造物，而不真正是客观的存在。因此，只要恋爱者的精神和感情是高尚的，纯洁的，他（她）的恋爱就是幸福的。"（周礼金：《怀念金岳霖师》）

此后梁、林、金三人几度朝夕相处，谁也没有再谈及这件往事，他们心底都信守着各自的承诺，绝对地信任与尊重对方。金岳霖仍旧住在北总布胡同二号，几步一跨就进了隔壁的梁家。抗战时期大家离开北平避居昆明郊区，他们继续是邻居。金岳霖挨着梁林新屋添盖了一间"耳房"，再次一墙之隔。林徽因告诉朋友："这样，整个北总布胡同集体就原封不动地搬到了这里。"（《致费慰梅信》）当梁林搬离了昆明移居四川，金岳霖不能毗邻而居时，只要等到学校放假，他便跋山涉水，过来住在梁家。他感叹道："我离开了梁家就跟丢了魂一样。"（费慰梅：《梁思成与林徽因》）抗战胜利三人先后迁回北平，住进了清华园的新林院，坚持就近为邻。金岳霖也告诉朋友："我同梁从诫现在住在一起，也就是北总布胡同的继续。"（金岳霖：《梁思成林徽因是我最亲密的朋友》）用费慰梅的话说，他"实际上是梁家一个后加入的成员"（费慰梅：《梁思成与林徽因》）。直至新中国成立，金岳霖调进城内的中国科学院哲学研究所，所里安排他迁居东城干面胡同的科学院高知楼，才同梁林夫妇分开了住处，起初的寂寞唯有他自己有数。林徽因、梁思成相继谢世后，他们的儿子梁从诫也搬入干面胡同高知楼，陪金岳霖同住。在北总布胡同，在昆明郊区，在四川李庄，住一起的时候，金岳霖教梁再冰、梁从诫唱儿歌："鸡冠花，满院子开，大娘喝酒二娘筛……"两个孩子调皮地改唱成"金爸爸，满院子开……"他和梁家姐弟们相处，如同自己孩子，融洽而亲密。金岳霖成为梁家的一个特殊成员，林徽因和梁思成斗嘴时他总充任裁判角色，而且是双方都很信服的裁判。更多的时候是三人一起惬意聊天，相互受益。梁思成曾跟年轻人谈起："过去金岳霖等是我家的座上客。茶余饭后，他，林徽因和我三人常常海阔天空地'神聊'。我从他那里学到不少思想，是平时不注意的。"（见李增道《聊天之意》）

虽然放弃了婚姻形式，但林徽因与金岳霖间的爱情之烈焰并未随之泯灭，转为地火，同样炽热，愈加绵长。两人之间应该有过若干往来书信，可能不多，因为彼此分别的岁月就少。如今仅留存了一封林徽因致金岳霖的短笺，是她托外国友人费正清回国带去的，当面交给正在美国讲学的金岳霖。短简经梁思成手交费正清，落款当丈夫面写着"徽寄爱"。金岳霖与林徽因的柏拉图式爱情，以常人难以做到的方式，融化在漫长的岁月、平常的生活里。抗战期间日子艰辛，林徽因有时情绪低落，但只要身边有金岳霖在，她就能即刻从低落中解脱出来。她说："我喜欢听老金和（张）奚若笑，这在某种程度上帮助了我忍受这场战争。"（《致费慰梅信》）战后回到北平那几年，林徽因身体极其虚弱，金岳霖每天下午必来看望，风雨无阻。他为林徽因诵读各种文章，其中多数是英文。去梁家的一位女学生看到过，金岳霖把那个年头非常稀罕的一盘蛋糕从后院给林徽因端来，他对林徽因不避外人的体贴，令这个学生感动、激动。

自林徽因去世，金岳霖尽量不与他人谈起藏入心底的恋人。一次金岳霖订座豪华的北京饭店请客，不说缘由，受邀的朋友纳闷，老金什么事情召我们来？众人坐定，他喃喃宣告，今天是徽因的生日。

1983年，林徽因家乡远道来人采访金岳霖，拿出一张林青春年华时照片。"他接过手，大概以前从未见过，凝视着，嘴角渐渐往下弯，像是要哭的样子。他的喉头微微动着，像有千言万语哽在那里。他一语不发，紧紧捏着照片，生怕影中人飞走似的。许久，他才抬起头，像小孩求情似的对我们说：'给我吧！'"来访者要求金岳霖为他们编辑的《林徽因文集》写篇文章，他迟迟不能许诺，沉默了好一阵，而后一字一颤，庄重地说："我所有的话，应该同她自己说，我不能说。我没有机会同她自己说的话，我不愿意说，也不愿意有这种话。"说完，闭上眼，垂下头，又沉默了。（见陈宇《金岳霖忆林徽因》）第二年金岳霖即去世，葬入八宝山公墓，和林徽因同一个墓地，如生前那样仍为近邻。

后世有人以林徽因、梁思成、金岳霖的亲密交往问及熟悉内情的萧乾，他回答："我自己对于他们这种柏拉图式的感情关系，对思成的胸襟以及梁与金之间深厚的友谊，既敬重又羡慕。这是八十年代的青年也许难以理解的。人间还能有更美的关系吗？"（萧乾：《致陈学勇信》，见《萧乾全集》）

众人皆知，金岳霖深深挚爱林徽因。然而盛传他为才女终生不娶，却不完全符合实情。说清楚些，林徽因在世，金岳霖信守对她忠贞不渝。才女病故他曾有过谈婚论嫁，对象是浦熙修。浦熙修是《文汇报》驻京的著名记者，彭德怀的妻妹。她有思想有个性，文章也漂亮，一九五七冤屈为右派分子。金岳霖当时已经是共产党员，金与另册的浦熙修，婚事当然不能得到组织支持。就在恋而不畅的时候，浦熙修患上不治之症，婚嫁也便"圆满"地不了了之。补述这一点，仅仅为了尊重事实，并无贬损哲学家人品的意思。金岳霖若坚持鳏居到底，诚然感人，而再择眷属，以谋人伦之乐，亦本乎人性，理应得到理解。林徽因地下有知，当会祝福老金有了晚年归宿。金与浦终未能成眷属，世人当为之叹惜，并质疑那个特别年代。

◇ 1934年，林徽因、梁思成与费正清（右二）、费慰梅（右四）、金岳霖（右五）在北平北总布胡同三号家中

◇◇ 1935年，林徽因与梁再冰、金岳霖、费慰梅、费正清等人在天坛

◇ 1936年4月，林徽因、金岳霖与美国建筑学家克拉伦斯·斯坦因在北平

◇◇ 1936年4月，林徽因、金岳霖等人与美国建筑学家克拉伦斯·斯坦因在颐和园

◇ 西南联大时期，金岳霖与朱自清等人相偕郊游

◇◇ 1942年前后，金岳霖为给病中的林徽因增加营养，亲自养鸡。（左起：金岳霖、梁从诫、梁思成、梁再冰，背影为邻家小孩）

二一
"八宝箱"悬案

徐志摩生前有个存放文稿和日记的小提箱,人称"八宝箱",也叫"文字因缘箱",这个箱子与林徽因大有关联。徐志摩的突然作古,"八宝箱"惹出一场轩然大波,它又是一桩悬案。此箱落在何处,箱内究竟存放哪些叫人好奇的文字材料,至今学者们兴趣不减。卷入其中的卞之琳,说它是"一笔糊涂账"。

徐志摩的文稿本来已非同寻常,格外引人关注的是他那一摞日记。据说它还牵扯到了胡适、张歆海等名人的许多闲言碎语,又据凌叔华说,其中另有两册陆小曼的日记,写在与徐志摩热恋期间,其中有不少骂林徽因的话。写得更早的徐志摩日记,徐、陆相恋之前,那里面又有不宜小曼看的内容。(凌叔华:《致胡适信》)"文革"后沈从文对卞之琳说,"八宝箱"里的内容实际是些和武汉大学一位女教授相关的文字,并不涉及几位疑神疑鬼、提心吊胆的女士,她们是空闹一场。(卞之琳:《徐志摩的"八宝箱":一笔糊涂账》)沈从文所说的"几位女士"指的是林徽因等人,他未点名的"武汉大学一位女教授"当是袁昌英,她在伦敦和徐志摩有过交往。凌叔华也在武大,并不是学校的教授。沈从文的话不大可信,似有小说家言之嫌。不排除徐志摩日记真有与袁昌英相关的文字,但不能因此排除相关的另外的"女士"。凌叔华看过日记,胡适也看过,没有理由怀疑凌叔华给胡适信中的话,她说:"他的箱内藏着什么我本来知道,这次他又告诉了我的。前天听说此箱已落入徽音处,很是着急,因为内有小曼初恋时日记二本,牵涉是非不少(骂徽音最多），这正如从前不宜给小曼看一样不妥。我想到就要来看，果然不差！"。(陈学勇编《凌叔华文存》) 不知沈从文出于什么考虑，也许是为逝者讳。或者他早忘记了自己当年曾经向胡适建议过：对"八宝箱"里文字，"把一部分抽出，莫全交给徽音较好。因为好像有几种案件，不大适宜于送徽音看"(沈从文：《致胡适信》)。沈从文的话再明白不过，凌叔华也说得十分明白，徐志摩的日记确确实实牵涉到了林徽因，牵涉到陆小曼，凌叔华也并不在外。

箱子里日记有了几个人的嫌忌，无怪乎徐志摩总是随身携带。诗人十分珍视它们，认为是给自己写传的珍贵史料。他交代凌叔华，他若死了，就请凌用这些材料替他作传记小说。一九二五年徐志摩与陆小曼的恋情引起社会上沸沸扬扬的议论，诗人以为两人难成眷属，决定远游欧洲避避风头。启程之前他将"八宝箱"亲手托付凌叔华保管。待徐志摩欧游归来，他意外顺利地和陆小曼遂了良缘心愿。"八宝箱"里的日记不宜让新妇看的，不便留在身边，徐志摩继续存放凌叔华北平住处。一九二八年秋，新婚的凌叔华随夫婿陈西滢去了武汉大学，她于一九三一年十二月给胡适的信中说了"八宝箱"的处置："后来我去武昌交与之琳，才物归原主。"卞之琳直到晚年才看到这信，他一口否认自己经手过"八宝箱"。(卞之琳：《徐志摩的"八宝箱"：一笔糊涂账》) 卞之琳实在冤枉，确与箱子毫无干系，有史实可证。那一年卞还在上海浦东中学读书，没有进北京大学，无缘结识凌叔华与徐志摩。当然，凌叔华没有必要作此谎言，受信人胡适是知情的圈内人，不是她能够瞒骗得了的。可凌叔华不至于记错刚刚过去三年的事情。经人考辨，"之琳"应为"丽琳"，可能原信"丽"字漫漶，过录原信的人想当然地误成"之"字。金岳霖有个同居的外籍女友 Lilian Tailor，认识她的朋友都写成丽琳。凌叔华离开北平时凌母依旧留守旧居，金岳霖和丽琳正借住在凌家空下来的一间偏屋。凌叔华回京时顺手托丽琳转交"八宝箱"给徐志摩，很合乎常情。徐志摩曾从凌叔华母亲处取回过"八宝箱"一次，发现箱子上的锁不翼而飞，回来告诉梁思成、林徽因夫妇，当时便有丽琳在场。林徽因谈到过此事，丽琳名字写的是英文 Lilian Tailor。(见陈学勇编《林徽因文存》)

徐志摩遇难前几个月，他又请过沈从文为他作传记小说，并给沈从文看了"八宝箱"材料。为此猜想一下，很可能就在徐志摩带沈从文来凌宅看"八宝箱"的这一次，箱子便留在了凌家，再度回到凌叔华手里。可是有个难解的疑点，既然箱子已经归还徐志摩，徐又何须把沈从文带到凌家来看"八宝箱"？或许，丽琳并没有转交，只是替凌叔华口头转达了要它主人取回的意思。也可能凌叔华原就是请丽琳口头转达一声，并没有真正交出"八宝箱"，它始终都存放在北平凌宅。那么，林徽因致胡适信中说的"他自叔华老太太处取回箱"的表述似乎有欠准确，实际徐志摩一直没有取回过。

不管怎么说，最后"八宝箱"是在凌叔华的手里。徐志摩死后再要凌叔华拿出"八宝箱"里的日记，着实费了一番周折，风波也正由此而起。似乎凌叔华不大愿意捧出这些秘籍，一九八三年她写信告诉陈从周："我因想到箱内有小曼私人日记二本，也有志摩英文日记二三本，他（徐志摩）既然说过不要随便给人看，他信托我，所以交我代存，并且重托过我为他写'传记'，为了这些原因，同时我知道如我交胡适，他那边天天有朋友去谈志摩的事，这些日记恐将滋是生非了。因为小曼日记内（二本）也常记一些是是非非，且对人名也不包含。"（《凌叔华文存》）当时胡适正在编辑"徐志摩遗著目录"，准备出版徐志摩的"书信集"。既然胡适亲自出面向凌叔华征集日记，她自然无理由继续封存"八宝箱"了。凌叔华的对策是，箱子应当交给陆小曼保存，这很名正言顺。但陆小曼人在上海，"八宝箱"就只得送给胡适转交。结果胡适并未如凌叔华要求的那样交给陆小曼，他把包括日记在内的徐志摩手稿看作"公器"，转给了林徽因。胡的意思未必是给林徽因保存，只是嘱她清理一下，编个目录。过了几日，林徽因从张奚若处听说，叶公超在凌叔华家看到凌处还有徐志摩的"康桥日记"，林徽因明白凌叔华留了一手。"康桥日记"中必定有徐志摩热恋林徽因的感情留痕，而且徐志摩生前许诺过，这一本日记将来归属林徽因。"康桥日记"当然是"八宝箱"里林徽因最想看的部分，有过徐志摩的许诺，她认为这部分理该归自己保存。现在偏偏不见踪影的正是这些日记，心里很不是滋味了。

十二月六日北平公祭徐志摩，林徽因和凌叔华那天见过面，当场氛围哀伤，林徽因不便谈及此事。第二天凌叔华登门向林徽因征集徐志摩致林的书信，凌说要编辑《志摩信札》。林徽因婉言谢绝了，推托说，旧信全在天津，百分之九十为英文，一时拿不出来。拿出来也不便印，是不便公开的意思。凌叔华既已上门，林徽因顺便让她看看从胡适家取回的徐志摩英文日记。林徽因告诉凌，胡适想将全部信件交孙大雨处理，林表示不赞成。她又顺势问及凌叔华扣下的日记，凌听后不大高兴，含含糊糊地承认有一两册。林徽因提出立即去凌家取来，凌叔华借口她下午不在家。她们约定，九日由林徽因差人去凌家代取日记。到了约定的这天，林徽因还是亲自登门了。她没有想到，凌叔华竟失约出门，留下了前一日写好的便条：

> 昨归遍找志摩日记不得，后捡自己当年日记，乃知志摩交我乃三本：两小一大，小者即送君处箱内，阅完放入的。大的一本（满写的）未阅完，想来在字画箱内。（因友人物多，加意保全）因三四年中四方奔走，家中书物皆堆叠成山，甚少机缘重为整理，日间得闲当细捡一下，必可找出来阅。此两日内，人事烦扰，大约须此星期底才有空翻寻也。

林徽因随即也留一字条，请凌叔华务必找出来借她看看。林徽因思忖，可能凌叔华借故回避，很是生气。又一想，也可能凌叔华怕她有借去无还，事先抄一复本留底。这就需要时间，所以才又约在几天之后。事后凌叔华知道了日记落到林徽因手里，同样非常不快，就有了十二月十日她写给胡适的长信。信中欲言又止，典型的凌叔华文字风格，而她委屈、埋怨情绪显而易见。行文也有些絮叨，且语无伦次：

> 现在木已成舟，也不必说了。只是我没有早想到说出，有点对志摩不住。现在从文信上又提到"志摩说过叔华是最适宜料理'案件'的人"，我心里很难过，可是没有办法了，因为说也是白说，东西已经看了。杀风景的事是志摩所恨的。我只恨我没有早想到。我说这事也没有什么意思，我并不想在我手中保管（因此时风景已杀，不必我保管，且我亦是漂泊的人），请你不必对徽音说，多事反觉不好。

沈从文也掺和了进来，十二日，他远在青岛的山东大学，急着写信给胡适，表达了他和凌叔华完全一致的意见："若事情还来得及，我想告诉你一件事情，就是志摩留存的案件，把一部分抽出莫全交给徽音较好。因为好像有几种案件，不大适宜于送徽音看。八月间我离开北平以前，在你楼上我同他谈到他的故事很久，他当时说到最适宜于保管他案件的人,是不甚说话的叔华……其中我似乎听到说过有小曼日记,更不宜于给徽音看。"这封信,是否是凌叔华请了沈从文当说客,不得而知了。

下个星期一(十二月十四日)清早,凌叔华如期给林徽因送来了日记,它正是叶公超看到的那本。可是凌叔华补送的这本日记仍旧不全,它起自一九二〇年十一月十七日,后面恰巧断在徐志摩结识林徽因的前一两日。林徽因怀疑凌叔华蓄意裁截了日记,愈加生气。张奚若再传言,说凌叔华在沈性仁家表示,不愿将志摩日记交给林徽因。林徽因听了更是火冒三丈,她与凌叔华的结怨由此越来越深。

胡适得知凌叔华还是扣留了一部分徐志摩日记,不仅生气,而且出面干预。他专为此事写信给凌叔华,敦促她交出截留的部分,下面是胡适留底的信稿全文(《胡适来往书信集》):

  昨始知你送在徽音处的志摩日记只有半册,我想你一定是把那一册半留下作传记或小说材料了。

  但我细想,这个办法不很好。其中流弊正多。第一,材料分散,不便研究。第二,一人所藏成为私有秘宝,则余人所藏也有各成为私有秘宝的危险。第三,朋友之中会因此发生意见,实为最大不幸,决非死友所乐意。第四,你藏有此两册日记,一般朋友都知道。我是知道的,公超和孟和夫妇皆知道,徽音是你亲自告诉她的。所以我上星期编的遗著略目,就注明你处存两册日记。昨天有人问我,我就说,"叔华送来了一大包,大概小曼和志摩的日记都在那里,我还没有打开看。"所以我今天写这信给你,请你把那两册日记交给我,我把这几册英文日记全付打字人打成三个副本,将来我可以把一份全的留给你做传记材料。

  如此则一切遗留材料都有副本,不怕散失,不怕藏秘,做传记的人就容易了。

  请你给我一个回信。倘能把日记交来人带回,那就更好了。

  我知道你能谅解我的直言的用意,所以不会怪我。祝

你好。

廿,十二,廿八

此信颇费苦心，话说得十分婉转，而绵里藏针，堵死了不交借口。日记应该交出来——你不得不交出来——最好尽快交出来。胡适虚晃一枪的"有人问"，和他含含糊糊的答问，聪明的凌叔华自然能领会其中的意思，老大哥软硬兼施，还递给她台阶下来。

凌叔华再无退路，只得捧出最后半册日记，附信说："外本璧还，包纸及绳仍旧样，望查收。此事以后希望能如一朵乌云飞过清溪，彼此不留影子才好，否则怎样对得住那个爱和谐的长眠人。"她的语气相当谨慎，希望能够平息胡适的不快。然而她自己的内心并不真如"一朵乌云飞过清溪"，甚至在信的末尾就已落下了阴影："算了，只当我今年流年不利罢了。我永远未想到北京风是这样刺脸，土是这样迷眼，你不留神，就许害一场病。这样也好，省得总依恋北京。"(《凌叔华文存》)她哪里说的是北京的风和土呢，胡适又怎会听不出弦外之音。凌叔华聪明过人，却糊涂一时。本来她是冲着林徽因的，结果得罪的不止林徽因一人，胡适明白这话已把他迁怒在内了。当天胡适在日记里对此就有反映："这位小姐到今天还不认错！"又记载："我查此半册的后幅仍有截去的四页。我真有点生气了。勉强忍下去，写信去讨这些脱页，不知有效否。"(《胡适日记全编》)那四页要到没有，好像不再有下文了。到此为止，"八宝箱"的纠纷大体上偃旗息鼓。

林徽因也给胡适写了更长的信，洋洋洒洒数千言，狠狠告了凌叔华一状，详细叙述了纠纷的来龙去脉。写好信仍觉得意犹未尽，当夜再给胡适续写一封长信，又是千余言，倾泻愤懑，文字有点失控："我从前不认得她，对她无感情，无理由的，没有看得起她过。后来因她嫁通伯，又有《送车》等作品，觉得也许我狗眼看低了人，始大大谦让真诚的招呼她，万料不到她是这样一个人！真令人寒心。"(《林徽因文存》)林徽因聪明不亚凌叔华，这一次糊涂也不亚于她。语气这么激烈，多少有失淑女风度。

林徽因个性率直，从不敷衍人际关系。她对凌叔华产生了如此恶劣的印象，终止与凌叔华往来是情理中事，两位才女从此分道扬镳。几年后林徽因编选《大公报》优秀小说时，纵然选了凌叔华一篇《无聊》，无非是秉办公事，非关一点儿私人情谊回归。这秉公也表明，时过境迁，冷静时的林徽因，气度和正派还在。

凌叔华迁怒胡适袒护林徽因，可没有忘却，以后还有事情要仰仗这位老大哥，离不开他继续关照。纵然内心勉强，和胡适相处，表面一直持续到他去世。"八宝箱"纠纷遗留给凌叔华的情感伤害,一直跟随到她晚年,八十三岁高龄的凌叔华谈到这件往事依然耿耿于怀。她说:"日来我平心静气地回忆当年的情况,觉得胡适为何要如此卖力气死向我要志摩日记的原因,多半是为那时他热衷政治。志摩失事时,凡清华北大教授,时下名女人,都向胡家跑。他平日也没机会接近这些人,因志摩之死,忽然胡家热闹起来,他想结交这些人物,所以得制造一些事故,以便这些人物常来。"(凌叔华:《致陈从周信》)凌所说与事实相去甚远,稍了解胡适那时境况的人都不会轻信此话。讥讽名女人往胡家跑,跑胡家的女人中,不也有她自己么?胡适何至于靠此伎俩吸引她们。优雅的凌叔华,此回纠葛上不免沾了寻常妇人气味。

"八宝箱"里日记,陆小曼的两册日记物归原主了,已整理出版,编入《陆小曼文存》(三晋出版社付梓)。徐志摩的几册英文日记当是林徽因保存的,八十年代卞之琳为写《徐志摩选集》序言,曾向金岳霖探问它的下落。金岳霖告诉他,它们都已经在"文化大革命"中消失,其原因倒不是红卫兵的打、砸、抢所致。(卞之琳:《徐志摩的"八宝箱":一笔糊涂账》)这些文献到底毁于什么外力?是金岳霖没有明说,还是卞之琳有意避讳,答案已经被他俩带离了这个世界。总之,"八宝箱"中徐志摩的英文日记已经不存于世,这点大概没有什么疑问了,除非出现奇迹。

今日仍然有学者推测,"以胡适平日对资料的重视,断不会全部给了林徽音,很可能是将有关林的给了林,与林无关的,自己留下了。他若要销毁,也只会销毁那些与自己不利的东西,而不会是全部。"(韩石山:《此中果有文章》)《徐志摩新传》著者梁锡华透露,胡适私藏的许多文献至今锁在他保险箱里。于是这位学者乐观地期待胡适保险箱打开的那一天:"这里说的,虽不是八宝箱中的文件,但我想,总该有一部分是八宝箱中的。倘若真是这样,或许有一天,八宝箱之谜还是能揭开一部分。"但愿如此,不过,日记不比文稿,它是连续的,很难像卖肉那样随意分解截取,所以,这点希望怕还是渺茫得很。

◇ 1931年，林徽因（右二）、梁思成（右一）与梁再冰（右三）等在家中

◇◇ 1932年，林徽因与女儿梁再冰、儿子梁从诫在一起

◇ 1932年，梁思庄（右一）、陈意（左一，陈叔通侄女）、林徽因、雷洁琼（左三）、梁再冰（前排小孩）等在燕京大学南阁前

◇ 1933年3月21日，梁思成、林徽因、胡适与朱启钤等人在李诫诞辰八百二十三周年纪念会上

◇ 1936年，林徽因在北平北总布胡同院中踏雪

二二 凌叔华

有足够理由把林徽因和凌叔华联系在一起。两人都是著名才女,出身与经历也十分近似。那一代女作家鲜有不来自宦门豪宅,林徽因、凌叔华两人尤为突出。她们的父亲均非一般官僚,都曾经跻身当政最高层。凌叔华父亲官至清朝直隶布政使,出入皇宫,近交权贵,本人也是权贵。凌的生母又和林徽因母亲一样,不是父亲的原配。父亲纳妾,妻妾勃豀,饱尝了宦门偏室的酸苦。林徽因和凌叔华本人青少年时代,先后都有过国外生活经历,大学阶段均受到西方文化熏陶。凌叔华幼年寄居日本两年;高等教育虽在国内,上的却是教会的燕京大学,读的是英语专业。她擅长丹青,而林徽因也属美术科班。林徽因能够自主终身,凌叔华与陈西滢也是自由恋爱结成的眷属。两人都出现过婚外情,却又均能与丈夫白头偕老。她们踏进社会之后,融入了一个以胡适为核心的欧美自由主义知识分子圈,皆是"新月聚餐会"的常客。两人的文学作品更常在同一份报刊亮相,蜚声文坛,同为新月和京派的中坚。

偏巧,她们两家又都堪称胡适的世交。林长民后期政治生涯里常出现胡适身影,凌叔华父亲在古籍文献方面与胡适时有过从。凌叔华本人与胡适的过从更密,持续更长,交情似也更深。她曾经租过胡家的住房,她的小说名篇《小哥儿俩》主人公即以胡适两个儿子为原型。凌叔华每有难处即求助老大哥,与胡适通信直呼其"适之",这在同辈女性中实为鲜见。凌叔华之外,女作家能够如此称呼胡适的只有陈衡哲，而陈较凌叔华年长十岁，并且与胡适关系很不一般。林徽因不常劳动胡适大驾，万不得已时，只是以晚辈身份求助，写信必尊为"适之先生"。她对待胡适不如凌叔华随意，可是胡大哥对林徽因的认同实有过于凌叔华。

最显眼的是，凌、林与徐志摩的交往都亲密有加。林徽因偕梁思成留学出了国门，徐志摩醒悟到追求林徽因彻底无望，情绪至为沮丧。此时他满腹块垒急于宣泄，希望找个可人对象一吐为快。徐志摩说："最满意最理想的出路是有一个真能体会，真能容忍，而且真能融化的朋友。那朋友可是真不易得。"（《致凌叔华信》，下同）而他所谓"不易得"之人，就是最能耐心听他絮叨的凌叔华。徐志摩在给凌叔华的信上乞求："总之我是最感激不过，最欢喜不过你这样温的厚意，我只怕我自己没出息，消受不得你为我消费的时光与心力！"凌叔华十分慷慨，一面与陈西滢恋爱，一面温存地倾听徐志摩讲给她的"疯话"："你真是个妙人。真傻，妙得傻，傻得妙——真淘气，你偏爱这怪字，傻，多难写，又像粽子的粽字，他（它）那一个钢叉四颗黑豆，真叫人写得手酸心烦。"徐志摩告诉凌叔华："我给旁人写信也会写得顶长的，但总不自然，笔下不顺，心里也不自由，不是怕形容高词太粗，就提防那话引人多心，这一来说话或写信就不是纯粹的快乐。对你不同，我不怕你，因为你懂得，你懂得因为你目力能穿过字面，这一来我的舌头就享受了真的解放，我有着那一点点小机灵就从心坎里一直灌进血脉，从肺管输到指尖，从指尖笔尖，滴在白纸上就是黑字，顶自然，也顶自由，这真是幸福！"徐志摩自谓"疯话"其实不仅是"疯"，"疯"中藏情，有倾诉给红粉知己的一腔情愫。已经由凌叔华披露的徐志摩写给她的书信，封封够得上缱绻。那么，凌叔华未予公开的书信，公开了的被她删去的部分，又是怎样的情状大可想象了。

徐志摩曾经对陆小曼直言不讳："女友里叔华是我一个同志。"（《爱眉小扎》）传闻徐志摩与张幼仪离婚后他父亲有过凌叔华取代陆小曼的想法。徐志摩罹难，徐父还托人请凌叔华书写了墓碑"冷月照诗魂"。（吴令华：《冷月照诗魂》。此碑毁坏，又改由张宗祥题写，也就是今天所见的"徐志摩之墓"。）不难想见凌叔华在徐氏父子心目中的分量。

创作方面，徐志摩和凌叔华的密切也不在徐与林徽因之下。凌叔华为徐志摩主编的《晨报副镌》描画刊头，代徐志摩在他的第一本诗集《志摩的诗》扉页上，题签"献给爸爸"四个字。凌叔华第一本小说集《花之寺》出版，徐志摩用诗般的语言为之作序，赞扬"作者是有幽默的，最恬静最耐寻味的幽默，一种七弦琴的余韵，一种素兰在黄昏人静时微透的清芬。"（载《新月》杂志，但未见于《花之寺》，何故不详。）

最后，在那场"八宝箱"纠纷中，林徽因、凌叔华共同扮演了主角。

外人自然会想，林徽因和凌叔华应该有很多往来。确实两人一度接触频频，可是极其短暂，只限新月社那一小段日子。过后先林徽因出国，后是凌叔华南下武汉。抗战时期，一在乐山，一在李庄。算下来，两人交往少得很的。泰戈尔访问中国，凌叔华在家里设茶点招待泰氏一行，几乎全程陪同诗翁访问的林徽因应该在座，她俩最早相识大概就在此时。英语演出泰戈尔的《齐特拉》是圈内盛事，大家都踊跃出力，连袁昌英也凑趣登台饰演跑龙套的农妇，陆小曼甘愿站剧场门口卖说明书。要说，喜欢戏剧又念英文专业的凌叔华不会袖手旁观，可一长串演职名单里找不到她名字。不会是碍于在校的大学生身份，不便到校外舞台亮相，林徽因还是个中学生哩。此后不久凌叔华就积极参与过一次在六国饭店公演活动。较为近乎情理的猜测，凌叔华临近大学毕业，繁忙的正事、杂事太多。

凌叔华走出燕京大学，恰值林徽因赴美刚跨入大学门槛。这其间倒是林徽因父亲为家事求助过凌叔华，林长民一帮年幼子女需请家庭教师。凌叔华毕业一时没有谋到理想职业，正赋闲在家，答应了徐志摩推荐，接受林长民之请。林长民专程带了一个孩子登门拜望凌叔华，约她去林府看看其余孩子。此时凌叔华听了旁人闲言，说教家塾的女先生等同外国的管家妇，社会上备受歧视。凌叔华放不下闺秀身份，第二天即写信给胡适，请他帮忙辞谢此事。最终凌叔华是否成了林府西席，不见史料记载，似乎没有。但林长民死后，新婚的凌叔华、陈西滢夫妇安家，临时借居了林家旧居景山雪池。凌叔华母亲起居的院子正是林徽因幼年随母亲合住的林宅后院，那里有林徽因儿时无数酸甜的记忆。留美的林徽因致信胡适，托他转请凌叔华拍几张旧居照片寄去，以慰乡思。林徽因在信里说："我和那房子的感情实是深长。旅居的梦魂常常绕着琼塔雪池。"林徽因留学归来，凌叔华与丈夫已去了武汉大学，京汉两地往来终究不很方便，她们失去本会经常你来我往的机会。林徽因一九三一年定居北平，虽说凌叔华年年从武汉回故都几次，有时与朋友同行探望过香山疗养的林徽因，山上距城内数十里，终究太不方便。没想到徐志摩骤然离去，陡然起了一场"八宝箱"风波，两位才女的芥蒂成了解不开的死疙瘩，交情从此断绝。

　　林徽因与凌叔华所以往来很少，除时间、空间的错过，更其深层的原因在她俩生活态度、处事原则、性格特征差异皆大。差异最初已显露于徐志摩与陆小曼恋爱绯闻的仁见智见，林徽因、凌叔华、陆小曼，一同出入"新月聚餐会"的三个美丽才女，林徽因与陆小曼始终交情泛泛，凌叔华却在一片非议陆小曼的舆论中成了陆的知音，那时林徽因与凌叔华尚未生出芥蒂。徐志摩恋上并娶了陆小曼，林徽因是出国以后听说的，她心里会想，徐君将遇人不淑。淑不淑是人家私事，她的书信和旁人关于她的回忆里找不到她对陆小曼的微词。陆小曼却在日记里多次记下对林徽因不满，好在这些手稿没有传到林徽因手里。陆小曼视林徽因为情敌，林徽因毫无此观念。

　　凌叔华与陆小曼真的很近。最初听说徐、陆绯闻，凌叔华不信真有此，她替他们声辩，决不会有女人背夫、男人背友的行径。徐志摩与凌叔华频繁通信不也引起过外界谣传。她想，陆与徐，就像她与徐，"两人为感遇而成知己"罢了。(《凌叔华文存》)凌叔华以己度陆，觉得彼此都受流言蜚语伤害，因而同病相怜。事实非如凌叔华所想，她不知徐志摩与陆小曼已经爱得轰轰烈烈。明白真情后凌叔华又转而支持他们，并写信给胡适称："我对伊（陆小曼）现在名义上的伴侣，十分不满，觉得以后没快乐，所以敢大胆的说出（支持的）真意见。以前我因为'新月'，很为社会众人表同情，觉得这事是不宜有的。现在知道以前也是一半为旧道德驱使。"(同前)

　　这"旧道德驱使"一说，无意中给凌叔华十多年后自己红杏出墙埋下伏笔，当然她不可能预见多年后自己的情事。才女移情别恋本不是稀罕事，林徽因也并非没有过，值得又说，林徽因和凌叔华对待婚外情的态度、方式不同，见出两人性情隔如云泥。英国年轻诗人朱利安·贝尔来武汉大学任教，很快恋上文学院长夫人凌叔华。贝尔来自伦敦著名的布鲁姆斯勃里文化圈，母亲是画家，姨妈是中国读者熟悉的小说家伍尔芙。朱利安和凌叔华的各自身份特殊，一个外籍教员，一个著名作家，注定这恋情是校园最为刺激的桃色新闻。凌叔华清楚可能到来的风险，追求爱情还是维持婚姻，需要她果敢决断。她果敢不了，情欲诱惑她不能自拔，名誉、家庭却实难割舍，所以她不能像林徽因那般坦然，一边向丈夫悔过，一边继续"偷情"。恋爱是光明正大的，即使婚外恋，至少自己要有道德上的自信。

凌叔华屈服了没有爱情的婚姻，落入老套故事的窠臼。女性很重感情，女作家更加重感情。可不意味着，所有的女作家一律地处理感情，她们的感情背后还有着不同的生活准则。凌叔华的悲欢在一般女性里屡见不鲜，而林徽因的故事百万人难觅其一。相比林徽因、梁思成、金岳霖圣洁的情爱境界，凌叔华黯然失色多了。

　　说到性格，两人也大有差异，凌叔华斯文随和，有如她笔下女性的温婉。她能接受徐志摩那么多（半年内几十封）絮叨不尽的长信，耐心地回复，急躁的林徽因未必做得到。然而凌叔华也就缺乏林徽因的胸怀和坚毅。林徽因遇事从大局着眼，审时度势；放眼窗外，不惜忘我，这气度为凌叔华所不及的。徐志摩告诉叶公超："陆小曼有句话我不敢说，这个女人是很奇怪的女人，实际上是和凌叔华同样的人，不过彼此不承认是同样的女人。"他几次讲过这话。（叶公超：《新月旧拾》）究竟什么样的女人，没有说破，或无需说破。奇怪两字分明见出褒贬。徐志摩对凌叔华说"疯话"时结识不到一年，"疯话"过后，了解日益加深，于是有此感慨。

　　对于文学创作，林徽因做"票友"，凌叔华做事业。凌叔华是二十年代为数不多的优秀女作家，文学成就高于林徽因，史家有了定评。以另一视点来看，凌叔华小说数量差不多十倍于林徽因，其题材略显狭窄，尤其是代表作所写，大致都在女人和儿童，基本囿于"窗子"以内。林徽因小说虽寥寥六篇，所涉内容倒比凌叔华宽广。凌氏小说以豪门弱女折射出了时代的变幻，如《绣枕》如《吃茶》，作者的敏锐、聪慧，作者的细腻、委婉，又使作品别具魅力，确是中国现代文学史上的别具一格的。与凌叔华尽情而巧妙地发挥性别优势不同，林徽因文风不甘柔弱，笔墨不囿于客厅窗内，她思考得更多更深，胸怀不让须眉的浑厚气势。叶公超对此有一番解读："凌叔华可说是一个出身于传统社会旧家庭中的新女性写实作家。她写的人物多半是生活于传统旧式家庭中，也是她自己认识最深刻的人。她的文字有点像英国十九世纪的女小说家珍妮·奥斯丁，书中人物也和《傲慢与偏见》中的相仿佛。提到凌叔华，就不能不提林徽音。林徽音小说中的人物就完全不同，这些人物不像是主动的在计算别人，是没有心机的，其性格与行为往往是在不知不觉中。"（叶公超：《〈新月小说选〉序》）作如此辨析，叶公超近乎高山流水之美。

　　"八宝箱"风波中，林徽因告诉胡适："我从前不认得她（凌叔华），对她无感情，无理由的，没有看得起她过。"此话不过是当事人气头上的激愤言语，过后她就缄口不提，直到去世。抗战时期两人不在一地，胜利不久凌叔华远居欧洲。陈西滢供职台湾在外交机构，林徽因服务于大陆政权，政治把两位才女永远地隔开了。八十七岁的凌叔华对来访者谈起已逝世多年的林徽因，依旧不能放下前嫌："至于林徽音，以外国语法写小说，倒是别出心裁，可惜因为人长得漂亮，又能说话，被男朋友们给宠得很难再进步。"（郑丽园：《如梦如歌》）这一对才女，读者看她们靠得很近，她们自己清楚，隔得很远的。

◇ 1920年代初，林徽因在北京景山后街雪池胡同家中

◇ 1924年，林徽因同泰戈尔、梁启超在北海松坡图书馆前

◇ 1924年，林徽因同泰戈尔、梁启超在北海松坡图书馆前

◇ 1966年的凌叔华

二三 冰心

冰心丈夫吴文藻和梁思成在清华同学，是睡一间寝室的同学，日后分别娶了两位福建同籍的才女。冰心和林徽因同时留学美国，也曾聚会绮色佳，留下了难得的一帧合影。在郊外野餐，两人一前一后，面含微笑，都朝着镜头。人们更以为，她们相处一定很友善的，其实又不然。两人亦心存芥蒂，互相敬而远之，只是没有像凌叔华似的撕破过脸。知情的李健吾极度夸张，说她们是"仇敌"。（李健吾：《林徽因》）

冰心是二十世纪同龄人，比林徽因年长四岁，登上文坛比林徽因可足足早了十二年。论文坛辈分，或可算是林徽因上一代的作家。冰心十九岁即以问题小说一举成名，作品源源不断，继以脍炙人口的小诗和散文，声誉如日中天。她是五四文坛的报春花，百花齐放的景象接踵而至。然而，二十来岁的冰心毕竟年轻，阅历有限，作品分量欠厚实。陈西滢公开评论："冰心女士是一个诗人，可是她已出版的两本小诗里，却没有多少晶莹的宝石。在她的小说里到（倒）常常有优美的散文诗。所以我还是选她的小说集《超人》，《超人》里大部分小说，一望而知是一个没有出过学校门的聪明女子的作品，人物和情节都离实际太远了。"（陈西滢：《新文学运动以来的十部著作》）酷评著称的陈西滢评论冰心似格外苛刻，温和的沈从文竟私下也对朋友说："冰心则永远写不出家庭亲子爱以外。"（《致王际真信》）心高气傲的林徽因不会看不到冰心弱点所在，要是心存腹诽亦意料中事。

卞之琳评论过两人不同个性："林徽因和冰心完全两种性格。冰心显得大度，但圆滑。林徽因性子急脾气大，喜欢说话。"（见李辉《听"苦吟诗人"聊天》）她俩更深层次的差异是在于观念差距，林徽因相当程度地接受了西方意识，是充分的新式女性。而冰心，纵然"五四"洪流把她卷上文坛，观念仍相当地传统，存留着明显旧意识的痕印。冰心作品不愧为新文学硕果，行为作派却仍是闺秀气质。在郁达夫看来："读了冰心女士的作品，就能够了解中国一切历史上的才女的心情，意在言外，文必己出，哀而不伤，动中法度，是女士的生平，亦即是女士的文章的极致。"（《中国新文学大系·散文二集·导言》）

因而待人接物上，林徽因和冰心就各有自己的方式、自己的态度。冰心置身以胡适为中心的文化圈，徐志摩乃圈中活跃人物，冰心与诗人是相熟的朋友。可是，徐志摩罹难，他的众多女性友人均著文深情悼念，林徽因、凌叔华自不必说，此外还有方令孺、苏雪林，以及年轻的诗友虞岫云，甚至很少著文的韩湘眉也写下动情文字，冰心则一言未发。这不会是个偶然，她心底对徐志摩确有相当的微词，私下给梁实秋的信里表达得明明白白：

志摩死了，利用聪明，在一场不人道不光明的行为之下，仍得到社会一班人的欢迎的人，得到一个归宿了。我仍是这么一句话。上天生一个天才，真是万难，而聪明人自己的糟蹋，看了使我心痛。志摩的诗，魄力甚好，而情调则处处趋向一个毁灭的结局。看他《自剖》里的散文，《飞》等等，仿佛就是他将死未绝时的情感，诗中尤其看得出。我不是信预兆，是说他十年来心理的酝酿，与无形中心灵的绝望与寂寥，所形成的必然的结果！人死了什么都太晚……他真辜负了他的一股子劲！

谈到女人，究竟是"女人误他"？"他误女人"？也很难说。志摩是蝴蝶，而不是蜜蜂。女人的好处就得不着，女人的坏处就使他牺牲了。

即使当着徐志摩面，冰心也不隐瞒自己的态度，她说自己没有对徐志摩讲过一句好话，竟然否认她和徐志摩的朋友关系。冰心说，徐志摩在世时对她说的最后一句话是："我的心肝五脏都坏了，要到你那里圣洁的地方去忏悔！"（见梁实秋《忆冰心》）

没有材料证明梁实秋与林徽因交恶，但两人隔膜想是一定的。梁实秋化名"灵雨"，批评林徽因诗歌晦涩难懂，林徽因哪能受得了这种委屈。梁实秋与林徽因疏远，众人皆知，他赢得了冰心好感，与她的友谊深厚、持久、动人。冰心向来对言语文字十分谨慎，她有首小诗："聪明人！／要提防的是／忧郁时的文字／愉快时的言语。"谁能想到，她破例当众，为梁实秋题写了这么一段"愉快时的言语"："一个人应当像一朵花，不论男人或女人。花有色、香、味，人有才、情、趣，三者缺一，便不能做人家的要好朋友。我的朋友之中，男人中实秋最像一朵花，虽然是一朵鸡冠花。培植尚未成功，实秋仍需努力。"（《庚辰腊八书于雅舍为实秋寿》）

按类聚群分的逻辑，林徽因和冰心虽属同一大类大群，而细究下去，小类小群还是有泾渭之别。

冰心所说的徐志摩和女人谁误了谁，没有点出这"女人"名字。不用说，陆小曼首当其冲，其次该轮到林徽因了吧。冰心与林徽因之间嫌隙，原本两人心照不宣，但冰心发表了小说《我们太太的客厅》，这层窗纸捅破了一点小洞。小说描摹了某日某客厅来客种种音容笑貌，他们是教授、诗人、画家、哲学家、政治家、科学家、保健医生，其中暗含的主线则是客厅太太和某诗人的婚外情。不能硬说冰心如何地厌恶太太和她客厅里形形色色的知识分子，但语含微讽是一目了然的。小说写太太"惯做（社交）舞台中心的人物"，洋腔洋调，爱慕虚荣，感情不够专一，这些都是冰心十分不以为然的。

小说刚一发表即引起熟人议论纷纷，大家全看出了其中的影射。李健吾、萧乾、卞之琳等都写文章提及，或对人谈到过，影射的就是林徽因。冰心九十二岁时接受访谈，问到这篇小说的影射问题，她辩解道："《太太的客厅》那篇，萧乾认为写的是林徽因，其实是陆小曼，客厅里挂的全是他（她、陆小曼）的照片。"现在存有访谈的记录稿。据访谈人介绍，记录稿经过冰心审阅，在有关《我们太太的客厅》一段前，"冰心在审定时写上了'以下可以不用'，尤其在'林徽因'与'陆小曼'名字上有重重的删除符号，并嘱'不得使用'"（见王炳根《她将她视作仇敌吗？》）。这话颇有"此地无银三百两"的味道。小说明明写的是北平城内的客厅，陆小曼住在北平时，根本不会邀一群人来家里读诗，南迁上海后更加没有这可能。小说里的太太，除爱看京剧这点儿与陆小曼略有靠近外，其他所写每每大相径庭，譬如陆小曼未曾生育，而太太却有个女儿。莫不是唯恐读者不明影射所指，小说特意给这个女儿起名"彬彬"，林徽因的女儿正是叫"再冰"。太太家先生的身份虽不是学者，"却是应该温蔼清癯的绅士"，小说里的诗人不仅面肤白净，而且有个"高高的鼻子"（徐志摩的大鼻子很有名）；哲学家"瘦瘦高高""深目高额"，这些外貌描写很难叫人不想到梁思成、徐志摩和金岳霖。小说还有个一般读者不易察觉的重要细节，在故事将要结束之时，客人散尽，单独留下来的诗人对抱膝围坐炉火前的太太说："这微光，这你，这一切，又是一首诗！"小说连载于《大公报·文艺副刊》，开始连载的那天副刊，同一版面刊登林徽因的短诗正是《微光》，很难说，这不是冰心读到此诗涉笔成趣的笔墨。她有足够的时间，即兴添进小说。小说是连载的，"文艺"不是每日出刊的，最后一节要在多日之后。金岳霖晚年不仅坐实影射，而且拉进了自己："它也有别的意思，这个别的意思好像是三十年代的中国少奶奶们似乎有一种'不知亡国恨'的毛病。这就把问题搞得复杂了。……少奶奶究竟是谁呢？我有客厅，并且每个星期六有集会。湖南饭店就是我的客厅，我的活动场所。很明显批判的对象就是我。不过批判者没有掌握具体的情况，没有打听清楚我是什么样的人，以为星期六的社会活动一定像教会人士那样以女性为表面中心，因此我的客厅主人一定是少奶奶。"（《金岳霖的回忆》）稳重谨慎的冰心何以要写这么一篇小说，创作动因不会简单，学者不妨试作一个小小的研究课题。

林徽因和冰心既为这篇小说生了嫌隙，以后的成见误解难以避免。抗战期间大家困在西南各地，冰心从抗战大局出发，去蒋介石府邸看望了宋美龄。应宋的邀请，加入宋领导的妇女指导委员会，担任该会文化事业部长，主持评选了"蒋夫人文学奖金征文"，并当上了国会参政员。她这一连串举止颇引起文化人的议论，一时微词不少。其中就有冰心的朋友陈伏庐，他是画家，画了一幅《红竹图》送冰心、吴文藻夫妇，深山翠竹当下走红，画家特题上两句七言："莫道山中能绝俗，此君今已着绯衣。"点明画意在讥讽攀附权贵。林徽因于贫病交加中不移清高品行，必然很是反感冰心与宋美龄往来。她给费慰梅的信里提到这事："朋友'Icy Heart'（冰心）却将飞往重庆去做官（再没有比这更无聊和无用的事了），她全家将乘飞机，家当将由一辆靠关系弄来的注册卡车全部运走，而时下成百有真正重要职务的人却因为汽油受限而不得旅行。她对我们国家一定是太有价值了！很抱歉，告诉你们这么一条没劲的消息！"（《林徽因文存》）抗战结束冰心随吴文藻旅居日本，在日本报刊发表过日文的《我所见到的蒋夫人》《最近的宋美龄女士》，里面细述宋美龄的起居、性格，难免美言第一夫人的言词。幸好林徽因始终没有读到这些文章，不然又会说出如何激烈的话来。林徽因与冰心嫌隙之深，容有双方朋友有意无意的推波助澜。傅斯年上书教育部长，夸奖林徽因是"今之女学士，才学至少在谢冰心辈之上"（《傅斯年致朱家骅信》）。公事书面文字尚且这么说，私下闲言碎语当会更多情绪色彩，这些褒贬传到冰心耳里，再大度的冰心岂会心如古井。

建国以后，林徽因埋头建筑业务，冰心仍笔耕文坛，各自在不同领域为国家作贡献，依旧没有什么交往。林徽因早逝，冰心高寿，耆宿冰心应各种要求，几次谈到林徽因，显示了她惯有的大度。一九八七年她为《人民日报·海外版》作《入世才人粲若花》一文，向世界读者列数中国现代优秀女性作家，提及了林徽因："一九二五年我在美国的绮色佳会见了林徽因，那时她是我的男朋友吴文藻的好友梁思成的未婚妻，也是我所见到的女作家中最俏美灵秀的一个。后来，我常常在《新月》上看到她的诗文，真是文如其人。"那是一种公开场合的赞美，私下呢？一位研究林徽因的学者问她，林徽因和陆小曼哪个更美，冰心回答："林徽因'俏'，陆小曼不'俏'。"（陈钟英：《人们记忆中的林徽因》）王顾左右，回答得真妙，大可玩味。又有研究者请冰心说说林徽因的情况，遭冷冷地拒绝："我不了解她。"（陈学勇：《林徽因与冰心》）

两位才女在世未能尽释前嫌，她们的芥蒂传到了后辈。二十世纪九十年代末上海出版"民国女作家小说经典"丛书，主编柯灵极其赏识林徽因，很想编入她一卷。可是名誉主编挂着冰心，林徽因后人为此谢绝加盟，出版在即，丛书第一套十卷只得阙如。再经人劝说，林氏后人勉强同意授予版权。可惜，包含林徽因一卷的"丛书"第二套出版前夕冰心与世长辞，老人没能看到多年结怨得以化解的一天。又过了十年，她们的家乡福州市名人雕塑园落成，特设林徽因、冰心、庐隐三人一组铜塑群像。冰心的女儿参加了落成仪式，盛赞三位才女继承了五四精神，要向她们学习。铜像都是坐姿，林徽因居中，手执钢笔；冰心列右，握一枝玫瑰；左侧庐隐，面前摊着书本。以这样想不到的方式，林徽因和冰心朝夕坐在一起了。

◇ 1925年的林徽因

◇◇冰心

◇ 1925年，林徽因与冰心在美国绮色佳

◇ 陈伏庐赠与冰心的《红竹图》

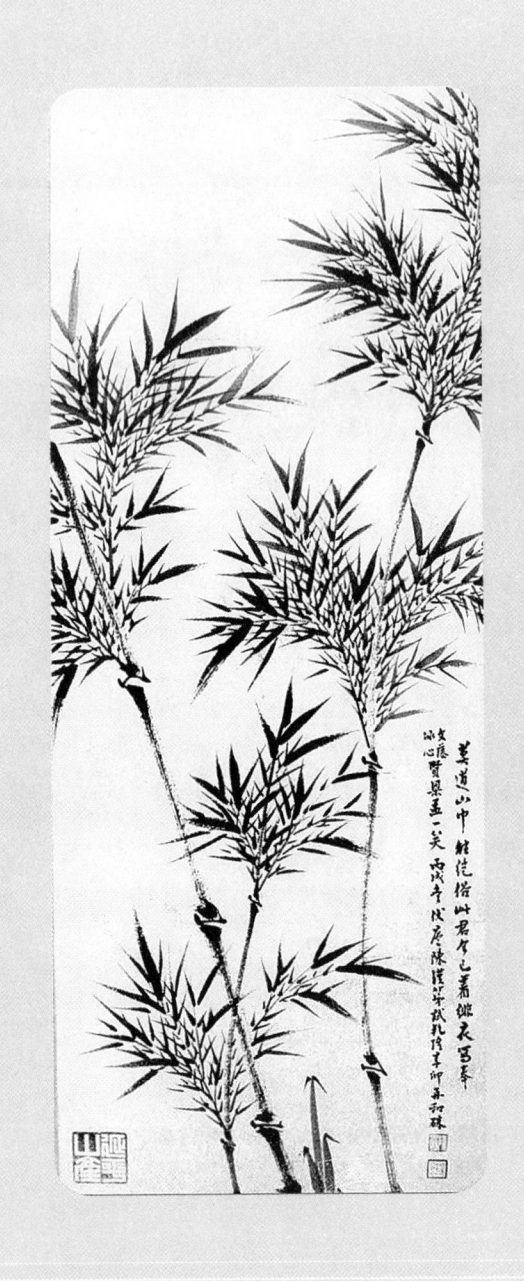

二四
沈从文

沈从文初登文坛之际适逢林徽因出国留学，一时失之交臂。沈从文经常发表作品的报刊如《晨报副刊》《现代评论》，恰是凌叔华勤耕的文学园地，一男一女两位小说家很快在徐志摩、陈西滢的圈子里相识。之后沈从文去武汉大学教书，一度与文学院长陈西滢同事，少不了出入院长家门，和凌叔华更加亲近了。他给朋友的信中热烈赞美凌叔华，赞美的并非作家："叔华才真是会画的人，她画得不坏。这女人也顶好，据他们说笑话，是要太太，只有叔华是完全太太的，不消说那丈夫是太享福了。"（《致王际真信》）

沈从文与林徽因见面要晚了好几年，大约在林徽因患病疗养于香山的三十年代初，他跟徐志摩等人一起上山探视才女。头两年交情泛泛，素有"乡下人"情结的沈从文在名媛面前未免拘谨。虽说林徽因曾经为他的小说《神巫之爱》配过插图，当他希望得到一幅林徽因的美术作品时，仍然不敢启齿。他转请徐志摩代为求索，不意诗人突然去世，求画的事情就无从提起。陈梦家编选《新月诗选》，沈从文和林徽因都是入选的诗人，林徽因本职在建筑，沈从文与她往来之勤不及与全力致力于文学的凌叔华。"八宝箱"风波中沈从文明显偏向凌叔华，自青岛急忙致信胡适，积极参与，劝说胡适不要交徐志摩日记给林徽因，力主归凌叔华保存。他见证徐志摩确曾说过："最适宜于保管他案件（指八宝箱里材料）的人，是不甚说话的叔华。"（《致胡适信》）

随着时间推移，林徽因文学才华越来越显露，沈从文对她了解也越来越多，他们在创作和友情两方面渐渐密切起来。林徽因的许多作品交沈从文，发表在他主编或参与编辑的报刊。一九三六年春天，沈从文所编的《大公报·文艺副刊》登出林徽因的小诗名篇《别丢掉》，引来梁实秋化名文章的批评。梁的批评既不够实事求是，署化名又不够光明磊落，颇激起沈从文不满。沈从文致信胡适："《自由评论》有篇灵雨文章，说徽因一首诗不大容易懂（那意思是说不大通）。文章据说是实秋写的。若真是他写的，您应当劝他以后别写这种文章，因为徽因的那首诗很明白，佩弦、孟实、公超、念生……大家都懂，都不觉得'不通'，那文章却实在写的不大好。"（《沈从文全集·书信卷》）半年后沈从文发表了朱自清反批评的文章《解诗》，文章逐句解读《别丢掉》，称赞《别丢掉》"是一首理想的爱情诗"。

围在胡适那个文人圈子里，沈从文与梁实秋的过从似疏似远。两人一起在青岛山东大学共事，沈从文即写了个短篇小说《八骏图》，里面有一骏即影射梁实秋的，语含讥讽。沈从文上了七八十岁高龄，仍对梁实秋微词犹存，他说："至于梁实秋这个人，我始终并不和他有什么友谊。外人只见到我们一道写文章，又一道在山大教书，却不知道彼此之间性格不同，极少来往。"（《复孙玉石信》）沈从文说"极少来往"，有点言过其实。抗战胜利后沈从文费劲促成梁实秋出版《益世报》"星期小品"副刊，进而有舍我助梁的打算："如报馆能将《语林》抽出一期，留出地位过万字，与《文学》相等，立一名目如《批评与介绍》一类称呼，邀实秋主持，一定相当好。如抽不出篇幅，以弟私见，即将弟（沈从文）所编《文学》由实秋主持改造，或分一半，各作双周刊。"（《致秦晋信》）可见，至少他们一度曾经很近乎的。梁实秋晚年写过两篇回忆沈从文的短文，其中对旧友多有美言。沈从文却不怎么领情，多次反唇相讥（分别见沈从文致程应镠李宗蕖夫妇、致张宗和、致钟开莱等人信）。梁实秋有则短文透露，"文革"后沈从文访问美国，曾打听梁的消息，似有面晤故人的愿望。在梁实秋那面，或不详沈从文的腹诽。不过总的说来，沈从文与梁实秋言语不很投机，说他们交情不似梁实秋感觉的深厚，应该是可信的。

沈从文对冰心的创作和处世也有腹诽，如前引给朋友的信说，"冰心则永远写不出家庭亲子爱以外"，给别的朋友信里指责冰心参政，是"走内线""与宋美龄攀同学"。（《复施蛰存信》）沈从文与冰心和梁实秋都相当疏远，林徽因与谢、梁的关系相同的亲疏远近，沈从文和林徽因自然容易靠近了。沈从文结婚时经济拮据，新房里没有什么鲜亮的陈设，唯梁思成、林徽因夫妇送的一条锦缎的百子图床罩异常醒目，增喜气许多。交往渐多，了解加深，沈从文终于引林徽因为知音。他不只创作上与林徽因多加切磋，而且个人情感起了波折，也去找林徽因帮助，林徽因会给他如费慰梅说的"母亲般的关怀"。有一年沈从文妻子张兆和回南方省亲，留小说家一人守居北平，沈每天给妻子写信。某天的一封坦率表露，他关心和爱慕北平一个年轻的女作家高青子，张兆和即刻妒火大旺。沈从文简直无事生非，自己也为妻子的嫉妒苦恼，便写信给林徽因诉苦。恰巧林徽因刚和梁思成发生激烈口角，也正陷入个人情感漩涡，深受煎熬。她感触满怀，回复了沈从文一封长信。这封长信实在是难得的文本，它既很能见证两位作家交情的深厚，又可看作林徽因生活态度的夫子自道，值得不惜篇幅，引录其关于情感关于人性的精彩阐发：

在这样的消极悲伤的情景下，接到你的信，理智上，我虽然同情你所告诉我你的苦痛（情绪的紧张），在情感上我却很羡慕你那么积极，那么热烈，那么丰富的情绪，至少此刻同我的比，我的显然萧条颓废消极无用。你的是在情感的尖锐上奔进！

可是此刻我们有个共同的烦恼，那便是可惜时间和精力，因为情绪的盘旋而耗废去。

你希望抓住理性的自己，或许找个聪明的人帮你整理一下你的苦恼或是"横溢的情感"，设法把它安排妥帖一点，你竟找到我来。我懂得的，我也常常被同种的纠纷弄得左不是右不是，生活掀在波澜里，盲目的同危险周旋，累得我既为旁人焦灼，又为自己操心，又同情于自己又很不愿意宽恕放任自己。

不过我同你有大不同处：凡是在横溢奔放的情感中时，我便觉到抓住一种生活的意义，即使这横溢奔放的情感所发生的行为上纠纷是快乐与苦辣对渗性质，我也不难过不在乎。我认定了生活本身原质是矛盾的，我只要生活；体验到极端的愉快，灵质的，透明的，美丽的近于神话理想的快活，以下我情愿也随着赔偿这天赐的幸福，坑在悲痛，纠纷失望，无望，寂寞中捱过若干时候，好像等自己的血来在创伤上结痂一样！一切我都在无声中忍受，默默的等天来布置我，没有一句话说！（我且说说来给你做个参考）

我所谓极端的、浪漫的或实际的都无关系，反正我的主义是要生活，没有情感的生活简直是死！生活必须体验丰富的情感，把自己变成丰富，宽大能优容，能了解，能同情种种"人性"，能懂得自己，不苛责自己，也不苛责旁人，不难自己以所不能，也不难别人所不能，更不愿（怨）运命或上帝，看清了世界本是各种人性混合做成的纠纷，人性又就是那么一回事，脱不掉生理，心理，环境习惯先天特质的凑合！把道德放大了讲，别裁判或裁削自己。任性到损害旁人时如果你不忍，你就根本办不到任性的事，（如果你办得到，那你那种残忍，便是你自己性格里的一点特性，也用不着过分的去纠正）想做的事太多，并且互相冲突时，拣最想做——想做到顾不得旁的牺牲——的事做，未做时心中发生纠纷是免不了的，做后最用不着后悔，因为你既会去做，那桩事便一定是免不了的，别尽着罪过自己。

我方才所说到极端的愉快，灵质的，透明的，美丽的快乐，不知道你有否同一样感觉。我的确有过，我不忘却我的幸福。我认为最愉快的事都是一闪亮的，在一段较短的时间内迸出神奇的——如同两个人透彻的了解：一句话打到你心里，使得你理智和情感全觉到一万万分满足；如同相爱：在一个时候里，你同你自身以外另一个人互相以彼此存在为极端的幸福；如同恋爱，在那时那刻眼所见，耳所听，心所触无所不是美丽，情感如诗歌自然的流动，如花香那样不知其所以。这些种种便都是一生中不可多得的瑰宝。世界上没有多少人有那种机会，且没有多少人有那种天赋的敏感和柔情来尝味那经验，所以就有那种机会也无用。如果有如诗剧神话般的实景，当时当事者本身却没有领会诗的情感又如何行？即使有了，只是浅俗的赏月折花的限量，那又有什么话说？！转过来说，对悲哀的敏感容量也是生活中可贵处。当时当事，你也许得流出血泪，过去后那些在你经验中也是不可鄙视的创痂。（此刻说说话，我倒暂时忘记了我昨天到今晚已整整哭了二十四小时，中间仅仅睡着三四个钟头，方才在过分的失望中颓废着觉到浪费去时间精力，很使自己感叹）在夫妇中间为着相爱纠纷自然痛苦，不过那种痛苦也是夹着极端丰富的幸福在内的。冷漠不关心的夫妇结合才是真正的悲剧！

如果在"横溢情感"和"僵死麻木的无情感"中叫我来拣一个，我毫无问题要拣上面的一个，不管是为我自己或是为别人。人活着的意义基本的是

> 能体验情感。能体验情感还得有智慧有思想来分别了解那情感——自己的或别人的！如果再能表现你自己所体验所了解的种种在文字上——不管那算是宗教或哲学，诗，或是小说，或是社会学论文——（谁管那些）——使得别人也更得点人生意义，那或许就是所有的意义了——不管人文明到什么程度，天文地理科学的通到那里去，这点人性还是一样的主要，一样的是人生的关键。

信里写了这许多仍意犹未尽，林徽因再约沈从文当面说了个畅快。这个自称"乡下人"的小说家，像初出茅庐的青年，哭丧着脸进了太太客厅，林徽因百般开导，劝慰，同情，责骂，并要他找金岳霖谈谈。事后林徽因告诉费慰梅，她和沈从文的交谈情景："他那天早上竟是那么的迷人和讨人喜欢！"（《致费慰梅信》）费慰梅从中看到："她对他有一种母亲般的关怀，而他，就和一个亲爱的儿子一样，一有问题就去找她商量办法。"（《梁思成与林徽因》）不必诧异费慰梅这感觉，纵然沈从文较林徽因年长两岁。同样，比张兆和大八岁的沈从文不是常在家信里叫她"小妈妈"的。如果由费慰梅的话引发遐想，怕也不能完全怪在遐想的人。

奉人性为本，这种人生态度的契合，正是林徽因与沈从文所以过从至密的基础。现存林徽因书信，除两费夫妇，写给胡适、沈从文的最多，后者篇幅最长，最袒露心襟。因而，略过林徽因容貌、才华，去洞见她内心，深知一代女性精英，便不可不细致品读这一封封致沈从文信，何况它们俨然一篇篇精美散文。林徽因喜爱写信几成病状，乃至说，"我偏不写信，好像是罚自己似的"。（《致沈从文信》）

林徽因的生活充溢人性，沈从文也是，他说，自己创作神庙里供奉的一尊神像便是人性。崇尚人性的一致，奠定了他们友谊的基石。再说，林徽因心目中的沈从文，又是个"安静、善解人意、'多情'而又'坚毅'的人"，而且是个"天才"。（林徽因：《致费慰梅信》）与沈从文通信，林徽因当作一种享受。今存的林氏遗札，不计致外籍友人费慰梅夫妇，写给沈从文的，最有情思，最具文采，于林徽因研究颇具文献价值。她非常赞赏沈从文的作品，编选《大公报文艺丛刊小说选》，入选三十篇作品中唯沈从文一人占了四篇之多，属篇数最多的作者。林徽因把他的作品推荐给女儿再冰，尤其喜爱他的中篇小说《边城》，在病榻上还和人兴致勃勃地谈沅水渡口谈翠翠。她倍加推崇小说里的对话："这才是小说！文字那么简单准确，把人写得那么生动。"（沈从文：《复陈从周信》）不用说，林徽因的绝代才华更叫沈从文倾倒,他总是微笑着眯着眼,静默地欣赏才女侃侃而谈。抗战爆发后大家流落到昆明,有时聚在一起,施蛰存记述了这般情景:"坐在稻草墩上,她(林徽因)会海阔天空的谈文学,谈人生,谈时事,谈昆明印象。从文还是眯着眼,笑着听,难得插一二句话,转换话题。"(施蛰存:《滇云浦雨话从文》)

北平解放初期,沈从文和林徽因有过几天朝夕相处的日子。新政权鄙视自由主义文人,北大进步学生在爬上学校大楼,挂出"打倒沈从文"的巨幅标语,前不久左翼权威作家郭沫若著文判定沈从文是反动、下流的"粉红色作家"。沈从文感到自己到了穷途末路,曾经割脉自杀。为缓解沈从文极度紧张的情绪,正复发旧病的林徽因邀请他到清华园小住,这里有不少他的老朋友。林徽因安排沈从文住在隔壁金岳霖家,只是睡个觉,一日三餐和金岳霖过来,整天在梁家。林徽因不顾气喘、发烧,坚持陪沈从文饭后聊天。经她悉心的心理开导,渐渐拂去了笼罩在脆弱文人心头的梦魇,帮助他度过了人生苦痛的一道难关。沈从文离开清华园后,不再留下多少他们往来的记载。城内城外,彼此都忙。林徽因过世很早,沈从文又度过了三十个春秋。在漫长岁月里,沈从文常在信里提到林徽因,称她是《边城》"最好的读者之一"。(《致陈从周信》)他不能忘怀,抗战时期初到昆明的下午,梁思成、林徽因夫妇用小汽车送他到北门街火药局附近高地,三人眺望雨后一碧如洗的翠湖景色。故人已逝,见到林徽因女儿,沈从文如对故人,感到"再冰则已和卅多年前她母亲神气差不多少"。(《致凌叔华信》)还报告张兆和说:"再冰瘦得眼已下陷,和她妈妈老时相近。"(《致张兆和信》)直到垂暮之年仍念念不忘:"思成夫妇也是(我)一生最好朋友之一。"(《致陈从周信》)一九八五年林徽因第一本文学作品集《林徽因诗集》要出版,编者请沈从文题写了内封上书名。那俊秀的章草手书,为两位作家的友谊画上了最后一笔。三年后沈从文也走了,到天国去见他为之倾倒的才女。

◇ 沈从文与张兆和

◇ 1931年6月在北平达园，经徐志摩介绍沈从文与林徽因相识。徐志摩摄

◇◇ 1947年夏，沈从文、张兆和与梁思成、林徽因、杨振声、张奚若夫人在颐和园霁清轩

◇ 1935年11月下旬，林徽因致沈从文书信手迹

二五
费正清　费慰梅

一九三二年秋天，美国哈佛大学校长坎南（Walter B.Conon）的千金费慰梅（Wilma Fairbank）和哈佛大学研究生费正清（John King Fairbank）在北平结婚，新婚夫妇来到中国，既作蜜月旅行，同时作中国文化考察。山东武梁祠的汉代拓片令费慰梅着迷；费正清收集资料，准备撰写博士论文《中国贸易关系发展史》。外国人在北平东城举办一个美术展览，林徽因、梁思成就近去参观，于是邂逅了这对优雅的美国夫妇，似乎出于一种天然的彼此吸引，一见如故，谈得愉快、投机。林徽因凭直觉感到，这对夫妇可以成为自己倾诉心怀的对象。她总有许多情愫郁结于胸，而有些话仿佛更适宜说给英国或美国的友人，这两个国家留有她的青春足迹。

费正清、费慰梅借住的羊宜宾胡同也地处东城，到北总布胡同不过数百米距离。外国夫妇骑自行车来梁家做客，费慰梅来的次数格外多，林徽因给她的印象终生未能磨灭：

> 她的谈话和她的著作一样充满了创造性。话题从诙谐的轶事到敏锐的分析，从明智的忠告到突发的愤怒，从发狂的热情到深刻的蔑视，几乎无所不包。她总是聚会的中心和领袖人物，当她侃侃而谈的时候，爱慕者总是为她那天马行空般的灵感中所迸发出来的精辟警语而倾倒。（费慰梅《梁思成与林徽因》）

她们亲密起来，一起骑马去郊外，林徽因全身骑马装，柔美身姿立即增添了几分英气。迎着料峭的寒风飞驰而来，两颊绯红，眼睛乌亮，矫捷洒脱，客厅太太顿时换了人似的。若不是亲眼目睹，怕梁思成都不敢置信。结识两费，林徽因的生活愈加焕发了精神。她深深地感激他们："自从你们两人来到我们身边，并向我注入了新的活力和对生活以及总体上对未来的新看法以来，我变得更加年轻活泼和有朝气了。"（《致费慰梅信》）两费加入了"太太的客厅"聚会，几乎熟识了所有太太的客人。当两费能够比较顺畅地用汉语交谈，便不知不觉融入这个中国文人的圈子。

一九三四年的夏天特别炎热，费正清、费慰梅去汾阳山区避暑，住在一座废弃的古老石头磨房。一条淙淙溪流从磨房旁边淌过，满峪道的杨树洒下斑白的树阴。山谷里环境幽静，气候凉爽，他们邀约林徽因、梁思成也来分享盛夏里这份难得的休闲惬意。梁、林夫妇早想看那里的发现宋版藏经的晋南赵城广胜寺，有两费结伴同行，再如意不过的一举两得美事。

费正清、费慰梅全程参加了梁、林的赵城广胜寺考察，这次考察算不上他们最为艰辛的一次，可追记这次行踪，大体可以呈现梁、林一生无数次考察的缩影。他们看罢汾阳附近的寺庙，便沿汾水南下远去赵城，不想头一天就传来交通不利的消息。阎锡山为抗拒蒋介石侵入他的山西领地，将主干公路改为铁道。他特意选购了不能通用的德国窄轨铺设同蒲铁路，借此阻止蒋介石进军北上。阎军阀拦阻了蒋军北上的同时，给百姓通行带来很大不便。兴筑的路基被夏日暴雨浇成连绵不断的泥塘，梁思成租来的汽车，艰难行驶到黄昏，只前行了十几里，而且无法继续前行。他们不得不下车，打发司机空车回头，一行人投宿在路边的小庙。各人支起帆布床，筋疲力尽，任凭庙墙上当地民众的好奇围观。第二天四人另行雇了两挂驴车，向介休县进发，生锈的铁轨高高低低，歪歪扭扭，颠簸了一天，看不见一个筑路工人。第三天早该启程了，但雇不到一辆当地车子，车已全部被征去别处筑路。好不容易找到三辆独轮手推车，全用来装载行李和器材，四个人只得徒步跋涉，跛足的梁思成也不例外。就这样又是一整天，而且是分外疲劳的一整天。到了该投宿时又找不着合适的安身之所，无奈再往前走十多里。到了一处村庄，几个人再也挪不动步子。绝望中他们看到一座门楼，起初以为是个公众避难所。刚把行李搬了进去，惊动了已经住进的大兵，惹来一顿粗野咆哮。幸好来了一个长官，拨给一间私人住房，叫他们让出门楼的大片空地。没想到那间住房雕梁画栋，他们倒做了一回失马的塞翁。第四天行路加倍艰难，车夫每推一个时辰就要休息一阵。未筑成的路基坑坑洼洼，一辆推车推坏了轮子。暮色四合，他们要去的霍县县城还远在二十多里之外。车夫不肯再走，可眼前找不到栖身之所。他们只得再加重雇金，并请了当地儿童打着灯笼领路，踩在泥泞里坚持往前。夜半十一点，总算到了县城，一位基督教信徒端来的面汤令他们精神大振。喝完面汤，四人都躺在帆布床里怎么也动弹不得，如同昏死过去一般。接着的两天，他们意外受到一对英国传教士夫妇的热情接待，真是不幸中之万幸。天继续下雨，林徽因和梁思成就在霍州城内进行考察，发现几处美丽的寺庙。其中建于元代的一处最具价值，而寺庙被大兵们盘踞，无法进到庙内细看。天一放晴他们出发直奔赵城，老天赐给了他们最后一段好路程，经雨水冲洗的原野碧绿得异常可爱。当然跋涉依旧艰苦，有一回竟连续步行了十二个小时。除此之外，还是要爬陡坡，还是要饿肚子，但是比起前几日的艰辛，这早已不在话下。

　　自汾阳至赵城三百余里，林徽因说："餐风宿雨，两周间艰苦简陋的生活，与寻常都市相较，至少有两世纪的分别。"天道酬勤，梁、林此行大开眼界。历史上山西战事较少，保存的古建筑就多，目不暇接，还见识了赵城广胜寺的特殊结构。林徽因不禁半是自嘲半是感慨："这次晋汾一带暑假的旅行，正巧遇着同蒲铁路兴工期间，公路被毁，给我们机会将三百余里的路程，慢慢的细看。假使坐汽车或火车，则有许多地方都没有停留的机会，我们所错过的古建，是如何的可惜。"（《晋汾古建筑预查纪略》）

　　考察途中每到一地，费正清、费慰梅都很乐意与当地传教士们打交道，他俩不仅从传教士那里得到较好的接待，还有机会了解他们生活的情状。梁、林夫妇却觉得有些丧气，在自己的国土上靠外国人才能稍稍改善旅途的困难处境，这伤害了他们民族自尊心。林徽因敏感而急躁，不时被意想之外的险恶环境或不该遇到的人事麻烦所激怒，有时她会有失文雅地大声咒骂，而费慰梅只能文质彬彬地忍受。哈佛校长的千金对失之粗野的美丽女士，禁不住惊讶和摇头。可是费慰梅又不得不怀疑，在这样的境地，她和林徽因，究竟谁的态度才是对的？或许都对，或许都不对，她想不出答案。

　　无论如何，他们的关系自这一回同甘共苦，愈来愈相知，愈来愈亲密。北总布胡同三号客厅的交往不免有宾主之分,很难完全摆脱必要或不必要的礼节客套。山西之行把客厅里彬彬有礼的那一套全丢在了北平,每天三顿一起用餐,饭桌上无所顾忌地七嘴八舌。费慰梅这才知道,平时沉默寡言的梁思成此时何其幽默机智,看去敦厚沉着,原来才华横溢。野外相处使彼此间说话行事都变得随意坦率,大家有时需要通力合作对付临时出现的难题,这一来中西两对夫妇就忘了相互间还有什么天然的距离。两费成了林徽因、梁思成终生不渝的朋友,即使不论国籍,把两费算在全部中国朋友中,说"最亲密"亦不为过。

再亲密也不会没有一丝分歧,然而相互完全信赖。他们差不多无话不说,包括个人的情感。林徽因对两费从不避讳谈到徐志摩,坦然表露她不尽的思念,全不似中国传统的矜持、羞怯、不足为外人道。寂寞苦闷的时候,林徽因便向费慰梅敞开心扉:

正因为中国是我的祖国,长期以来我看到它遭受这样那样罹难,心如刀割。我也在同它一道受难。这些年来,我忍受了深重的苦难。一个人一生经历了一场接一场的革命,一点也不轻松。正因为如此,每当我觉察有人把涉及千百万人生死存亡的事等闲视之时,就无论如何也不能饶恕他……我作为一个"战争中受伤的人"行动不能自如,心情有时很躁。我卧床等了四年,一心盼着这个"胜利日"。接下去是什么样,我可没去想。我不敢多想。如今胜利果然到来了,却又要打内战,一场旷日持久的消耗战。我很可能活不到和平的那一天了(也可以说,我依稀间一直在盼着它的到来)。我在疾病的折磨中就这么焦躁烦躁地死去,真是太惨了。

(《致费慰梅信》)

林徽因不时涌起给费慰梅写信的冲动,有时仅仅说些琐碎的家常话,诸如母亲无能而爱管闲事,女佣质朴、勤快却用劲过猛洗坏了衣服,米价涨到每袋一百元,读了小说《战争与和平》或传记《维多利亚女王》,还有连家常话都算不上的昆明天气,等等等等。看似啰嗦的家长里短,总是她潜意识里情绪的变相表达。给费慰梅夫妇写信成了林徽因生活的重要内容,尤其在抗战时避居西南的闭塞日子里,往往一下笔就好几千字。如今,真该感谢费慰梅保存了这大批书信,它们最直接祖露了林徽因精神世界，是一份极珍贵的研究史料。

林徽因很为自己英语纯正的爱尔兰口音自得，英文的娴熟、雅致叫费慰梅五体投地，费对梁从诫说，"你妈妈的英文，常常使我们这些以英语为母语的人都感到羡慕"。（梁从诫《倏忽人间四月天》）她写给费慰梅的信全用英文，英文、英语在他们的友谊中起了不容忽视的促进作用，费慰梅这么看待："我同她的友情与她和其他挚友们的还不同些，因为我们的交流完全是通过英语进行的。当我还是一个中文的初学者的时候，她已经是一位精通英语的大师了。毫无疑问，若不是有着这样的语言媒介，我们的友情是不会如此深刻，如此长久的。……而我们两人在单独的交谈中却选择着英语的词汇来表达自己的思想。不久我们便发现彼此有着无数的共同语言，使我们得以交换彼此的经验、维护自己的论点、共享相同的信念。她在英语方面广博而深厚的知识使我们能够如此自由的交流，而她对使用英语的喜爱和技巧也使我们在感情上更为接近了。"（费慰梅：《为〈林徽因文集〉而作》）

一九三五年底费正清、费慰梅离开了中国，分别益发加深了两对夫妇本已浓厚的情谊。他们的相处何止是友谊，兼有着激励，前进动力。林徽因说："自从你们两人来到我们身边，并向我注入了新的活力和对生活以及总体上对未来的新看法以来，我变得更加年轻活泼和有朝气了。"（《致费慰梅信》）林徽因把林氏祖辈传下的红色皮箱寄送到美国，她戏称皮箱"红色美人"。或是作为自己的替身，意在给再无重逢机会的朋友睹物思人。她相信越洋过海的皮箱，若干年后就成为"古董"。果然，二十一世纪的中国记者追寻到美国采访费慰梅女儿，看到这只皮箱，它已然是货真价实的古董，甚至不是一般的古董，凝结着两个国家的两对名人交往的故实。两费走后，林徽因读到大洋彼岸历经数十天邮程的飞鸿，禁不住泪如雨下，她回信的抬头，一连写下几个"慰梅、慰梅、慰梅"，落款则是"爱你、爱你、爱你菲利斯"。当费慰梅寄来她在美国出版的研究汉代浮雕的专著时，林徽因的欣喜犹如自己出版了著作。

两费回到美国后继续关注、支持梁、林的建筑学研究，费慰梅找到麻省理工学院建筑系主任威廉·爱默生教授，向教授推荐梁思成关于赵州桥论文的英文手稿。由此手稿得以在美国的建筑杂志《笔尖》（《Pencil Point》）发表，现代中国学者的建筑研究成果第一次走出了国门。论文发表于西方权威的刊物，这对梁、林的鼓舞是巨大的，他俩不再是以学生身份，而是作为学者，跻身国际建筑学界。费慰梅寄来一百美元稿费，如果是往昔，在北平，它就不算一笔了不得的款项。可是对战时避居昆明的梁、林夫妇来说，一百美元的价值绝对非同小可。他们已经穷得一贫如洗，连一口家家必备的大水缸都买不起了。林徽因拿到钱后首先偿还了债务，接着就添置了拖延许久的这个须臾不离的家庭设备——水缸。

每当梁思成夫妇经济异常拮据的时候，费慰梅常常支票汇到。不要奢言"君子之交淡如水"，这样境遇中给予的经济支援，实在不限于它本身物质的意义。事实上，它对于解除梁思成、林徽因的物质负担不过是杯水车薪，美国友人所行的义务旨在尽力保存中国优秀知识分子。费正清颇费周折地为梁思成办成了赴美访问、讲学的邀请，醉翁之意在于，林徽因借以同时赴美，在那里医治肺病，并疗养一段时期。尽管林徽因辞谢了费正清的好意，她不想远离战火中的祖国，但是友人的盛情还是很令她感动。

没想到费正清和费慰梅再次来到中国，抗战烽火正燃遍大地。美国宣布参加反法西斯战争，林徽因已经迁居偏僻的四川小镇。费正清担任美国情报局的驻华首席代表，紧张、繁杂的工作缠他不得脱身，只能借梁思成到重庆办理公事才见上一面。烽火硝烟中别后重逢，两双手紧紧相握了好几分钟。费正清未能见到他惦念的林徽因，无异是种精神折磨。两个月后他终于克服一切困难，请陶孟和伴行，乘小船行了三天水路到了李庄。他在路上受着风寒，感冒发烧了几天。自己染恙，又面对的是身患重疾的女主人，两人竟然照旧叙谈得兴致勃勃。桌上有开水瓶却没有他嗜好的咖啡可冲，是个遗憾。可弥补喝不到咖啡遗憾的是一台留声机，放着贝多芬、莫扎特的动听乐曲。晚上八点半了，点了三个小时的油灯不能奢侈地再点下去，费正清只得恋恋不舍地上床——特为他准备的帆布床。不知他是否想到山西之行躺的也是这样的小帆布床，只是李庄的床单不如那时干净，没有足够的肥皂洗涤。艰辛日子难得听到笑声，费正清离李庄后林徽因说："开玩笑和嬉闹我早已不习惯了，现在它们对我来说是一种享受，在严肃的谈话、亲切的私语和冷静的讨论之余，那半严肃的不拘礼节的隐喻和议论，是非常动人心弦、极其讨人喜欢和十分甜蜜。"（《致费正清信》）费正清在李庄待了一周，带来了罕有的甜蜜。梁思成说，费正清走后林徽因兴奋了许久。

几年后费慰梅作为美国驻华使馆的文化专员也又一次飞到重庆，恰逢抗战胜利的大喜，山城上下一片狂欢。梁思成当时正在重庆，他和费慰梅都难以忍受，这样重要的历史性时刻竟没有林徽因在身边，不能一起共享欢乐。费慰梅请了美军飞行员驾运输机送她去宜宾，途中只花了十五分钟，宜宾距李庄就不太远了。（据梁从诫回忆，八月十五日这一天父亲和他是在李庄乘返回重庆的船上，聊以备考。梁再冰的回忆则与费慰梅一致：八月十五日胜利喜讯传来时，梁思成父子恰好在重庆。）林徽因、梁思成庆贺胜利的方式是去镇上的茶馆——他们从不进茶馆——那是小镇人群最密集的场所，只有和民众一道狂喜，他们才能尽兴才能满足。林徽因已经病得体力不胜步行，虽然住处到茶馆只有不长的二三里路程。住进李庄长达五年，她没有到过镇上一次。这次是滑竿抬来的，一路和费慰梅边行边聊。林徽因身体经不住极度兴奋，到镇上欢庆，她要付出消耗本来微弱的体力为代价。费慰梅为她痛惜，但又为她走出小屋看到新的面孔新的景象而高兴。

费慰梅见到的李庄的林徽因，已不是北平时期马背上英姿飒爽的客厅女主人。她现在脸色苍白，颧骨高突，三十多岁人，四五十岁的妇人容貌，躺在病床上气喘吁吁。任凭费慰梅事先怎样想象李庄环境的艰苦，她亲眼看到的一切，仍然令她十分吃惊。唯有侃侃而谈的林徽因依旧侃侃不歇，包裹在羸弱病躯里的豪气不减当年。两人长谈过多次，话题少不了叙旧，也介绍了分别以来的人和事。昔日的宝宝已经长成亭亭玉立的高中生梁再冰，她娇小、内向，大概像父亲。还有小弟梁从诫，在重庆上南开中学。再冰每天从学校回家，她总要带来外界的政治新闻。此时全家的气氛便会放松一阵，看到再冰和从诫，费慰梅为梁家后继有人油然感到欣慰。

一九四六年夏和第二年春天，费正清、费慰梅先后又回了美国，他们从林徽因和梁思成身上带去了中国知识分子的睿智、坚毅，还有民族的责任感。在重庆、李庄的分别竟成他们的永诀。此后的几年，他们的交往只能依靠书信。一九四七年底林徽因要做肾切除手术，担心一旦手术失败自己就永远闭上了眼睛。此刻她思念万里之外的费慰梅，凄楚地写下："再见，最亲爱的慰梅。要是你能突然闯进我的房间，带来一盆花和一大串废话和笑声该有多好。"这一声"再见"，是她准备了生死相隔的深情呼唤。

手术意外地成功。阻隔林徽因和费慰梅再见的并不是生死，而是双方祖国截然不同的政治制度。共产党解放了北平，林徽因寄出了她给慰梅费的最后一封信。

信很长，其中有这样一段话：

> 也许我们将很久不能见面——我们这里事情将发生很大变化，虽然我们还不知道是什么样的变化，是明年还是下个月。但只要年青一代有有意义的事情可做，过得好，有工作，其它也就无所谓了。

说是很久不能见面，其实林徽因隐隐期盼总有见面的一天。中国改朝换代的风暴吹断了她的一丝希望，见面固然不再可能，连通信也彻底中断。多年来习惯向费慰梅诉说心事，突然不能继续倾诉，它对林徽因来说是怎样的痛苦。也算幸事，不然，她不会那么平顺地接受中国的思想洗礼，或许更加痛苦，虽然她未必意识到这个。

林徽因和梁思成相继作古后，他们和费正清、费慰梅的友情奇迹般以另一种形式，动人地断而复续。两费回美国时梁思成将自己刚刚完成的《图像中国建筑史》英文书稿托付费正清带去，希望帮助在美国出版。中国大陆解放后，与美帝国主义往来是严重敏感的政治问题，哪怕是友善的美国人民。假如美国出版了这本大陆著作，梁思成必定会招致通敌嫌疑，出版的事不得忍痛不作罢。一九五七年，费慰梅收到剑桥一位素不相识者捎来的梁思成短信，信中嘱咐费慰梅将当年的书稿托英国一位名叫刘·C的小姐转还他。费慰梅照办了，刘小姐收到书稿后竟未能转交到梁思成手里。二十一年过去，费慰梅才知道梁思成并未收到书稿，可是她和梁家的后人又都不清楚刘小姐何许人，大家不免为丢失书稿黯然神伤。费慰梅坚信书稿一定在什么地方，以她重然诺的精神，穷追不舍，请美国前任驻英大使查找到大不列颠建筑史学会，再通过一位女士，联系上了已经移居新加坡的刘小姐，费尽两年周折，最终有幸讨回了书稿。一九八〇年费慰梅专程来中国，联系清华大学和梁思成续弦林洙，共同整理书稿和图片，四年后此著由麻省理工学院出版社出版了英文本。由于这本著作的分量，它获得了这一年美国出版联合会专业类图书的金奖。

费慰梅与林徽因往日的友谊便在林洙、梁从诫身上得到延续，梁从诫翻译、出版了《图像中国建筑史》中文本，林洙陪同费慰梅再作山西之旅，重走了一遍他们一九三四年的路线。林洙又应费慰梅的邀请赴美访问，到了费城，拜谒了林徽因、梁思成的母校宾夕法尼亚大学。清华大学纪念梁思成诞辰八十五周年之际，费正清以八十高龄写下思念故友的文章——《献给梁思成和林徽因》,称赞梁思成、林徽因在他的心目中"是不畏困难,献身科学的崇高典范"。在他的回忆里特别赞美林徽因:"她是有创造才华的作家、诗人,是一个具有丰富的审美能力和广博的智力活动兴趣的妇女,而且她交际起来又洋溢着迷人的魅力。"(《费正清对华回忆录》)。这一句话蕴含尤广:"失去梁思成、林徽因夫妇,对于我们来说,就好像失去了大半个中国。"(见陈渝庆《多少往事烟雨中》)费慰梅与世长辞前留下一部《梁思成与林徽因———一对探索中国建筑史的伴侣》的传记(*Liang and Lin: Partners in Exploring China's Architectural Past*),一九九七年秋天中文译本出版(曲莹璞等翻译),为他们持续终生的友谊大树萌生新枝。这本传记译成中文前,国内已经问世了多种林徽因传记,可是就真实可信而言,哪一种都不及费慰梅这本。作为外籍作者,加之写在外国,难免有若干细节欠准,但它距林徽因的生平事迹和精神风貌,比我们同胞所写的传记,要贴近传主许多许多。

◇ 费正清与费慰梅夫妇

◇◇ 1930年代的费慰梅

◇ 1934年，林徽因与费慰梅在山西

◇ 1934年，林徽因与费正清、费慰梅在山西

◇◇ 1934年，林徽因与费正清、费慰梅在山西

◇ 1936年4月，林徽因与费正清在北平

◇◇ 1930年代，林徽因与费慰梅在一起

二六
鼙鼓声起

一九三一到一九三七年是林徽因人生第一个辉煌时期,她在建筑研究和文学创作两个领域的卓越建树主要集中在这几年。这个阶段的家庭生活也是如意的,肺病不很严重,还能愉快地忙些家务。她对费慰梅描述了当时的心情:

> 每当我做些家务活儿时,我总觉得太可惜了,觉得我是在冷落了一些素昧平生但更有意思、更为重要的人们。于是,我赶快干完手边的活儿,以便去同他们"谈心"。倘若家务活儿老干不完,并且一桩桩地不断添新的,我就会烦躁起来。所以我一向搞不好家务,因为我的心总一半在旁处。并且一路上在咒诅我干着的活儿——然而我又很喜欢干这种家务,有时还干得格外出色。反之,每当我在认真写着点什么或从事这一类工作,同时意识到我在怠慢了家务,我就一点也不感到不安。老实说,我倒挺快活,觉得我很明智,觉得我是在做着一件更有意义的事。只有当孩子们生了病或减轻了体重时,我才难过起来。有时午夜扪心自问,又觉得对他们不公道。

(《致费慰梅信》)

如果这样的生活得以一直持续,林徽因将取得何等杰出成就那是很难估量的。然而如意的生活临近了尾声,民族危难的到来阻断了她攀向新高峰的进程。她任教于东北大学时已尝受过外敌威胁的滋味，沈阳每年一度的攻城演习刺激着她民族感情的神经。"九一八事变"消息传到北平，在那里疗养的林徽因断然不再返回沈阳，正陪伴在她身边的梁思成也不辞而别，他们宁可丢掉沈阳住处所有物件，那么多的字画、照片、笔记和收集的各种资料，那是他们的珍爱和心血。

"一二·九"前夕日寇下令天津《大公报》停刊，另出一份《联合亚洲先驱报》取而代之，妄图取代中国人的民族精神。这张报纸沿袭《大公报》旧例，继续寄赠林徽因，并附上约稿信。林徽因读了报纸社论，怒不可遏，斥责敌人无耻行径。又听说还有五十名老报纸职员继续为该报工作，她厉声质问："难道他们不知道他们在做什么？！"梁思成把报纸扔进了火炉。林徽因立即写信给编辑《大公报》"文艺"副刊的沈从文打听情况，她悲愤感叹："这日子如何'打发'？我们这国民连骨头都腐了！"北平学生举行了抗日示威游行，林徽因全力支持，虽然她一向不愿介入政治，但是这回她认为不仅仅是政治，关乎民族的存亡，或者说，不能不介入最大的政治。她破例地参与了一次政治声明活动，加入签署一百零三位教授、学者、文化人的《平津文化界对时局宣言》。受当局禁令，此宣言未得在原定的《大公报》发表，改题《教授界对时局意见书》刊于《学生与国家》杂志。

日军占领了京津间的铁路枢纽丰台，林徽因感到形势严峻，情绪有点悲观。清华大学计划南迁，许多朋友准备跟着学校南下，他们无论如何也不愿在外敌奴役下苟且。林徽因和梁思成也开始收拾行装，北平家中财产的价值，其珍贵，尤远非沈阳的小家可比。除此，还要舍弃普通民众羡慕的舒适生活。有亲友不能理解，问她："你为什么那样心情激动地准备南迁呢？即使这里成立自治政府，那又怎么样呢？对我们丝毫没有什么影响。我们的房子还在这儿。北平还是中国的，不是日本的，生活还像平时那样过。"这种可怕的麻木和屈从叫林徽因痛恨。连自己母亲对即将的迁徙也很有抱怨，老人毕竟安逸惯了，害怕流徙辗转。可是林徽因一切都置之度外，她写信给费慰梅："如果我们民族的灾难来得特别迅猛而凶暴，我们也只能以这样或那样迅速而积极的方式去回应。当然会有困难和痛苦，但我们不会坐在这里握着空拳，却随时让人威胁着羞辱我们的'脸面'。"可是营造学社当家人朱启钤不打算离开北平，梁思成担忧，营造学社的资料可能落到日本侵略者手里。不管朱启钤如何处置学社，他和学社同人果断地将大量珍贵资料迅速装箱，隐藏。

终于卢沟桥的枪声打响，梁思成、林徽因夫妇正在山西五台山地区考察，偏巧是七月七日这一天。他们在豆村发现了中国最早的木结构建筑佛光寺大殿，这个发现将彪炳中国现代建筑学史的伟绩。乡间的音信闭塞，直到七月中旬到了代县县城，林徽因拿着迟到的报纸才知道外面发生战事。太原至北平的铁路已断，他们只能绕道去大同，由平绥线匆匆赶回北平。林徽因一到家就给随同姑母在北戴河避暑的女儿再冰写了一封长信，信中谈到战事：

……

第六，现在我要告诉你这一次日本人同我们闹什么。

你知道他们老要我们的"华北"地方，这一次又是为了点小事就大出兵来打我们！现在两边兵都停住，一边在开会商量"和平解决"，以后还打不打谁也不知道呢。

第七，反正你在北戴河同大姑、姐姐哥哥们一起也很安稳的，我也就不叫你回来。我们这里一时很平定，你也不用记挂。我们希望不打仗事情就可以完；但是如果日本人要来占北平，我们都愿意打仗，那时候你就跟着大姑姑那边，我们就守在北平，等到打胜了仗再说。我觉得现在我们做中国人应该要顶勇敢，什么都不怕，什么都顶有决心才好。

第八，你做勇敢小孩，现在顶要紧的是身体要好，读书要好，别的不用管。现在既然在海边，就痛痛快快的（地）玩。你知道你妈妈同爹爹都顶平安的在北平，不怕打仗，更不怕日本。过几天如果事情完全平下来，我再来北戴河看你，如果还不平定，只好等着。大哥、三姑过两天就也来北戴河，你们那里一定很热闹。

……

形势没有如林徽因希望的缓和下来，她幼小的女儿、儿子一直滞留在北戴河。北平城内开始挖掘壕沟积极备战，宋哲元部队的部分工事就筑在北总布胡同口。郊外几位清华大学教授，周培源、钱端升、叶公超，意气风发，携全家大小十多口人，一起住进北总布胡同三号，"太太客厅"变成对敌"阵地"。他们备足了食粮，决心与抵抗日军的士兵并肩战斗，"与城共存亡"。这伙书生不能打枪开炮，但此举能够给将士们巨大精神鼓舞。不意宋哲元突然接到紧急撤退命令，七月二十八日清晨,教授们发觉兵去壕空。古城拱手相让了,第二天就陷于敌军手里,学者们早有准备的南下计划到了付诸实施的时候。

教授、作家们多数所取的策略,本人抓紧时间先走,家属暂时留守,待后再伺机而动,朱自清、沈从文、梁实秋、叶公超、老舍都是如此。林徽因难以忍受沦为异族贱民的屈辱,决心尽早出走。她觉得"心里有时像个药罐子",不再多留一天。不仅她走,母亲、孩子都一起走。她说:"我恨不得是把所有北平留下的太太孩子挤在一块走出到天津再说。"(《致沈从文信》)出走前需处理许许多多事务,那几个星期日子最难挨过,留一天即屈辱一天。想到与其他太太们就要分手,她十分不忍,生出些许歉疚,好似她狠心把她们扔给了敌人。她行前去医院作了一遍病情检查,医生很严厉地警告:这样的病人不宜远行,更不必说逃难。纵然如此,林徽因出走的决心无丝毫动摇:"警告白警告,我的寿命是由天的了。"(《致沈从文信》)她很想去一趟北城,看望留下的沈从文夫人张兆和。可偏偏抽不出时间,等不得日子,出走的日期是仓促定下的。梁思成突然接到"东亚共荣协会"请柬,召他去参加什么会议。想是侵略者看中梁思成幼年在日本生活过的经历,就像他们看中周作人一样。然而梁思成决不是周作人,他只能立即脱身虎穴。林徽因走后借住梁家的两位太太,钱端升和叶公超的夫人,连夜帮助梁、林打点行装,忙到凌晨三点半。清早六点,他们走出"太太客厅",林徽因只觉得被人硬从北总布胡同生生扯了出来上车。

走出胡同回头最后一瞥,林徽因想些什么呢?三十年代正是给人以希望的岁月,它好像突然中止了;三十年代正是梁林夫妇俩事业腾飞的阶段,也突然中断了。他们并不知道,这一去就是八九年,生活轨迹将发生巨变。任凭他们怎么料想,都想不到即将开始的生活会那样困苦艰辛。林徽因不能预见,自己一生辉煌业绩在此时达到顶峰,无论今后怎样努力,再难逾越现在的高度。一九八七年,梁思成、林徽因均已去世多年,国家科学技术委员会授予他们"国家自然科学"(一等)奖,其中所列夫妇的成就绝大多数在战前所取得。梁从诫代表家属致谢词时问道,父母是一九二九年留学回国的,假如一九四九年才回国,还能获得这个大奖吗?会场当时一片寂静。(见梁从诫《不重合的圈》)不过,林徽因步出北总布胡同这一刻,更可能,她什么也没有想,毅然跨出了门槛,步履匆匆,根本没有回过头再看一眼。

◇ 1935年，林徽因与子女梁再冰、梁从诫在北平北总布胡同三号家中

◇ 1936 年，林徽因与梁思庄在故宫

◇◇ 1936 年，林徽因与梁从诫在故宫

◇林徽因、梁思成一行在去往山西的途中

◇ 20 世纪 30 年代，写作中的林徽因

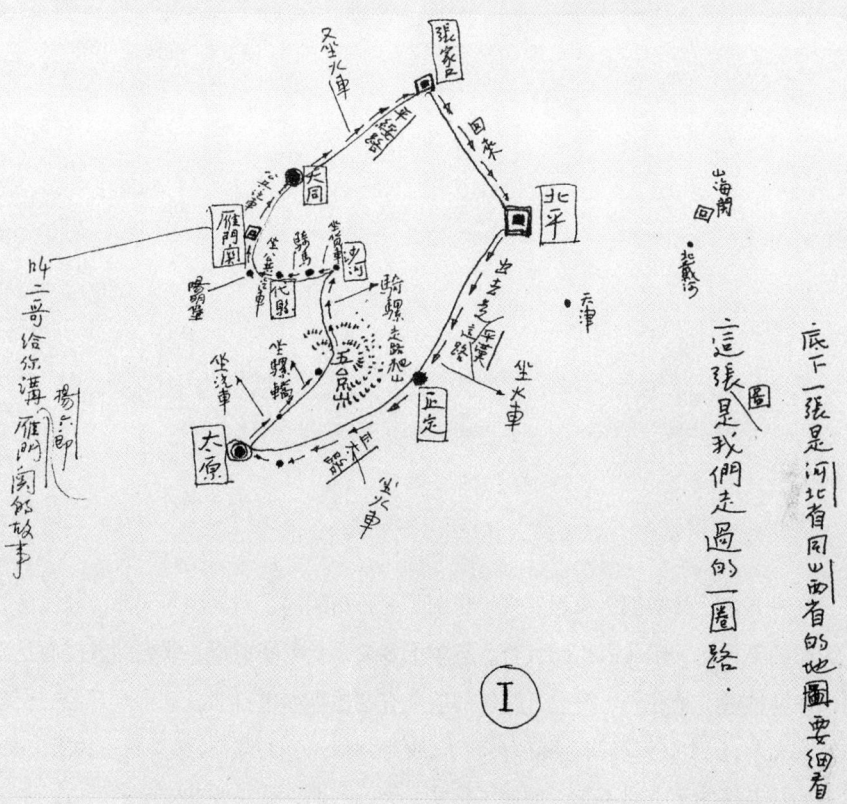

◇ 1937年7月，林徽因致梁再冰书信中所绘考察行程图

二七
西南行

九月五日,林徽因、梁思成夫妇告别了北总布胡同,当天到了天津,与先已等在天津的梁再冰、梁从诫姐弟会合。等了十多天,全家和清华、北大的教授们登上停泊在塘沽的"圣经号"海轮,登船的朋友有金岳霖和朱自清。二十八日他们在青岛转乘火车,三十日到济南。随即再转车,夜半到徐州。经郑州,最后到达武汉。梁、林夫妇扶老携幼,上船下车,颠沛了整整九天。然而,武汉并非安全的后方,十二天后大家再转徙到了长沙。一路上共计上下舟车十六次,进出旅店十二次。对于日后无穷尽的一次次上船下船、上车下车,这仅仅是个开头,算是个演练。

林徽因一家栖息长沙,借住在韭菜园教厂坪一百三十四号刘姓民宅的楼上。地点紧靠火车站,窗下列车不时呼啸而过。身处战时的知识分子缺少应有的战事常识,车站绝对是军事攻击目标,住在这里无疑是绝大的错误,或许他们当时别无选择。

似乎安顿稳当了,大家便旧习难改,又开始到处串门,他们更需要串门了。单身的先生们特别喜欢去有妻室的小屋,寻求家庭般的温暖,梁家当然成最佳的去处。大家围着小炭炉,品尝着林徽因烧菜手艺。事实上,他们已经没有什么可烧的佳肴,连作料都难备齐。林徽因说:"我是女人,当然立刻变成纯净的'糟糠'的典型,租到两间屋子,烹调、课子、洗衣、铺床,每日如在走马灯中过去。"(《致沈从文信》)简陋的小屋里,有笑声,有叹息,总的说来情绪不是太坏,爱国情怀足以支持一段时期。拿北总布胡同说,当然今非昔比,但氛围林徽因仍有如置身太太客厅的感觉。略为新鲜的，是小屋里常回响起《义勇军进行曲》的歌声。

北平解散的营造学社，梁思成着手在长沙重整旗鼓，办事处设在他住处的圣经学校。原来长沙也不是安全处所，林徽因经历了一次死里逃生的险情。十一月二十四日下午，日寇的飞机突袭长沙。过去敌机没有来过长沙，这次空袭之前就没有发布警报。梁思成听到轰鸣的声音还以为是期盼的苏联援军的战机，他跑上阳台仰头张望。刚看到机翼上可怕的血红圆块，炸弹随即落了下来。林徽因给费慰梅的信中详细记述了这惊险一幕：

> 在日机对长沙的第一次空袭中，我们的住房就几乎被直接击中。炸弹就落在距我们的临时住房大门十五码的地方，在这所房子里我们住了三间。当时我们——外婆、两个孩子、思成和我都在家。两个孩子都在生病。没人知道我们怎么没有被炸成碎片。听到地狱般的断裂声和头两响稍远一点的爆炸，我们便往楼下奔，我们的房子随即四分五裂。全然出于本能，我们各抓起一个孩子就往楼梯跑，可还没来得及，离得最近的炸弹就炸了。它把我抛到空中，手里还抱着小弟，再把我摔到地上，却没有受伤。同时房子开始轧轧乱响，那些到处都是玻璃的门窗、隔扇、屋顶、天花板，全都坍了下来，劈头盖脑地砸向我们。我们冲出旁门，来到黑烟滚滚的街上。
>
> 当我们往联合大学的防空壕跑的时候，又一架轰炸机开始俯冲。我们停了下来，心想这一回是躲不掉了，我们宁愿靠拢一点，省得留下几个活着去承受那悲剧。这颗炸弹没有炸，落在我们正在跑去的街道那头。我们所有的东西——现在已经不多了——都是从玻璃渣中捡回来的。眼下我们在朋友那里到处借住。

当晚张奚若接纳了梁氏无家可归的五口，从仅有的两间住房匀出一间，梁思成和夫人和岳母和儿女，三代挤在一起，屋里还堆着劫余中捡回的家什。多年以后，箱底仍残存着玻璃碎屑。

遭过这一场劫难，他们的经济开始非常拮据。长沙的秋天多雨潮湿，屋内阴冷难耐，住久北方的人很不适应。林徽因感冒了，躺在床上发冷发热。梁思成决定再往昆明迁徙。想到拖着病躯还要继续长途跋涉，林徽因情绪相当低落，认为自己是个"战争累赘"。她无奈地发问：

如果有天，天又有意旨，我真想他明白点告诉我一点事，好比说我这种人需要不需要活着，不需要的话，这种悬着（的）日子也不（不也）都是侈奢？好比说一个非常有精神喜欢挣扎着生存的人，为什么需要肺病，如果是需要，许多希望着健康的想念在她也就很侈奢，是不是最好没有？死在长沙雨里，死得虽未免太冷点，往昆明跑，跑后的结果如果是一样，那又怎样？

(《致沈从文信》)

林徽因仰问苍天，问归问，她和梁思成还是踏上了继续西迁长途，赶往漫漫茫茫的昆明，不会想到那里四季如春。昆明陆续聚集了大批知识分子，他们夫妇是到达最早的一户。十二月八日清晨出发时，张奚若、金岳霖来车站送行。这回出发没有一个熟人同行，昆明也没有相知的朋友等候，艰辛之外林徽因更添一层孤独感。他们背着大包大包的行李，里面塞满了被褥、枕头、衣服，还带着帆布床。出发的是一队实实在在的老弱病残：跛脚的男人、患肺结核的女子、六十来岁的老奶奶、八岁的姐姐、五岁的弟弟。

第二天到了湘西沅陵，天气晴朗，沿路层峦叠嶂，郁郁葱葱。看腻了北方光秃秃的山岩，盘桓在碧绿丛中，全家老小欣喜若狂，一时忘却了身处何时。林徽因浮想联翩，《边城》里的翠翠仿佛就蹲在身旁小溪流对面。

沈从文的大哥家在县城，事先已得信，二弟至交路过沅陵。他大哥以湘人的好客、义气，准备很细，一定让梁家老少休息好。碰巧沈从文三弟也从前线回家养伤，沈家兄弟十分张罗不停，备足了家作卤鸡、猪肉熏条、溆浦橘子、安江柚子、保靖皮蛋、龙山大头菜，客人垂涎欲滴。沈家坐落在城郊山坡，是幢精致的小楼。客人坐在廊下俯视城郭，闲谈了好半天。林徽因说，沅陵的风景，沅陵的城市，同沅陵的人物，在他们心里是一片完整的记忆，无论何时都愿意再来一次。她心情挺好，对战事似乎也乐观起来：

说到打仗你别过于悲观，我们还许要吃苦，可是我们不能不争到一种翻身的地步。我们这种人太无用了，也许会死，会消灭，可是总有别的法子我们中国国家进步了，弄得好一点，争出一种新的局面，不再是低着头的被压迫着，我们根据事实时（是）有时很难乐观，但是往大处看，抓紧信心，我相信我们大家根本还是乐观的。

（《致沈从文信》）

  昆明之行的开头路程过于顺利，顺利也就戛然而止于这一点点的开头。走到湖南和贵州交界的晃县，林徽因患上急性肺炎，病势凶猛，高烧发到四十度。幸好同车旅客有位女医生，在日本行医回国的，她开个方子救了急。往昆明进发行程不得不暂时停止，梁思成全家宿在晃县县城一家小旅馆。旅馆嘈杂不堪，赌棍骂骂咧咧，妓女浪声浪气，操山东话的军官，各地来的汽车司机，鬼混的、喝酒的、打牌的、跟女老板吵架的，一片乌烟瘴气。林徽因高烧不退，在这般恶劣环境下躺了难熬的两个星期。不说名门千金，但道学者精英，被混杂于一塌糊涂的三教九流，真乃战乱时期的赐予，也是她人生的一种洗礼。

  林徽因稍一退烧，全家便急急离开了龌龊的旅馆，等待他们的后面旅程更为艰难。凌晨一点全家守候在漆黑的车站，朝前方开的大汽车全被征用了，说运送航空学校的学员和机器。梁家好不容易挤上一辆卡车，二十七名旅客和大包大包行李，全塞进一辆四面透风的破车，拖延到十点多才滚动轮子。林徽因形容她乘的汽车："这是个没有窗子、没有点火器、样样都没有的玩意儿，喘着粗气，摇摇晃晃，连一段平路都爬不动，更不必说又陡又险的山路了。"（致费慰梅信）果然，夜半车子爬上土匪出没的"七十二盘"山顶抛了锚。前无村后无店，荒山野岭中寒风凛冽，林徽因搂着再冰、从诫，不停地来回走动，依然暖不了孩子冻僵的小身子。绝望的旅客下意识地推车借以取暖，轮子慢慢前滚。推了一阵神话般出现了奇迹，路边闪出零星亮点，冒出一个村落。绝处逢生了，他们又躲过一劫。后面的行程，汽车一再抛锚或者峭壁挡路，又是落宿臭烘烘的客栈。一路大劫小劫连连不断。山野的景色却依旧秀丽。远处树叶殷红，近处茅草泛白，脚下淌过潺潺涧水，迎面不时地一道索桥一条渡船，然而此时林徽因已不再有路过沅陵时的心境。

  林徽因病后初愈需要恢复体力，全家到贵阳找了家设施略好的"中国旅行社"。又休息了十二天，一月中旬，他们终于抵达昆明，原以为只需十天的路程，足足走了三十九天！这一路，林徽因所经历的艰辛是世人极少知晓的。

◇ 20世纪30年代,梁思成、林徽因在北平

◇ 1935年秋，林徽因在北平

二八
昆　明

　　初到昆明林徽因一家租住在翠湖之滨的止园，它隐在巡津街的尽头，原先是前昆明市长的旧宅。再冰、从诫先入读附近的恩光小学，而后转到许地山办的两广小学。再冰乳名宝宝，越来越漂亮，小圆脸不时漾起娴静的微笑。从诫乳名小弟，眼睛大大的，身体结实，人又调皮，正是林徽因期望的模样。

　　相知的老朋友陆续到了昆明，最早是张奚若，接着来了金岳霖，再来的是朱自清、赵元任、李济，还有思成的三弟梁思永。西南联大和中央研究院图书馆也都搬来了，大家照例聚在林徽因住处。比在长沙的相会又有不同，那时流徙途中，去向渺茫，唱过《义勇军进行曲》，个人心情总有点空落。现在大家以为处境相对地安定，虽然没有北平那样宽敞舒适的客厅，精神却从逃难的惶惶然中解脱出来，开始想一些求购车票、寻租住房以外的事情，学术、文化、思想的谈论又挂到嘴边。"太太客厅"真有点原样复苏的气氛。其实不尽然，这边陲之城，用金岳霖的话说，"我们的思想状况多少有些严肃。在我们心中藏着一些不表现出来的思念、希望和焦虑，这些东西用不着表现出来，因为人人都知道它的存在，它形成了一股感情的暗流。"（金岳霖：《致费正清信》）

　　北方陇海全线抗击日寇的战斗异常激烈，林徽因看时局有望再度兴奋起来。陇海线那一带她熟悉的，来来去去考察过沿线许多古建筑。报上关于战事的地点，旁人读来不过是抽象的一个个地名，她眼里却呈现出一幅幅画面，她感到亲切而又伤怀。她冲动起来甚至想奔赴山西，与那里的将士吃住在一起。去了能做些什么呢，她承认自己没有细细思量过。真的去了，肯定她什么都做不成，还可能添个累赘。切实的事情倒还是留在后方守好本职。复办的营造学社开始运作了，周诒春兼职代理学社董事长，梁思成从他的中华文化基金会领到一笔款子，这样经费至少能支撑到第二年。另外，梁思成、林徽因双双就任西南联大校舍的顾问，还承担了云南大学女生宿舍设计。

一切都似乎在好转，昆明的天气也真好。不问寒冬还是盛夏，常常白云蓝天，鲜花遍地。宜人的环境尤其适宜林徽因这类肺结核病人，何况她是个对自然对环境非常敏感的诗人，她觉得这里很有几分像她难忘的意大利。她的精神仿佛回归了自身，半年来一路颠簸，林徽因像不是她自己的。金岳霖见着她，"仍然是那么迷人、活泼、富于表情和光彩照人——我简直想不出更多的话来形容她。唯一的区别是她不再有很多机会滔滔不绝地讲话和笑，因为在国家目前的情况下实在没有多少可以讲述和欢笑的。"（见费慰梅《梁思成与林徽因》）

林徽因的生活还有另外一面。本分的昆明人虽然不富庶但很安逸，大批外乡佬的拥入，扰乱了这份久久习惯了的宁静。外乡人都多少带一点积蓄来，没有钱的也要吃饭穿衣。物品供不应求了，物价看着不住上涨，本地居民原就不太富庶，于是每况愈下。当地人有理由阴沉着脸，千里迢迢而来的外省同胞，也有理由对他们缺乏同胞意识表示不满，鄙夷他们阴沉。林徽因生活在这些鄙夷或阴沉的脸色中，同时不得不与没有脸色的另一类人打交道。梁启超后人这张摆脱不了的无形名片，令夫妇俩时常陷入阔绰的讨厌的应酬。林徽因不情愿地赔笑脸，事后自责这种近乎"走江湖"的行径，诧异自己莫名其妙地变成了"社会性的骗子"。看一眼住房墙上挂的那张她叫作"主席将军"（无疑是蒋介石）的挂像，林徽因不经意地露出讥讽的苦笑。

她和丈夫愿意为政府或公共机关无偿效力，竟迟迟找不到她夫妇认为可做的正经事务。是不是替困难的学社节省开支，或者有愧病号不能全劳力，她已经放弃营造学社编制。作为家属，作为病号，她为学社出的力气超过了一般在编人员。林徽因完全有理由支取薪金，但不肯伸手。她受托为私人做些杂事，想以此得些酬报补贴家用。事情做过了，人家忘记或根本没有想着要给酬金。梁思成不菲的家财差不多全抛在北平，随身携带的细软很是有限，终于渐渐显露出经济窘况。

房租很高，偏偏梁思成脊柱病作怪，半年不能起床，林徽因说他们"完全破产"了。她只得来回爬四次山坡，去很远的云南大学教书，每周六钟点的英文课。登上东北大学讲台，她可理直气壮地说培养人才。现在她去教书，不敢说不夹有稻粱之谋。

日寇飞机炸到了昆明，一九三九年秋天林徽因家避居到郊区麦地村，住房借一处尼姑栖身的"兴国庵"。二十一世纪这座尼姑庵有幸尚存，是个奇迹，景仰梁、林的好事者拍下了庵门口照片。昆明的日子，除了营造学社的事业，林徽因得和所有的家庭主妇一样操持她不耐烦的家务。她告诉费慰梅："我一起床就开始洒扫庭院和做苦工，然后是采购和做饭，然后是收拾和洗涮，然后就跟见了鬼一样，在困难的三餐中间根本没有时间感知任何事物，最后我痛着呻吟着上床。"（《致费慰梅信》）林徽因在平淡和琐屑里度日，情绪低落的时候，她苦恼自己不能为抗战出力，抱怨真是个"战争累赘"了，乃至质疑自己，干吗还活在人间。

林徽因操持家务的情状传到沦陷的上海，蛰居孤岛的李健吾不胜感慨："有人看见林徽因在昆明的街头提了瓶子打油买醋。她是林长民的女公子，梁启超的儿媳……他们享受惯了荣华富贵，如今真就那样勇敢，接受了上天派给祖国的这份苦难的命运？"（李健吾：《林徽因》）

战争完全彻底地打破了太太客厅的"窗子"，迫使林徽因走到"窗子以外"。不再是像战前短期的野外考察，仅在窗外走马观花几日又回到客厅。这次，林徽因流徙西南八年有余，长期身为贫民，其困苦之状有甚于战乱中的李清照和蔡琰。她与民众的结合别无选择，不再是选择。对于民众，林徽因的情感也不再是置身其外的同情，开始某种程度的理解，甚至共鸣。正因为如此，她才能以平等的视角写出《小楼》这样的诗篇：

> 张大爹临街的矮楼，
> 半藏着，半挺着，立在街头，
> 瓦覆着它，窗开一条缝，
> 夕阳染红它，如写下古远的梦。
>
> 矮檐上长点草，也结过小瓜，
> 破石子路在楼前，无人种花，

是老坛子，瓦罐，大小的相伴；
尘垢列出许多风趣的零乱。

但张大爷走过，不吟咏它好；
大爷自己（上年纪了）不相信古老。
他拐着杖常到隔壁沽酒，
宁愿过桥，土堤去看新柳。

诗人努力走近张大爷，努力去表现平民自在自得的生活情趣，欣赏他们的古朴、闲适和一丝只有细心体会才品味得出的通达。往日林徽因同类题材诗歌中，俯视民众的悲天悯人色彩渐渐褪去了。

人们醒悟到抗战将是持久的任务，生活也应该相应作长期的打算。生活固然从此困苦，精神尤其为国难而愁闷。新年不再是新年，林徽因心事浩茫连广宇，抒怀赋诗《除夕看花》（拙编《林徽因文存》、梁从诫编《林徽因集》迻录均有误字，此据校正文本）：

新从嘈杂着异乡口调的花市上买来，
碧桃雪白的长枝，同血红般山茶花。
着自己小角隅再用精致鲜妍来结彩，
不为着锐的伤感，仅是钝的还有剩余下！

明知道房里的静定，像弄错了季节，
气氛中故乡失得更远些，时间倒着悬挂；
过年也不像过年，看出灯笼在燃点点血，
帘垂花下已记不起旧时热情、旧日的话。

如果心头再旋转着熟识旧时的芳菲，
模糊如条小径越过无数道篱笆，
纷纭的花叶枝条，草香弄得人昏迷，

今日的脚步，再不甘重踏上前时的泥沙。

月色已冻住，指着各处山头，河水更零乱，
关心的是马蹄平原上辛苦，无响在刻画，
除夕的花已不是花，仅一句言语梗在这里，
抖战着千万人的忧患，每个心头上牵挂。

诗人意犹未尽，以英文再次发表于国内英文刊物《中国作家》。林氏英文诗作仅见此一首，诗题《FLOWERS ON NEW YEAR'S EVE》：

>Newly bought from the babble of village dialects in the market,
>Long branches of snow white peach blossom
>And blood red camellia flowers,
>In my little corner room make a new freshness,
>But do not sharpen the wounded feelings,
>Even blunted feelings scarcely remain.
>I know well that the quietness In my room
>Is like a plum season run to seed,
>The misty memories of my village have receded
>And time has been suspended.
>The New Year is not a feast day,
>The lanterns seem to shed drops of blood.
>The flowers do not remind me of old passion
>Or former words spoken!
>If I recall the fragrance of past feeling,
>Like a winding path it comes through a maze of roads and hedges.
>A tangle of flowers, leaves and branches,
>And the scent of grass intoxicates the senses.
>But today our steps

No longer tread the soil of former days.
The moonlight has become frozen,
It picks out the chains of mountains,
The disorder and turmoil of rivers,
Broods over the horse trodden plain,
Still as a picture.
The New Year flowers are no longer flowers,
But only words and emptiness.
Quivering with a million people's care,
Every heart feels foreboding.

一九四〇年的春天，林徽因、梁思成一家再次移居到昆明市区十五六里外，距尼姑庵两里地的龙泉镇龙头村。这回他们住的是自家的新屋，两位建筑师首次为自己栖身的房舍进行设计、建造，这是唯一的一次。设计的新屋与普通农舍没有多大区别，一小排平屋，三间正房，一间耳房，带个灶屋。夫妇俩画成图纸后一切自己动手，运料，施工；做木工，当泥瓦匠。就地取材，能省则省。好几户人家已经建房在先，朋友里有李济、钱端升，梁家建得最晚。能够就地可取的材料所剩殆尽，他们吝啬地为一块砖、一块木板以至一个铁钉，不舍得遗弃，而费力不小。结果费用还是超出预算三倍，耗尽了他们剩下的资财。新屋建好以后，他们名副其实地一贫如洗。纵然是几间简陋的平房，爱美的林徽因仍然尽可能地要它漂亮。它果真与当地农舍有点异样，卧房和起居室铺上了木地板，起居室砌了个小小的简易壁炉，可谓穷困中的奢侈。新屋四围风景优美，不远处长堤满是古画似的高大松树。看着亲手营建的自家房舍，林徽因好一阵兴奋。她为自己的成果骄傲，期望费慰梅、费正清能来做客，看看她特别时期特别设计的作品。后来当费正清终于赶到龙头村时，他看到的朋友的杰作是这模样："本地的土坯墙和瓦房顶，内部是轻质的木结构和粉白的石灰墙。后面则是在桉树丛中漂亮的小花园。"他没有看到林徽因的得意神气，春天建成的新屋，秋天便不得不弃掷，战势又把她一家驱赶到四川去了。人们未曾留意到，献身建筑事业的梁思成、林徽因，毕生住着租赁的房屋，没有给自家建造或购置一处房产，除了龙头村短命的因陋就简的小平屋，它仅是半年的权宜之所。像梁、林这样埋首事业无顾家产的专家名流，在民国时期不为罕见，那是一个时代的风尚。二〇〇三年昆明市政府给龙头村的梁、林旧居挂上了"文物保护单位"铜牌。

龙头村新屋门前的院子，不再植丁香、海棠，而是辟出一块菜地，打了几把锄头，大人大锄，小人小锄。玉米出芽了，长成嫩棒子了，等不及灌浆熟透，抢先掰下来尝鲜，端上桌满屋清香。第一次吃到亲手栽植的果蔬、食粮，兴高采烈的不只是两个孩子。林徽因对孩子的教育也认真起来，给他们买了本硬皮的"纪念册"（它在战时的乡下绝对是儿童的奢侈品）。她为从诫亲笔题写了赠言："你的天性——动的人生，艺术。哪一天你负了它，你便负了你自己。"八九岁的小弟并不懂妈妈期望他的意思，他说，到老了仍然没有悟得明白。十岁上下的姐弟，被要求像妈妈那样去喜欢屠格涅夫的《猎人笔记》，阅读古文《唐雎不辱使命》，听妈妈念《米开朗琪罗传》，意大利艺术家的传记竟是英文版。林徽因念一章讲一章，念到米开朗琪罗困难地爬上教堂穹顶作画，她自己显得特别动情，是念给自己听了。

邻村有一些陶器作坊，林徽因常带孩子走过长堤，去看作坊师傅在转盘上制作陶盆瓦罐，各种形状的，一看便是几个小时。师傅的双手十分神奇，捋着捋着，转着转着，出来一个器皿，或高或矮，造型件件美妙。有时林徽因觉得已经够美妙了，转盘仍转个不停，她急着大呼小叫，快停！快停！可师傅毫不理会，继续地捋继续地转，最后是个用处不雅的痰盂，她哈哈大笑。师傅会想，这个外省女人疯癫得真不轻。林徽因与民间工艺的结缘就是从此起始的。这是低落情绪过后的林徽因，不说不笑，不该是林徽因。金岳霖报告费慰梅："她仍旧很忙，只是在这闹哄哄的日子里更忙了。实际上她真是没有什么时间可以浪费，以致她有浪费掉她的生命的危险。"（见《梁思成与林徽因》）不忙愈加不是林徽因了。

这个时期林徽因写了一篇散文《彼此》，文章很可反映她在昆明生活的精神状态，还有她的识见和眼力：

> 经过炮火或流浪的洗礼，变换又变换的日月，难道彼此脸上没有一点记载这经验的痕迹？但是当整一片国土纵横着创痕，大家都是"离散而相失……去故乡而就远"，自然"心婵媛而伤怀兮，眇不知其所"，脸上所刻那几道并不使彼此惊讶，所以还只是笑笑好。口角边常添几道酸甜的纹路，可以帮助彼

此咀嚼生活。何不默认这一点：在迷惘中，人最应该有笑，这种的笑，虽然是敛住神经，敛住肌肉，仅是毅力的背后，它却是必需的，如同保护色对于许多生物，是必需的一样。

……

信仰坐在我们中间多少时候了，你我可曾觉察到？信仰所给予我们的力量不也正是那坚忍韧性的倔强？我们都相信，我们只要都为它忠贞地活着或死去，我们的大国家自会永远地向前迈进，由一个时代到又一个时代。我们在这生是如此艰难，死是这样容易的时候，彼此仍会微笑点头的缘故也就在这里吧？现在生活既这样的彼此患难同味，这信心自是，我们此时最主要的连（联）系，不信你问他为什么仍这样硬朗地活着，他的回答自然也是你的回答，如果他也问你。

这里说的彼此，是大众，这大众已包括林徽因这群知识分子了。文章里提到了她自己："我拭下额汗，差不多可以意识到自己口边的纹路，我尊重着那酸甜的笑，因为我明白起来，它是力量。"林徽因过去曾有句诗："信仰如一炷细香"，现在却这样谈到信仰。这些话，虽然出自柔弱多病的女性，而且曾经是娇生惯养的女性，然而它掷地有声。

◇ 1938年初，林徽因在昆明巡津街九号院前

◇ 1938年初，林徽因、金岳霖等在昆明巡津街九号

◇◇ 1938年初，林徽因在昆明巡津街九号时，与汪同、梁从诫、金岳霖（左一）、王彪夫人（左二）、空军军官黄栋权（中）、何梅生及同学（右一、二人为西南联大学生）在一起

◇儿时的梁从诫在昆明巡津街"止园"

◇ 1938年，林徽因与亲友在昆明西山华亭寺。左起：周培源、梁思成、陈岱孙、梁再冰、金岳霖、吴有训、梁从诫

◇ 1938年，林徽因与亲友在昆明西山杨家村一处农民院落中。后排左起：周培源、陈植的妹妹陈意、陈岱孙、金岳霖；前排左起：林徽因、梁再冰、梁从诫、梁思成、周培源长女周如枚、周培源夫人王蒂澂、周培源二女周如雁

◇ 1939年秋，林徽因与女儿梁再冰在昆明龙泉镇麦地村梁、林自己设计建造的住宅前

◇ 1939年间,林徽因在昆明西山与王蒂澂(左)、陈意(右)合影

◇◇ 1939年,林徽因与儿女梁再冰、梁从诫在昆明郊区

二九 名誉家长

在昆明，林徽因、梁思成夫妇还有一群年轻的朋友，他们都是杭州笕桥航校迁来的学员。与航校学员的结识是迁徙途中停留晃县的时候。到晃县天色很晚了，加上细雨绵绵，梁思成一家沿街寻问旅店却投宿无门。林徽因病得、累得再也挪不动步子，又发起了高烧，两颊绯红，额头烫手。在茶馆歇一歇脚，向老板讨个地铺，冷漠的老板怎么都不肯。山穷水尽之时，店外飘来悠扬的小提琴声，一首西方的古典名曲。梁思成判断，有这等音乐素养的君子一定乐于助人。他循着琴声找到客栈，敲响飘出琴声的房门。乐曲戛然而止，开门的不是书生，而是一伙穿着军服的年轻人。梁思成诧异，有点尴尬，勉强说明求助意思。年轻的准军人非常义气，立即腾出一间房，还下来帮着搀扶林徽因上楼。林徽因进了门即昏迷不醒，体温升到四十度，没有他们相助不堪设想。这群航校学员一共八人，是开赴昆明的，他们乘坐自己的车，翌日上路，便和梁思成一家分手了。

本属萍水相逢，事后原就各奔东西了。然而，林徽因好客，年轻人可爱，都到了昆明，航校学员不断来看望这可爱的一家——大人儒雅，小孩活泼。接着林徽因三弟林恒也到了昆明，他是航校下几届的学员，林徽因与这批年轻人又多了一层关系。航校新址在郊区巫家坝机场，年轻人每逢假日三五成群地进城，少不了拐到林徽因住处，带来生气，笑声不绝。他们老家在沿海，江苏、浙江、福建和广东，拉小提琴那位便是广东人。战争阻断了学员和家里的联系，他们把梁思成、林徽因夫妇看作兄长大姐。林徽因感受到,"他们都以一种天真的孩子气依恋着我们"(《致费慰梅信》)。学员们来诉说内心的郁闷和思念,林徽因尽情给他们慰藉。航校施行体罚训练,皮鞭抽得有些学员满地打滚。后勤部门盗卖汽油、器材,因此飞行屡屡发生事故。而最最焦心、无奈的是,我国的飞机型号和装备远不及敌机,上天不能有效制敌,总是被动挨打。这些苦处,只有在梁、林夫妇面前得到最是期待的理解和抚慰。真诚亲切的交往,不知不觉拉近了林徽因、梁思成与他们的情感距离。有一个要结婚了,林徽因立即担忧:"如果他结了婚又出了事,他的女朋友会怎样?"(《致费慰梅信》)按学校要求,每个学员需一位家长作监护人,航校把梁思成和林徽因列为这一群学员的"家长"。一年后梁思成、林徽因夫妇正是以"名誉家长"的身份,应邀出席了他们的毕业典礼,梁思成登上主席台代表家长致辞。

这家长何止是"名誉"性的,梁、林夫妇切实承担了家长分内最义不容辞的责任。学员们毕业后一个个上了前线,一个个壮烈牺牲,阵亡通知书不是寄往沿海老家,是昆明的"名誉家长"。每回林徽因看到通知书和遗物,必定一阵痛彻心扉的悲伤。

广东籍的陈桂民第一个牺牲了,那个爱讲故事爱热闹的小伙子。一次空战,陈桂民发射完有限的子弹,被敌机紧紧咬住。所幸敌机也没有了子弹,他机灵地和敌人并排飞行,相互手枪对射。他的手枪子弹又打完了,决心冲过去撞击对方以求同归于尽。撞击两次没成功,敌机靠它性能灵敏得以躲脱。这次陈桂民幸免于难,但牺牲是迟早的事。林徽因第一次收到航校学员遗物,捧着陈桂民的照片、日记、衣帽,泣不成声。她的悲泣才是开头,以后每一个学员牺牲,遗物都送到梁家,成为惯例。第二个战死的是叶鹏飞,他不善言谈却诚笃执着。由于战机陈旧失修,他两次在天上遇到飞行故障被迫跳伞。陈旧和失修都是政府的责任,可叶鹏飞感到,损失两架同胞捐献的飞机,他愧对父老,为此自责不已,发誓决不跳第三次。不幸真的有了第三次,当时机长命令他跳伞,他没有服从,机毁人亡,壮烈地实践了自己的誓言。一个个惨剧带给林徽因的,除了伤痛还有刺激,她不只是悲哀,同时悲愤。黄栋权也牺牲了,林徽因悲痛更蕴含着另一份特殊情感。他就是那个小提琴手,那个有未婚妻守候着的青年,梁家与航校学员们深厚情谊由他缘起。他牺牲得更加英武壮烈,击落一架敌机后乘胜追击另一架,不料自己先被击中,遗体摔得粉碎难以收殓。年龄最大的林耀最后一个牺牲,正由于牺牲得最晚，他和林徽因一家的接触也就最多。梁思成一家迁出昆明，林耀常写长信来问候，林徽因从信中看出他很有思想。林耀曾两次到四川李庄休假小住，在那里留下了他心爱的唱机和唱片。茅舍里一灯如豆，他和林徽因促膝长谈，对时局对陋习批评得痛快淋漓，愤慨至极则是长时间的沉默。林耀第三次来李庄，是驾着新型教练机执勤路过。公务在身不宜着陆，绕李庄上空低飞盘旋了两圈，捎来昆明友人给梁、林的信件，还投下了一包糖果。林耀曾经负过重伤，左肘被射断神经而不能伸直。按说，负伤至这程度理应退役，但他顽强地坚持康复锻炼，终于恢复了手臂功能，再次申请重返前线。就在抗战胜利的前一年，林耀牺牲于衡阳空战，遗骸落在地面溃退的战场，无处搜寻。林徽因相识的航校学员，最后全部在西南上空捐躯，他们的遗物一直收存在梁家，他们的家长始终不清楚自己孩子的壮举。一九八六年《中华英烈》杂志发表了梁从诫写报告《长空祭》，追述他们英雄事迹，可他们的父母已长眠地下。

林徽因哪里经受得起这一次又一次的巨大悲痛，梁思成得到航校学员牺牲的噩耗，便瞒过林徽因，悄悄藏起寄来的遗物。梁家惯例，每到七月七日，中午十二点，大人孩子都默哀三分钟，以悼念那些他们认识和不认识的抗战烈士。林耀牺牲那年梁从诫离家在重庆上学，七月七日这天，他依然在学校独自默哀了三分钟。

牺牲的航空兵里还有林徽因的异母三弟，那个放弃清华学业投笔从戎的青年林恒，他在同届一百多名航校学员中成绩列第二。出战那次，地面警戒系统失灵，敌机已经飞临成都上空了我方才发觉，仓促下达迎战命令。林恒的座机匆匆起飞，被居高临下的敌人击中头部。牺牲时才二十多岁。梁思成绕过林徽因去成都料理后事，带回了林恒一套军服、一把航校赠送毕业学员留作纪念的佩剑，遗物背着林徽因珍藏箱底。林徽因终归知道了实情，三年后她痛定思痛，噙着泪水写下《哭三弟恒》：

> 弟弟，我没有适合时代的语言
> 来哀悼你的死；它是时代向你的要求。
> 简单的，你给了。
> 这冷酷简单的壮烈是时代的诗，

这沉默的光荣是你。

假使在这不可免的真实上
多给了悲哀，我想呼喊，
那是——你自己也明了——
因为你走得太早，
太早了，弟弟，难为你的勇敢，
机械的落伍，你的机会太惨！

三年了，你阵亡在成都上空，
这三年的时间所做成的不同，
如果我向你说来，你别悲伤，
因为多半不是我们老国
而是他人在时代中辗动，
我们灵魂流血，炸成了窟窿。

我们已有了盟友、物资同军火，
正是你所曾经希望过。
我记得，记得当时我怎样同你
讨论又讨论，点算又点算，
每一天你是那样耐心的等着，
每天却空的过去，慢得像骆驼！

现在驱逐机已非当日你最想望
驾驶的"老鹰式七五"那样——
那样笨，那样慢，啊，弟弟不要伤心，
你已做到你们所能做的，
别说是谁误了你，是时代无法衡量，
中国还要上前，黑夜在等待天亮。

弟弟，我已用这许多不美丽言语
算是诗来追悼你，
要相信我的心多苦，喉咙多哑，
你永远不会回来了，我知道，
青年的热血作了科学的代替；
中国的悲怆永沉在我的心底。

啊，你别难过，难过了我给不出安慰。
我曾每日那样想过了几回：
你已给了你所有的，同你去的弟兄
也是一样，献出你们的生命；
已有的年轻一切，将来还有的机会，
可能的壮年的工作，老年的智慧；

可能的情爱，家庭，儿女，及那所有
生的权利，喜悦；及生的纷纠！
你们给的真多，都为了谁？你相信
今后中国多少人的幸福要在
你的前头，比自己要紧；那不朽
中国的历史，还需要在世上永久。

你相信，你也做了，最后一切你交出。
我既完全明白，为何我还为着你哭？
祇因你是个孩子却没有留什么给自己，
小时我盼着你的幸福，战时你的安全，
今天你没有儿女牵挂需要抚恤和安慰，
而万千国人像已忘掉，你死是为了谁！

这首悲愤之作，诗风一反往日的婉约精致，林徽因第一次用"不美丽言语"，直抒胸臆，交汇着哀痛、惋惜、自豪与愤慨。作者的多种情感奔涌而泻，简直不在写诗，是倾心痛诉，对她亲爱的弟弟。弟弟牺牲三年来她未发一词，闻林耀噩耗即刻病床上一挥而就。这一写作契机说明，她哀恸的不仅是三弟，情怀已逾越亲人私情。"时代"这个词五次出现在诗里，思绪浩淼，成一曲雄浑的交响。

昆明并非指望的那么安全，日寇战机不时侵犯翠湖蓝天。城区拉响刺耳的空袭警报，从乡下小山头望去，能看见扔下炸弹冒起的浓浓黑烟，高射炮回击又升起的团团白雾。一次敌机擦着树梢飞到龙头村，梁思成清清楚楚看见座舱里日本鬼子，飞机的马达声震耳欲聋。梁思成赶紧按倒再冰、从诫，飞机一掠而过，父亲和两个孩子经受了一回死亡威胁。林徽因无奈地宽慰远方朋友："轰炸越来越厉害，但是不必担心，我们没有问题，我们逃脱的机会比真的被击中的机会要多。我们只是觉得麻木了，但对可能的情况也保持着警惕。日本鬼子的轰炸或歼灭机的扫射都像是一阵暴雨，你只能咬紧牙关挺过去，在头顶还是在远处一个样，有一种让人呕吐的感觉。"（《致费慰梅信》）金岳霖进城讲课遇着空袭，夹在慌乱的人群里往乡野奔跑，跑上山头。哲学教授清早出门，跑到傍晚才放心归来，没能上课，没吃没喝。许多著名学者、作家，比如刘文典、沈从文，都这么跑过。金岳霖途中跑丢了一部厚厚的《知识论》书稿，书稿里面倾注了他多少心血！

长住昆明的打算破碎了，一些文化科研机构决定再度迁徙，目标是四川的古镇李庄。营造学社附属于中央研究院历史语言研究所，跟随研究所一道撤离。

◇ 林徽因三弟林恒

◇ 1936年，林徽因与弟、妹在香山

◇ 林徽因三弟林恒（右）与航校同学摄于昆明

◇◇中央航空学校五大队第十七中队队员合影，左起第三人为林恒

◇ 中央航校十期驱逐组同学毕业照

三十 李庄

西南联大没有撤离昆明,不少林徽因、梁思成的老朋友留在了春城,钱端升、张奚若都在其内,还有亲密的金岳霖,与这许多知交分别令夫妇两人沮丧不已。

李庄属南溪县,地处五粮液名酒产地宜宾以东数十里,依临长江,号称沿江第一古镇。战时这里云集了中国一流学府、研究团体、文化机构,云集了一流学者、专家、教授:李济、傅斯年、董作宾、梁思永、李方桂、曾昭燏、童第周、贝时璋、王葆仁、吴定良、张象贤、倪超、徐诵明、唐哲……辉映小镇抗战史,堪称文化奇观。

本是水路,林徽因一行去李庄却不能沿江而下,得先走很长的旱道。一九四〇年十一月二十九日,林徽因独自和母亲、再冰、从诫出发。梁思成临行前脚趾感染破伤风,必须立即就地医治,不然有截肢的危险。丈夫暂时留下了,病妇要肩起带领老小长途迁徙的繁重担子。幸好有营造学社同人刘敦桢一家同行,不然林徽因和母亲、孩子及大包小包的行李,上千里路程怎么行走。

再一次踏上像几年前那样的艰辛旅程,天空飘着昆明很难见到的雪花。他们又被塞进拥挤不堪的卡车,车上从七十老人到刚降生的婴儿,合计三十一人。当天抵达曲靖,寄住在"松花江旅馆"。第二天到宣威,投宿"中国旅行社"。在宣威从诫生病发高烧说胡话,行程暂停了一日。十二月二日从诫带病上路,到威宁时，投宿一家小客店。客店简陋肮脏，老板还抽鸦片。三日那天赶往毕节，沿途一面是风景如画，一面是狼群出没。在毕节逗留了三天，可从诫仍是高烧不退。林徽因不得已使用当地的土法，将鸡蛋放在中药剂里煮，而后拿鸡蛋揉搓他额头，还真有点效果。买药时经过孔庙改成的小学校舍，她强拉再冰一起进去，察看校舍建筑结构，引来大群学生围观，多稀奇的"洋女人"。林徽因告诫女儿："我们到了一个地方如果要参观，一定要看看这地方的县政府、重要机关、学校、孔庙以及街道布置法、城墙的建筑法才对，不是单看铺子卖什么东西就算完事的。"（梁再冰：《我的妈妈林徽因》）再冰把这话记入当天日记。六日到叙永，七日到泸州，那里又逗留了一天，九日清早换船去宜宾。行李挑到江边，小划子送上不能靠岸的轮船。船进人门口太小，大件行李无法上去，只得再另行绕道设法推上船。他们折腾整整一天，耽搁了晚饭，只好饥肠辘辘睡觉。好在大家极其疲乏，不多会儿鼾声四起，谁都不知道夜间什么时候开船的。十日到宜宾，十三日换小木船出发，历尽艰辛，视野里终于出现了李庄影子。这次走走停停，又是整半个月。路上林徽因既要张罗，又要动手；既要坐车，又要乘船，她的劳累远甚于长沙至昆明的一路，对于患有肺结核的病躯无疑雪上加霜。为了不做亡国奴，林徽因透支了她的生命！没有同行的梁思成，一个星期后才赶到李庄。

　　林徽因起初以为迁居李庄不过暂时栖宿一段日子，至多就是两三年时光吧。万没想到，他们在这里滞留了五六年，李庄成了她人生一个重要驿站。

　　梁思成主持的营造学社落到了镇外两里的上坝村，住进地名月亮田的张姓大院落。大院里房东一大家，梁思成一小家，营造学社的办公地、职员宿舍，全都挤在这个L形院落内。女儿记忆里："我家住的陋室低矮、阴暗，竹篾抹泥为墙，梁柱已被烟火熏得漆黑。顶上席棚是蛇鼠经常出没的地方，床上又常出现成群结队的臭虫。没有自来水和电灯，煤油也需节约使用，夜间读书写字只能靠一、两盏菜油灯照明。"（梁再冰《回忆我的父亲》）院落南面傍山，不高，满坡的橘树、竹林。院北望去是条滚滚东去的江水，院内地势略凹，长了不少芭蕉。环境看上去幽美，气候却过于恶劣。白天总是云雾密布，难得透下一缕阳光。夜间细雨连绵，泛起潮湿的朦臭。肺病患者最忌低压和阴冷，住下不到一个月，林徽因的肺病急剧复发，从此卧床不起。她一天天地消瘦，眼窝深陷，颧骨突起，咳嗽不止，再也找不回来过去那个容貌姣美、容光焕发的客厅女主人。她曾经那么爱美，已然天生丽质，还要衣装放光。留学美国只有两件旗袍，每逢社交活动，都煞费苦心，尽量给旗袍变化点小花样。胸襟、领口、袖头，这次补缀点什么，下次翻开点什么，一次一个风采。少女林徽因恍若隔世矣，她岂不唏嘘：此一时也彼一时也。梁思成的脊椎软组织灰质化也越来越严重，被迫做了件金属架似的马甲支撑上半身。这个男子汉的体重瘦得只有九十来斤。

李庄几年，这对名门之后穷困到了最低谷，拮据为常人难以想象，有时"衣不蔽体"未必是夸张形容。林徽因不断为丈夫和孩子缝补不能再缝补的衣服和袜子，这项做不完的家务，还得要小小的从诫星期天参加进来。梁思成告诉费慰梅，他也在菜油灯下，做着孩子的布鞋，购买和烹调便宜的粗食。他们没有财力给孩子买鞋，从诫只好蹬着草鞋上学，还是最便宜的草鞋，要么就赤脚。同学脚上的麻编鞋子，不过农家的平常之物，而从诫羡慕得要命。他的小腿满处蚊虫叮咬的伤疤，林徽因形容从诫和姐姐，越来越像狄更斯小说中贫民窟里的难童。姐弟俩时常忍饥挨饿，饭食天天吃糙米和茄子、豇豆、小瓜、辣椒。曾经娇生惯养的从诫，忍不住偷吃专供母亲滋补身子的蜂蜜，挨了父亲一顿责打，打小以来父亲几乎从不打他。林徽因本人极需补充钙质却买不起牛奶，聊以补偿的是购买那不能食用的老水牛肉来熬汤。梁思成不得不变卖日常不能离身的钢笔、手表，换得一些妻子急需食品。他自我调侃说，把这块手表"红烧"了吧，这件衣服可以"清炖"吗？林徽因唯一的奢侈是与外界通信，然而写给费慰梅的信纸，又薄又黄，收信人甚至怀疑它包过肉食或蔬菜，每每利用市场上的废纸。为了节省，每封信写得密密麻麻，顶天头挨地脚，而且舍不得分段。最后的一页往往是半张纸乃至三分之一。空白裁下了，以便下一次写信再用；分量也轻些，正好减少邮资——对于梁家它更算奢侈的开支。林徽因在昆明拿碗提瓶上街打油买醋，李健吾为此十分感慨，如果他知道此时才女在李庄窘迫到远甚昆明的地步，又将作何感慨。林徽因能够活着离开李庄，简直是桩奇迹，李健吾在上海就听到过她病故的讹传。

梁思成二弟梁思永也病倒在李庄，他是驻李庄的中央研究院历史语言研究所考古专家。梁氏兄弟困境同事朋友们看在眼里，对下属梁思永和附属史语所的营造学社梁思成，所长傅斯年觉得责无旁贷，他分别给教育部长朱家骅（字骝先）、经济部长翁文灏（泳霓）写了长信求援给二梁救济。录致傅斯年信为：

骝先吾兄左右：

兹且一事与兄商之。梁思成、思永兄弟皆困在李庄。思成之困，是因其夫人林徽音女士生了T.B.，卧床二年矣。思永闹了三年胃病，甚重之胃病，近忽患气管炎，一查，肺病甚重。梁任公家道清寒，兄必知之，他们二人万里跋涉，到湘、到桂、到滇、到川，已弄得吃尽当光，又逢此等病，其势不可终日。弟在此看着，实在难过，兄必有同感也。弟之看法，政府对于他们兄弟，似当给些补助，其理如下：

一、梁任公虽曾为国民党之敌人，然其人于中国新教育及青年之爱国思想上大有影响启发之作用，在清末大有可观。其人一生未尝有心做坏事，仍是读书人，护国之役，立功甚大，此亦可谓功在民国者也。其长子、次子，皆爱国向学之士，与其他之家风不同。国民党此时应该表示宽大。既如去年蒋先生赙蔡松坡夫人之丧，弟以为甚得事体之正也。

二、思成之研究中国建筑，并世无匹，营造学社，即彼一人耳（在君语）。营造学社历年之成绩为日本人羡妒不止，此亦发扬中国文物之一大科目也。其夫人，今之女学士，才学至少在谢冰心辈之上。

三、思永为人，在敝所同事中最有公道心，安阳发掘，后来完全靠他，今日写报告亦靠他。忠于其职任，虽在此穷困中，一切先公后私。

总之，二人皆今日难得之贤士，亦皆国际知名之中国学人。今日在此困难中，论其家世，论其个人，政府似皆宜有所体恤也。未知吾兄可否与陈布雷先生一商此事，便中向介公一言，说明梁任公之后嗣，人品学问，皆中国之第一流人物，国际知名，而病困至此，似乎可赠以二三万元（此数虽大，然此等病症，所费当不止此也）。国家虽不能承认梁任公在政治上有何贡献，然其在文化上之贡献有不可没者，而名人之后，如梁氏兄弟者，亦复甚少！二人所作皆发扬中国历史上之文物，亦此时介公所提倡也。此事弟觉得在体统上不失为正。弟平日向不赞成此等事，今日国家如此，个人如此，为人谋应稍从权。此事看来，弟全是多事，弟于任公，本不佩服，然知其在文运上之贡献有不可没者，今日徘徊思永、思成二人之处境，恐无外边帮助要出事，

而此帮助似亦有其理由也。此事请兄谈及时千万勿说明是弟起意为感。如何？乞示及，至荷。专此
敬颂
道安

　　　　　　　　　　　　　弟　斯年　谨上　四月二十八日

　　弟写此信，未告二梁，彼等不知。
　　因兄在病中，此写了同样信给泳霓，泳霓与任公有故也。弟为人谋，故标准看得松。如何？

　　　　　　　　　　　　　　　　　　　弟年又白

朱家骅处一时未见动静，傅斯年又寻其他路径，争取中华教育文化基金会董事会、中英庚款基金会董事会出手，以林徽因着手的书稿《中国之建筑》报了个基金项目，也无结果。后来还是政府经济部长翁文灏过问此事，经蒋介石特批，送来两万元补助款。如信中所言，傅斯年与梁思成、林徽因并无多深交情，此举出于公心，林徽因深受感动。她看到信时梁思成正出差在外，便代为复信，向傅斯年表达了感激与内疚：

　　今日里巷之士穷愁疾病，屯蹶颠沛者甚多。固为抗战生活之一部，独思成兄弟年来蒙你老兄种种帮忙，营救护理无所不至，一切医药未曾欠缺。在你方面固然是存天下之义而无有所私，但在我们方面虽感到 lucky 终增愧悚，深觉抗战中未有贡献，自身先成朋友及社会上的累赘的可耻。
　　……
　　尤其是关于我的地方，一言之誉可使我疚心疾首，夙夜愁痛。日念平白吃了三十多年饭，始终是一张空头支票难得兑现。好容易盼到孩子稍大，可以全力工作几年，偏偏碰上大战，转入井白柴米的阵地，五年大好光阴又失之交臂。近来更胶着于疾病处残之阶段，体衰智困，学问工作恐已无分（份），将来终负今日教勉之意，太难为情了。

　　　　　　　　　　　　　　　　　　（《林徽因文存》）

"疚心疾首"云云，虽是林徽因自谦，亦是实情。抗战以来她一直自责，恶疾在身，拖累国家社会，受此精神折磨非一日。别人惦记她健康，她惦记无以回报社会。

林徽因无愧于国家和社会，李庄的五六年，她贫病交加，非但没有懈怠消沉，仍以超常毅力，做出了足以自豪的业绩。营造学社从教育部得到一些资金，人员也扩充了，其中有刘敦桢、刘致平、陈明达、莫宗江、卢绳、王世襄，又就地招录了一个罗哲文，队伍由此壮大到十二人，林徽因为学社重新运转而高兴。梁思成不时公务外出，担任政府战时文物保护委员会副主任那阵留住重庆的日子不少。学社的管理事务自然地落在了林徽因身上，她像操持家务一样料理学社一切事务，大家称她是学社内当家。

林徽因无视沉疴在身，依旧闲不下来——她天生就不是个闲人。她不仅作繁琐事务管理，身为建筑学家，还承担了研究任务，只要可能，她每天都要执笔。甚至分外辅导学社年轻成员，才进学社的罗哲文，一个十七八岁乡下招聘来的新人，古建筑知识一无所知，几十年后他当上了国家文物局古建筑专家组组长。八十岁时写文章表达对林徽因深切怀念："虽然已经六十多年过去了，但恩师的启蒙授教的泽惠，特别是关于继承传统，发展创新，让中国古建筑产生新生命的观点，在我从事古建筑保护，对中国建筑史的学习与研究中一直遵循着，永记不忘。"（《难忘的记忆，深刻的怀念》）林徽因本人的研究成果则大多融入了梁思成学术著作，伏案于昏暗陋室，她参与撰写了《中国建筑史》中的辽、宋部分。梁思成这部扛鼎之作，整个经过林徽因的校阅、补充才得以最终完成，那些富于文采的传神笔墨，几乎全是才女的点睛。梁思成的另一部重要著作《图像中国建筑史》，同样是夫妇二人合作的结晶。梁思成在《前言》中郑重表达：

> 我要感谢我的妻子、同事和旧日的同窗林徽因。二十多年来，她在我们共同的事业中不懈地贡献着力量。从在大学建筑系求学的时候起，我们就互相为对方"干苦力活"。以后，在大部分的实地调查中，她又与我作伴，有过许多重要的发现，并对众多的建筑物进行过实测和草绘。近年来，她虽然罹重病，却仍葆其天赋的机敏与坚毅；在战争时期的艰难日子里，营造学社的学术精神和士气得以维持，主要应归功于她。没有她的合作与启迪，无论是本书的撰写，还是我对中国建筑的任何一项研究工作，都是不可能

成功的。

停刊数年的《中国营造学社汇刊》，由林徽因带领同人齐心协力，克服了业务的、技术的、物质的种种困难，复刊了，"内当家"是主力中的主力。没有铅字，就手刻；没有印刷机，就手订，她把老母也动员进来折纸页。林徽因直接编辑了"汇刊"第七卷一、二期，撰写了《编辑后语》。这两期上有一批展示中国建筑学高水平的文章和报告，林徽因自己的论文《现代住宅设计的参考》特别具有超前意识。她预见，战争毁坏了无数住房，战后民居的建设必定是项急不容缓的重要步骤。一件件本不必她去做的事情，她都一件件出人意料地完成了。如梁思成说："我们过着我们父辈在他们十几岁时过的生活但又做着现代的工作。"（见费慰梅《梁思成与林徽因》）后人所称"李庄精神"正在于此。

李庄聚集了一批外地迁来的文化教育科学研究机构，除营造学社和它依附的历史语言研究所外，同济大学，中央博物院，中央研究院的考古所、社会学研究所、人体学研究所、金陵文科研究所，都来了。大群知识分子的精英荟萃李庄，这么一个小镇，随即引人注目，它学术位置竟然可以同那时的重庆、昆明、成都大城市并列，一时成中国四大文化中心之一。艰苦依旧，日子总算相对安定，林徽因诗情再起，想重捏那管生花妙笔。可是，说李庄是个文化学术中心，却找不着一个作家，除林徽因本人。有个曾国藩孙女曾昭燏女士，颇具家学渊源，常来月亮田看林徽因。但她不涉文学创作，专事研究古器物和古文字，后来担任新中国的南京博物院院长。林徽因只得"告别了创作的旧习惯，失去了同那些诗人作家朋友们的联系"，并且放弃了在她"所喜爱的并且可能有某些才能和颖悟的新戏剧方面工作的一切机会"（林徽因：《致费慰梅信》）。她为此感到寂寞和失落，尤怕孤寂，话说得心酸："有时我坐在那儿，假装在慵懒地休息、聊天，实际上我是在偷偷地倒气，别人说的话我一个字也听不清。每当有伴儿的时候我非常尽兴，但事后总是会非常疲惫、痛苦不堪。但是，如果我让别人知道事后会是这个情形，恐怕再也不会有谁愿意走近我的身边，走进我的生命。"（《致费慰梅信》）人们都说林徽因的健谈，这于她，既是个人性格，何尝不也是一种精神。反映孤寂情绪的小诗《一天》即写在李庄，而在李庄正是林徽因最为孤寂的时候：

> 今天十二个钟头，
> 是我十二个客人
> 每一个来了，又走了，
> 最后夕阳拖着影子也走了！
> 我说：朋友，这次我可不对你诉说啊，
> 每次说了，伤我一点骄傲。
> 黄昏黯然，无言的走开，
> 孤独的，沉默的，我投入夜的怀抱！

所幸历史语言研究所图书馆的藏书还算丰富，梁思成每隔些日子替林徽因借点书回来。她读《战争与和平》，读《猎人笔记》，读莎士比亚，读纪德，特别喜欢读英国传记作家斯特拉齐（Lytton Strachey）的英文原著《维多利亚女王》（《Queen Victoria》）。林徽因还读了另外一些传记，准备写本汉武帝一生的作品。她借来若干关于汉代的史籍，全身心地泡在汉朝里出不来了。那个时代的皇帝、王妃、文臣、武将，以及他们的敌人，他们的住室、习惯、服饰、性格，林徽因都了然于心，娓娓道来，像说自己的亲人、朋友。这些日子，无论谈到什么事情，她总会扯到两千年前的汉朝。然而这部给人以期待的传记作品没有完成，她给文坛给读者留下又一个遗憾。

林徽因在李庄写的诗不多，严重的病情和极度的贫苦终究是铁的事实。偶有诗作，低落情绪会在诗里流露，比如那首《忧郁》：

> 忧郁自然不是你的朋友；
> 但也不是你的敌人，你对他不能冤屈！
> 他是你强硬的债主，你呢？是
> 把自己灵魂压（押）给他的赌徒。

> 你曾那样拿理想赌博，不幸
> 你输了；放下精神最后保留的田产，
> 最有价值的衣裳，然后一切你都

赔上,连自己的情绪和信仰,那不是自然?

你的债权人他是,那么,别尽问他脸貌
到底怎样!呀天,你如果一定要看清,
今晚这里有盏小灯,灯下你无妨同他
面对面,你是这样的绝望,他是这样的无情!

绝望的林徽因诉诸远方朋友:"我觉得虚弱、伤感、极度无聊——有时当绝望的情绪铺天盖地而来时,我干脆什么也不想,像一只卷缩在一堆干草下面湿淋淋的母鸡,被绝望吞噬,或者像任何一只遍体鳞伤、无家可归的可怜动物。"(《致费慰梅信》)她甚至想到了死亡,这也是自然的事,死亡总是个紧随她的魔影。后来她又写了一首小诗《人生》,好在诗中情绪不算太颓废,颓废毕竟不是女诗人所喜欢的:

人生,
你是一支曲子,
我是歌唱的;你是河流
我是条船,一片小白帆,
我是个行旅者的时候,
你,田野,山林,峰峦。

无论怎样,颠倒密切中牵连着
你和我,
我永远从你中间经过;

我生存,
你是我生存的河道,
理由同力量。
你的存在

则是我胸前心跳里

五色的绚彩。

但我们彼此交错

并未彼此留难。

……

现在我死了，

你，——

我把你再交给他人负担！

  显然林徽因以为她距生命的尽头不远了。以文学作品来思考生与死问题，在她已不是第一次。她的小说《钟绿》里已经透露过红颜薄命的感叹。创作《钟绿》时她还只是小说主人公的旁观者，如今自己成了生活中红颜薄命主角，有了切身体验，倒参悟了许多，反较往日略显得通达。这些诗当时都未发表，仅作为个人情绪的印痕自我吟咏。

  林徽因的生活实践比她诗作更为通达，更另具凛然之气。在那般恶劣的环境下，大家以为她很可能葬身李庄，唯有设法离开那阴湿之地才得见生路。而且得早早离开，晚了也可能无济于事，她的朋友沈性仁女士便是前车之鉴。与徐志摩合作翻译过小说的沈性仁所患也是肺疾，虽移居到干燥的兰州，终因移居太晚仍未免一死。出国治病疗养应该是林徽因万全之策，费正清已经将她移居美国的一切事宜安排妥当，但林徽因坚决辞谢。祖国正烽火连天，她万万不肯独自远避于万里海外。她想，不能做中国的白俄。她出国和流浪哈尔滨的白俄哪里是一码子事呢。

  坚持留守，既不能参战又不能置身战外，她明白："在今天中国的任何地方，没有一个人能够远离战争。我们和它联成了一个不可分割的整体，不管我们是否实际参加打仗。"(《致费慰梅信》) 这样的自觉，风貌必变，费慰梅来到李庄，发现林徽因与北平那个客厅的女主人大不同了，北平时期"他们离开中国的实际问题差不多和我们外国人一样遥远。但这些年来一切都改变了。"(费慰梅：《梁思成与林徽因》) 至于枪，林徽因是扛不动的，发奋工作之余，竭力给孩子灌输爱国的精神。她为再冰、从诫讲解杜甫的长诗《北征》，那些描绘战乱带给民众疾苦的诗句，犹如自己眼前生活的写照。她诵读陆游名篇《示儿》，"王师北定中原日，家祭无忘告乃翁",悲愤难抑,泪花闪闪;杜甫的"剑外忽传收蓟北,初闻涕泪满衣裳",无限神往那欣喜若狂,鼓舞起必胜信心。母亲的悲愤和神往强烈地感染着两个孩子。儿子成年后回忆,这位母亲,几乎从未给他和姐姐讲过什么小白兔、大灰狼此类童话。多的是背诵诗篇,以至模仿唱片里英国名演员的莎士比亚剧本台词,大声"耳语":To be or Not to be,that is the question!(生存还是死亡,这是个问题!)要不就是为姐弟朗诵自己旧作,诗歌或文章。林徽因埋怨过别人骗走了她的童年,那么她是否也夺走了儿子天真烂漫的日子?那就原谅她,不如说国难抢去了孩子童年。再说,闭锁西南一隅,林徽因实在太寂寞,渴望对话,过早把孩子当成友人。事实已经把他们渐渐熏陶成友人,至少女儿是的。

最后敌机也掠过安定的李庄上空,它们赶去轰炸上游宜宾或旁的地方。李庄不是敌人的空袭目标,不用担心炸弹会落在这里,可是敌机马达的轰鸣刺激着林徽因的神经。有一回头顶呼啸而过二十七架,她还是担心意外,突然被击中。林徽因的病体承受着折磨,精神也遭受凌辱的伤害。形势最吃紧的时候,梁从诫问过母亲,万一侵日本人打进李庄怎么办?林徽因认真地回答:"中国念书人总还有一条后路嘛,我们家门口不就是扬子江吗?"儿子急了:"我一个人在重庆上学那你们就不管我啦?"林徽因歉疚地仿佛自语:"真到了那一步,恐怕就顾不上你了!"(梁从诫:《倏忽人间四月天》)从此幼小孩子懂得了中国人有一个传统,有种高贵品格:气节。

历史尚未残酷到那一步,不久抗战胜利了。林徽因住进李庄数年,第一次到李庄镇上,汇入狂欢的洪流。出门狂欢对病情非常不利,她却完全置之度外。与庆祝祖国的胜利相比,自己的生命轻若鸿毛。喜悦增长了林徽因的精神,她后来又去了趟小镇旁边再冰就读的同济附中,她非常想看,即将摆脱战火的年轻人会是如何一番精神面貌。那天她像过节似的,林徽因特意穿上一套漂亮的休闲服。她的光彩照人,立即引起校园轰动。第二天再冰又请男同学撑船送母亲再到镇上,在饭铺吃了面条,在茶馆喝了香茶,返程路过球场,又看了一场排球赛。蛰居李庄这些年,林徽因从未这么舒畅过。

终于告别李庄,就要回到阔别八年的故园,林徽因感慨:"渴望回到我们曾度过一生中最快乐的时光的地方,就如同唐朝人思念长安、宋朝人思念汴京一样。我们遍体鳞伤,经过惨痛的煎熬,使我们身上出现了或好或坏或别的什么新品质。

我们不仅体验了生活，也受到了艰辛生活的考验。我们的身体受到严重损伤，但我们的信念如故。"(《致费正清信》)林徽因离开了李庄，李庄没有忘记林徽因，它以梁林夫妇曾经在此落脚六年而庆幸。那几年生活在李庄的文化名人数十上百计，因此近年来李庄名气越来越大，它的宣传资料里首先列出的是梁思成、林徽因。梁、林李庄故居修复了，评定为文物保护单位。北总布胡同三号已遭拆除，昆明的龙头村旧地不成形制，清华园两处宿舍入住了其他教职员工，辟为故居展览的唯此一处，后世参观者络绎不绝。

◇ 梁思成、林徽因李庄旧居内景

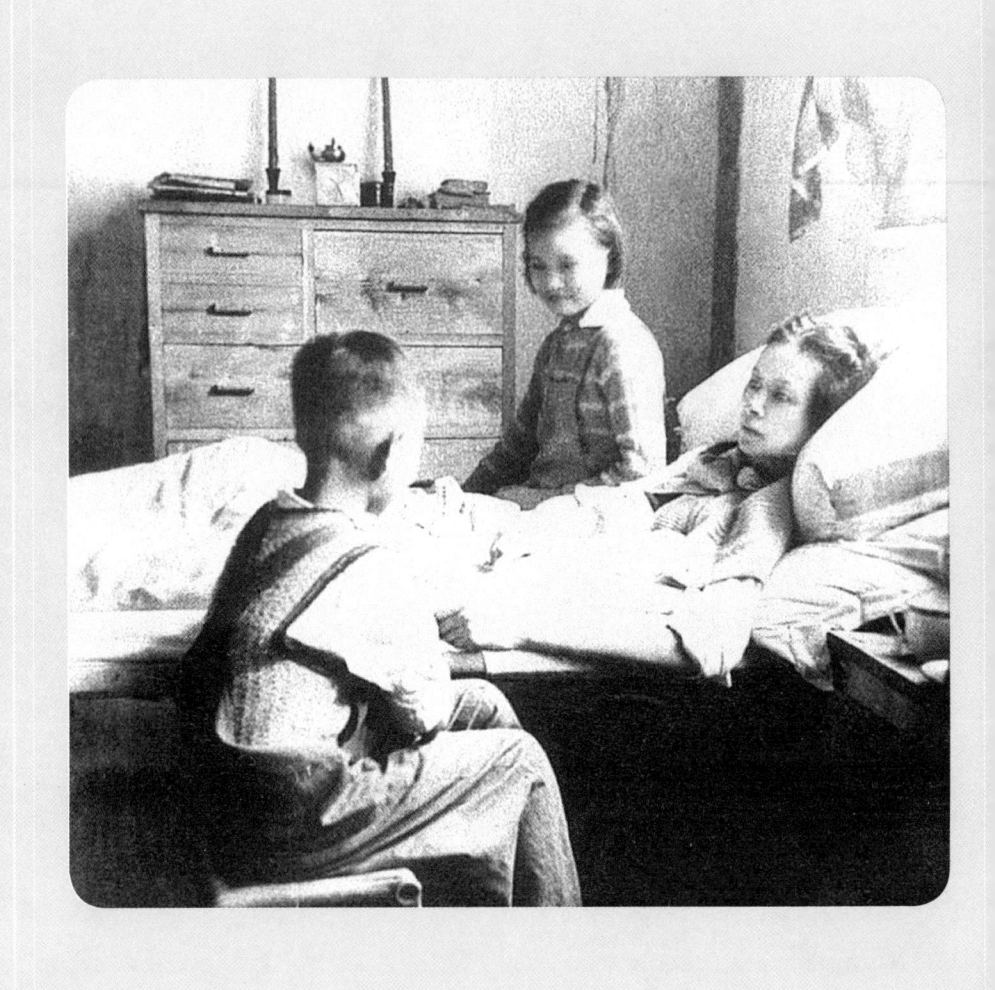

◇ 1941年，梁再冰、梁从诫陪伴着卧病在床的林徽因

◇ 1942年，林徽因在病榻上与梁思成、刘叙仪（刘敦桢大女儿，右二）、梁从诫、梁再冰、刘叙彤（刘敦桢小女儿，左一）合影

◇◇ 1943年，林徽因在四川李庄家中的病榻上

◇ 儿时的梁再冰与梁从诫

三一 北返

林徽因离开李庄,没有就此告别的意思,起码还要回来收拾一番。她由梁思成先陪着去重庆作一番身体检查,像一次出门。趁体检顺便逛逛陪都,她还没有到过这座有名的山城。行程在林徽因看来是曲折的,她对费慰梅说:"显然你从美国来到中国要比我们从这里取道重庆容易得多。"这对于虚弱的重病号实在是个冒险,林徽因毅然而行,"哪怕就是为了玩玩也要冒险到重庆去"(《致费慰梅信》)。她这一去再没有回到李庄,不巧刚船行过去的航道急需停航治理,只得滞留在重庆,最后在那里回了北平。这样不告而别,连月亮田的大院都未能好好多看一眼。多情的才女若有所失,仿佛对不住这间患难与共的茅舍。略可弥补的是,不久梁思成从重庆回李庄一次,与傅斯年、李方桂、李济、董作宾等五十三人联名在那里立了一块"留别李庄栗峰碑",镌刻上碑铭,他们的告别相当郑重了。跨过这个世纪,林徽因、梁思成的旧居成了李庄的一处胜迹,小镇名气远播海内,瞻仰的后人纷至沓来。身后此事,不经意离开它的才女万万料想不到,正如想不到她身后的名声家喻户晓。

胜利后的重庆,满街喜气洋洋,新时代起步了,林徽因与城市一起激动。可恼身体过于虚弱,大部分时间只能闷在上清寺聚兴村的中央研究院招待所宿舍里。那是一个不小的统间,单人床杂乱地排放,阳光不易照射进来,房间里弥漫着难闻气味。哪天林徽因精神稍好一点,费慰梅就开吉普带她各处转悠。林徽因看什么都新鲜，密集的楼群，熙攘的车流，种种都市景象。离开城市太久了，城里人平常的事与物，在久久偏于闭塞乡间的林徽因来说，曾经那么熟悉，现在这么陌生。她喜欢看电影，上美国使馆吃西餐，和使馆的武官交谈时，从不放过了解大洋彼岸机会，那块土地因费慰梅夫妇添了一份亲切。

林徽因随费慰梅参加了美国特使马歇尔将军的隆重招待会，各党各界济济一堂。冯玉祥过来与林徽因交谈，摸摸她身旁从诫的小脑袋，问长问短。林徽因应酬之间，掉头关注另一边的共产党领袖周恩来，他正和国民党高官吴国桢相互祝酒。国民党宣传的共产党人似乎来自另外的世界，不亚洪水猛兽。林徽因观察眼前的周恩来，他原来也如此儒雅。抗战刚刚胜利，国共并肩战斗的友好氛围尚未散尽，林徽因正忧虑，内战阴影即将笼罩开来。周恩来派女共产党员龚澎以个人身份拜访了林徽因，年幼的从诫诧异，这个女共产党，烫头发、穿旗袍、着高跟鞋，竟然不是传闻中踏草鞋、扛枪炮的女汉子。龚澎和林徽因谈了许久，变幻的时局令林徽因忧虑，她写信向费慰梅诉说：

> 中国是我的祖国，长期以来我看到它遭受这样那样罹难，心如刀割。我也在同它一道受难。这些年来，我忍受了深重的苦难。一个人一生经历了一场接一场的革命，一点也不轻松。正因为如此，每当我觉察有人把涉及千百万生死存亡的事等闲视之时，就无论如何也不能饶恕他……我作为一个"战争中受伤的人"行动不能自如，心情有时很躁。我卧床等了四年，一心盼着这个"胜利日"。接下去是什么样，我可没去想。我不敢多想。如今，胜利果然到来了，却又要打内战，一场旷日持久的消耗战。我很可能活不到和平的那一天了（也可以说，我依稀间一直在盼望着它的到来）。

读到最后一句，谁不为之动容。发动内战者必定是林徽因眼中的祸国罪魁，她对国民党政权的疏远也许就始于此时。当她听说从诫参加了一次反对苏联的示威游行后，狠狠批评了儿子，说他不懂事，受了国民党蛊惑。

重庆积压着大批急于北返的机关、单位，飞机班次却极少。等待班机的营造学社排在四十七号，而第一号的中央大学还不见登机的动静。他们都要让着不用排号的特别机构和特殊人物。重庆的气候不适宜林徽因久留，她诅咒起雾都的浓雾和上清寺招待所的浊气。费慰梅请来美国胸外科专家里奥·埃娄塞尔博士（Leo Eloesser），他给林徽因作了肺部检查，发现她两扇肺页布满空洞，结核病菌感染到了肾脏。医生私下告诉费慰梅这可怕的诊断，病人剩下的日子不多了，也许只有五年。林徽因看他们低语，没有追问。她那么聪明，不会无所察觉。谁也不忍说破这个诊断，她更不忍心揭穿大家的善意谎言。

林徽因向往昆明，思念那里久别的朋友，还有那里迷人的天气，决心再冒一次险远游。费慰梅和金岳霖、张奚若等人细致周密地张罗，她遂了心愿，且惊且喜："我终于又来到了昆明！"林徽因先落脚张奚若家休息了几天，随后住进了当地军阀唐继尧的祖居——圆通山唐家花园，她很满意新住处：

> 所有最美丽的东西都在守护着这个花园，如洗的碧空、近处的岩石和远处的山峦……这是我在这所新房子里的第十天。这房间宽敞、窗户很大，使它有一种如戈登·克雷早期舞台设计的效果。甚至午后的阳光也像是听从他的安排，幻觉般地让窗外摇曳的桉树枝桠把它们缓缓移动的影子映洒在天花板上！

（《致费慰梅信》）

林徽因坐在敞亮的房间里，舒畅地给远方友人写信。金岳霖背着光线，戴着他永远不摘的遮阳帽，专心写他的文章。梁思成则赶回李庄，那里许多离别事务等着处理。

正是开春的一月，昆明的春天特别早。宜人的气候令才女陶醉："昆明永远那么美，不论是晴天还是下雨。我窗外的景色在雷雨前后显得特别动人。在雨中，房间里有一种难以言状的浪漫氛围——天空和大地突然一起暗了下来，一个人在一个外面有个寂静的大花园的冷清的屋子里。这是一个人一生也忘不了的。"（《致费慰梅信》）

见到羁旅边陲的朋友，林徽因联想到唐宋文人贬谪途中，在客栈，或逆舟，或寺庙，那种邂逅故知的惊喜情景。朋友间交流思想、发挥识见，原是林徽因的重要精神生活，但是它在李庄缺失了那么久。大家重逢昆明，林徽因有说不完的话，她唯恐长久分离造成彼此隔膜。朋友们的近况、情感、观点都是她急切想了解的，包括不经意的生活细节。她把李庄的生活、感受，更是倾诉个淋漓尽致。这样的交流花了林徽因十一天时间，六年睽违，相知如故，林徽因莫大欣慰："那种使我们得以相互沟通的深切的爱和理解，却比所有的人所预期的都更快地重建起来。两天左右，我们就完全知道了每个人的感情和学术近况。我们自由地讨论着对国家的政治形势、家庭经济、战争中沉浮的人物和团体，很容易理解彼此对那些事为什么会有那样的感觉和想法。"（《致费慰梅信》）

林徽因置身日日畅谈的亢奋里，不肯稍停片刻。朋友们顾及到她的健康，只得"残忍"地"罢谈"。事实上，她的病情比在李庄的时候还要糟糕，昆明的阳光、白云掩盖了它海拔过高造成的低气压危害，缺氧叫林徽因常常喘不过气来，刚跑了几里路似的疲惫。她明白，自己虽像一株梅花，但是已经残缺。她希望残枝还能发芽，再为他人做些什么。小诗《对残枝》抒发的就是这样的情怀：

> 梅花你这些残了后的枝条，
> 是你无法诉说的哀愁！
> 今晚这一阵雨点落过以后，
> 我关上窗子又要同你分手。
>
> 但我幻想夜色安慰你伤心，
> 下弦月照白了你，最是同情，
> 我睡了，我的诗记下你的温柔，
> 你不妨安心放芽去做成绿荫。

朱自清赞赏林徽因超群才华，日记里夸奖过她的小说。为她"晦涩难懂"的诗歌写文章辩护，在西南联大把她美文《窗子以外》选入自己讲课的教材。林徽因到昆明的第二天朱自清立即来看望，林徽因生日那天他又来赴茶会庆贺。朱自清多次到唐家花园拜访，每次都与林徽因一番长谈。六月中旬朱自清先行去北平，参加清华回迁的前期准备，临行前又特意到唐家花园辞行。眼看这朵娇艳的花朵将要凋谢，朱自清把惋惜深深埋在心底。

令人留恋的昆明，林徽因在这里休养了小半年。返回北平前她去重庆，与从李庄赶来的梁思成会合。重庆雾蒙蒙里等候北返飞机一个来月,七月三十一日梁思成全家飞往故都。起飞前夕,他们听到了闻一多遇刺消息,梁思成与胡适、萨本栋、李济、傅斯年等联名发布电报表示吊唁。梁思成、林徽因夫妇期待局势和缓的愿望又受一次强烈冲击。

离开西南后方之前,林徽因建筑研究课目悄然开始转向。以前她专注古代建筑,致力于历代遗存的发现、测绘,追踪寺庙、佛塔、楼阁。抗战爆发,数千里颠沛流离,她沿途看到大量各式各样的住房;在长沙、昆明、李庄,又多次借房,租房,建房。每到一处安居为当务之急,不先行解决无以言其他。这引发她关注现实中民居,研究由古而今。

往日民居设计,多为富豪极尽奢华,或助房商追逐利润,切合百姓需求、实惠适用的设计观念,每每被设计师忽略。世界进步到了平民时代,文明国家渐渐确立为平民谋取福利的宗旨,建设广厦,大庇天下寒士,自觉甘为不可推脱的社会职责。此职责在中国更其迫切,抗战即将胜利,大批流离失所的民众纷纷返回故土,原来住处十之八九成废墟瓦砾。林徽因开始谋划,如何解决马上到来的这一社会问题,好在有一战前后的英国教训,有先一步注重民居建设的美国经验。七卷二期《中国营造学社汇刊》发表了林徽因三四万字长文《现代住宅设计的参考》,取英美事例,详加分析,逐一点评。从我国实际出发,现存状况、经济水平,提出一项项良策。这般未雨绸缪,难能可贵。果然如林徽因所虑,胜利后政府忙着接管政权、接受敌产,顾不得"房荒",人民安居的急需退让政治决策。林徽因刚安身清华园,又在一九四六年出刊的《市政工程年刊》第二期发表了《住宅供应与近代住宅之条件》。一篇专业的学术文章,登在纯属行业杂志。她逾越论文写作规范,辟出相当篇幅,大谈政府的举措得失,不满情绪大胆流露字面。文章直言无忌地指陈,"处处发生极度的房荒已是不可免的事实,而住宅供应却仍渺无征兆"。"大多数市民经常陷于痛苦,一方面,不能取得现代生活之便利并享受健康,另一方面,他们也不能供给国家现代的工作效率。"她批评中央和地方"种种之失计,蹉跎延误"。申言"一个进步的国家,绝不能使其大部分的人民迁移不定,沦为丧家之狗,或拥挤聚居,任凭疾病流行"。特别强调,住房供应是"市政",是"国策的一部(分)",涉及"政治""经济""国家进步""民族生存"。这番尖锐言词,确是及时箴言,再见病入膏肓的女子一身巾帼气概。建造师本可就事论事,建议一通了事，那就不是林徽因。她从来不把建筑囿于建筑，或者说，她年轻时决定献身建筑事业，正因为建筑关乎民生，建筑里蕴含人文。她当初养尊处优，尚能处安逸客厅看望窗外疾苦，经历了战火中种种苦难，她彻底走出客厅与民众休戚与共。这正是林徽因与建筑同行相比的非凡之处。优雅、多情的诗人也有金刚怒目的时候，而且正是医生预言她人生快要走到尽头的时候。

  初到清华任教，可选的讲授课程若干，她单单选中"住宅概论"，即本乎这个理念。林徽因讲民居设计，十分强调厨房的朝向和通风，它不宜朝西朝北，为的关顾很多时间在这里操劳的家庭主妇。学生作业设计民居，如朝向不得已要在西在北，林徽因要求务必另有设计措施以补救。厨房不能单单地直接向房外开门，不然成绩非扣分不可。她指导两位学生往中关村一带，实地调查清代八旗营房的形制，指出蓝旗营与一般的兵营营房不同，属于携带眷属的集体性家庭住处，对于必将到来的兴建集体宿舍可资参考。她又建议年轻教师吴良镛去崇文门外，调查花市胡同民居，自己抱病参观北京第一批改善居住条件的新宅。总此实践，林徽因在北京都市计划委员会作了专题报告。她所付心血，影响清华建筑系办学理念，形成重视民居的教学传统。林徽因建筑研究方向的转变，早早为梁思成的大建筑思想开了先河，城市规划、环境治理、房舍建筑，均需统筹规划。建筑的民本理念一旦确立，共和国初期梁林与当局轻视民众的建筑施政方针，可料其分歧、冲突无可避免。

◇ 1945年抗战胜利后，林徽因与老友张奚若（左一）、金岳霖（右一）等在昆明

◇ 1946年，林徽因在昆明

三二 清华园

"城春草木深",林徽因回到北平,故园一片劫后余生的荒凉景象。去年梁思成向负责清华校务的梅贻琦建议,增设建筑学院,梅贻琦顺势请梁思成担当起创建这个学院的重任。林徽因一家没有回到城内的北总布胡同,落户在清华园,宿舍有待统筹安排,梁家先临时暂住西南联大复员教职工接待处,在宣武门内国会街。梁思成未来得及正式上任清华,接受了美国邀请讲学,又作为中国政府派员,参加联合国大厦设计委员会。他由西南径直往上海,在那里等了个把月便远飞大洋彼岸。普林斯顿大学纪念建校两百周年,也特请梁思成协助筹办"远东文化与社会"学术讨论会;耶鲁大学请他担任客座教授。

与迁居李庄那次一样,梁思成没能伴全家回北平,林徽因再次单独扶老携幼地大搬家,定居清华园新林院八号。几年后他们迁居本园胜因院十二号,梁思成在城里忙公务又脱不开身,还是林徽因单枪匹马对付了搬家的各种繁杂。梁思成回来一切已经安排停当,他走进新居只动手安装了一部电话机。新林院是清华园南区新建的洋式住宅,单层独户,有热水管道、浴缸、弹簧床。卧室内阳光充足,室外花叶扶疏,篱笆围着绿茵匝地的这庭院。梁家还略微与众不同,后房多了一间汽车库,以备停放梁思成美国带回来的小型号克劳斯莱卧车。小汽车颇为惹眼,同事们戏谑地叫它"小臭虫"。入住新林院的都是知名教授,后来钱锺书、杨绛夫妇从上海迁来,和梁家毗邻。林徽因养了只宝贝猫,钱锺书也养了一只,一样地宝贝。夜间猫与猫争斗，钱锺书急忙起身，操长竹竿给自家的猫助阵。杨绛怕伤了两家和气，套用钱锺书小说里的话劝阻："打狗要看主人面，那么，打猫要看主妇面了。"杨绛学生时代的小说《璐璐》（原名《璐璐，不用愁！》）曾经由林徽因选进《大公报文艺丛刊小说选》，算有过提携之恩。

此时，女儿再冰考入城里的北京大学西方语言文学系，儿子从诫先就读邻近清华的燕京大学附中，不久转学也进了城里辅仁大学附中。家庭生活从此安定了，经济大为改善，时间也十分充裕，林徽因全身心投入创建清华建筑系的繁忙。

梁思成身在万里之外，他建议创办的建筑学院，起初定名营建系，系主任职务暂时请土木系教授吴柳生代理，和梁思成一起来清华任教的营造学社的刘致平、莫宗江、罗哲文，都还在押运图书资料的途中。吴柳生并不过问专业事务，仅仅协助工作，创建建筑系的重任实际落在林徽因肩上。创办伊始的清华建筑系，在岗只有吴良镛和林徽因两名教师，一名还在编外。

林徽因并非清华的正式教师，亲属说林徽因被聘为学校一级教授（梁从诫《回忆我的母亲林徽因》），似不确，当时还没有实行教授评级制度。著者曾经拜托清华大学人事处干部王女士查阅相关档案，回信说，档案库并无林徽因人事入编资料，可能她只是客座教授，未列入正式教师名册。系务秘书吴良镛旁证了"教师名单中并没有她的名字"，尽管她为清华建筑系建立操心最多。（吴良镛：《林徽因的最后十年追忆》）林徽因的两名学生都认可吴良镛的说法："那时她是不在编的教师，只是一名休息养病的家属。"（茹竞华、王其明：《中国第一位女建造师林徽因先生》）然而清华提交中央的《拟制国徽图案说明》上，具名两位设计者之一的林徽音（因），明确注明她"雕饰学教授"，有点让人非解。实际教学中，林徽因担任《近代住宅》课程讲授；指导学生写作论文《圆明园附近清代营房调查分析》；培养工艺美术助教常沙娜；组织师生测绘恭王府……连女生不来上人体素描课这样的琐屑问题，教师也是到她面前告状。清华园里林徽因事无巨细的忙碌身影，其人竟不在编制，太叫人匪夷所思。其实编制有否已无关紧要，犹如抗战时，归中央研究院管属的营造学社，不仅没有她在籍，连酬薪也没有份儿，但学社谁没有目睹，林徽因精力、才华，深深注入学社机体。建筑学界人人知道，梁公与林先生密不可分，

吴柳生教授本职是土建系主任，他的兼职代理建筑系，差不多代而不理。建系的大小事务，从聘用教员、添置设备，到组织教学，林徽因无一不参与其中，

谋划定夺，新林院八号无异建筑系的办公室、会议室。林徽因即使病倒在床，依然运筹帷幄，筹划，指挥，解决了筹建建筑系大大小小问题，小到请人帮助翻制素描用的石膏像、购买画具纸品。林徽因俨然是远在海外的梁思成替身，或者说，林徽因如今又成了清华建筑系的内当家。见证了徽因筹办建筑系全部进程的吴良镛感叹："她躺在病床上，把一个系从无到有地办起来。"又说："可惜，这些并不十分为人所知。"（吴良镛：《林徽因的最后十年追忆》）

十五名新生入学的第一次班会，林徽因认为自己理应与学生见面，可是病得实在不能起床，她就叫还是中学生的从诫做了代表。梁从诫在家里叫的乳名"小弟"，变成全班学生叫的"梁小弟"。梁思成回国以后仍离不开林徽因协助，她继续起了主心骨作用。一度系务会议常常在梁家客厅开的，大家的谈话，病在隔壁床上的林徽因听得一清二楚。她不时喊梁思成进卧室，建议这个那个，梁思成再转化成自己想法建议大家。对此，大家早已习以为常了。熟悉的人说，林徽因有十分力气使出了十三分。重病之躯何堪这等劳累，金岳霖早无可奈何地抱怨过："问题在于而且始终在于，她缺乏忍受寂寞的能力，她倒用不到被取悦，但必须老是忙着。"（《致费正清、费慰梅信》）林徽因生活原则很出名："少一事不如多一事"，与常人说的恰恰相反。

同事和学生都视梁、林为一体，学生爱戴林徽因一点不亚于梁思成。清华入学已难，毕业一样的不容易。首届学生入学十五名，毕业只剩下七名。拍毕业纪念照时恰逢梁思成外出，七名毕业生就围着林徽因合影了一张，就如能与梁思成合影同样的满足。七位弟子现今个个以骄人的业绩屹立于建筑学界，二〇〇〇年庆贺毕业五十周年，他们一个不少地返回母校聚会，各人按毕业那年合影的位置站定，又照了一张。林徽因已经作古，原来她在中间的位置特请梁再冰替补。大家想，他们簇拥的还是敬仰的林先生！

林徽因的动人事迹慢慢传扬到校外，是在她去世几十年后。她诞辰一百周年，异常壮观的清华建筑学院举办隆重纪念会，她的众多弟子能赶来的都赶来了，满头银丝，步履蹒跚。学生的学生也来了，还有学生的学生的学生，偌大礼堂，黑压压满座。吴良镛、罗哲文、郑孝燮、常沙娜、关肇邺，他们无不动情地追思自己曾经得到的恩泽，追怀林徽因的建筑研究贡献，数说她点点滴滴往事。吴良镛呼吁建筑学院大厅梁思成座像旁边，应该再并列安放一座林徽因的塑像。

林徽因完全忘记了病入膏肓的自身，经过这一番超常的劳累，她的肺结核病复发，感染到了肾脏，而且急需动手术。她写信给费慰梅："我应当告诉你我为什么到医院来。别紧张，我只是来做个全面体检。作一点小修小补——用我们建筑术语来说，也许只是补几处漏顶和装几扇纱窗。昨天下午，一整队实习和住院大夫来彻底检查我的病历，就像研究两次大战史一样。（我们就像费正清常做的那样）拟定了一个日程，就我的眼睛、牙齿、肺、肾、饮食、娱乐和哲学建立了不同的分委员会。巨细无遗，就像探讨今日世界形势的那些大型会议一样，得出了一大堆结论。同时许多事情也在着手进行，看看都是些什么地方出了毛病；用上了所有的现代手段和技术知识。如果结核菌现在不合作，它早晚也得合作。这就是其逻辑。"（费慰梅：《梁思成与林徽因》）这样的俏皮口吻，当然是故作轻松。自己沉疴难起，还在苦心宽慰着远方的朋友。实际上她的情绪非常恶劣，肾切除手术的风险性当年是人人皆知的（不得不想起协和医院为梁启超切肾的事故）。手术前后的一年多内，林徽因连续发表二十余首新旧诗作，包括几首已刊作品的再发表。如此批量集中亮相诗作，在她以往是没有的现象，是否与死亡威胁有关呢？这些作品里就有一首《死是安慰》。手术前夕她写的一首，题目便点明自己的心情：《恶劣的心绪》。同时还有一首《写给我的大姐姐》，如果不能从手术台下来，它就是诗人的遗言：

> 当我去了，还有没说完的话，
> 好像客人去后杯里留下茶；
> 说的时候，同喝的机会，都已错过，
> 主客黯然，可不必再去惋惜它。
> 如果有点感伤，你把脸掉向窗外，
> 落日将尽时，西天上，总还留有晚霞。
>
> 一切小小的留恋算不得罪过，
> 将尽未尽的衷曲也是常情。
> 你原谅我有一堆心绪上的躲闪，
> 黄昏时承认的，否认等不到天明；

> 有些话自己也还不曾说透，
> 他人的了解是来自直觉的会心。
>
> 当我去了，还有没说完的话，
> 像敲钟过后，时间在悬空里暂挂，
> 你有理由等待更美好的继续；
> 对忽然的终止，你有理由惧怕。
> 但原谅吧，我的话语永远不能完全，
> 亘古到今情感的矛盾做成了嘶哑。

大姐指和她形影相随的童年伙伴，培华女中四姐妹花之一，她大姑妈的长女王稚桃。现在四朵花中林徽因这朵先要凋谢了。

传说林徽因曾要求张幼仪来医院相见一面，张幼仪在《小脚与西服》里回忆："做啥林徽因要见我？我带着阿欢和孙辈去。她虚弱得不能说话，只看着我们，头摆来摆去，好像打量我，我不晓得她想看什么。大概是我不好看，也绷着脸……我想，她此刻要见我一面，是因为她爱徐志摩，也想看一眼他的孩子。她即使嫁给了梁思成，也一直爱着徐志摩。"说林徽因到此时仍留意张幼仪的面容，那是这位女银行家太不了解病榻上的才女。她俩终究不是一种类型一个文化层面的女性，张幼仪只能以自己的思维方式来猜度林徽因对于徐志摩的情感。两位女性从未谋面，病房的这次相见是两人生平中唯一的一次，其复杂而难以言说的思绪可以想象。尤其在林徽因一方，最后竟什么话也没有说。她要见张幼仪母子，不能排除隐含思念故人的意愿，但比这更合乎情理的推想是，林徽因或许要说她曾经在给胡适信里说过的那些话，再亲口当着张幼仪表明心迹，以释她和徐志摩之间被人误解的关系。然而她终于沉默，怕不尽是因为身体的虚弱，她也许悔悟，张幼仪未必相信她的善言。

美丽的林徽因十分热爱她美丽的生命，再次与生命挣扎，她去游览了一回颐和园，由再冰和再冰的几个朋友相陪。选择年轻人而舍弃梁思成、金岳霖，别怀心意。年轻人会给她欢笑，她宁愿笑声伴行；回避丈夫和知音，是不忍看他们难以掩饰的凄楚——他两人都明白，林徽因是来辞行颐和园，她不愿凄凄切切离开

这世界。他们反对林徽因游园,此举于她病情有害无益。留在家里的梁、金,心与林寸步未离。林徽因对远方友人解释:

> 我从深渊里爬出来,干这些可能被视为"不必要的活动";没有这些我也许早就不在了,像盏快要熄的油灯那样,一眨,一闪,然后就灭了。
>
> (致费慰梅信)

这就是林徽因!她从不苟活,不仅拼命工作,而且享受精神。最后上手术台了,万一手术失败,她以传统特有的委婉,向友人诀别:"再见,最亲爱的慰梅。要是你能突然闯进我的房间,带来一盆花,和一大串废话和笑声该有多好。"(致费慰梅信)

手术在白塔寺医院做,切出的病肾,刀一划,尽冒脓水。老天有眼,手术特别成功。随着体质的渐渐恢复。三月二十一号,林徽因和梁思成结婚二十周年的吉日,大难之后,这一天的纪念就非同寻常。纪念的方式也令人意外,清华新林院客厅里聚着亲朋好友,林徽因即兴评论宋代的都市建筑,词采飞扬,仿佛作了一场学术报告,照例忘记自己重病未愈。有为林徽因立传的作者言道:"假如让林徽因选择,假如她能够选择,她一定愿意选择健康,选择在阳光下轻盈地行走,选择自由自在地生活,哪怕让她以自己的全部诗作、全部才华去换取。"(张清平:《林徽因》)这话似乎谬托知己了,林徽因怎会这般苟且偷生!她在李庄,在清华园,在所有接触过她的人的印象里,都是个为事业不惜献身的刚烈之士。这方面品质的可贵,远胜过她的美貌,甚至胜过她才华。

林徽因情绪开始好转。刚刚与死神擦肩而过,如涅槃,她忽然诗兴大发,一举投寄了十六首出去,陆续发表在《益世报》"文学副刊"、《经世日报》"文艺副刊"和复刊的《文学杂志》上。她又翻出一摞旧诗稿,整理、修改,想圆她出版诗集的旧梦。三十年代她编成过一本,并且在杂志上登了出版广告,因战火而夭折。时局将要巨变,现在得抓紧最后一次机会,她清楚:"等到铁幕落下,这些诗就跟不上时代了。"(费慰梅:《梁思成与林徽因》成寒译本,曲莹璞等译本所无)历史证实了她的预言,北平很快解放了,快得她的诗集再一次归于夭折。

未能出版整理就绪的诗集不过是个小遗憾,反正跟不上时代了,时局大变动牵扯林徽因敏感的心绪。她收到费正清新著《美国与中国》,解放军马上进入北平,不同社会制度的中美两国,将断邮,断交。她赶着给两费发去最后一封信,不然将永远无从表达对时局看法,会"憋得喘不上气"。这样严肃语调在林徽因是不多的:

> 说到政治观点,我完全同意费正清。这意味着自从上次我们在重庆争论以来我已经接近他的观点——或者说,因为两年来追踪每天问题的进展,我已经有所改变,而且觉得费正清是对的。我很高兴能够如此,顺便说一句,因为我对许多事情无知,我非常感谢费正清对中国生活、制度和历史中的许多方面的高瞻远瞩、富有教益的看法。因为对自己的事很熟悉,我常不愿做全面的观察或试图把它闹清楚。

尽管非当事人看不太清楚信里具体所指,可是林徽因接受西方学者的时局判断则毋庸置疑,那么她对中国政治前景如何展望,不难想个大致来。抗战胜利前后,两费均曾经出任美国驻华的文化官员,费正清是驻重庆的新闻处处长,费慰梅为使馆文化参赞。

总的来说,林徽因是远离政治的,而中国政治局势的变化正一步步走近她,政治必定影响到民众生活。此时林徽因给费慰梅信里难得地谈论到政治:"政治的混乱和觉悟的痛苦给清晰的地平线又增添了乌云,我几乎总是在消极地悲伤。右派愚蠢的思想控制和左派对思想刻意操纵,足可以让人长时间地沉思和沉默。我们离你们国家所享有的那种自由主义还远得很,而对那些有幸尚能温饱的人来说,我们的经济生活意味着一个人今天还腰缠万贯,明天就会一贫如洗。"

国民党政权气数已尽,共产党反攻的炮声逼近了清华园。与官方有些牵连的知识分子,纷纷想撤离故都,他们当中有些人与梁、林的私交不浅,其中便有梁思成的恩师梅贻琦。蒋介石的飞机一次次停在围城内的临时机坪,接应决意离开的知识分子南去。梁思成、林徽因夫妇不为所动,虽然梁思成刚刚当选上首届中央研究院的院士,荣誉骄人。梅贻琦登机前夕的圣诞夜,邀请再冰、从诫到他家过节,客人只有姐弟俩,这是梅先生以特殊方式向姐弟的父母告别。梁思成、林徽因坚持留下的原因不止一个,失望于国民党当局无疑是主要的。一九四七年梁思成在美国早已表达过这样的心境,他对共产党人没有多少了解,但是像许多在国民党政权下受尽敲诈勒索和贪污腐化之苦的同胞一样,他很难相信事情会变得更糟。(见费慰梅:《梁思成与林徽因》)除此之外,还有一个决非不重要的原因,便是梁思成、林徽因夫妇放不下研究中国建筑史的事业。假如离开北方,离开大陆,他俩还如何研究中国建筑呢?留下,差不多别无选择。

一九四八年底解放军进驻京郊海淀,清华园贴出了具名第四野战军十三团政治部主任刘导生的安民告示。和平解放北平的谈判一时尚无结果,围攻故都的战事准备节节加紧。听着附近隆隆炮声,梁思成不住地自言自语:"完了!完了!"他们夫妇心焦如焚,为城内无数即将毁于一旦的古迹担忧。他们哪里想到,牵挂这些名胜古迹的同时另有人在。某天张奚若陪着两名军人进到新林院八号,他们请古建筑专家在军事地图上标注出城内需要保护的古迹位置。梁、林多日的担忧顿时化解,他们第一眼的解放军印象,意外地极度的良好。他们并非初次标明避免轰击的古建筑目标,抗战时他们既为国民党编过沦陷区的文物名录,也为美军标注过日本奈良、京都古迹的所在,凡有良知的政治家都会保护人类共有的文化遗产,解放军起码不失良知。长期歪曲的政治宣传造成过梁、林偏见,他们起初以为来自山沟的大兵不会有这文明的意识。夫妇俩惊喜,过后是激动,再过后是思考,于是对即将主宰中国的新当权者产生了全新的希冀。他们接着又和建筑系同人编写了一册《全国重要建筑文物简目》,它被发放到解放南方的部队和接管人员手中。

清华园里气象一新,学生上演了革命大戏《血泪仇》,朱自清随同学生扭起了秧歌。对照不久前物价飞涨、人心惶惶的波动局面,校园里一扫沉闷、焦虑、彷徨的氛围,林徽因感到清风扑面的畅快。她原先对新政权本无过高期望:"只要年青一代有有意义的事可做,过得好,有工作,其他也就无所谓了。"(《致费慰梅信》)现在目标提高了。很快梁思成被任命为北平都市计划委员会副主任,林徽因是它的一名委员,她和梁思成加入了维护老城、建设新城的洪流。现实令她大喜过望,正如她另一封信里所报告的:"这里的气氛和城里完全两样,生活极为安定愉快。一群老朋友仍然照样打发日子,老邓、应铨等就天天看字画,而且人人都是乐观的,怀着希望照样的工作。"(《致张兆和信》)她读到了老解放区赵树理的小说,竟然从中读出莫须有的沈从文对赵树理的影响。事情又决非她想的这么简单,等在后面的种种曲折亦非她所能预见。充满幻想,略带天真,差不多是那时相当多的知识分子共同的心态。和林徽因一样的许多知识分子，都将他们的才智无保留地奉献给了新的社会，哪怕他们像戴着镣铐跳舞，但舞得真诚，舞得满怀激情。社会是大家的，政权可以更迭，但人民是永恒的。

如果没有这样的真诚与激情，不知林徽因与女儿的一场矛盾该会怎么解决。年轻人比长辈更能接受新鲜事物，梁再冰决心放弃还有一年的学业参军南下。父母都不同意，林徽因尤其伤心，落泪要求再冰至少将参军的时间推迟到大学毕业。依恋家庭和向往入伍的情感冲突在梁再冰内心也激烈，飞向广阔新天地的激情占了上风。两代人之间经过争辩，父母忍痛作出退让，这让步因素之一，基于梁、林政治立场的根本改变。他们提出唯一条件，再冰一年后回北大念完全部学业课程，可三个人中谁都不会相信这渺茫的一年约期，父母更忧虑失去重见女儿的可能。分别时，再冰穿着军装同家人在门口照了张合影。照片上女儿笑得相当舒心，梁思成的笑容便有点勉强，林徽因连勉强笑容也没能展开，当然她也不屑于悲悲戚戚。南下前几天，林徽因进城到再冰的驻地又一次为她送别，她坐在女儿的铺盖上呆滞了好一阵。不论怎么说，林徽因能放走女儿参军，该是清华园内巨大变化的不算小的例证。

◇ 清华园新林苑八号

◇ 梁思成在美国设计联合国大厦期间与各国专家们商讨方案

◇◇ 1947年,梁思成在讨论联合国设计方案时发言

◇ 1947年，林徽因在女儿梁再冰陪伴下游览颐和园

◇◇ 1947年，林徽因与梁再冰在颐和园

◇ 1948年，梁再冰参军前，林徽因与女儿及张奚若教授之子女张文朴（前右）、张文英（后中）、金岳霖、沈铭谦、梁思成、母亲何雪媛摄于北平

◇ 1949年3月，林徽因与梁思成送女儿梁再冰参军南下前合影

◇◇ 1949年3月，梁再冰参军前与弟弟梁从诫在清华园新林苑八号前

◇ 1950年，林徽因与营建系部分师生合影

三三
国 徽

巨变更反映在林徽因自身，还有梁思成。他夫妇接受了政府交付的一连串建筑设计任务，也接受了一个个令他人羡慕的社会职务、荣誉称号。在中国，北京市人民代表不同于参与决策的议员。民国时期在建筑学领域做出了突出贡献，林徽因多来自个人事业心；进入共和国，林徽因大有知遇之感，增添了一层报效政府的政治因素。正如她多次引述列宁的话：科学家是通过他们的工作认识和接受社会主义的。既然接受，便为新政权鞠躬尽瘁。对政府出于肺腑的热爱、忠诚，渗透情感，遍布于生活细节。她给梁思成家信里，大段抒发斯大林噩耗带给她如何巨大的悲哀，不几天"又从无线电中传到捷克总统逝世消息。这种消息来在那样沉痛的斯大林同志的殡仪之后，令人发愣发呆，不能相信不幸的事可以这样的连续发生。大家心境又黯然了"。由于设计国徽，夫妇常有机会见到国家领袖，夫妇打赌，看下次谁能先见到，以此为荣。可想获胜居多的是梁思成，他还应邀到领袖家吃饭，告诉家人，"共三桌，一桌毛主席做主人，一桌朱（总司令），一桌周（总理），并没有客气的让座，我们年青的都抢坐在周恩来桌上"。（梁思成致梁再冰信）自称年轻，此时梁思成四十有八，挨近了天命之年。喜形于色，跃然纸上。梁林此刻记起，他们曾经讽刺飞往重庆投奔宋美龄的冰心——彼此都为国家。立场、态度、情感发生如此巨变，在共和国初期不只是梁、林二人，与他们过从甚密的金岳霖、钱端升、张奚若、周培源、陶孟和，无不和她夫妇一样。张奚若等积极建议《义勇军进行曲》为国歌，意见被采纳（代国歌），"当晚散会之前，我们围着毛主席高声同唱第一次的国歌高兴兴奋无比。那是最可纪念的一夕。"（见梁思成致梁再冰信）他们都是专家，一介书生，刚目睹过内战时的民不聊生，眼前出现一片新生国家新的气象，再加备受重用的知遇之恩，这情感变化乃新生政权朝气蓬勃的某种必然。情感之变有脉络可寻，非墙头草之流。

近年来林徽因的名字常和新中国的国徽连在一起，电视纪录片《共和国之徽》有过详尽介绍。林徽因确为此倾注了大量心血，参与国徽设计，世人称誉她事业的又一辉煌。人们广为传诵，有时简单地说成林徽因设计了国徽，由此引起过争议。梁从诫嘲讽，"我们挂了快五十年的国徽，却还要来追究其'设计者到底是谁'这样一个尴尬的问题"。他以全国政协委员身份写了提案，建议国家为国徽设计单位清华大学补发设计证书，政协全国委员会未予采纳。他收到提案的答复，现在的国徽"不属一九四九年应征中选之列"，不便颁证。（均见梁从诫《为〈国徽设计者到底是谁〉致〈中华读书报〉》）不宜过度纠缠这个无多大意义的争议，了解国徽产生的过程，了解林徽因所作的贡献，尤其是她在国徽诞生中表现出的虔诚和忘我，智慧和才华，该比"设计者到底是谁"更能启示教育后代。

新中国宣告成立前夕，临时代行政府职权的全国政协筹备会，一九四九年七月十日在各大报纸发布公告，征集国旗图案、国徽图案、国歌歌曲，成立了三个专门小组分别负责这几项事宜，聘请了徐悲鸿、梁思成、艾青为顾问。国徽图案的设计要求是，具有中国特征、政权特征，须庄严富丽。八月二十日应征日期截止，收到应征国徽图案九百余件，选出二十八件送国徽评选小组初选，均被否定。初选委员会向全国政协报告："因收到的作品太少，且也无可采用的，已另请专家拟制，俟收到图案之后，再行提请决定。"（引自秦佑国《林徽因先生与国徽设计》，本节关于国徽内容多参考该文。）报告中"另请专家"指的是中央美术学院的张仃、钟灵等几位画家，此前他们已经设计过全国政协的会徽。张仃为首的美术家提供了五件国徽图案送审。据说，五件图案与政协会徽相似，而且与苏联及当时东欧社会主义国家的国徽也相似，当然又不获通过。毛泽东主席亲临相关会议，到会人员同意五星红旗作国旗、《义勇军进行曲》作代国歌的决定，分歧主要集中在国徽图案。最后毛泽东拍板："国旗决定了，国徽是否可慢一步决定，原小组还继续设计，等将来交给政府去决定。"梁思成参加了这次会议。几天后刚成立的中国人民政治协商会议全国委员会,召开首届全体会议,主席团正式决定,再次邀请专家另行设计国徽图案,清华大学担当了这一重任。

梁思成事务繁多,无暇顾及国徽设计的具体工作,仅承担了组织、领导责任,设计任务具体由林徽因及她的合作者及年轻助手们完成。梁从诫透露,国徽设计中许多新的构思都由他母亲率先提出,并勾画成草图提供大家斟酌。(梁从诫:《倏忽人间四月天》)清华大学上报中央的《拟制国徽图案说明》文件写明:

集体设计
　　林徽音　雕塑学教授,做中国建筑的研究
　　莫宗江　雕塑学教授,做中国建筑的研究
参加技术意见者
　　邓以蛰　中国美术史教授
　　王　逊　工艺史教授
　　高　庄　雕塑教授
　　梁思成　中国雕塑史教授,做中国建筑的研究

梁思成给女儿的信中说到这事:"技术工作全由妈妈负责指挥总其成,把你的妈妈忙得不可开交,我真是又心疼、又不过意。但是工作一步步的逼迫着向前走,紧张兴奋热烈之极,同时当然也遭遇许多人事和技术的困难……妈妈瘦了许多,但精神极好。"(梁再冰:《我的妈妈林徽因》)林徽因体力不支,不能到建筑系上班,只好在家里作业,客厅变成了巨大的国徽"作坊"。有时她无力站着工作,只得坐床头,面前搁一块木板算是"工作台"。那时梁再冰已经调到北京新华社总社,梁再冰周末从城里回家,大吃一惊:桌子、椅子、沙发摆着国徽图案,满眼是红色、金色,闪闪烁烁。母亲正埋首五星、麦穗、齿轮、天安门,根本没在意女儿进门。或者看见了,好像再冰刚出门买了棵白菜回来。那段日子,建筑系师生进进出出于新林院八号,家里天天充溢浓厚的"国徽气氛"。她觉得,不只是妈妈完全忘记了她自己重病在身,而且周围的人也因此忘记了,林徽因是个需要加倍护养的重病患者。

奋斗了一个多月,十月二十三日,林徽因主持设计的国徽图案完成了第一稿。

上报的图案附有文字说明：

> 拟制国徽图案以一个璧（或瑗）为主体；以国名、五星、齿轮、嘉禾为主要题材；以红绶穿瑗的结衬托而成图案的整体。也可以说，上部的璧及璧上文字，中部的金星齿轮，组织略成汉镜的样式，旁用嘉禾环抱，下面以红色组绶穿瑗为结束。颜色用金、玉、红三色。
>
> 璧是我国古代最隆重的礼品。《周礼》："以苍璧礼天"。《说文》："瑗，大孔璧也。"这个孔是大孔的，所以也可以说是一个瑗。《荀子·大略篇》说："召人以瑗"，瑗召全国人民，象征统一。璧和瑗都是玉制的，玉性温和，象征和平。璧上浅雕卷草花纹为地，是采用唐代卷草的样式。国名字体用汉八分书，金色。
>
> 大小五颗金星是采用国旗上的五星，金色齿轮代表工，金色嘉禾代表农。这三种母题都是中国传统艺术里所未有的。不过汉镜中有齿形的弧纹，与齿纹略似，所以作为齿轮，用在相同的地位上。汉镜中心常有四瓣的钮，本图案则作成五角的大星；汉镜常用小粒的"乳"，小五角星也是"乳"的变形。全部作成镜形，以象征光明。嘉禾抱着璧的两侧，缀以红绶。红色象征革命。红绶穿过小瑗的孔成一个结，象征革命人民的大团结。红绶和绶结所采用的褶皱样式是南北朝造象上所常见的风格，不是西洋系统的缎带结之类。设计人在本图案里尽量地采用了中国数千年艺术的传统，以表现我们的民族文化；同时努力将象征新民主主义中国政权的新母题配合，求其由古代传统的基础上发展出新的图案；颜色仅用金、玉、红三色，目的在求其形成一个庄严典雅而不浮夸不艳俗的图案，以表示中国新旧文化之继续与调和。是否差强达到这目的，是要请求指示和批评的。

与此同时，张仃那个美术家小组，在他们设计的前五个国徽图案基础上又设计了一个新图案，其图形外圈大体与前五个相似，但中间原来显示祖国大地的地球改成斜透视的天安门。一九五〇年六月十一日，全国政协常委会讨论报来的七个国徽图案，议决采用天安门作国徽图案，因为它既是五四运动发祥地，又是新中国的诞生地。会议再提出若干修改意见，譬如图案中的天安门像日本房子，颜色有红有蓝不够和谐。第二天，国徽小组会议传达了政协的讨论情况、审议意见，梁思成仍旧表示了不同看法。他认为："一个国徽并非是一张图画，亦不是画一个万里长城、天安门等图式便算完事，其主要的是表示民族传统精神，而天安门西洋人能画出，中国人亦能画出来的，故这些画家所绘出来的都相同，然而并非真正表现出中华民族精神。采取用天安门式不是一种最好的方法，最好的是要用传统精神或象征东西来表现的。"他批评眼前的天安门图稿："在图案处理上感觉有点不满意，即是看起来好像一个商标，颜色太热闹庸俗，没有庄严的色彩。"（秦佑国：《林徽因先生与国徽设计》）这无疑是他和林徽因的共同看法。茅盾等委员发言赞同政协的议决，梁、林的老朋友张奚若也是赞同的一个，国徽小组最后"原则上通过天安门图形"。

  事情并没有以否定清华大学的国徽设计方案画上句号，出乎意料，会后当天周恩来亲自约请梁思成，再按政协常委会的要求，组织清华教师重新设计国徽图案。十二日，梁思成在家里开会，（林徽因病重，会只能在家里开）。扩大了设计组成员，除林徽因、莫宗江，加入了李宗津、朱畅中、汪国渝、胡允敬、张昌龄。林徽因分配各人搜集资料、设计细部，强调细部与整体关系，组织他们共同参与完整方案的构思。她启发大家讨论国徽和商标的区别，反复说明，国徽代表国家，包含政权，不是商标，不是一幅彩色写真画或一幅风景画。商标要符合宣传商品的要求，不排斥商业气，容许五彩斑斓。如果国徽图案用色太多，就会显得轻率艳俗，就会让人感觉像幅商标。所以，国徽图案用色不能太多，竭力减少到最少几色。国徽应该庄严稳重，又不妨富丽堂皇；要象征化、图案化、程式化；要有民族特色。图案要能够雕塑、能做证章、做钢印和其他印章，还得便于印刷不易走样。（见朱畅中《林先生在国徽设计中》）听了林徽因的精辟见解，同事们好比上了一堂"精彩绝伦的设计课"，感到"终生受用"。客厅里你言我语，热情和信心一起高涨。

  林徽因、梁思成大胆突破了政协以天安门为主体的设计要求，缩小其在整个图案中的比例，突出五星，表达了新政权的特征。比例缩小后的天安门，虽小却落落大方。天安门上悬挂至今的国徽图案，几乎就是清华最后完成的图稿。张仃等美术家也第三次提交了他们最终参加竞选的定稿，定稿与清华的图稿看似相近，但差异仍然不小。他们的定稿没有五颗金星，天安门的图像撑满了主体位置，而且过于写真。外圈的麦穗也过于注意细部的麦芒，上部的凹凸形齿轮使得外圈整体不够圆满。下方也不如清华图案两边绶带略微下垂显得稳重，虽然写上"中华人民共和国"字样，却依然少了些庄严。

六月十七日清华大学提交了修改后的设计方案，其设计说明写道：

> 图案内以国旗上的金色五星和天安门为主要内容。五星象征中国共产党的领导与全国人民的大团结；天安门象征新民主主义革命的发源地，与在此宣告诞生新中国。以革命的红色作为天空，象征无数先烈的流血牺牲。底下正中为一个完整的齿轮，两旁饰以稻麦，象征以工人阶级为领导，工农联盟为基础的人民民主专政。以通过齿轮中心的大红丝结象征全国人民空前巩固团结在中国工人阶级周围。就这样，以五种简单实物的形象，藉红色丝结的联系，组成一个新中国的国徽。
>
> 在处理方法上，强调五星与天安门在比例上的关系，是因为这样可以给人强烈的新中国的印象，收到全面含义的效果。为了同一原因，用纯金色浮雕的手法处理天安门，省略了繁琐的细节与色彩，为使天安门象征化，而更适合于国徽的体裁。红色描金，是中国民族形式的表现手法，兼有华丽与庄严的效果，采用作为国徽的色彩，是为中国劳动人民所爱好，并能代表中国艺术精神的。

这次设计方案与后来确定的图样基本一样了。

六月二十日，全国政协召开全体委员会，审议两个国徽图案，决定从中确定一个。梁思成患重感冒不能起床，建筑系秘书朱畅中代表他出席会议。朱畅中回忆：会场设在中南海怀仁堂全国政协一间会议室里，正中墙前左侧摆着清华的方案，右侧为美术家的方案，双方的图案虽然都有天安门为主题，但两家图案的形象、色彩、布局、技法却截然不同。

等不多会儿，周总理来到会场，会议主席沈雁冰（茅盾）先生宣布开会。与会者各抒己见，有的委员指着美术家的图案详述优点，赞成美术家的图案中选。有的委员持异议，赞赏清华的金、红两色图案。众说纷纭，气氛热烈。意见都一吐而尽，会场陆续安静下来，显然在等周总理表态。周总理没有立即发言，他注意到一直沉默不语的李四光先生，悄悄走到李先生座旁，双手扶着沙发问道："李先生，您看怎样？"李四光左顾右看，再次审慎比较两方国徽图案，然后指着左边清华的图案说："我看这个气魄大，天安门上空像是一幅整个天空一样大的五星红旗，气魄真伟大；下边，天安门前的广场也显得宽广深远，气势恢弘。金、红两色，使得整个图案有鲜明的中华民族特色，对称均衡，庄严典雅，又富丽堂皇。我赞成清华大学的。"周总理又再次细看美术家设计的，又细看清华这一幅，又问大家是否还有不同意见。他停顿片刻，看没有人想发言了，接着说："那么好吧！就这样决定吧！"委员们纷纷表示赞成。总理赞赏清华的图案，倾向是明显的，为臻于完美，他建议稻穗向上，这样挺拔一些。

六月二十三日，毛泽东主席主持政协二次全体会议，最后审议通过国徽图案的决议，林徽因受特别邀请列席大会。大会当然不会有不同声音，毛泽东提议全体起立，一致通过国徽图案。这庄严时刻，很少落泪的林徽因泪花簌簌！历时整年，她为国徽拼命地查阅资料、对比分析、精心设计，从中体会到了党和人民的知遇之情。知遇化为无尽动力，创造了她生命的奇迹。一九四六年医生预言她活不过五个年头，现在五年后，她依然勤奋在自己的岗位上！由于设计国徽的工作关系，林徽因、梁思成一度同新中国各级领导人有过频繁接触，与他们情感距离逐渐靠近，甚至和有的领导建立起私人友情。

国徽图案确定以后，梁思成推荐清华大学建筑系高庄教授制作国徽的立体浮雕模型，增添徐沛贞协助。八月十八日，政协国徽审查组通过模型审查。九月二十日，毛泽东以中央人民政府主席名义下令公布国徽图案，同时颁布《中华人民共和国国徽图案说明》："国徽的内容为国旗、天安门、齿轮和麦稻穗，象征中国人民自五四运动以来的新民主主义革命斗争和工人阶级领导的以工农联盟为基础的人民民主专政的新中国的诞生。"清华建筑系庆功那天，大家捧着图案合影留念，背景是九张几经易稿的每一稿图样。最该是林徽因和梁思成出现的时刻，夫妇俩却又双双病倒——那张珍贵的合影，竟缺席了两位不能缺席的人物！

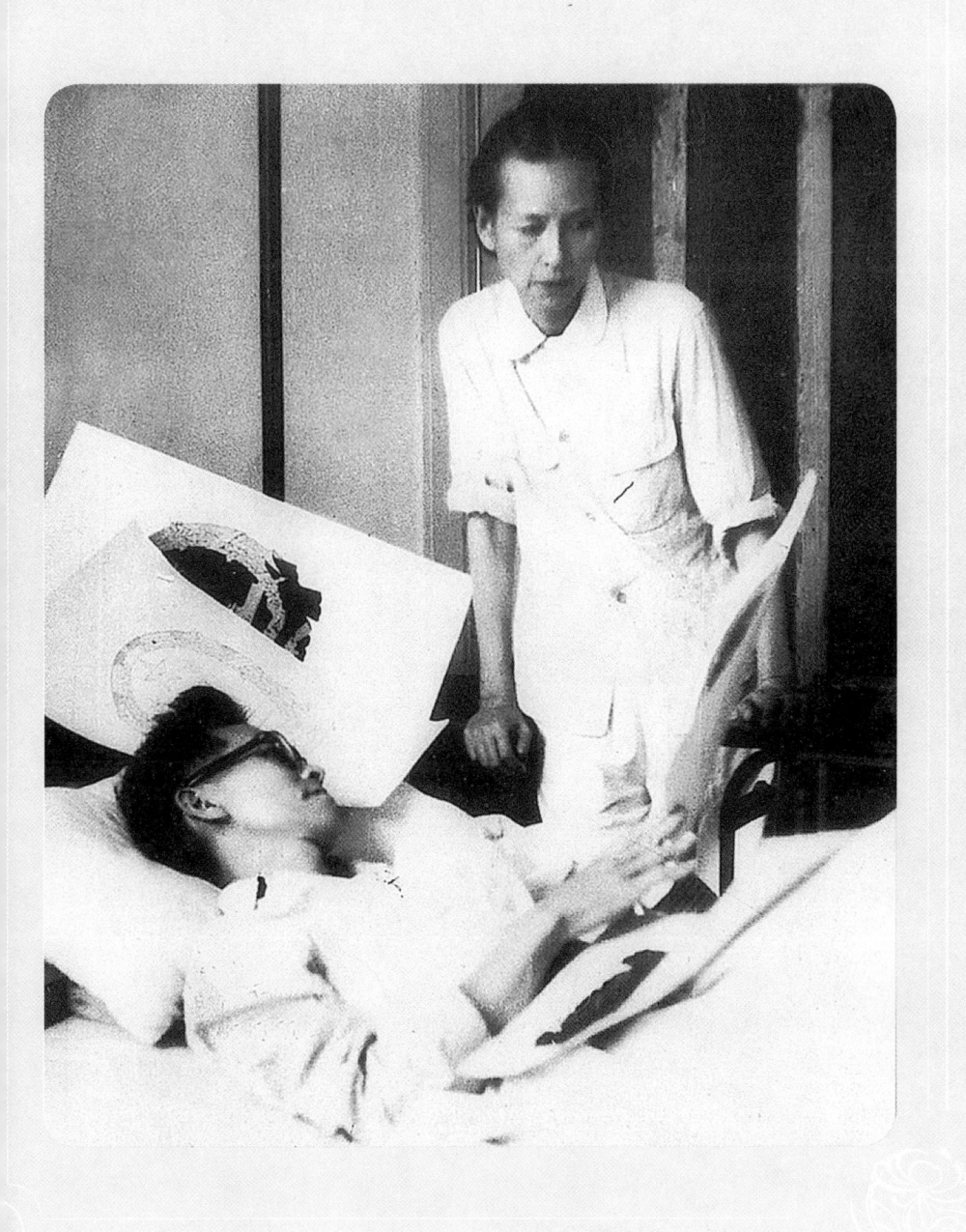

◇ 1950年，病中的林徽因、梁思成在讨论国徽设计方案

◇ 清华大学国徽设计小组的部分成员在梁思成住宅前留影，右二为胡允敬

◇ 1949年10月，林徽因等设计的国徽方案

◇◇中华人民共和国国徽

三四

景泰蓝　纪念碑

林徽因一生的最后几年，她有限的精力，除建筑外就是倾注给工艺美术。所以如此，因为她认定："中国的衣食住行，是一种艺术，也是一种文化，处处体现出人的精神和意志，是我国光彩夺目的文化财富之一。"（钱美华：《缅怀恩师》）林徽因在昆明郊外瓦窑村引发的兴趣，蛰伏了十年，到新中国成立终于有了她施展这方面才华的时机。想来是出于她的创意，清华大学建筑系曾添设过工艺美术研究小组。最初成员有莫宗江、李宗津、高庄、王逊几位，后来又调进了刚从浙江美术学院毕业的钱美华、孙君莲。林徽因去故宫午门参观"敦煌艺术展览"，遇见老友常书鸿的女儿常沙娜，又把她召来了。正是这三个新来的女青年，在林徽因指导下复兴了新中国的工艺美术事业。后来她们都成了这一领域的翘楚，常沙娜任中央工艺美术学院院长，钱美华是享誉工艺美术界的大师。

恰好北京成立了特种工艺公司，给林徽因她们以施展才能的平台。公司经营十多个行当，烧瓷、雕漆、地毯、挑花、绒绢纸花、牙雕玉雕等等，最为突出的是濒临失传的景泰蓝。景泰蓝流传了数百年，人们爱它的造型小巧，做工精细，色泽莹亮。北方的百姓，稍为充裕些的家庭总会藏它几件，条案上做个摆设，或手里把玩把玩。历经战乱，这东西稀少了，能制作它的艺匠也不易找到，抢救、发掘景泰蓝工艺迫在眉睫。林徽因不只满足抢救、守成，她看出旧工艺的不少缺陷。景泰蓝原是专供皇家贵族把玩的贡品，带有浓重的宫廷气息，花纹浮艳繁琐。

艺匠也只得"唯宫廷趣味是从",难以发挥民间的艺术创造力,常见的景泰蓝便失之呆板。景泰蓝要想在新社会走向民众,必须作一番创新。林徽因汲取传统工艺的制作规律,求花纹虚实相间,疏密对照,曲线着意重复。她希望新的景泰蓝古玉般温润,锦缎般富丽,宋瓷般自然活泼。

要达到这样完美的效果,固然不可少才华,还需要付出辛劳。林徽因无数次带着常沙娜她们寻访匠人,学习、切磋。从北京郊外西北的清华大学,到郊外东南的工艺品厂,每次都穿越偌大的京城。不说工作,单这来回百里的路途,就够林徽因哮喘若干回。然而,只要设计的作品果然温润了,富丽了,自然活泼了,她不由得欣慰起来,再怎么喘得痛苦,都能忍受下来,她的欣慰宁愿夹在病痛里。宋庆龄多次买过林徽因设计的景泰蓝制品,孙夫人摩挲着那只仿宋小缸赞不绝口:"这件高品位的新作品,宁静的造型、装饰波纹的向前的花纹有律动的美,舒畅痛快。"(见钱美华《缅怀恩师》)景泰蓝由此一度复兴,林徽因又担心它能否持久,在病床上叮嘱学生:"景泰蓝是国宝,不要在新中国失传。"(同前)这是她留给钱美华的最后一句话,师生诀别,这句话决定了钱美华一生追求,把自己交给了工艺美术事业。

林徽因领导的创新设计引起相关部门的重视。北京正在筹备国际性的"亚洲太平洋地区和平会议",同时苏联文化代表团即将访问中国,两个活动需要一大批礼品,林徽因的研究小组责无旁贷地承接了这项政治性任务。林徽因和三个姑娘设计出的景泰蓝台灯、印花丝巾、金漆套盒、和平鸽胸针,精美的一件件,多姿多彩,主题全都鲜明地指向和平。她说:"我们努力创作的目的,就是要让全世界人民都起来维护和平。"她还专门写了一篇文章——《和平礼物》(刊《新观察》杂志一九五二年十八期)。中国曾经饱受战争之苦,还在继续承受战争遗患之苦,林徽因的设计靠的就不仅仅是她的努力和才华,还有情感,三个年轻姑娘不易体会的深沉的情感。

林徽因获得意料中的成功,和平大会的各国代表和来访的苏联艺术家们,领到礼品爱不释手。芭蕾大师乌兰诺娃尤其喜爱一个大圆盘,上面是林徽因设计的敦煌风格的舞蹈图案。乌兰诺娃捧着圆盘连连惊呼:"真是美极啦!"上级指示清华介绍经验,林徽因起草了《景泰蓝新图样设计工作一年总结》,由清华大学建筑系的代表在大会上发言,发言稿登了《光明日报》整个一版。发言稿中反对半裸体美人和林黛玉式病美人的牙雕，有些过激。这过激是历史乌云投在林徽因头上的一块阴暗痕迹，那时天空下，谁也无法躲过不时飘来的乌云。第二次全国文学艺术界代表大会的总结报告表扬了清华工艺美术设计成果，林徽因以工艺美术家代表的身份出席会议。本来她更应该作为一名优秀作家出席大会，她没有为此不快，也接受了主流观念，感到自己的作品太非无产阶级，不配再登新时代文坛。

国徽设计的成功，清华又受命设计人民英雄纪念碑。中央特别设立"人民英雄纪念碑兴建委员会"，北京市长彭真领主任职，梁思成担任了副主任，兼任建筑设计组组长、建筑设计专门委员会召集人，林徽因是委员会成员。林徽因时常隐身于梁思成的"背后"，很多人以为林徽因只是参加工作，只是分工纪念碑的局部设计。知道这个，还是多半因为，林徽因设计了那块装饰浮雕的纪念碑底座，她病故后底座用作墓体，浮雕墓体图片经常出现在关于林徽因的书籍中。

梁思成、林徽因夫妇从事中国建筑研究和设计实践，从来是二位一体的，连他们自己都难以分清哪部分属于谁的劳绩。设计、兴建纪念碑那几年，林徽因更是不可能有一日置身事外。梁思成公务越来越繁忙，林徽因一如既往，具体的技术工作大多归她。一九五三年春天，梁思成随中国科学代表团访问苏联长达几个月，当时纪念碑设计正处于重要阶段，林徽因独当一面，代丈夫行使把住种种技术、艺术关口。她给在莫斯科的梁思成写信说：

> 我的工作现时限制在碑建会设计小组的问题上，有时是把几个有限的人力拉在一起组织一下，分配一下工作，做技术方面的讨论，如云纹，如碑的顶部；有时是讨论应如何集体向上级反映一些具体意见，作一两种重要建议。今天就是刚开了一次会，有阮、邱、莫、吴、梁，连我六人。前天已开过一次，拟了一信稿呈郑副主任和薛秘书长的。今天阮将所拟稿带来又修正了一次，今晚抄出大家签名明天可发出（主要①要求立即通知施工组停扎钢筋，美工合组事虽定了，尚未开始，所以②也趁此时再要求增加技术人员加强设计实力，③反映我们对去掉大台认为对设计有利，可能将塑形改善。而减掉复杂性质的陈列室和厕所设备等等使碑的思想性明确单纯许多）。

五天后，她给梁思成的另一封信又说道："昨晚老莫回来报告，大约把大台改低是人人同意，至于草图什么时候可以画出并决定，是真真伤脑筋的事，尤其是碑顶仍然意见分歧。"她说的分歧，是雕塑家认为近四十米高的碑顶应该塑成一组英雄群像，梁思成、林徽因则坚持设计成传统的"建筑顶"——就是今日见到的那个简朴、大方、庄重的三角形碑顶。

林徽因做这些工作的时候，已经病得彻底卧床不起，甚至不能从卧室挪步到客厅里办事，后来配了一名助手在梁家上班。这个年轻人即是后来清华大学建筑学院教授、中国工程院院士关肇邺。提起那段往事，关肇邺仍历历在目：

> 林先生更是重病在床，不能持笔，所以需要一个人帮助绘图和跑腿。组织上选我去做这件事，这是一段近两个月的工作。在梁家客厅，支起了一台简易的绘图桌，隔壁便是林先生的卧室，很便于随时把图拿进去给她审看修改。梁先生在家时间不多，其中有一段时间他随中国科学院代表团访问前苏联……
>
> 工作方式是这样的：林先生全靠记忆列出一个书目，令我去图书馆借来，有不少是古碑的拓片，从中指出几个不同时代的碑边图案，她随即讲解分析了不同风格特征。看我大致体会了，就令我按纪念碑两层须弥座各个部位的形状尺寸，依选中的题材绘成适合的图案，并演变出二三种风格来加以比较，并教我如何改进提高。她的学识极广，谈论问题总是旁征博引而且富于激情。对于设计的评论，她的眼光总是敏锐而语言总是坦率的、一针见血而又幽默生动的。如她说建筑师不是测字先生（算命的）以此反对一些设计搞文字、数字隐喻；她认为建筑艺术感人之处首在总的空间和塑形，因而当时大家在追求建筑的民族化时期，她说过与其用传统细节符号来装饰，还不如在楼顶挂上"民族形式"四个大字来得明白无误（大意）。有一次我把纪念碑上浮雕的线条画得太柔弱了，她看了说，这是乾隆 taste，怎能表现我们的英雄？
>
> （关肇邺：《一九五三年春的片段回忆》）

林徽因设计的纪念碑底座浮雕图样，没有刻意渲染烈士的无畏和悲壮，乃是渲染象征和平的橄榄枝叶，环绕着我们民族钟爱的三式花朵，荷花寓意纯洁，牡丹代表高贵，菊花暗含坚忍，以此作为敬献给先烈的三炷清香。每一朵花每一片叶，她画了数十上百张草图。灵感一时袭来，她唯恐瞬间即逝，匆匆勾下简略线条，床边散落的全是记录灵感的纸片。过后她不停地咳嗽、不停地喘气，无人知晓她难以入眠的苦苦长夜。

比起家喻户晓的林徽因和徐志摩之间情感纠葛来，兴建纪念碑时期，林徽因的事业精神、工作态度、待人作风，岂不更值得后人追念，更是后代需要发扬的精神。进入一九五四年，林徽因即将走到人生的尽头。她心里是明白的，纵然不能确知尽头在哪一天，无非是早一天晚一天罢了。或许她想的是：已经赚了死神，医生预言的五年之期不是又过去五年了吗？一九五五年初春，她真的再也走不动了，林徽因生前未能目睹屹立天安门广场的人民英雄纪念碑。后来，建碑的同事们以她设计的碑座花纹，特制了一块浮雕盖在她墓穴上，陪伴碑业未竟的女建筑师长眠地下。

◇ 林徽因手绘的敦煌边饰

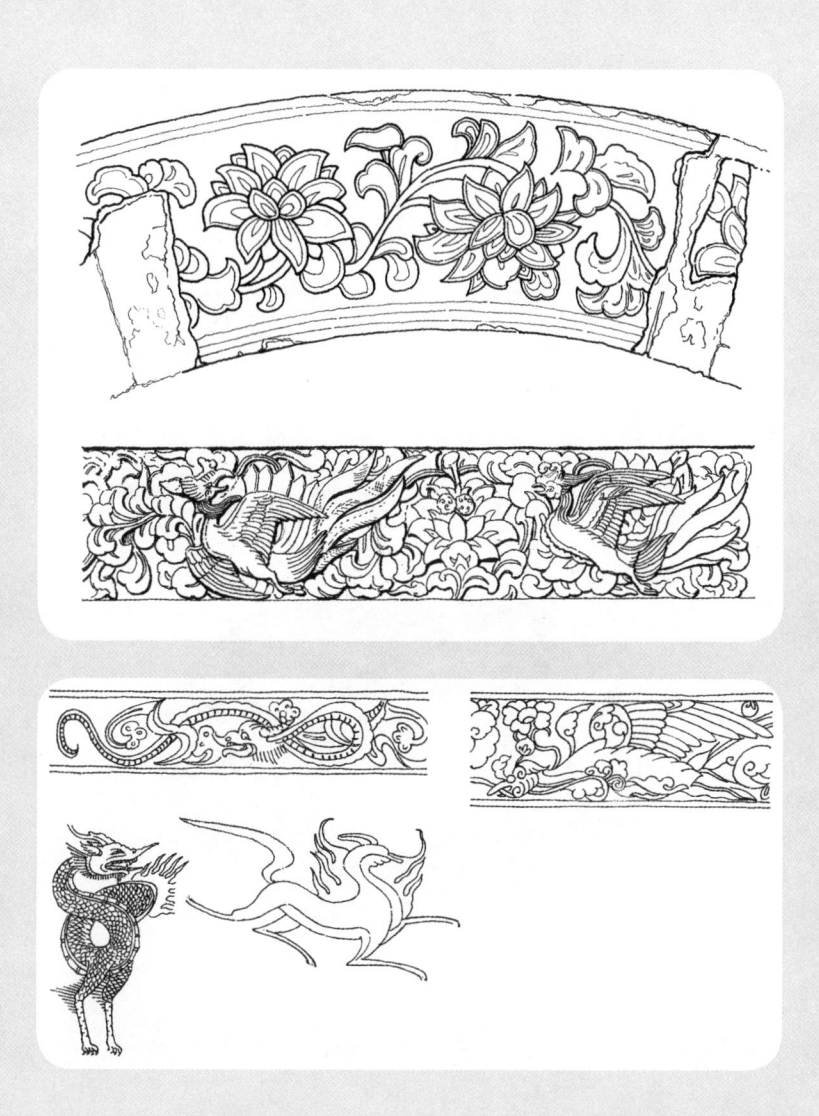

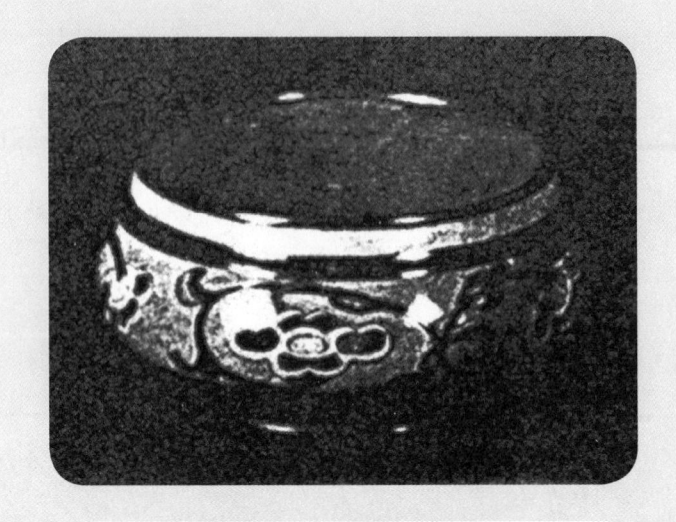

◇ 林徽因设计的景泰蓝作品

◇ 人民英雄纪念碑

三五
古　城

　　今天谈论梁思成保卫北京古城,谈得最多的是故都的牌楼和城墙。其实,牌楼、城墙的保卫,不过是那场"大战役"中的"小战斗",或者说是"大战役"失败后对"小战场"无奈的坚守。这场保卫古城的"战役",林徽因健康很差,往往由梁思成挺身,阵地上从来都不是梁思成一个人的身影,始终有林徽因并肩。而一旦林徽因到场,她的鲜明态度,加之犀利言辞,比丈夫更显锋芒,总给人以难忘印象——可惜她病得难出家门,出现战役一线场合的时候有限。

　　有人把城市比作容器,那么不能什么都往里乱塞。欧洲便有过太多乱塞的教训。十九世纪初期,工业无序发展,古老城堡里掺杂进众多工厂,街道两旁商业大楼林立,极具价值的历史古迹被割得支离破碎。工厂、商厦的急剧增多,又造成人口密集、区域紊乱、交通困难的弊端。于是,伦敦不得不用五十年的时间和难以数计的人力、物力来纠正犯下的错误。

　　梁思成、林徽因非常担心中国重蹈欧洲覆辙。北京古城的建设,历朝历代都有规划,内含理念和审美,是整体保存下来的,布局妥当的有机的古迹群体,雄伟、壮丽。一旦破坏它的格局,造成的将是有甚伦敦的难以弥补的损失。林徽因和梁思成合作撰写了《北京——都市计划的无比杰作》(《新观察》杂志发表此文仅署名梁思成一人)详尽地说明了古都的非凡:

大略的说，凸字形的北京，北半是内城，南半是外城，故宫为内城核心，也是全城的布局中心。全城就是围绕这中心而部署的，但贯通这全部部署的是一根直线。一根长达八公里，全世界最长，也最伟大的南北中轴线穿过了全城。北京独有的壮美秩序就由这条中轴的建立而产生。前后起伏左右对称的体形和空间的分配都是以这中轴为依据的。气魄之雄伟就在这个南北引申，一贯到底的规模。我们可以从外城最南的永定门说起，从这南端正门北行，在中轴线左右是天坛和先农坛两个约略对称的建筑群；经过长长一条市楼对立的大街，到达珠市口的十字街口之后，才面向着内城第一个重点——雄伟的正阳门楼。在门前百余公尺的地方，拦路一座大牌楼，一座大石桥，为这第一个重点做了前卫。但这还只是一个序幕。过了此点，从正阳门楼到中华门，由中华门到天安门，一起一伏，一伏而又起，这中间千步廊（民国初年已拆除）御路的长度，和天安门面前的宽度，是最大胆的空间处理，衬托着建筑重点的安排。这个当时曾经为封建帝王据为己有的禁地，今天是多么恰当的回到人民手里，成为人民自己的广场！由天安门起，是一系列轻重不一的宫门和广庭，金色照耀的琉璃瓦顶，一层又一层的起伏屿峙，一直引导到太和殿顶，便到达中线前半的极点。然后向北，重点逐渐退削，以神武门为尾声。再往北，又"奇峰突起"的立着景山做了宫城背后的衬托。景山中峰上的亭子正在南北的中心点上。由此向北是一波又一波的远距离重点的呼应。由地安门，到鼓楼、钟楼，高大的建筑群都继续在中轴线上。但到了钟楼，中轴线便有计划地，也恰到好处地结束了。中线不再向北到达墙根，而将重点平稳地分配给左右分立的两个北面城楼——安定门和德胜门。有这样气魄的建筑总布局，以这样规模来处理空间，世界上就没有第二个！

如此精心布局的古都，其价值当然远非欧洲任何一座古城所能攀比，梁思成在另外一篇文章里说得十分动情："那么单纯壮丽，饱含我民族在技术及艺术上的特质，只要明白这点，绝没有一个人舍得或敢去剧烈地改变它原来的面目的。"（《关于中央人民政府行政中心区位置的建议》）然而，书生的梁思成哪里想到，对于"那么单纯壮丽，饱含我民族在技术及艺术上的特质"的建筑，就是有人舍得，也有胆量，更有足够的力量去损害它！而且不久，这损害即成为铁的事实！

随意乱盖还只是局部问题,不惜整体改变古都的人是中央政府请来的苏联专家团,专家团提出一份《关于改善北京市市政的建议》。一位专家说:"北京没有大的工业,但是一个首都,应不仅为文化的、科学的、艺术的城市,同时也应该是一个大工业的城市。"苏联专家想按照莫斯科红场的模式,以天安门广场为中心改建北京,建设一个中国版的莫斯科。这位苏联专家倒不像梁思成那么"书生气",不会对古都有那么天然的感情。他依仗"老大哥"的特殊身份,斩钉截铁地断言,他们的建议,"这是任何计划家没有理由来变更也不会变更的。"(巴兰尼克夫:《关于北京市将来发展计划的问题的报告》,转见窦忠如:《梁思成传》,本节多参考此著)梁思成竟然当场反对。年轻而学术前景大可期待的陈占祥,态度鲜明地支持梁思成意见。

梁思成、陈占祥与苏联专家分歧的焦点之一在于,中央行政中心设计在城内还是迁往西郊。会后,梁、林夫妇和陈占祥充分准备了数月,写了两万五千言的《关于中央人民政府行政中心区位置的建议》,于一九五〇年二月上呈党中央。这份建议由梁思成和陈占祥联合署名,即俗称的"梁陈方案"。"方案"构划了一个以行政中心外迁、建设与旧城相连的新市区的"大北京市"理想。梁思成自费印制一百多份,分头报送各部门相关首长。他真诚地希望,中国的当政要员能够"从谏",尽管不可能那么"如流"。然而,任凭他振振有辞:"我们这一代对于祖先和子孙都负有保护文物建筑之本身及其环境的责任,不容躲避。"要员们却置若罔闻。两个月后,梁思成再以个人名义上书政务院总理周恩来,希望赶快定下方针。他要求和总理面谈:"不忖冒昧,作此请求,如蒙召谈,请指定时间,当即趋谒。"信尾特附明家里电话号码。梁思成所以如此急切,看到不少单位已经随意在各处建房建楼,北京古城面貌显现出凌乱的端倪。林徽因急得说:"现在这样没秩序地盖楼房,捂都捂不住!将来麻烦就大了!要赶紧规划!"(见杨秋华《怀念林徽因先生》)而另一方面,严守规章的单位请示建房地址,迟迟不见批复下来,许多单位部门的工作大受影响。

总理没有召见梁思成。"梁陈方案"遭到一些人的指责,最厉害者给梁思成扣上政治帽子,说他企图否定天安门作为全国政治中心的地位。当别人将技术性的分歧意见上纲上线到政治层面,梁思成还全然蒙在鼓里,正埋头于规划天安门周边的方案。他考虑,万一(不存在的万一)"建议"不被接纳,作为专家干部,他应该服从领导,但应该及时拿出一道后备方案。

梁思成慢慢才意识到,他已经丧失了参与故都规划、设计的资格,纵然他是权威的建筑学家,并且是政府任命的北京都市计划委员会副主任。这位技术领导被架空了,政府已先行指定别人规划了两个方案,苏联专家作方案顾问,另行成立了规划小组。《改建与扩建北京市规划草案的要点》中提及:"为了在讨论与研究过程中避免引起一些无谓的争论,我们又指定了几个老干部,抽调少数党员青年技术干部,在党内研究这个问题。"梁思成不属党内。同样不在共产党内的陈占祥比他惨烈得多,一九五七年被打为"右派"列入另册。

苏联专家、老干部、党员青年技术干部一起研究出来的《改建与扩建北京市规划草案的要点》,其务虚的文字,在泛泛肯定古都价值后着重指出:故都原来的建设,"反映了封建时代低下的生产力和封建的社会制度的局限性。它是在阶级对立的基础上发展起来的,它当初建设的方针完全是服务于封建统治者的意旨的。它的重要建筑物是皇宫和寺庙,而以皇宫为中心,外加上一层层的城墙,这充分表现了封建帝王唯我独尊和维护封建统治、防御农民'造反'的思想。"二三十年前宾夕法尼亚的大学生林徽因,声讨西方建筑模式对中国民族建筑的破坏:"我们悲伤地看到,我们的土生土长的特有的本色的艺术正在被那种'与世界同步'的粗暴狂热所剥夺。"(见王贵祥《林徽因先生在宾夕法尼亚大学》)现在,剥夺它的是曾引以为荣的炎黄子孙,是学习不算西方的西方苏联老大哥。

这份《要点》还说:这些遗迹,"对它们采取一概否定的态度显然是不对的;同时对古建筑采取一概保留,甚至使古建筑束缚我们的发展的观点和做法也是极其错误的"。前者仅"不对"而已,后者则是"极其错误",孰轻孰重,判若分明。唯恐分明得不够,"要点"再追加上一句,"目前的主要倾向是后者"。(上引均转见北京出版社出版的《行程纪略》)

《要点》上报了中央,北京市委在附属的报告中透露,《要点》形成过程中,"批判了'废弃旧城基础,另在西郊建设新北京'以及'北京不能盖高楼'等错误思想"。显然指批判了梁思成一流专家的思想,梁、林的一场故都保卫战以夫妇彻底失败告终。林徽因只知道失败,并很不清楚批判内情,她痴痴地长长地长叹一声:"我们的党太不懂建筑!"她哪里明白,这岂止是建筑问题。确定的规划宗旨非常明确:"在制定首都发展的计划时,必须首先考虑发展工业的计划,并从城市建设方面给工业的建设提供各项便利条件。"(《改建与扩建北京市规划草案的要点》)为了工业发展,牺牲不能发展的古城,拆除城墙、牌楼,乃势所必然。另一面,梁思成等人,退守保卫城墙、牌楼,同样是必然的。如果说建议开拓新城区、保卫故都还有点主动出击的意思,那么保卫城墙、牌楼,完全败退下来的悲壮守卫。

　　早在一九五〇年,梁思成已经发表过城墙不可拆毁的意见,并写成文章《关于北京城墙存废问题的讨论》(刊《新建设》杂志第二卷第六期)。爱护城墙绝非梁思成等少数建筑史专家嗜古成癖,在一次北京各界人民代表会议上,已有一些代表注意到,城墙上面积宽敞,可以布置栽种花草,设置鱼池,安放椅座,或远或近的地方还可建些凉亭。人们伫立城头,近可俯视护城河,碧水粼粼,远可眺望郊外平畴和尽头的西山。这正是梁思成赞叹的:"它将是世界上最特殊公园之一——一个全长达三十九点七五公里的立体环城公园!"

　　决策者不许别人再讨论,某位负责人在会上狠狠地警告大家:"谁要是再反对拆城墙,是党员就开除他的党籍!"梁思成此时尚未入党,无籍可除,但是他还能说什么呢?要说只能说给林徽因听:"拆掉一座城楼就像挖去我一块肉,剥去了外城的城砖就像剥去我一层皮。"你的肉和皮,在伟大的工业化进军面前算得了什么!仅仅为了利用城墙这一带之地,开动了一两个野战军人数,排山倒海似的上阵,放炮、挖砖、肩挑、车推。红旗飘扬,灰雾蔽天。梁思成、林徽因没住在皇城根下的北总布胡同,没有目睹城墙毁灭。然而,即使他俩远住郊外的清华园,有泪不肯轻弹的男子,依然禁不住潸然泪下。

　　实在忍无可忍,夫妇二人也有挺身而出的时候。某负责人说,天安门前两侧的东三座门、西三座门影响了节日游行检阅——军旗过门不得不"低头";眼巴巴想瞻仰人民领袖的人民,卡在门外不能早一刻如愿;还说,三座门还有解放前的罪恶。一个小型讨论会上,梁思成、林徽因据理力争,会议上午开到下午,下午开到晚上,梁思成三次发言,舌战二三十位反对者,林徽因嘤嘤啜泣。市长过来安慰,你们爱护文物爱护建筑艺术的精神值得钦佩。上级主意早已内定,东西三座门非拆不可。拆除工程一切准备就绪,只等一个会议程序。北京各界人民代公议那天,林徽因凛然出场,她代表梁思成参加。会场设在中山公园的中山堂,没有固定椅座,临时拖来的椅子,排座时让开一条过道。机敏的林徽因,一上台就抓住眼前这过道做文章:椅子为什么让开过道来摆?还不是为了交通方便!如果说北京从明代遗留下的城墙妨碍交通，多开几个城门不就解决了？与会人员并不弱智，听了林徽因声辩，原本准备举手同意拆除的代表，情绪起了波动，不免犹豫是否还举手附和。此刻，林徽因哪里是个抱病的柔弱女子，她是英雄！市长见势，立即召集会场里的党员代表临时急召党员会，规定他们服从市委决定。党员占了代表中的多数，拆除三座门就这样通过了，林徽因又做了失败的英雄。失败而悲壮，这位英雄隐隐感到，从此声势浩大的古都建筑撤除风暴将席卷而来。

将有更多的失败等着她和梁思成，这对夫妇屡战屡败之后仍屡败屡战。北京拆过城墙准备再拆牌楼，主张并主持拆牌楼的是当时的北京市副市长吴晗，这位市长精通明史，牌楼的文物价值他比一般文化人应该明白得多。然而吴副市长拆牌楼态度异常坚决，尽管保护牌楼的队伍里有他的老师并顶着国家文物局长"乌纱"的郑振铎先生。北京数百座牌楼，遍布于全城各处，拆起来动静不小，反对的呼声也高，郑振铎、张奚若、翦伯赞都是著名的反对派。市政府一连开了几次座谈会，双方争得面红耳赤，最后无果而散。拆牌楼的理由依旧是妨碍交通，策略依旧是借群众压专家。他们甚至找来人力车夫，用车祸诉说牌楼之害，声泪俱下。吴晗满口官腔说："应尊重专家的意见，但专家不能以自己的意见必须实现。"

梁思成再次上书中央领导人。上书中央是他常用却屡不见效的一柄纸剑，可是除此，他还能有什么武器？信中列举有些颇具文物价值的牌楼，"所在的一段大街，既不拐弯，也不抹角，中间一间净宽六点二米，足够两辆大卡车相对以市区内一般的每小时二十公里的速度通过，不必互相躲闪，绝对不需要减低速度；若在路面上画一条白线，则更保绝对安全。两旁的两间各净宽五点一五米，给慢行车通过是没有问题的"。周恩来终于出面找梁思成做思想工作，不知内里情由的梁思成，颇动情感地对总理赞叹，夕阳余晖照射在帝王庙牌楼时，有一种极富民族文化传统的古诗般的意境。总理无奈地答道："夕阳无限好，只是近黄昏。"

林徽因情绪比丈夫更为激烈，国家文物局长郑振铎招待建筑专家吃饭，她指着临席的吴晗斥责："你们把真古董拆了，将来要后悔的。即使再把它恢复起来，充其量也只是假古董。"不久在吴晗主持的座谈会上，林徽因又作了一次长篇发言，就文物保护与建设的关系、文物建筑保护不只限于宫殿庙宇、古建筑文物的整体性和它的环境保护等等问题，多方面阐释自己的看法。她说得很全、很透、很动感情。

挽救牌坊的努力毫不见效，梁思成痛心疾首。毛泽东听说梁思成为城墙、牌楼落泪，斥之是资产阶级思想的表现。他见到北京市委书记、市长彭真，依旧坚持己见："在这些问题上，我是先进的，你是落后的。……五十年后，历史将证明你是错误的，我是对的。"果然预言得到历史验证。然而，一个事后太久才明白的对与错，于历史补救的作用是微乎其微了。今天来评价梁思成、林徽因夫妇，若不以成败论英雄，其护卫古城失败的光辉远在成功的国徽、纪念碑设计之上。

拆城之风兴起，妨碍交通的古亭古塔及其他古建筑均在扫荡之列。堪与紫禁城角楼媲美的大高殿习礼亭拆了，西长安街金代庆寿寺双塔也拆了，后来团城也将在劫难逃。团城是国家文物局办公用地，以保护文物为己责的局长郑振铎，无力保护自己身处其地的文物古迹，不能不说是莫大的讽刺。倒是局长的秘书罗哲文，他是梁思成从李庄带出来的徒弟，急急来找老师商量对策。梁思成已然心有余力不足了，仍病急乱投医，倒去求助苏联专家，两次拖着"老大哥"到团城来看看，希望他们支持，结果不用说的。最后的指望在总理——梁思成再去中南海求见，力陈利弊。周恩来两上团城实地勘察，最后决定中南海围墙南移，修筑的马路稍稍拐弯，让过了古迹。这几乎是他唯一的成功。

梁思成、林徽因还曾经有古城四周不宜建造高楼的主张。梁、林护卫古城是鉴于西方城市的教训，他们护城的无畏值得大书特书，而深受西方教育的这对夫妇，却不是唯西方是从，亦步亦趋。这份精神遗产殊为可贵。

◇ 1950年，林徽因与郑孝燮、周卜颐、王君莲、李宗津等在清华营建系留影

◇◇ 1950年代初，林徽因与梁思成在清华大学新林院

三六 夕　阳

新中国成立之初知识分子政策比较宽松，没有投奔台湾的知名人士均受青睐，科技人员备尤受重用，轰轰烈烈的社会主义建设，哪里都急需人才。即使开展了改造他们思想的"洗澡"运动，温水洗洗罢了，即或有时水温过高烫人，造成伤害终究还算有限。纵然确有一批旧知识分子对新政权心存疑虑、反感、恐惧，但与他们相反，梁、林知交张奚若、周培源、钱端升以及金岳霖，无不被委以重任，梁思成和林徽因双双得到若干职务和荣誉，梁思成更是桂冠一顶又一顶：全国政协委员、北京市政协副主席、北京市人民政府委员……一面因为坚持保护古城遭人侧目，一面照样位列各种要职，那是新政府的统战。林徽因以抱病之躯，也当上了北京市都市计划委员会委员、市人民代表、全国文代会代表、中国建筑学会理事、《建筑学报》编委。尽管她对此未必很在乎，更不会蓄意谋取，可政府的盛情总是心领的。政府干部对她健康的关心细致入微，再添一份感动。距新林院八号老远，学校竖了块告示牌，提醒过往行人：这里住着一位病人，需要静养，请勿喧哗。林徽因进城治病，主张拆牌楼的市政府秘书长薛子正专门为她修缮出一个偌大的四合院，还特地装上暖气。（林徽因病逝，此院由傅作义入住。）比起荣誉和关心，最本质的是民本意识认同，她相信共产党是人民的政党，是为人民谋福利的。政府官员都廉洁朴素，百姓虽一时患寡，却没有患不均，相信日子总会好起来。国家给林徽因在建筑领域提供了用武之地，好比给了她鲜活的生命，良好的工作环境是建国前远远不敢奢望的。凡此种种，才如梁从诫所说，那时"母亲有过强烈的解放感"。（见梁从诫《倏忽人间四月天》）

"梁陈方案"规划古城布局失败，不能不给梁思成、林徽因带来挫伤。纵然如此，夫妇两人对新社会的一片赤诚之心依然如故。当梁思成由于"大屋顶"建筑思想开始受到批判时，林徽因真正进入生命倒计时。外界山雨欲来，她封闭在病房斗室，于这一切所知甚少。直到去世，林徽因思想、情绪未起多大变化。梁思成下面一段话，虽然讲在妻子死后的一九五七年，差不多也能代表林徽因生前的基本认识：

> 八年来，我对党的领导同志，不管是哪一位领导同志，总是争辩不休的。在我被说得真正地心悦诚服以前从来没有低过头。但是，在这样硬着头皮、继续不断地同党抬杠的同时，我从来没有忘记：是谁领导六亿人民解放了自己，从根底下铲除了百年来帝国主义、封建地主、官僚资本对我们的压迫；是谁……是谁……是谁……是谁……
>
> （《整风一个月的体会》）

基于这样的根本认识，林徽因拼命为国家工作是顺理成章的事。最后几年短短的时光里，她卧病在床的日子有一半，却做出那么多健康人都不易完成的业绩。创办清华建筑系，参与国徽设计，革新景泰蓝工艺，护卫城墙、牌楼，这些已广为世人所知了，此外，她还系统地讲授"近代民宅"课程，指导毕业论文，组织考察恭王府，设计任弼时墓体，领导编绘了《中国建筑彩画图案集》，发表了若干文章，审阅别人稿件，翻译苏联建筑专著，等等。病倒榻上，她还给这个或那个青年教师指点业务，给不是她学生的青年补习英文，回答已经毕业工作的学生回来请教的问题。她母亲忍不住嘀咕："讲起课来就像没有病了。"连国家领导人接见外交使节该穿什么样的衣服，她也思量到了。那时没有专门的服饰设计专家，而林徽因于服饰历来兴趣甚浓。她年轻时即写过文章《中国妇女服装问题》（已佚），自己的穿着总是既得体又漂亮。设计外交礼服，责无旁贷。她还想研究《诗经》和《楚辞》的语言问题，实在分身乏术了，只好托付堂弟林宣："我的精力实在不够用了，请你回去开始进行我们共同的'文学研究命题'。"（林宣：《"薪火相传"之义的实践》）

"北京"替代"北平"以后，诗人再没有新的诗歌作品发表。显然不是她太忙的缘故，实在林徽因诗歌的情感太过于个人了。本来诗情就应该属于个人，唯有属于个人才能被别人喜爱。那时文艺政策提倡大众，排斥个性，当然排斥抒发个人情感的文学作品。作为诗人的林徽因已经属于过去，容有近七百人参加的第一次全国文学艺术工作者代表大会，没有她一席之位。出席第二次大会，并不是重视她以往文学成就，完全赖于工艺美术方面突出贡献。

林徽因的生活，虽然病痛折磨得她难忍，可精神上放松为过去十来年所无。工作之外她没有过多牵挂，儿子进了北京大学历史系读书；女儿在新华社总社上班，而且有了小家庭。英国式的下午茶又继续了，来客则变动不少。徐志摩、沈性仁均已作古；叶公超去了台湾；城里的沈从文、朱光潜、萧乾、卞之琳，终究离清华路远不易登门。燕园的周培源偶尔会来，他也很忙。唯有金岳霖照常每日必到，而且随时能到。他不单单是赶茶会，来了就给林徽因读英文版文学作品，或者看着她和教师、学生说话，有时插上几句，交谈时间长了他替主人下逐客令。哲学研究所搬到城里，金岳霖跟着住入东城的科学院高知楼，任他如何想来也难遂心愿了。现在来得多的是清华建筑系的师生，客厅的氛围也不再如北总布胡同似的，少了那份老派知识分子的洒脱与优雅，代之以新社会青年的蓬勃朝气，它也是一段温馨记忆，日后多年保存在青年们心底。林徽因走了，青年人老了，汪国渝教授是其中一个，他依然神往着新林院八号："我们感触最深和影响最大的，是我们把他们家的客厅当作一个文化艺术的沙龙。在我们心目中那里简直就是一座知识哲理的殿堂，洋溢着意趣和友爱，充满着真诚和激情。"（汪国渝：《山高水长，风范永存》）有时林徽因不谈知识、哲理，沉浸在甜美的回忆里，留学，欧游，野外考察，年轻人感受她对韶华逝去的眷恋与无奈。

客厅令她兴奋，林徽因忘记病痛，而疾病却不会忘记她。客散人静，她与病魔挣扎，禁不住顾影自怜。注视床头那幅二十年代风华绝代的照片，无限地眷恋："看啊，这就是当年的林徽因。"

新中国从成立起就从未中断过文化批判运动，常人以为建筑便是造房子，造房子与意识形态怎会发生什么关联。等到明白了建筑也有艺术也有思想在里面的时候，政治立即来过问。梁思成在劫难逃地卷入了"大屋顶"批判。梁、林夫妇原本受的是西方现代的建筑学启蒙，认为中国传统建筑工艺属于既往历史的产物，大屋顶"宫殿式的结构已不合于近代科学及艺术的理想",除特殊建筑物外,不适宜普遍采用。可是苏联老大哥的专家坚决地否定西方资产阶级建筑理论,他们夫妇也自觉不自觉地跟着转向。当梁思成发表《苏联专家帮助我们端正了建筑设计的思想》等一连串文章,张扬"民族的形式,社会主义的内容"时,不料苏联建筑学界又发起批判复古主义。批判之风刮到了中国,殃及梁思成,他成了被批判的靶子。颐和园内的畅观堂,中央宣传部门和中共北京市委联合组织了几十人的写作班子,炮制了一百多篇火药味很浓的批判文章。彭真逼迫梁思成:你不放弃意见,我们就一篇篇地发表它们。梁思成被迫给自己套上"形式主义"和"复古主义"两顶帽子,撤销了他的《建筑学报》主编职务,销毁了马上要出刊的一九五五年第一期《建筑学报》,只为登有梁思成的文章——一期刊物费用成本事小,"政治影响"事大。梁思成跟来跟去,成也老大哥,败也老大哥,老大哥则不负丝毫责任的。梁思成和林徽因莫衷一是,究竟对在哪里错在哪里?

她无力地叹息:"我们知识分子只有那么一点专业知识,连这也批得一无是处,那么我们还剩什么呢?!"(见关肇邺《一九五三年春的片段回忆》)林徽因的哀叹,像她只剩五六十斤的病体一样衰弱,然而这句衰弱的大实话穿过历史隧道,听来震耳欲聋。

林徽因彻底倒下了,她准备出版一套《中国历代图案集》,草拟好提纲,确定好合作人选,徒留未竟遗愿。一九五四年冬天林徽因住进了北京同仁医院,已在北京特艺进出口公司上班的钱美华来探视。看到林徽因骨瘦如柴,本来羸弱的身躯愈显瘦小,瘦小得令钱美华以为病床上并没有人。此时此情此景,钱美华无比心酸。梁思成也病倒了,躺在妻子隔壁的病房。一代才女在这样凄凉的氛围里度过了人生最后几十天。最后的几天她拒绝吃药(见吴良镛《林徽因的最后十年追忆》),病到此刻诗人最后一次表现了她刚烈。追求生活质量的林徽因一定是想,个人痛苦罢了,还要拖累别人,到了这般地步,与其生不如死。二十年前她已经说过:"像我这样的人应该死去;减少自己及别人的痛苦!"(《致沈从文信》)最后一晚,她突然呼吸急促,她明白到了大限,示意护士叫隔壁的丈夫过来。缺少耐心的护士回答天亮再说,她不知林徽因等不到天亮了。林徽因想对丈夫说什么呢?她肯定想了许多,究竟想了些什么,带到另一个世界去了。她有首诗写道:

当我去了，还有没说完的话，
像钟敲过，时间在悬空里暂挂，
你有理由等待更美好的继续；
对忽然的终止，你有理由惧怕。
但原谅吧，我的话语永远不能完全，
亘古到今情感的矛盾做成了嘶哑。

至于有传记描写林徽因弥留之际，仿佛听到母亲、老金、思成、再冰、从诫的声音；她后悔没遵从娘叫她当心身体的唠叨；她又要祝福女儿争取入党；她还回忆起留学期间梁思成送她仿古铜镜；并且看到了泰戈尔，想起老翁送她的那首小诗。写得固然非常动人，终究是太过想象。另一本梁思成传记，用平实文字这么记述："她也许是想当面规劝丈夫在没有她的日子里，在好好保重自己病弱躯体的同时，是否能够尽量减少一些激动的争吵，虽然为了真理她与丈夫一样不会退缩，但她还是想提醒丈夫今后孤军奋战时讲究点策略为好。"这内容似乎平实，但也平而欠实，林徽因不是如此讲究策略的人，她会这么想吗？

一九五五年三月三十一日深夜，林徽因昏迷不醒，显示出远走的征兆。梁思成扶病过来与妻子诀别，他失声痛哭："受罪呀，徽，受罪呀，你真受罪呀！"凌晨六点二十分，病房十分寂静，林徽因静静地走了，生前蕴就的朵朵云彩不带走一片。她曾经自嘲的一对"难夫难妇"，现在夫妇阴阳分道，只解脱了她一人，云彩留给了丈夫。走时梁思成不在身边，谁也没在她身边，一生不肯寂寞的林徽因走得无比寂寞。她算是安详，临终那一刻没有一点儿痛楚。她诗里有这么一句："死只一回／它是安慰。"她终于得到了这安慰。医生预料的五年生命期限，她坚毅地度过了十年，超出的那五年异常灿烂。在她生命的终点，不妨再回味诗人年轻时写下的《莲灯》：

如果我的心是一朵莲花，
正中擎出一支点亮的蜡，
荧荧虽则单是那一剪光，
我也要它骄傲的捧出辉煌；

不怕它是我个人的莲灯,
照不见前后崎岖的人生——
浮沉它依附着人海的浪涛
明暗自成了它内心的秘奥。
单是那光一闪花一朵——
像一叶轻舸驶出了江河——
宛转它漂随命运的波涌
等候那阵阵风向远处推送。
算做一次过客在宇宙里,
认识这玲珑的生从容的死,
这飘忽的途程也就是个——
也就是个美丽美丽的梦。

  莲灯熄灭了,熄得太早,太早。足以庆幸的是,被沉寂了半个世纪,曾经的莹莹烛光,穿透历史,终于捧出了辉煌,后人得以重睹林徽因的美貌,惊叹她的才华,敬仰她的气节,颂扬她的贡献。

  然而,林徽因何止美,何止才,是否还应看到,她显示了中国女性史进程上的现代性,何其充分,何其鲜明。莲灯,这一满蕴传统文化的意象,仿佛象征了林徽因的官绅出身和国学修养。但莲灯并未囿于宅门庭院,如轻舸驶出了江河,驶进了新世纪波涛,沐浴了现代文明雨露。回首林徽因同时代诸多知名女性,她们各具建树,却往往残留旧家庭旧教育这样那样的旧观念旧意识旧习性。乃至新世纪的今日,众多女性,仍浑浑噩噩,泛起观念、习俗的沉渣。那么,这位宇宙过客,她那美丽的梦,最具意义的蕴涵何在?或留下一个比辉煌更富意味的课题。

◇ 1950年，工作中的林徽因（左）

◇◇ 20世纪50年代的梁思成和林徽因

◇ 1952年9月14日，林徽因与梁思成在家中会见英国建筑师斯金纳

◇ 林徽因墓

三七 遗 韵

与建筑交道了一生辈子的林徽因，走了没有留下一份房产。

曾经误传《人民日报》发布了林徽因逝世讣告，实无此事。《北京日报》发布了林徽因逝世讣告，她是北京市人大代表。讣告公布的治丧委员会名单十三人：张奚若、钱端升、周培源、钱伟长、陈岱孙、金岳霖、杨廷宝、吴良镛、陈占祥、柴泽民、赵深、薛子正和崔月犁。名单显出较明显的平民色彩，纵然张、钱、周等人负有要职，但他们是作为死者生前友好列入的，少数几个是工作相关的领导干部，这张名单闪耀着精英色彩，仔细看去，一半以上属学界泰斗。追悼会设在金鱼胡同贤良寺，这座旧庙赖梁思成（应该还有林徽因）保护才未遭新政府拆除，冥冥中因缘。知交钱端升教授致了悼词，四周不多的挽联，金岳霖、邓叔存合撰的那幅最为瞩目："一身诗意千寻瀑，万古人间四月天。"（另一版本是"一生诗意三寻瀑，万古人间四月天"，见刘培育编撰：《金岳霖年表》）

林徽因灵柩安葬在八宝山公墓，墓体由梁思成设计，兑现了他与妻子生前的约定，后死一方为先走一步的设计墓体，完成夫妇相伴一生最后送终的责任。碑座是块横置的长方形汉白玉，它正是逝者设计英雄纪念碑的样品。林徽因设计时哪会想到，她的作品用在了自己墓上。莫宗江书写了碑名"建筑师林徽因之墓"。

林徽因病故以后，梁思成选用精美小本子抄录爱妻的全部诗作，每一首都写得工工整整。秀词丽句，林徽因生前没能出版，只零散地发表在报刊上，有的始终藏在箧底。清华园夜深人静，灯下瘦弱的梁思成秉笔伏案，他的思绪飘出多远，只有他自己知道。思念极深，有时整夜不得入眠，干脆起身吟诵《长恨歌》，最后两句，"天长地久有时尽，此恨绵绵无绝期"。对他刻骨铭心的思绪，可稍稍缓解，说不定愈加"愁更愁"。

深深思念林徽因的少不了金岳霖，一个春末晚上，他订了北京饭店一桌酒席。客人到齐，金岳霖起身，徐徐说了句："今天是徽因的生日。"与席的友人无不心底一声唏嘘。又过了许多年，林徽因的研究者上门请求金岳霖谈谈他相知的才女，老人谢绝了："我所有的话，都应该同她自己说，我不能（和你们）说。我没有机会同她自己说的话，我不愿意说，也不愿意有这种话！"说完话，闭眼，垂头，沉默。（见陈宇《金岳霖忆林徽因》）

可是，林徽因，一代才女，她的名字越来越陌生，差不多从人们视野里彻底消失了。福建学者说："就是在她家乡也基本无人知晓。"（同前）有人庆幸她的早逝，怕她那性格，如何承受得了一场场接连不断的政治运动。"文化大革命"中，与世无涉的林徽因母亲就未得幸免，何论她的刚烈耿直，更有"反动政客"父亲、"保皇党"公爹的牵累。"砸烂一切"的年代里，躲过了人躲不过墓，墓碑被砸，长眠地下的英魂受惊。不是砸碑人多么了解墓中人，他们仅仅把她看作资产阶级知识分子，或谓太太、小姐，横扫而过。此后，林徽因真的彻底蒸发了，世人不再提起那个国人本该引以为骄傲的名字，无时不见的国徽仿佛与她没有一丝关联。

数十年长长的沉寂，林徽因芳名终于再度回到世间。啼笑皆非，最先几年总与徐志摩连在一块儿，好像她只是浪漫诗人的影子。电视剧《人间四月天》里那个面目全非的名媛，一个小资美女进入千家万户。林徽因婚后非常反感别人称呼她"梁太太"，而死后又被定格为另一男性的恋人，可想九泉下她怎样地愠怒！

扭曲了的定格自然不会长久，林徽因家乡福建两位学者艰辛搜集她散落各报刊的诗歌作品，一九八五年首次出版了《林徽因诗集》，遂了诗人生前遗愿。几年后香港、北京两地推出包括作者其他文学体裁的作品集《中国现代作家选集·林徽因》，一九九九年梁从诫编辑了相当于全集的两卷本《林徽因文集》，其中建筑卷首次集中了她的建筑文章。"文集"还披露了林徽因一生各个阶段的大量照片，她的美丽、优雅惊撼当代青年。二〇〇五年她的研究者再次编辑、出版了三卷本《林徽因文存》，在"文集"基础上补充了数量可观的佚诗、佚文、佚函和译著，林徽因开始以才华浮现于后世。

一九八七年中央机关授予梁思成、林徽因、莫宗江、徐伯安、楼庆西、郭黛姮等六人集体一等"国家自然科学奖"，表彰他们对"中国古代建筑理论及文物建筑保护的研究"。

一股林徽因热自二十世纪九十年代骤然而起。一九九三年开始，十数种林徽因传记读物接踵而至，每种都为读者欢迎。它们或虚或实，或仁或智，或抄或编，呈现了各个作者心中的才女美女形象。又有年谱、年表，详实为本，全面记录了林徽因一生。费慰梅所著《梁思成与林徽因》，更是写出了个性鲜明的才女风貌。亲人、同事、朋友、学生纷纷著文怀念林徽因，众人文章合集为《窗子内外忆徽因》、《建筑师林徽因》，本真面目的林徽因逐渐为读者所真切了解。

这个林徽因，岂止以美貌与才气征服世人，她的精神、品性愈加值得后人珍惜与传承。她想做建筑师，矢志靡他，勇于挑战美国学校不收女生的世俗；她要建树人生业绩，忘我到不惜捐弃健康和生命；她深受西方文化的熏陶，却不失为具有传统精髓的中国知识分子；她对待恋情执着坦荡，恋情无望而友情长存；她施善如寻常，全无刻意，都在本性；她身处病患绝境，却抗之以坚忍刚毅。她那么重情、那么爱美，在她心目中，"没有情感的生活简直是死"！已经病入膏肓，还能看到昆明的艳丽，"不论是晴天还是下雨"，都感到"窗外的景色在雷雨前后显得那么动人"。（《致费慰梅信》）她热爱生活，因此创造了生命奇迹。胸怀如此的情和爱，生活充满了诗意。她的文学作品极具人性，人性甚至融化于冰冷的建筑。如果每位读者真正理解、接受了林徽因，像她那样拥抱生活，坎坎坷坷的一生，活得光辉灿烂，我们的社会必定更富于情趣和朝气。

毋庸讳言，林徽因自有她缺点弱点。诸如不擅与不在同一对话水平没有共同志趣的人相处，侃侃而谈变成寡言少语，说她傲慢，不能全怪说她的人。辩解她是性情率真，不愿空耗精力去作无价值的敷衍，这多少有点勉强。人家埋怨她"未必看得起我们"（见陈宇《且让"林徽因"更像林徽因》），得承认事出有因，她未必不应该近人情一些的。她脾气急躁，言语直爽得有时近于鲁莽。一次见学生素描作业太差，当面急不择言："怎么不像人画的。"（见茹竟华、王其明《中国第一位女建筑师林徽因先生》）哪怕谅解她"刀子嘴豆腐心"，总还是欠缺些涵养，若是豆腐心兼豆腐嘴，岂不更好。她争强好胜，尤其容易得罪同辈女性，与凌叔华、谢冰心的嫌隙，责任不能推得一干二净吧。与男性精英过从，自我中心意识太过强烈，"被男朋友们给宠得很难再进步"（见郑丽园访谈凌叔华《如梦如歌》），凌叔华这话不能全作嫌隙之见。数说这些，无意苛求林徽因完美，只在提示，由于掣肘于资料短缺，再是著者组织资料力不从心，此传这方面未得予以如意的记叙。

  砸坏的林徽因墓体二〇〇二年得以修复，多年的无名墓重新镌刻上她的名字。林徽因百年诞辰那天，清华大学隆重集会，来自各地的几代建筑学者，众多权威人士，济济一堂，缅怀他们敬仰的师长，中国第一位女建筑师。如今，无数的林徽因仰慕者，阅读她作品，寻问她人生，争颂她美德。演绎了的林徽因艺术形象，出现在歌剧、电视剧、地方戏曲、正在制作的电影里，这位客厅里的优雅诗人从来没有像现在这般走出窗外，走近寻常百姓。林徽因的诞生地杭州，称她"杭州女儿"，西湖畔竖立一方石牌，镂空部位显出的才女全身倩影，依傍着垂柳亭亭玉立。她的原籍福州，一尊林徽因铜像娴静地坐落在三山陵园，与家乡同胞朝夕相伴。当年砸墓的无知少年是否悔悟，是否会想到杜甫的那句诗："不废江河万古流。"

  与"文革"砸墓的群氓大不一样，如今文化青年景仰林徽因之情已数十载不绝，网上赞美她的跟帖不计其数（也有少量的微词、个别的诋毁），林徽因的名字俨然做了才女的代名词。网民套用古人名句"生子当如孙仲谋"，放言"做女当如林徽因"。林徽因在青年仰视中升上了塔尖，乃至塔尖之上的云端，云端之上的亮星，著者一个朋友说："不能同一时代的林徽因于他是一个梦，像星星挂在天上永不可抵达，但他禁不住常常遥望，为历史星空有了这么闪烁的一颗无限地欣慰。"又有读者献诗："轻柔间 您化身四月／绝世的白莲 一千年才一见／诗如其人 其人如春天／衣裙淡漫 落了些笑音在梦沿／那回声 像隔山的灯火／又像一弯明月 悬挂桥边／头戴百花的冠冕的仙 您是／晨风刻画的经典 灵妍的筑建／丢不掉来路的真切／为难您了 这不能平分的爱恋／云烟似的愁叹 飘向幽谷／正是她锤炼了情操和容颜／一辈子或永远 您都有您的信徒／女人是宗教的传说 从此兑现"（诗题《女人是宗教——献给林徽因》）诗是动人的，但染有神化的意味，一本传记的书名即是《骄傲的女神林徽因》。其实还是看做人的好，林徽因说过："思成不能酒我不能牌，两人都不能烟。"（《致沈从文信》）言外之意，梁思成能玩牌的，她能饮酒的。徐志摩见到过一回，宴席间林徽因喝啤酒吸烟卷，一派人间烟火气。（她平时并不吸烟，此时逢场作戏吧。）喝酒，吸烟，林徽因那样子一定格外可爱。当然，仅在世间五十春秋的这个女性终究非平常之人，真要"做女当如林徽因"难度不亚古时过蜀道！单说事业与生命的取舍，愿意捐弃生命而过早辞世就很不易。如果只专注林徽因备受三个男性宠爱，而无视她其实命运多舛，如果缺少她"少一事不如多一事"的生活信条，并敢于躬行一生，那么你没做成林徽因之前倒是先做了好龙的叶公。不宜复制的林徽因，不可复制的林徽因，魅力永远而需继续阐释的林徽因。

将门虎子，林徽因一子一女皆非庸常之辈，姐弟俩都毕业于北京大学，姐在外语系，弟在历史系。梁再冰进新华社当记者，常年派驻英国、澳大利亚、香港；梁从诫最后以环境保护知名社会，建立了中国第一个NGO"自然之友"，跻身全国政协常委。论起建树，两人还是不能与父母比肩。林家后人亦多聪明不息，然而他们受社会环境制约，事业难遂人愿。唯林徽因内侄女林璎，有后来居上之势。林璎属耶鲁大学最年轻的博士，当年教过林徽因的老师现今授业她下一代。本科尚未毕业的二十一岁林璎，应征美国越战纪念碑设计，从千余件应征作品中夺魁，一举成名。林璎继而成功设计了民权纪念碑、女权纪念碑、印第安人纪念碑，每一碑体都具标志性，盛名远播全球建筑界。林璎最终成了耶鲁校董，美国《生活》杂志评选她为"二十世纪最重要的一百位美国人""五十位美国未来的领袖"；荣获了二〇〇九年美国国家艺术勋章。林璎设计越战纪念碑那时，并不知人民英雄纪念碑耸立在中国天安门广场，几年后她来到广场，也不知林徽因参与此碑设计。越战纪念碑的倒"V"字形，朴素、简洁、庄严，要是产生联想，两座纪念碑某种深层的联系，不一定毫无缘由。细瞧林璎照片，她的脸盘、眉眼，与姑母颇有神似处，甚至有甚梁再冰。林璎直言："能感到我和姑姑的血脉联系。"又说自己："做建筑就像写小说，做艺术就像写诗。"林璎仿佛林徽因生命的回响，萦绕到二十一世纪。

◇ 晚年林徽因

◇ 原籍福州为林徽因所塑坐像

◇ 树立在杭州西湖边的林徽因像

◇ 林徽因诞辰110周年纪念特展邀请函

林徽因年表

一九〇四年　出生

6月10日，林徽因生于浙江省杭州市陆官巷的祖父寓所，祖籍福建省闽县（今福州市），远祖籍河南。

原名林徽音。徽音出自《诗经·大雅·思齐》："思齐大任，文王之母。思媚周姜，京室之妇。大姒嗣徽音，则百斯男。"为避免与同时代另一男性作家林徽音名字相混，一九三四年发表作品开始改署林徽因，并以林徽因名行世。经常署用的笔名有林徽音、徽音、林徽因、徽因。曾用笔名尺棰、灰因，也署用过梁林徽音。乳名徽徽。还有西名 Phyllis（菲丽斯）。另有昵称 Whei（徽），专用于同外国亲密友人的交往。

祖父林孝恂，字伯颖。清代光绪朝进士出身，授翰林院编修，后外放任浙江的海宁、孝丰、仁和、石门等州县地方长官。他思想开明，注重教育，族中子女，不分性别均进新式学校，并送子侄多人赴日本留学。林孝恂晚年投股上海商务印书馆。

祖母游氏，除擅女红，亦喜好读书，工于书法。

父亲林长民，生于一八七六年，幼名则泽，字宗孟，号苣冬子、桂林一枝室主人，晚年又号双栝庐主人、栝庐老人、桂室老人。幼年从古文家林纾习国学，又从新派人物林白水习西学。中秀才后放弃科举仕途，请外籍教师授英、日文。两度赴日留学，攻读政法，毕业于早稻田大学。回国积极倡导宪政，曾先后任北洋军阀政府参议院、众议院秘书长以及段祺瑞政府司法总长。林长民诗文、书法皆享誉一时。

林长民妻叶氏不能生育，再娶何雪媛即林徽因生母。何氏，浙江嘉兴人，一小作坊主的幼女，文盲。生育二女一子，林徽因系长女，妹麟趾及弟均夭亡。何氏病故于一九七二年。

一九〇六年　二岁

林长民赴日本留学。

一九〇九年　五岁

林徽因随祖父母迁居杭州蔡官巷。跟从大姑母林泽民发蒙读书。大姑母为人宽厚和蔼，待林徽因胜如生母。

林长民在日本早稻田大学毕业回国。

一九一〇年　六岁

年初，开始学写家信寄远在京、津的父亲。

是年，林徽因出水痘。

一九一一年　七岁

是年，识字的祖母病故。从此林徽因承担杭州家庭与在外父亲的通信事务。

一九一二年　八岁

冬，林徽因随祖父由杭州迁居上海，住"老巴子路"金益里，入附近爱国小学读书。

是年，林长民短期供职上海《申报》馆。娶第二位夫人程桂林。程氏上海人。程生育子女有：林燕玉、林桓、林恒、林暄、林煊。

一九一三年　九岁

春，林徽因生母何雪媛携林徽因胞妹麟趾赴北平与林长民同住。

5月29日，林长民致信林徽因："汝留沪读书，留侍祖父，大是好儿子，我极爱汝。祖父若来京，汝亦同来。京中亦有好学堂，我并当延汉文先生教汝。现我新居左近有一教会女学堂，当可附学。"

6月24日，林长民自北京写信给留在上海的林徽因，嘱好好服侍病中的祖父。

7月13日，林长民致信林徽因，谈迎祖父往北京等家庭事务。

一九一四年　十岁

林徽因随祖父赴北京与林长民同住，住处在北京前王公厂。

不及三月林徽因祖父病故。

一九一五年　十一岁

是年春，林长民家人迁居天津英租界红道路。林长民仍留居北京。

是年，梁思成入清华学堂读书。

一九一六年　十二岁

（约是年）4月19日，林长民致信林徽因，言及："得汝三信，知汝念我。我独居京寓，颇苦寂，但气体尚好耳。"此时林徽因随家人居天津林寓。

（约是年）5月5日，林长民致信林徽因，有言："我终日在家理医药，亦藉此偷闲也。天下事，玄黄未定，我又何去何从。"

秋，林长民全家返居北京，住南府口御沟河边织女桥西。林徽因入英国教会学校培华女中读书。

是年，林徽因胞妹麟趾夭折。

一九一七年　十三岁

春，林长民夫人程桂林和儿女再迁回天津。

5月5日，林长民写信给在天津的林徽因，因二夫人程桂林在北京治病，虑及天津家里楼下房间无人，嘱林徽因请大姑母来一起居住，以便照看房子。

8月8日，林长民得林徽因妹林燕玉信，又寄信林徽因："汝姊妹兄弟如此亲爱，我心甚喜，我星期六到津时当厚厚赏汝。"林徽因日后在原信注写："二娘病不居医院，爹爹在京不放心，嘱吾日以快信报病情。时天苦热，恒病新愈，燕玉及恒则啼哭无常，曾至夜阑独不得睡。一夜月明，恒哭久，吾不忍听，起抱之徘徊廊外，一时许恒始熟睡。乳媪粗心，任病孩久哭，思之可恨。"

8月14日，林徽因写信给父亲，报告"二娘"程桂林病情，体温又升高。信佚。

是年，林长民任段祺瑞政府司法总长，仅三个月。在任因拒绝军阀张镇芳以十万元巨贿要求特赦，为世人敬仰。

一九一八年　十四岁

4月，林长民赴日本考察。

4月16日，林长民在日本写信给林徽因，信中说："我不在家，汝能为我照应一切，我甚喜也。"林徽因日后在信上注写："民国七年，爹爹赴日，家人仍寓南府口织女桥。徽自信能担任编字画目录（的工作），及爹爹归取阅，以为不适用，颇暗惭。"

是月中旬（16日后），林长民写信给林徽因，信说："每到游览胜地，悔未携汝来观，每到宴会，又幸汝未来同受困也。"日后林徽因在信上注写："爹爹去时拟携徽。"

5月19日，林长民在日本写信给林徽因，信中告及福州老家林徽因堂妹樱子病故。日后林徽因在原信注写："樱子可爱，得此消息至心痛。"

是年，林徽因在培华女中读书，与表姐王孟瑜等友善，均貌美有才，经常相伴而行，当时人们称"姐妹之花"。

是年，林徽因在家里认识来访的梁思成。

是年，林长民临郑文公碑赠梁思成，贺思成生日。

一九一九年　十五岁

3月2日，《晨报》以《国民外交协会演讲录》为题披露林长民在该协会纵论国际形势的长篇演讲的内容。

3月20日，林长民在《晨报》发表时事评论《对于政府宣布密约之意见》，批评中国政府对巴黎和会胶东半岛问题的暧昧态度。

4月7日至4月23日（9、14、15、16、21日间断），《晨报》连载林长民《铁路统一问题》的数万字长篇专稿。巴黎和会涉及胶东半岛归属，包括半岛铁路，此稿末尾指斥梁士诒、曹汝霖、陆宗舆。

5月2日，"五四运动"前两日，林长民在北京《晨报》发表通讯《外交警报敬告国民》，惊呼："胶州亡矣！山东亡矣！国不国矣！"并号召："国亡无日，愿合我四万万众誓死图之。"

11月25日，林长民在家请胡适便饭。

是年，梁启超与林长民已有意结成亲家，但均不主张包办，由儿女本人随感情发展。

一九二〇年　十六岁

初春，林长民决定赴欧洲考察，写信给林徽因说："我此次远游携汝同行。第一要汝多观察诸国事物增长见识。第二要汝近我身边能领悟我的胸次怀抱……第三要汝暂时离去家庭烦琐生活，俾得扩大眼光，养成将来改良社会的见解与能力。"

3月4日，林长民请饭胡适。

3月6日，胡适在东兴楼饭店宴请林长民。

3月13日，《晨报》报道，北京的国民外交协会宴送林长民、林徽因父女赴欧。

3月21日，林长民、林徽因父女在家中便饭招待胡适。

3月27日，林长民、林徽因离北京南下去上海，胡适等至车站送行。

4月1日，林徽因随林长民由上海登法国邮船Pauliecat去伦敦，张元济、高梦旦、李拔可等至码头送行。

5月4日，船行地中海上，同船赴欧勤工俭学学生发起"五四运动纪念会"，林长民、王光祈发表演说。

5月7日，邮船抵达法国。

约5月中下旬，到伦敦，寓Rortland旅馆。不久租居寓阿门二十七号。房东是一单身女建筑师，林徽因受其影响，立志献身建筑事业。（按，另说受一女同学影响。）

8月7日，林徽因随父亲离伦敦往欧洲大陆游览，当日到达法国巴黎。

8月8日，游览埃菲尔铁塔等处名胜。

8月10日，游览巴黎美术市场，多见石雕石刻艺术品。

8月12日，到达里昂。

8月13日，进入瑞士边境，游览瑞士湖。

8月14日，游览日内瓦湖北岸。翌日继续游湖。

8月27日，晚上离开瑞士进入德意志边境。

8月28日，到达柏林。

8月31日，德国医生为林长民诊断，疑有肺结核病灶。林长民、林徽因游览俾斯麦大街。

9月1日，林徽因往柏林"庭球俱乐部"观看中国运动员郑河先与德国运动员的比赛，当日比赛未得结束，郑河先暂时取胜。"庭球"可能指乒乓球或羽毛球。

同日晚，林长民携林徽因同赴中国留德学会出席欢迎他们的茶会。林长民在茶会作演讲，并捐款两千马克给该会。

9月2日，上午父女游览德意志Rotsdam皇宫，下午林徽因继续观看昨日的球赛。晚间父女观看德国歌剧《JOSCA》。

9月4日，离开德国到达比利时首都布鲁塞尔。

9月5日，林长民携同林徽因拜会中国驻比利时公使魏宸东。魏宸东请林氏父女午餐。

9月6日，林氏父女游览比利时北方口岸Anvers，参观动物园、钻石展览会。晚上刘厯生请父女晚餐。

9月7日，聂云台来与林长民详谈欧美状况。魏宸东夫妇在中国驻比利时使馆内宴请林氏父女，中国驻葡萄牙代办郭秋屏陪席。晚陈补楼请父女观看比利时歌剧。

9月8日，林氏父女离开比利时布鲁塞尔到达巴黎。张君劢来与深谈。

*9月9日，张君劢请林长民、林徽因父女吃午饭。

9月10日，林长民、林徽因及张君劢在郭节之寓所吃晚饭，林徽因帮厨。林长民日记记述："徽女、节之自烹饪豉油煮笋、红烧鸡，皆颇精美。徽女厨□两试，皆有好成绩。"

9月11日，林氏父女前往巴黎郊区Soissons游览欧战遗迹。

9月12日，林长民、林徽因往巴黎郊区奥尔良会见友人Lacovdaire夫妇，未遇，即投宿于当地车站附近旅馆。晚游览小镇，瞻仰圣女贞德铜像。

9月13日，上午Lacovdaire夫妇驾车来接林氏父女去其庄园做客。晚又驾车送父女回Orlians，父女转火车返抵巴黎。

9月14日，友人柏克莱（Sir Barclay）宴请林长民、林徽因。柏克莱是国际法专家。

9月15日，林长民、林徽因由巴黎返回伦敦。

9月20日，林徽因通过考查，准入英国St.Mary's Collegiate School就读，林长民陪同林徽因往学校报到。学校距林住处约两英里路。

9月21日，林长民聘请英人Phillips（林长民译斐理璞）为他和林徽因补习英语，斐理璞即住在林的寓所。

9月22日，林长民租钢琴供林徽因练习。父女访问友人Rose。

9月23日，林徽因开始在St.Mary College上课，林长民、斐理璞送她到学校。送学生的家长均为女性，唯林长民例外。

9月24日，林长民肺部经X光线检查，曾因过去患感冒留有阴影，排除患肺结核可能。

9月25日，林长民、林徽因赴法国友人柯勒(Cole)夫妇茶会。柯勒是法学家，当时国际法学会会员。

9月26日，林长民日记记："蒯女士来访徽女，在此久谈，茶后始去。"

10月1日，林长民在家宴请我国驻英领事罗文仲夫妇、聂云台等人。罗文仲夫人刚参加国际妇女大会，而且是远东地区唯一的代表，详尽介绍了大会情形。

10月2日，林长民、林徽因去照相馆照相。而后去我国驻英使馆拜访施植之公使。施植之即将离开伦敦调任驻美国公使，施夫人对林徽因十分眷恋。

10月5日，林长民赴意大利开会，林徽因送至维多利亚车站。

约是月，林徽因与在剑桥留学的徐志摩相识。

林徽因随林长民进入英伦社交界，结识众多文化界名流，如H.C.威尔斯、T.哈代、K.曼斯菲尔德、E.M.福斯特、A.韦利、B.罗西尔。

11月底，徐志摩致林徽因长信，表达爱情。信佚。

一九二一年　十七岁

3月3日，林长民在法国寄信林徽因。日后林徽因在原信注写："爹爹赴瑞（士）开国际联盟会，从法归英（寓阿门二十七）。"

6月2日，林长民再度赴欧洲大陆，小居瑞士，林徽因仍留在伦敦。

6月15日，林长民自瑞士写信给留在伦敦的林徽因。

8月，林徽因随英国医士柏列特全家往英国南海边避暑，住海滨柏列特家一个多月。

8月24日，林长民在伦敦写信给海边避暑的林徽因，告知她回国准备情况及行程计划。

8月下旬，林徽因写信给壁醍·斐理璞，信佚。

8月31日，林长民写信给林徽因，希望她早些从海边回伦敦，以便赶上时间参观泰晤士报馆。

10月14日，林长民和林徽因离开伦敦回国。

约11月，林长民、林徽因抵达上海。林长民留上海，林徽因先行回北京，继续在培华女中读书。

12月23日，陪同林长民往清华学堂讲演"目击英、爱纠纷与我国南北对照"，并参加演讲后的欢迎茶话会。

是年，徐志摩因追求林徽因未能如愿而开始诗歌创作。

一九二二年　十八岁

年初，梁思成拜望林徽因，随即建立恋爱关系。梁受林影响，也立志于建筑事业。

10月，徐志摩由伦敦回国，仍执意追求林徽因，但梁思成与林徽因恋情已深。

11月，徐志摩用英文为林徽因作《月照与湖》一文。

12月1日，林长民致信徐志摩，婉拒徐对林徽因的追求，信云："足下用情之烈，令人感悚，徽亦惶恐不知何以为答，并无丝豪（毫）mockery（嘲笑），想足下误解耳。"并约徐志摩，"星期日（十二月三日）午饭，盼君来谈，并约博生夫妇。友谊长葆，此意幸亮察。"信尾有"徽音附候"。当日徐志摩即复信。信佚。

12月2日，林长民再致信徐志摩，信中说及徐的回信："循诵再三，感佩无已，感公精诚，佩公莹絜也……从此友谊当益加厚。"

一九二三年　十九岁

1月初，梁启超、林长民已有成言，双方家长认定梁思成与林徽因婚约关系。林长民欲即行订婚仪礼，梁启超意见是："须彼此学成后乃定婚约，婚约定后不久便结婚。"

1月7日，梁启超致信长女梁思顺，征询她对梁思成订婚日期意见。

2月11日，徐志摩著《一个不很重要的回想》刊于四十一期《努力周报》，后易题《春痕》编入徐志摩小说集《轮盘》，小说主人公逸原型即林长民。

2月12日，林徽因患病高烧，林长民为林徽因代笔致信梁思成，告以病症和治疗情况，信中说："徽命令我详细写信给你，这爸爸真是书记翩翩也……"

春，林徽因和梁思成经常参加徐志摩组织的"聚餐会"，参加者还有林长民、胡适、陈西滢、凌叔华、黄子美、余上沅、徐新六、张歆海、王赓、陆小曼等。

5月7日，梁思成骑摩托车被汽车撞伤，造成左腿和脊椎的终身残疾。为此原定夏天赴美国留学不得不推迟一年。梁思成住医院期间，林徽因天天去探视。

5月8日，梁启超致信梁思顺，详述梁思成车祸经过，提及"内中还把一个徽音也急死了，也饿着守了大半天（林家全家也跟着我们饿）"。

5—6月，这其间梁启超居西郊翠微山，此时他给长女梁思顺的家书多由林徽因代笔。

5月9日，讲学社邀泰戈尔在真光影剧院讲演。

5月28日，世界著名奥地利小提琴家克莱斯勒在北京真光影剧院举办演奏会，林徽因陪同克莱斯勒登台，由林"报告聘请喀氏演奏之旨趣，及说明音乐与文化之关系"。

8月15日，林长民自天津写信给在北京的林徽因、林燕玉、林桓、林恒等儿女，其中问及"思成步履较好否"。

8月16日，林长民写信给林徽因，信中告三四日后即南下。

10月上旬，林徽因随梁启超、梁思成、梁思庄等小住清华。

11月5日，梁启超致信梁思顺谈及梁思成与林徽因的婚事。

12月1日，林徽因发表童话译作《夜莺与玫瑰》（英国王尔德原著）于《晨报五周年纪念增刊》，署名尺棰。

林徽因又为该增刊设计封面。设计用黑白图案，图案主体是座钟楼，楼壁四敞，中间悬一口大钟。钟楼下临水面，荡着涟漪。钟楼上方盘旋两只白鸽。远处沿水边镶一排浓密树木，树木后面一轮旭日正待升起。增刊编者在编后语《感谢》里说明："全部图案可以代表四个要素：一、正义；二、光明；三、平和；四、永久。"

编后语《感谢》还说道："尺棰女士是闺秀笃学家，美术、文学的造诣很深，封面图案和《夜莺与玫瑰》一篇译作，虽不能代表女士的全部的学识，也可以看出女士的天才几分。"

一九二四年 二十岁

4月23日，泰戈尔应北京讲学社梁启超、林长民等邀请，来华访问抵达北京，林徽因参加接待活动。

4月25日，泰戈尔游览北海，参观松坡图书馆，又赴静心斋茶会，林徽因与梁启超、林长民、胡适等一起陪同。

4月26日，林徽因与徐志摩、陈西滢等陪同泰戈尔游览京郊法源寺，观赏丁香花。

4月27日，林徽因陪同泰戈尔游览故宫御花园。晚，北京文学界宴请泰戈尔，林徽因陪同参加。

4月28日，泰戈尔与北京学生见面。地点原定天坛圜丘，后因天坛入门券较贵，故改在先农坛的内雩坛。林徽因、梁思成等陪同，徐志摩担任翻译。留有泰戈尔、徐志摩、林徽因三人并立的合影刊于报纸，人谓"松竹梅三友图"。

4月29日，午前北京画界在贵州会馆欢迎泰戈尔，林徽因与胡适、徐志摩、王统照、颜惠庆等人陪同。

下午庄士敦招待泰戈尔，林徽因亦陪同，陪同还有徐志摩、陈西滢、胡适、张彭春、王统照、颜惠庆等人。

约4月底，泰戈尔拜会溥仪，林徽因陪同并做翻译。

4月，林长民书《养生论》贺梁思成生日。

是月下旬，凌叔华举行家庭茶会欢迎泰戈尔，有林徽因、丁西林、胡适等人参加。

5月1日，泰戈尔、梁启超在清华学堂分别讲演，林徽因等随同前往。

5月8日，北京文化界借协和大礼堂举办庆贺泰戈尔六十四岁寿辰晚会，用英语演出泰戈尔诗剧《齐特拉》(《Chitra》)，林徽因饰演主人公齐特拉，林长民饰演春神伐森塔，张歆海饰演王子阿俊那，徐志摩饰演爱神玛达那，还有袁昌英等参加演出。梁思成负责舞台美术。鲁迅等应邀观看。

5月10日，北平《晨报副镌》有演出的详细报道，说："林宗孟（按，即林长民）君头发半白还有登台演剧的兴趣和勇气，真算难得。父女合演，空前美谈。第五幕爱神与春神谐谈，林徐的滑稽神态，有独到之处。林女士徽音，态度音吐，并极佳妙。"

5月17日，林徽因与徐志摩有过会面。

5月20日，泰戈尔由徐志摩陪同离开北京往太原访问，到车站送行的人有林徽因等。徐志摩对林徽因恋情未断，开车前在车厢内情不自禁地给林徽因写一信（断片），未发。

此次泰戈尔访问中国曾为林徽因作诗："天空的蔚蓝，／爱上了大地的碧绿，／他们之间的微风叹了声：'哎！'"

6月16日，林徽因、梁思成、陈植一起赴美国留学。

6月17日，上海《申报》报道，林、梁乘"亚洲皇后"号轮船离沪，林长民到码头送行。

7月6日，晚林徽因、梁思成等抵达美国绮色佳的康耐尔大学。

7月8日至8月15日，入学康奈尔大学"夏季学期(Summer Session)"上课，林徽因选修"户外写生""高等代数""古代绘画"三门，结业成绩分别为80分、C等、60分。梁思成选修的是"水彩静物画""户外写生""三角"。

9月13日，中秋节，梁启超夫人李蕙仙病故。李蕙仙生前嫌林徽因过于新派，不赞成梁思成和林徽因婚事。

9月，林徽因、梁思成一起进入宾夕法尼亚大学美术学院学习，均从三年级课程读起。梁思成在美术学院建筑系，因建筑系不收女生，林徽因即注册在美术系，林徽因注册的英文名字是 Lin Phyllis Whei-Yin。

下半年，梁启超拟补助林徽因留美学费三千元华币，林徽因复信，请梁暂勿付邮，以留作日后毕业回国时游历欧洲的费用。信佚。三年后梁启超按承诺照付此款做林徽因欧游费用。

约下半年，林徽因与梁思成龃龉数月。

12月28日，林长民致信梁思成，说及林徽因："徽来书极可喜，此子用情如许真挚，老夫之福也。"

一九二五年　二十一岁

1月，留美学生余上沅、闻一多等组织"中华戏剧改进社"倡导新剧，林徽因是该社主要成员。

1月10日，林徽因有信给林长民，信佚。

1月18日，余上沅致信胡适说道："近来在美国的戏剧同志，已经组织了一个中华戏剧改进社，社员有林徽音、梁思成、梁实秋、顾一樵、瞿士英、张嘉铸、熊佛西、熊正瑾等十余人，分头用功，希望将来有一些贡献。"

同日，林长民、胡适、章士钊、汤尔和等在新月俱乐部聚餐，席间胡适问汤、林是否在组建新的政党，得到肯定答复，并告，拟定名"中华联邦党"。

1月19日，颜骏人在刚建成的"欧美同学会"请饭，林长民、胡适等与席，席后闲谈，林长民痛骂黎元洪，也讥刺了颜骏人。

2月1日，林长民、胡适等出席"善后会议"开幕典礼，两人有交谈。

春，朱湘致信闻一多，设想闻一多学成回到国内办一所无门户之见的艺术大学："有梁思成君建筑校舍，有骆启荣君担任雕刻，有吾兄（按，指闻一多）濡写壁画，有余上沅、赵太侔君开办剧院，又有园亭池沼花卉草木以培郭沫若兄之诗思，以逗林徽因女士之清歌，而郁达夫兄年来之悲苦得借此消失。"

约是年春，林长民赴美国短期访问，见到林徽因、梁思成。

4月11日，林长民自东北营口写信给留美的林徽因："我自接汝一月十日来函后，至今未得只字，所有寄□及我自己各信、转去各信，均不得复。徽其病耶？其置我不理耶？抑有别情耶？我悬念不可名状。如何望即复。"

是月，在美国的梁思永写信给梁启超，希望梁启超劝说梁思顺缓和她与林徽因关系。

5月1日，梁启超致信梁思顺，谈及她和林徽因相处问题。

7月10日，梁启超致信梁思顺等儿女，谈及梁思顺与林徽因关系以及梁思成与林徽因之间的一度感情危机："思顺对于徽音感情完全恢复，我听见真高兴极了。这是思成一生幸福关键所在，我几个月前很怕思成因此生出精神异动，毁掉了这孩子，现在我完全放心了。思成前次给思顺的信说：'感觉着做错多少事，便受多少惩罚，非受完了不会转过来。'这是宇宙间唯一真理，佛教说的'业'和'报'就是这个真理……其实我们刻刻在轮回中，一生不知经过多少天堂地狱。即如思成和徽音，去年便有几个月在刀山剑树上过活！"

8月9日，林徽因在绮色佳与冰心见面，一起野餐，留影。

9月20日，上海《图画时报》刊登林徽因《齐特拉》剧照和家居生活照。并附注："明慧妙丽，誉满京国。精通中英文，富美术思想。平居无事，辄喜讲求家庭布置之方。小至一花一木之微，亦复使之点缀有致……"

9月，林长民有信致徐志摩，徐志摩曾给沈从文过目。信佚。

约9月，林徽因致徐志摩长信。信佚。

11月13日，梁启超寄宋代李诫所著《营造法式》一书给正留学美国的梁思成、林徽因，并在书上题词。

约12月中旬，林长民因东北军阀张作霖部将郭松龄之邀，突然赴沈阳加入郭松龄部队。

12月24日，郭松龄举兵反对张作霖失败，林长民在乱军中遇难。

12月27日，梁启超致信梁思成，告知林长民遇难事。此事于林徽因刺激甚大，她几次要放弃留学回国，均被梁启超劝阻。从此林徽因留学期间所需费用全由梁启超承担。

约是年，闻一多致信梁实秋，信中谈及"中华戏剧改进社"活动，应从出版刊物入手，准备创办杂志《雕虫》，或名《河图》，并拟定了一至四期的目录。第二期第四期分别有林徽因文章，篇名《帕敷罗娃的艺术》《中国妇女服装问题》。文章已佚。

约是年，林徽因参加学校圣诞卡设计竞赛获奖。

一九二六年　二十二岁

1月5日，梁启超致信梁思成，谈及林长民遇难情形和善后处理事。

1月17日，美国《蒙塔那报》发表署名"比斯林"的文章《中国姑娘将自己献身于拯救她的祖国的艺术》，副题是"在美国大学读书的菲丽斯"。

1月中旬，林徽因致电梁家，请求让林家眷属仍留居北京，或者她立即回国。但林母何雪媛已决定回老家福建，请梁启超信嘱林徽因，当安心在美国求学云云。

1月下旬，林徽因叔叔有长信寄她，详述妥善处置林徽因母亲事。信佚。

2月12日，林徽因由宾夕法尼亚大学毕业。

2月27日，梁启超致信梁思成等，谈及他选择专业方向事。

2月，梁启超曾致林徽因长信，开导她。信佚。

5月27日，徐志摩诗《偶然》发表于北平《晨报副刊·诗镌》第九期。梁从诫说："母亲告诉过我们，徐志摩那首著名的小诗《偶然》是写给她的。"

9月，林徽因被宾夕法尼亚大学美术学院建筑系聘请为"建筑设计事务助理"及"设计指导教师"，聘用日期截至一九二七年六月三十日。

10月4日，梁启超致信梁思成等儿女，详细叙述他为徐志摩和陆小曼证婚时教训新郎新娘的情形，并附训词全文。嘱此信和训词传阅给林徽因。

下半年，《美国费城中国学生会会员录》(1926—1927)列有林徽因名字，并且林徽因是该学生会的社会委员会委员。

12月，设计圣诞贺卡，刊二〇一四年梁从诫编《林徽因集》。

是年底,林徽因欲回国,翌年二月又因经济困窘,欲休学打工一年,为梁启超劝阻。又曾想回国考清华的官费留学。

一九二七年 二十三岁

1月2日,梁启超致信思顺等儿女,其中有劝阻林徽因回国的话。

1月18和25日,梁启超写信给思顺等儿女,其中又有话劝阻林徽因在美国打工。

2月6日,林徽因受美国费城教育会之托,致信在美国访问的胡适,邀请他往费城演讲,也借此机会与胡适面晤。

2月11日,往费城教育会听胡适演讲,并与胡适长谈。

2月15日,林徽因又致信胡适,道谢胡适应邀演讲。

2月,梁启超寄本人新摄肖像照给林徽因,有题:"任公五十五岁像,丁卯元旦造。寄与徽音。其年二月,像主自题。"

6月,林徽因于美国宾夕法尼亚大学美术学院毕业,获学士学位。又因成绩优异被该校提升为建筑系的"建筑设计课兼任讲师"。同时梁思成获该校硕士学位。

6—9月,林徽因与梁思成一起在 PaulP.Crade 建筑事务所实习。

8月29日,梁启超致梁思顺等儿女长信,谈及梁思成学业问题并征询林徽因意见。

9月,林徽因进耶鲁大学戏剧学院 G.P. 帕克教授工作室学习,成为我国第一个在国外学习舞台美术专业的学生。同时梁思成进哈佛大学准备博士论文。

10月,梁启超画扇面六幅寄赠在美国的子女,其中有赠林徽因一幅。

约10—11月,林徽因姑丈卓君庸致信在福州的林徽因生母何雪媛,商谈梁思成、林徽因订婚,梁家行聘礼事。

11月25日,梁启超致信卓君庸,商量拟行的聘礼。

12月18日,梁启超在北京寓处为留学在美的梁思成、林徽因行订婚礼,宴请宾客。

一九二八年 二十四岁

1月1日,梁思成精心铸制一方仿古铜镜,又镶一玻璃镜面,赠送林徽因。镜上镌文:"徽音自鉴之用民国十七年元旦思成自镌并铸喻其晶莹不珏也。"

2月12日,梁启超致梁思成信,再谈及梁思成、林徽因游欧回国路线。

3月10日，徐志摩等创办《新月》杂志，林徽因小说创作起步于此杂志。

3月16日，梁启超患肾病在协和医院做坏肾切除手术，医生误将完好的一侧肾脏切除，因而导致他不久的早逝。

3月17日，加拿大渥太华报纸报道林徽因、梁思成即将在本地举行婚礼的新闻。

3月21日，林徽因、梁思成在加拿大渥太华结婚。他们选定此日举行婚姻大典，含纪念宋代建筑家李诫的意思。婚礼在中国驻加拿大总领事馆举行，由梁思成姐夫、当时中国驻加拿大总领事周希哲主持。林徽因身在西方，而自己设计了一套具东方色彩带头饰的结婚礼服。

4月26日，梁启超病中致信道贺正在欧洲度蜜月的梁思成、林徽因夫妇。

春—初夏，林徽因、梁思成度蜜月游遍欧洲大陆。

5月8日，梁启超致信梁思成，告知已代梁思成应聘东北大学。

5月13日，梁启超再致梁思顺等儿女信，嘱梁思顺催梁思成早日回国。

5月14日，梁启超致信梁思成、林徽因，夸他们寄自巴黎的信"颇有文学的意味"。

6月10日，梁启超致信梁思成，详细告知应聘东北大学缘由。

6月23日，梁启超发电报致中国驻法国大使馆转交梁思成，催梁思成、林徽因夫妇"务必尽七月底到家"。

8月13日，梁思成、林徽因夫妇由欧洲取道苏联回国，经哈尔滨、沈阳，在大连上船到天津，又换火车抵达北平。新房在东四的十四条北沟沿二十三号。

在列车上梁思成、林徽因夫妇结识美国友人查理斯、蒙德里卡·查尔德夫妇，一路同行到北平。在北京，梁思成、林徽因陪同查理斯夫妇游遍京城。

8月22日，梁启超致信梁思顺，说及新婚欧游归来的林徽因："新娘子非常大方，又非常亲热，不解作从前旧家庭虚伪的神容，又没有新时髦的讨厌习气，和我们家孩子像同一个模型铸出来。"

约8月底或9月初，林徽因任职前独自回福州探望母亲，接母亲到沈阳同住。在福州，曾应邀往乌石山第一中学讲演，讲题"建筑与文学"，往仓前山英华中学讲演，讲题"园林建筑艺术"。又为叔父林天民设计福州市东街文艺剧场。

9月14日，张学良自任东北大学校长。

是月，梁思成、林徽因同意受聘东北大学，为该校创办建筑系，梁思成任系主任，教员仅夫妇二人。

10月中旬，梁启超病重住协和医院。

12月上旬，徐志摩赴北平探望梁启超。

12月11日，丁在君宴请徐志摩，梁思成、林徽因夫妇及张彭春等作陪。

同日，徐志摩致陆小曼信中顺便澄清，见到新月社用的一方大地毯在金岳霖处，原先陆一直怀疑由林徽因私自占有。

12月13日，梁思成、林徽因夫妇在东兴楼饭馆宴请徐志摩。当日，徐志摩致信陆小曼说及林徽因："风度无改，涡媚犹圆，谈锋尤健，兴致亦豪；且亦能吸烟卷喝啤酒矣！"

是年，上海《图画时报》再次刊登林徽因签名于三月的肖像照。加有图注称："梁思成夫人林徽音女士，文思焕发，富有天才。早年试演戏剧，曾充太谷翁名作《姬珈珉（齐特拉）》一幕之主角。卓于舞台布景以及导演，无所不能。近毕业于合众之国之耶尔大学演艺院，方偕梁思成君作蜜月之旅行，兼事考察官室之制及演艺之作风，联袂抵欧。巧值世界戏曲大家易卜生百年纪念盛典，诚我东方古国学术前途之福音也。"

一九二九年　二十五岁

1月19日，梁启超因肾病逝世于协和医院。

1月23日，徐志摩在上海为《新月》杂志悼念梁启超的"专号"组织稿件，托赴北平参加葬礼的胡适约请林徽因撰写哀悼文章。林未写此文，原因不详。

2月17日，梁启超追悼会在北平广惠寺举行。天津《益世报》有文记述："男女公子思成、思礼、思懿、思达、思宁与林徽音女士等均麻衣草履，俯伏灵帏内，稽颡叩谢，泣不可抑。"

是月，梁思成、林徽因夫妇设计梁启超墓碑和一小亭。墓碑取材大理石，呈中国建筑的榫状，高二米八，宽一米七。

约春夏间，林徽因回沈阳东北大学建筑系到职，任教"雕饰史"课，并建议增设"专业英语"课，亲自任教此课。

8月21日，林徽因在北平分娩，生女儿，取名梁再冰，以纪念不久前去世的"饮冰室"主人梁启超。

9月中旬，为新生将满月女儿再冰留影，照片背面题诗："滴溜溜圆的脸……"诗未刊。

9月，东北大学建筑系新学期增添新教员三人：陈植、童寯、蔡方荫。他们于教学外组成"梁、陈、童、蔡营造事务所",接受建筑设计业务,设计了东北大学校舍总体规划和三层教学楼、宿舍等建筑,还设计了交通大学计划在辽宁开办的锦州分校校舍。林徽因均参与其事。林徽因还和梁思成共同设计了沈阳郊区的"肖何园"。

是年,林徽因设计东北大学校徽图案,图形以具地方色彩的"白山黑水"为主,获东北大学图案征集奖金四百元。

是年,林徽因与梁思成考察、测量了沈阳北陵。

是年,朱启钤在北平自费创办"中国营造学会",后改名"中国营造学社"。

一九三〇年 二十六岁

9月1日,北平图书馆馆长袁同礼设宴招待梁启勋、梁思成、林徽因、梁思永、周国贤(梁思顺之夫)及吴宓等。宴后客人参观图书馆的新建房舍和圆明园、北海的模型。

约11月,徐志摩来沈阳探视病中的林徽因。

冬,林徽因因病辞离东北大学返回北平,暂时寄居于梁思成大姐梁思顺家。

一九三一年 二十七岁

1月4日,徐志摩到北平,将开始在北京大学等校任教。

1月20日,徐志摩、邵洵美编辑的《诗刊》杂志创刊。林徽因发表诗歌作品始于此杂志。

1月,徐志摩由北平赴沈阳访林徽因、梁思成夫妇。

2月8日,林徽因和梁思成赴王文伯家吃茶,在座的有胡适、张奚若等。

约2月20日前后,北平协和医院医生诊断林徽因患肺结核病,嘱她必须立即疗养。

2月25日,徐志摩看望林徽因、梁思成。

2月26日,徐志摩致陆小曼信言及林徽因病情:"我昨天下午见了他们夫妇俩,瘦得竟像一对猴儿,看了真难过。"

3月初,林徽因和母亲、孩子一起移居北平西郊香山静宜园双清别墅附近平房疗养。

林徽因在香山疗养,徐志摩多次前往探视。除徐志摩外,金岳霖、张奚若、沈从文等亦常来探望。疗养期间林徽因开始了文学创作。

4月12日,林徽因写诗《谁爱这不息的变幻》,发表于当月出版的《诗刊》第二期。署名误为林薇音,下期《诗刊》编者予以更正为林徽音。

是月,《诗刊》第二期一并发表了林徽因署笔名"尺棰"的两首诗作《仍然》《那一晚》。徐志摩在该期"前言"介绍作者:"卞之琳与尺棰同是新起的清音,我们觉得欣幸,能在本期初次刊印他们的作品。"

是月,同期《诗刊》还刊有卞之琳诗作四首,因而林徽因约请卞之琳来家见面。

是月,梁思成辞去东北大学教职回北平加入"中国营造学社",为研究员、法式部主任。林徽因亦加入学社,历任校理、参校等职务。

5月15日,徐志摩和张歆海、韩湘眉、张奚若等往香山看望林徽因。第二天徐志摩致信陆小曼言及林徽因:"养了两月,得了三磅,脸倒叫阳光晒黑不少,充印度美人可不乔装。"

5月,写诗《激昂》《一首桃花》。

6月12日,徐志摩、罗隆基、凌叔华、沈从文等同去看望林徽因。

是月,林徽因写成她的第一篇小说《窘》,发表于《新月》第三卷第九期,署名林徽音。

6月19日,徐志摩冒雨往西山探视林徽因。

同日,沈从文致徐志摩信,感叹徐志摩雨中看望林徽因:"你今天的生活是一首超越一切的好诗。"

同日,沈从文致友人信中赞叹林徽因:"真是一首天生的杰作","一首诗"。

6月,林徽因往北平西郊达园访沈从文,并合影。

6月29日,沈从文致王际真信提及:"近来林徽音为我画了一幅《神巫之爱》的插图,已制版去了。"

7月7日,林徽因由城内住处回香山,徐志摩来送别。当晚徐志摩为林徽因写诗《你去》并信,此信是徐志摩多封致林徽因信中幸存的唯一的一封。

7月下旬或8月,徐志摩自杭州多次致信林徽因。信佚。

8月2日,北平《晨报》"剧刊"三十二期发表林徽因的舞台美术评论《设计和幕后困难问题》。

8月9日,北平《晨报》"剧刊"刊登陈治策文章《〈软体动物〉用的白布单子——答林徽音先生》。陈是该剧布景设计人之一。

8月15日,林徽因为沈从文小说《神巫之爱》所绘的插图《祈福》,副题"《神巫之爱》之一幕",发表于南京的《文艺月刊》第二卷第八期,署名"梁林徽音"。

8月16日,"剧刊"再登余上沅文章《答林徽音女士》。余亦是该剧布景设计人。

8月23日,林徽因在"剧刊"发表《希望不因〈软体动物〉公演引出硬体的笔墨官司》。

8月,陈梦家编选的《新月诗选》出版,此书选入林徽因诗作四首:《仍然》《笑》《深夜里听到乐声》《情愿》。后三首尚未公开发表于报刊。陈梦家在《新月诗选》的"序言"中说:"对于林徽音初作的几首诗表示我们酷爱的欢心。她的《笑》也是一首难得有的好诗。"

9月20日,林徽因诗作《激昂》发表于丁玲主编的左联刊物《北斗》创刊号,署名林徽音。同期《北斗》还发表冰心诗歌《我劝你》,有人说:"那首诗是这个女诗人给另一个女诗人,用一种说教方式告给她不宜同另一男诗人继续一种友谊。"

9月29日,林徽因结束香山疗养生活。当日,林徽因与徐志摩等同吃午饭,徐志摩说:"她已经胖到九十八磅。""我看样子,徽音又快有宝宝了。"从此林徽因全家定居北平东城北总布胡同三号。

是月,梁思成离开沈阳回北平。

10月5日,徐志摩诗《你去》发表于《诗刊》第三期。后编入诗集《云游》。

同日,《诗刊》第三期还发表林徽因诗作《一首桃花》。同期再次发表她的诗《笑》《深夜里听到乐声》《情愿》。

本期《诗刊》卷首的"叙言"声明:"本刊的作者林徽音是一位女士,以前的《绿》的作者林徽音,是一位男士(按,当时为新月书店广州分部主任,海派作家),他们二位的名字是太容易相混了,常常有人错认,排印也常有错误,例如上期林徽音即被误刊为林薇音,所以特为声明,免得彼此有掠美或冒牌的嫌疑。"徐志摩执笔的"叙言"还赞美:"林徽因、陈梦家、卞之琳的抒情诗各自施展清新的韵味,都是可贵的愉快的工作。"

10月8日,徐志摩和袁守和、温源宁在北平图书馆宴请法国文艺家爱理福(Elie Faure)和赖鲁(Laloy,今译赖鲁雅),梁思成、林徽因夫妇陪席,还有梅兰芳、程砚秋等留有合影。

11月3日,林徽因致信胡适,告知"新月总店经济状况甚为窘迫,今晚要开董事会,由此也许会有新的变动"。

11月上旬,林徽因连续数日与徐志摩同去戏院观看京剧,并热烈讨论。

约11月上旬,许地山在北平前门街头遇林徽因、梁思成夫妇及徐志摩。

11月10日，林徽因出席欢迎英国柏雷博士的茶会，与会的还有徐志摩。柏雷系英国女作家曼殊菲儿（Katherine Mansfield，今通译为曼斯菲尔德）的姐丈。

当晚，徐志摩为明日离北平赴上海再去林徽因家，逢林徽因、梁思成夫妇外出，徐志摩留下字条："定明早六时飞行，此去存亡未卜……"林徽因回家见条，立即与徐志摩通电话，徐志摩说："你放心，很稳当的，我还要留着生命看更伟大的事迹呢，哪能便死？"

11月中旬，林徽因致信胡适，说到徐志摩去上海前托林徽因购买中国绣品送给Bell（柏雷）夫妇，现请胡适带往燕京大学面交柏雷夫妇。

11月中旬，吴其昌、叶公超往访梁思成、林徽因夫妇。林徽因笑着对吴其昌说："抵制日货？给你一篇文章，吓得我窗帘都不敢买了；你瞧！我们的窗还裸体站着！"

11月19日，林徽因在协和小礼堂为外国驻华使节演讲"中国的皇城建筑"，演讲记录披露于2004年8月《出版参考》。演讲结束时，预告下次演讲"中国的宗教建筑"。事先与徐志摩约定，徐从上海赶来听讲。下午梁思成驱车往机场接徐志摩，未见徐到。

11月20日，林徽因往胡适家探听徐志摩消息，报纸证实了徐志摩昨日搭飞机于济南境内坠机遇难的噩耗。

11月22日，梁思成、沈从文等分头赴济南料理徐志摩后事。沈从文文章说金岳霖同去济南，疑有误。

约11月26日前后，凌叔华将徐志摩生前寄存她家的日记等物送交胡适。

11月28日，林徽因在胡适家取到一批徐志摩遗存日记。

12月初，林徽因从张奚若处得知，叶公超在凌叔华家看到还有徐志摩的"康桥日记"。

12月6日，北平文化界在北京大学二院大讲堂举行徐志摩追悼会，胡适、周作人、陈衡哲、凌叔华等二百五十余人参加，会场由林徽因、梁思成、余上沅布置。

12月7日，林徽因作《悼志摩》一文发表于《北平晨报》"学园"副刊，署名林徽音。

是日，凌叔华到林徽因家，征集徐志摩致林徽因信。凌叔华准备编辑《志摩信札》。林徽因告诉凌叔华，胡适将原先存凌叔华处的几册徐志摩日记交在她这里，请凌叔华看一遍，并想看凌叔华家里的"康桥日记"。凌叔华约林徽因十二月九日派人去凌家取日记。

12月9日，林徽因自己往凌叔华家，凌不在。

12月10日，凌叔华致信胡适，其中有言："前天听说此箱已落入徽音处，很是着急，因为内有小曼初恋时日记二本，牵涉是非不少（骂徽音最多），这正如从前不宜给小曼看一样不妥。"

12月12日，沈从文也关心徐志摩日记由谁保存，当日致信胡适。

12月14日，凌叔华送"康桥日记"到林徽因家，林不在，凌叔华留便条。林徽因收到的日记起于一九二〇年十一月十七日，乃半册128页，林徽因告诉胡适："这半册日记正巧断在刚要遇到我的前一两日。"指徐志摩在伦敦相识林徽因日期。

12月下旬，梁思成堂妹因反日上了"黑名单"，躲到林徽因家，林徽因连夜把她打扮成"少奶奶"，送上火车逃离北平。

12月28日，胡适致信凌叔华，追要她留下的徐志摩日记。

是年，林徽因写诗《山中一个夏夜》，后发表于一九三三年六月出版的《新月》四卷七期，署名林徽音。

是年，林徽因列名于《当代中国四千名人录》（樊荫南编）。

一九三二年　二十八岁

1月1日，下午林徽因写长信致胡适，细述向凌叔华索要"康桥日记"原委。

是日，林徽因致信胡适后意犹未尽，当晚又作一长信，与前信一并发出。信中对凌叔华强烈不满："万料不到她是这样一个人！真令人寒心。"

1月22日，凌叔华向胡适交出所留徐志摩日记。

是月，林徽因再致信胡适，谈及徐志摩英文日记。

3月，写《论中国建筑之几个特征》，发表于当月出版的《中国营造学社汇刊》三卷一期，署名林徽音。

4月，与梁思成等往河北省蓟县考察古代建筑。

5月1日前后，林徽因又住香山疗养。

6月11日，梁思成等往河北省宝坻县（今天津市宝坻区）考察，林徽因因病未能同去考察。

6月14日，林徽因在香山致信胡适，其中说到对徐志摩的怀念。

6月，作关于"翁萧与爱莲戴莱通讯和戈登克雷写他母亲的小传"作一对照的书评，认为这两本书是欧洲戏剧极重要的文献。拟投胡适编辑的《独立评论》杂志发表。但未见刊出，或佚。

7月中旬，写诗《莲灯》，发表于翌年三月出版的《新月》杂志四卷六期，署名林徽音。

8月4日，林徽因子梁从诫出生于北平协和医院，林巧稚助产。取名从诫，意在纪念宋代建筑学家李诫。

夏，写诗《别丢掉》，后发表于一九三六年三月十五日的天津《大公报·文艺副刊》，署名徽因。

10月1日，写诗《雨后天》，后发表于一九三六年三月十五日的天津《大公报·文艺副刊》，署名徽因。

秋，夏天结婚的美国青年学者费正清、费慰梅夫妇在中国搜集费正清博士论文资料时结识梁思成、林徽因夫妇，从此保持终生友谊。

10月22日，陈梦家在北平的青年会作《秋天谈诗》演讲，读林徽因等新月诗人作品考究新诗的声韵。

11月，林徽因与梁思成同往北平西郊"八大处"作古代建筑考察，回来合作写成《平郊建筑杂录》，发表于当月出版的《中国营造学社汇刊》三卷四期，署名梁思成、林徽音。

约下半年，金岳霖向林徽因表达爱情要求，林徽因待梁思成考察归来即坦诚相告。

是年，林徽因为北京大学设计地质馆。又与梁思成共同设计北京大学学生宿舍灰楼。

是年，金岳霖结束清华大学教授享受的一年休假期，自休假地美国回来，与梁思成家毗邻而居，此后两家几乎终生为邻。他住处开始形成星期六聚会，经常参加聚会的除梁思成、林徽因夫妇，还有张奚若杨景仁夫妇、周培源王蒂夫妇、陶孟和沈性仁夫妇，以及陈岱荪、邓以蛰等，又有费正清费慰梅夫妇。

差不多同时，林徽因家也形成了"太太的客厅"，聚集着作家、学者。

是年，林徽因诗作《深夜里听到乐声》《情愿》选入沈从文选编的《现代诗杰作选》。

是年，林徽因往燕京大学看望梁思庄，曾与梁思庄、陈薏（陈叔通侄女）、雷洁琼等合影。

是年冬，与雷洁琼、陈意、梁思庄等聚会燕京大学，留影。

是年或翌年，林徽因在北京贝满女中讲演。

一九三三年 二十九岁

1月1日,林徽因和梁思成赴杨振声的宴请,与席的还有朱自清、沈从文等。

3月1日,《新月》杂志四卷六期发表林徽因诗作《莲灯》《中夜钟声》。

3月21日,与梁思成参加李诫八百二十三周年诞辰纪念会,与会者有朱启钤、胡适等人。

4月16—22日,梁思成和莫宗江往河北省考察正定县境的隆兴寺等古代建筑,林徽因留北平家里。

6月1日,《新月》杂志四卷七期发表林徽因诗《山中一个夏夜》,署名林徽音。而后《新月》杂志停刊。

6月26日,朱自清读林徽因小说《九十九度中》手稿,称赞"确系佳作,其法新也。(用沃尔夫体)"

7月,朱光潜留学英国归来,即任教于北京大学,并在家中举行每月一次的"读诗会",林徽因是积极参加者。

8月31日,杨振声、沈从文请林徽因、朱自清、郑振铎等人吃便饭,商讨在天津《大公报》开办"文艺副刊"事。

9月6日,上午林徽因与梁思成、刘敦桢、莫宗江等往山西到达大同,下午考察华严寺大殿。

9月7日,上午考察华严寺的薄伽教藏殿、海会殿。下午往云冈考察。

9月9日,沈从文与张兆和结婚,梁思成、林徽因夫妇因在外考察未参加婚礼,送礼品锦缎百子图床罩。

是日,林徽因、梁思成等中午返回大同,下午考察善化寺。晚林徽因先独自返回北平,梁思成等继续留山西考察。

9月23日,天津《大公报·文艺副刊》创刊,杨振声、沈从文主编。这一期发表林徽因的文艺随笔《惟其是脆弱》。

9月27日,《微光》发表于《大公报·文艺副刊》,署名徽因。

同日,冰心的小说《我们太太的客厅》开始连载于《大公报·文艺副刊》。林徽因以为小说影射、讽刺她家的客厅,从此与冰心生嫌隙。

10月7日,文艺随笔《闲谈关于古代建筑的一点消息》发表于天津《大公报·文艺副刊》,署名林徽音。

秋,林徽因单独考察云冈石窟。

11月初,林徽因复信沈从文,说喜欢萧乾刚在《大公报·文艺副刊》发表的处女作《蚕》，答应萧乾来北总布胡同三号见面。

11月18日，林徽因诗作《秋天，这秋天》发表于天津《大公报·文艺副刊》，署名徽音。

11月19日，与梁思成野外考察古建筑后林徽因先行回到北平。

11月24日，沈从文陪同萧乾往林徽因家见面。

11月25或26日，萧乾由沈从文陪同往林徽因家见面。

11月26日，林徽因与梁思成参加《大公报》在北平丰泽园饭庄的聚餐会，与席的还有周作人、朱自清、李健吾、巴金、郑振铎等。

是月，林徽因与梁思成等往河北省正定县考察古代建筑。

11月底或12月初，梁思成、林徽因宴请从美国归来的赵元任、杨步伟夫妇、蒋廷黻等与席。

12月9日，金岳霖寓有茶会，参加者众多，有林徽因、张奚若、杨振声、朱自清及陶孟和夫妇、李健吾夫妇等。

是月，林徽因与梁思成、刘敦桢合写《云冈石窟中所表现的北魏建筑》，发表于《中国营造学社汇刊》第三卷三至四期，三人共同署名。

是月，林徽因诗作《情愿》选入该月出版的《现代中国诗歌选》(薛时进编)。

12月底，写诗《忆》，发表于翌年六月《学文》杂志一卷二期，署名林徽因。

是年，林徽因曾在北平贝满女子中学演讲，讲题是"中国建筑的美"。

一九三四年　三十岁

1月，陈梦家诗集《铁马集》由上海开明书店出版，林徽因为此书设计封面。

是月，梁思成署名的《清朝营造则例》由北平京城印书局出版，第一章绪论署名林徽音。梁思成在此书"序"里说："内子林徽音在本书上为我分担的工作，除'绪论'外，自开始至脱稿以后数次的增修删改，在照片之摄制及选择，图版之分配上，我实指不出彼此分工区域。最后更精心校读增删。所以至少说她便是这书一半的著者才对。"

是月，林徽因读到《文学季刊》创刊号上李健吾论文《包法利夫人》，致李健吾长信，约见面。信佚。

1月31日，林徽因与闻一多、叶公超等十人联名发起捐款支持筹办唐亮的画展。

2月21日，林徽因诗作《年关》发表于天津《大公报·文艺副刊》，署名林徽音。此诗写于农历除夕。

2月下旬，沈从文致信林徽因，诉说因自己坦言对一位女性的好感而引起妻子误解，于是陷入苦恼。信已佚。

2月26日，林徽因与梁思成有过激烈争吵，以至林徽因伤心得痛哭了整天，而吵过即去上海的梁思成，当天接连来两封电报一封信，夫妇关系即雨过天晴。

2月27日，林徽因复沈从文长信深谈自己的人生态度。不久林徽因就沈从文苦恼事又致信费慰梅。

4月，林徽因带领北上实习的林宣等十一名南京中央大学建筑系应届毕业生往河北省蓟县参观古代建筑独乐寺，并在实地为他们讲解古建筑研究理论。

春，文学团体"学文社"在北平成立，林徽因是主要成员。成员还有叶公超、余上沅、饶孟侃、孙询侯、孙毓棠、梁实秋、沈从文等作家。

梁思成、林徽因合作设计北京大学地质学馆，翌年8月建成。此馆旧址今被列为全国重点文物保护单位。

5月1日，《学文》月刊创刊，叶公超主编。林徽因为此杂志设计封面。

同日，《学文》创刊号发表小说《九十九度中》和诗歌《你是人间的四月天》，均署名林徽因。梁思成告诉梁从诫："这首诗是写给你的。"

5月7日，林徽因和钱端升拜访胡适。

5月26日，林徽因在《华北日报》"剧艺"周刊发表戏剧评论《第一幕》。

8月上旬，林徽因、梁思成应费正清、费慰梅夫妇之邀，往美国传教士恒慕义博士购置的一座废磨坊改做的乡间别墅度夏，别墅坐落于山西省汾阳县滹沱河谷地。度夏前后，林徽因、梁思成考察了汾阳、孝义、介休、霍县、赵城、文水、太原等县、市的数十处古代建筑。费正清、费慰梅亦同行。

8月25日，林徽因的文艺性通讯《山西通信》发表于天津《大公报·文艺副刊》。

9月5日，林徽因据八月山西乡间之行写成的散文《窗子以外》发表于天津《大公报·文艺副刊》。

秋，林徽因在燕京大学演讲，讲题是"中国的塔"。侯仁之慕名前去听讲。

10月，梁思成、林徽因应浙江省建设厅厅长曾养甫的邀请，往杭州考察六和塔，并商讨六和塔重修计划。在杭州逗留十天，后往浙江宣平、江苏苏州等地考察。

11月19日，梁思成、林徽因由浙江乘火车返回北平，途经徐志摩家乡海宁县城硖石镇。

12月，林徽因与梁思成、刘敦桢合著的《云冈石窟中所表现的北魏建筑》发表于《中国营造学社汇刊》第四卷第三、四期合刊。

是年，写诗《你来了》，发表于一九三六年十二月《新诗》第三期。

是年，北京大学中文系徐芳由胡适指导所作学士毕业论文《中国新诗史》，列有关于林徽因段落，称赞："第二期的诗，可说是新诗史上最光灿的时期。作者都是将自己内心的情感流露出来，不虚伪，不造作。徐志摩、林徽音诸氏，都具有这种长处。"

是年，致费慰梅信里道及"我认为普罗文学毫无道理"。

是年，林徽因曾计划往甘肃考察古代建筑，但未成行。

一九三五年　三十一岁

1月20日，林徽因参加朱光潜家读书会。她阐述曼殊菲儿日记中的一句话："坦普尔先生，你太多心了。我想买一块腌肉。"从中悟出诸多言外之意。中国决定参加英国伦敦的"中国艺术国际展览会"，将展出故宫珍藏的诸多国宝级文物。北平知识界担忧此展可能遭致文物受损，二十八位著名人士联名发表致当局公开信《我们对伦敦艺展的意见》，林徽因、梁思成俱列名其中。信刊《世界日报》等大报。

1月22日，朱自清日记追记前天读书会上林徽因谈及乔同甫的新居："所谓中国式的装潢，简直粗俗得可笑。"

2月16日，梁思成奉南京政府教育部和内政部命，率队赴山东曲阜勘察孔庙并拟制修葺方案，林徽因同行。当日到达济南。

2月18日，到达曲阜，访圣庙奉祀官孔达生。梁思成、林徽因工作五天，先行返回北平，留莫宗江等继续勘察。

2月，林徽因诗作《忆》选入杨晋豪编的《中国文艺年鉴（1934）》，上海北新书局出版。

3月16日，梁实秋致信王平陵，商谈出版《学文季刊》，计划的"约定撰稿人"有"胡适、杨振声、余上沅、闻一多、叶公超、陈梦家、饶子离、林徽因、谢冰心、梁实秋、赵少侯、沈从文、朱光潜、李长之、陈铨等"。此事未果。

3月23日，《大公报·艺术周刊》发表《由天宁寺谈到建筑年代之鉴别问题》，署名林徽音、梁思成。后转载于《中国营造学社》第五卷第四期，易题《续〈平郊建筑杂录〉》。

3月,林徽因与梁思成合著的《晋汾古建筑预查纪略》(原题《太原县晋祠》)发表于《中国营造学社汇刊》第五卷第三期,后印为单行本。

春,林徽因肺结核病复发,协和医院医生要求她卧床休息三年,但她答应休息半年,又移居西郊香山疗养。

5月24日,梁思成、林徽因夫妇请坎农(Professomm Cannon)教授父女吃饭,胡适、傅斯年作陪。

6月1日,林徽因诗作《吊玮德》发表于南京《文艺月刊》第七卷第六期,署名林徽因。

6月16日,林徽因的系列短篇小说"模影零篇"之一《钟绿》发表于天津《大公报·文艺副刊》,署名林徽因。

7月,杨振声、沈从文合编的《大公报·文艺副刊》由萧乾接手。萧乾每月在北平中山公园的"来今雨轩"举行组稿茶会,林徽因几乎每次到会,而且席间必有一番宏论。

是月,梁思成、林徽因赴北戴河海滨避暑。

在此期间为天津《大公报·"小公园"副刊》绘刊头画。林徽因致编者信说:"现在图案是画好了,十之七八是思成的手笔,在选材及布局上,我们轮流草稿讨论。说来惭愧,小小一张东西我们竟然做了三天才算成功。好在趣味还好,并且是汉刻,纯粹中国创造艺术的最高造诣,用来对于创作前途有点吉利。"

林徽因在北戴河又致信费慰梅,邀请在北平的费慰梅夫妇来北戴河度周末,费慰梅因故未去。

7月31日,天津《大公报·"小公园"副刊》开始用梁思成、林徽因绘制的图案画作刊头。

8月11日,林徽因的系列短篇小说"模影零篇"之二《吉公》发表于天津《大公报·文艺副刊》,署名林徽因。

8月18日,刘西渭(李健吾)与小说《九十九度中》同题的评论文章发表于天津《大公报·"小公园"副刊》,盛赞林徽因这个作品。

夏末,林徽因同父异母的胞弟林恒从原籍福建来北平准备投考清华大学机械系,住林徽因家,却与林徽因生母关系紧张。

9月7日,致信费慰梅,倾诉家庭纠葛引发的烦恼。

10月20日前后,林徽因在朱光潜家读书会上与梁宗岱发生文学问题争论。

10月23日,林徽因与梁思成合著的《从天宁寺谈到建筑年代之鉴别问题》

发表于天津《大公报·文艺副刊》，署名林徽因、梁思成。后易题《续"平郊建筑杂录"》，并略加补充，再刊《中国营造学社汇刊》五卷四期。

10月，林徽因写诗《城楼上》《灵感》。《灵感》生前未发表。

10月，致信拟望山西考察的费慰梅，并为费慰梅作一漫画，因想象这位西方学者穿一身"蓝裤褂"，便题名《蓝裤褂之旅》。

11月8日，《城楼上》发表于天津《大公报·文艺副刊》。

11月10日，《大公报·文艺副刊》发表上官碧（沈从文）文章《新诗的旧账》，评论到林徽因："孙大雨、林徽音、陈梦家、卞之琳、戴望舒、臧克家、何其芳……算得是几个特有成就的作者，这些人完全不是理论家，却有作品证明'新诗不是无路可走，可走的路实在很多'。"

11月19日，徐志摩遇难忌日，林徽因写《纪念志摩去世四周年》。

11月21日，日寇下令停刊天津《大公报》，另出《联合亚洲先驱报》代替。林徽因接赠阅的该报和约稿信，还听说大约有五十个中国人还在为该报工作，乃愤怒责问："难道他们不知道他们在做什么？"

是月，林徽因致信沈从文："昨晚我们这里忽收到两份怪报，名叫'亚洲民报'，篇幅大极，似乎内中还有文艺副刊，是大规模的组织，且有计划的，看情形似乎要大公报永远关门。气糊涂了我！我只希望是我神经过敏。社论看了叫人毛发能倒竖。这日子如何'打发'？我们这国民连骨头都腐了！"

12月7—8日，天津南开新剧团在南开中学瑞庭礼堂公演话剧《财狂》。此剧由法国莫里哀的名剧《悭吝人》移植成中国剧情，张彭春导演，万家宝（曹禺）主演，林徽因担任舞台设计。

12月8日，林徽因散文《纪念志摩去世四周年》发表于天津《大公报·文艺副刊》，署名徽因。

12月9日，天津《大公报·文艺副刊》发表萧乾的剧评《〈财狂〉之演出》。

同日，天津《益世报》发表文章称赞林徽因的设计。

同日，林徽因同父异母弟林恒、梁思成同父异母妹梁思懿参加反日"一二·九"示威游行遭当局追捕。林恒失踪十二小时，梁思成、林徽因寻找到半夜；又设法使梁思懿化装脱险，后来送梁思懿去了安全的南方。

12月13日，天津《大公报》发表文章评论林徽因的布景时间的技术，确是不凡。

12月15日，天津《益世报》发表文章赞扬林徽因设计的布景和灯光。

12月16日，参加抗日爱国示威的北京大学生遭当局镇压，一位血流满面的学生夜间躲入梁家，林徽因为他包扎急救。

约是年12月，日军占领京津之间铁路枢纽丰台后，林徽因致信费慰梅感到形势严峻。

12月25日，费正清、费慰梅夫妇离开北平回美国。

约12月底，林徽因致信费慰梅："最最亲爱的慰梅，寄给你这只红色的皮箱，这个红色美人看上去是不是可爱至极，她在我们林家已经六十八年了，现在她要漂洋过海去到你的身边，度过她以后的日子，直到有朝一日成为一件古董。"

是年，林徽因应国立北平大学女子文理学院外文系之聘任教，讲授"英国文学"课。

是年，中国营造学社在北平出版单行本《晋汾古建筑预查纪略》，署名林徽因、梁思成。

是年，梁思成由当局任命为北平文物保护委员会顾问。

一九三六年 三十二岁

1月4日，林徽因致信费正清、费慰梅夫妇，谈到他们夫妇在中国建立的友谊和给她的影响。

1月5日，林徽因诗歌《深笑》发表于天津《大公报·文艺副刊》，署名林徽因。

1月11日，林徽因写诗《风筝》。

1月29日，致信费正清、费慰梅，述及沈从文陷入情感纠葛，"他那天早上竟是那么的迷人和讨人喜欢！"

是月，林徽因写诗《静院》，4月12日发表于天津《大公报·文艺副刊》，署名徽因。

2月2日，林徽因散文《蛛丝与梅花》发表于天津《大公报·文艺副刊》，署名徽因。

2月7日，林徽因复沈从文长信，谈家庭纠纷，谈人性。

2月14日，林徽因诗歌《风筝》发表于天津《大公报·文艺副刊》，署名徽因。

2月29日，当局派四百多军警闯入清华园包围学生宿舍，搜捕进步学生。

是月，林徽因写诗《记忆》，发表于天津3月22日《大公报·文艺副刊》，署名徽因。

是月，林徽因致信费慰梅，说到她在一本杂志上发现她当年留学美国的同学事业有成。

是月，上海市博物馆等单位联合筹办"中国建筑展览会"，推定林徽因、董大酉为展览会陈列组主任。

3月1日，林徽因为天津《大公报》编辑《文艺丛刊小说选（1935）》而撰写的该书《题记》，先行发表于该报《文艺副刊》。

3月15日，林徽因诗作《别丢掉》《雨后天》发表于天津《大公报·文艺副刊》，均署名徽因。

3月20日，《自由评论》杂志第十六期发表灵雨（梁实秋）的文章《诗的意境与文学》，批评林徽因《别丢掉》一诗不易读懂。

3月31日，沈从文致信胡适为《别丢掉》辩白。

是月，林徽因又致信费慰梅抱怨梁家的家庭纠纷。

4月12日，"中国建筑展览会"在上海市博物馆开幕。

4月19日，"中国建筑展览会"闭幕。

4月下旬，《中国建筑展览会会刊》出版，刊有林徽因文章《清代建筑略述》，署名林徽音。

4月23日，林徽因写诗《题剔空菩提叶》，5月17日发表于天津《大公报·文艺副刊》，署名徽因。

4月25日，林徽因在朱光潜寓所听顾颉刚作关于"吴歌"的讲演。在座的有周作人、朱自清、沈从文、卞之琳等。

是月，林徽因写诗《无题》，5月3日发表于天津《大公报·文艺副刊》，署名徽因。

是月，林徽因接待美国建筑学家克拉伦斯·斯坦因及其夫人著名女演员爱琳娜·麦克马洪来访，陪同他们游玩颐和园等处。金岳霖亦同行。

5月7日，林徽因致信费慰梅，其中谈到她的写作态度："自内心的快乐或悲伤的产物，是当我发现或知道了什么，或我学会了去理解什么而急切地要求表达出来，严肃而认真地要求与别人共享这点秘密的时候的产物。"

同日，致信费慰梅，画了家里的"床铺图"，写道："当我在做那些家务琐事的时候，总是觉得很悲哀，因为我冷落了某个地方某些我虽不认识，对于我却更有意义和重要的人们。（按，指读者）"

5月28日，梁思成、林徽因到达河南洛阳，会同刘敦桢等人考察龙门石窟，计四天。

5月29日，在外省考察途中，于龙门致信费慰梅、费正清。

6月1日，中华民国政府实业部公报发布部长吴鼎昌签署认定林徽音"建筑科工业技师"资格。

6月3日，考察途中，于开封致信费正清、费慰梅。

6月14日，林徽因的系列短篇小说"模影零篇"之三《文珍》发表于天津《大公报·文艺副刊》，署名林徽因。

是月，梁思成、林徽因先到河南开封考察该地宋代的繁塔、铁塔及龙亭等处古代建筑，而后到达山东济南与麦俨尊会合一起往东，先后在历城、章邱、临沂、益都、潍县等处考察，又回济南，再南下往长清、泰安、慈阳、济宁、邹县、滕县等地考察。此行约两个多星期。

约是月，林徽因于山东考察时乡间步行中写成诗作《旅途中》，发表于12月《新诗》第三期。

约是月，金岳霖有信寄在山东的林徽因，信佚。

约是月，林徽因自山东致信梁思庄谈及乡间考察艰辛。此时，梁思庄刚刚丧偶，携幼女正住在长兄梁思成家。

上半年，林徽因在燕京大学讲演。

7月4日，吴宓、叶企孙往访金岳霖，又约见林徽因、沈从文等人，并在北平同和居饭庄晚宴。

7月7日，朱自清由北平南下，在列车上遇梁思成，作长谈。

7月19日，林徽因诗作《黄昏过泰山》发表于天津《大公报·文艺副刊》，署名林徽因。

约7—8月，林徽因写诗《昼梦》，发表于8月30日天津《大公报·文艺副刊》，署名林徽因。

8月30日，诗论《究竟怎么一回事》同时发表于天津《大公报·文艺副刊》。

是月，林徽因选辑的《大公报文艺丛刊小说选（1936）》由大公报馆出版。书中选入林徽因本人作品《钟绿》《吉公》两篇。

是月，林徽因写诗《八月的忧愁》，发表于9月30日天津《大公报·文艺副刊》，署名徽因。

是月，《国闻周报》三十六期刊出林徽因选编的《文艺丛刊小说选》同题书评，作者李影心。

夏末，林徽因写诗《冥想》，发表于12月13日天津《大公报·文艺副刊》，署名林徽因。

9月3日，上海《大公报》刊登"大公报文艺奖金"评选活动启事，并公告聘请有林徽因在内的奖金审查委员名单。其他委员是朱自清、杨振声、朱光潜、沈从文、凌叔华、李健吾、叶圣陶、巴金、靳以。

初秋，林徽因致费慰梅信，谈到洛阳之行。

10月1日，林徽因写诗《过杨柳》，发表于11月1日天津《大公报·文艺副刊》，署名徽因。后来易题为《黄昏过杨柳》，作为总题"林徽因诗"之一又发表于一九四八年二月二十二日北平《经世日报·文艺周刊》。

10月10日，林徽因诗歌《唐缶小瓮》发表于天津《大公报》"国庆特刊"。

10月25日，北大、清华、燕京、北师大等京津高校、文化界一百零三名教授、学者签署《平津文化界对时局宣言》，因当局禁令"宣言"未得在原定的《大公报》发表，便改题《教授界对时局意见书》登载于《学生与国家》杂志第一卷第二期。林徽因参加签名。"宣言"指陈抗日形势严峻，并不满当局消极态度。

10月29日，抄录诗歌近作《独行》给小姑梁思懿，并附短信。梁此时已是中共地下党员。

是月，林徽因选编的《大公报文艺丛刊小说选（1936）》出版仅两个月便再版。

是月，戴望舒、梁宗岱、冯至、孙大雨联合编辑的《新诗》月刊创刊。林徽因是该刊重要作者。

是月，杜衡在《新诗》创刊号发表关于《中国现代诗选》（按，此书系一九三六年伦敦出版的英文译本）的书评中指出："林徽因等后起之秀，似乎很该给留下几页地位。"

11月8日，朱自清作《解诗》一文，对灵雨（梁实秋）批评林徽因诗《别丢掉》"看不懂"持不同看法，并详加解析。

11月16日，晚上林徽因在清华大学作"中国建筑"讲演。朱自清也来听讲演，他印象是："言语明晰，辅以幻灯片，甚成功。"

是月下旬，林徽因、梁思成与莫宗江、麦俨尊往陕西的西安、耀县等地考察。还曾计划去甘肃敦煌莫高窟，未能如愿。

是月，林徽因写诗《静坐》，发表于1月31日天津《大公报·文艺副刊》，署名徽因。

12月13日，林徽因诗作《冥想》发表于天津《大公报·文艺副刊》，署名林徽因。林徽因诗歌题为《空想（外四章）》发表于戴望舒等编辑的《新诗》第三期。外四章是：《你来了》《"九·一八"闲走》《藤花前》《旅途中》。

是月，林徽因推荐三篇小说：《生人妻》（罗淑作）、《贝胡子》（张天翼作）、《矮檐》（萧乾作）入选赵家璧编辑的《二十人所选短篇佳作集》。

是年，常书鸿留学结业从国外归来，梁思成、林徽因在"周六聚餐会"上与常书鸿见面，鼓励、支持常书鸿去敦煌献身那里的文物保护事业。

是年，林徽因、梁思成为在英国伦敦举办的中国艺术展览设计、制作了广告招贴画。

是年，与梁思成考察北京天坛，在祈年殿顶留影。

是年底，林徽因致萧乾长信，详谈文学创作的"诚实"问题。信佚。

一九三七年　三十三岁

1月1日，大型杂志《文学》八卷一号发表署名"石灵"的文章《新月诗派》，文章论及："新月派后期诗人，我所要说到的是孙大雨、陈梦家、林徽因、卞之琳。我们所以只说他们，把别人略过，就因为他们各人都代表分道扬镳后的一个方向……总之，后期的新月派诗人，已经感到新月派规律本身的缺点，都在努力找新的路，于是他们的方向都各不相同：陈梦家倾向自由诗，林徽因在实验自由诗……"

1月24日，《大公报》"文艺奖金"裁判委员在杨振声家聚会，讨论授奖对象。林徽因与叶公超盛赞《画梦录》。

2月10日，《新诗》杂志第一卷第五期在封底登出"新诗社丛书出版预告"，其中列有林徽因的诗集一种，书名尚未定。

是月，林徽因诗作《红叶里的信念》发表于《新诗》杂志第四期。

2月25日，农历正月十五上元节，林徽因与沈从文、金岳霖、朱自清、杨振声等人游玩厂甸。

3月6日，林徽因出席《大公报》"文艺奖金"评奖会，会上评定获奖作品是：《日出》《画梦录》《江上》。

3月7日，林徽因诗作《十月独行》发表于天津《大公报·文艺副刊》，署名徽因。

3月10日，《新诗》杂志第一卷第六期又登出上月的"新诗社丛书出版预告"，仍列有林徽因诗集。

3月14日,林徽因诗作《时间》发表于天津《大公报·文艺副刊》,署名徽因。

约3—4月,林徽因写诗《古城春景》,发表于《新诗》杂志第二卷第一期。

4月10日,《新诗》杂志第二卷第一期的"新诗社丛书出版预告"已不列林徽因诗集。此诗集未出版。

4月18日,林徽因的系列短篇小说"模影零篇"之四《绣绣》发表于天津《大公报·文艺副刊》,署名林徽因。

4月,《好文章》杂志"诗选"专栏选刊林徽因诗作《日子》。此诗原刊不详。

5月1日,京派重要刊物《文学杂志》创刊,朱光潜出任主编,林徽因列为编委,其他编委有杨振声、沈从文、周作人、朱自清、俞平伯等。林徽因并为创刊号设计封面。

林徽因又在创刊号发表多幕剧《梅真同他们》第一幕,署名林徽因。关于此剧,林徽因致主编朱光潜信说:"我所见到的人生中戏剧价值都是一些淡香清苦如茶的人生滋味,不过这些戏剧场合须有水一般的流动性,波光鳞纹在两点钟时间内能把人的兴趣引到一个Make—believe的世界里去,爱憎喜怒一些人物。像梅真那样一个聪明女孩子在李家算是一个丫头,她的环境极可怜难处。在两点钟时间限制下,她的行动对己对人的种种处置,便是我所要人注意的。这便是我的戏。"朱光潜在他执笔的《编辑后记》中赞美《梅真同他们》:"现在话剧中仍留有不少的'文明戏'的恶趣,一般人往往认不清Dramatic与Theatrical的分别,只求看一个'闹台戏',林徽因女士的轻描淡写是闷热天气中的一剂清凉散。"

5月16日,林徽因诗作《前后》发表于天津《大公报·文艺副刊》。

是月,《大公报》公布"文艺奖金"获奖作品,最终是曹禺著剧本《日出》,何其芳著散文集《画梦录》,芦焚著小说《谷》。

6月1日,林徽因剧作《梅真同他们》第二幕发表于《文学杂志》第一卷第二期。

约6月中旬,林徽因、梁思成与莫宗江、纪玉堂赴山西省考察五台山佛光寺。

6月26日,林徽因离太原到五台山考察。

6月28日,林徽因、梁思成确证佛光寺系唐代建筑。

是月,《好文章》杂志"诗选"专栏选刊林徽因诗作《静坐》。

是月,林徽因诗作《藤花前》选入杨晋豪编《中国文艺年鉴·1936年度创作选辑·诗歌之部》。

7月1日，林徽因剧作《梅真同他们》第三幕发表于《文学杂志》第一卷第三期。

7月7日，梁思成、林徽因等在五台山发现佛光寺大殿为当时国内已知最古老的木结构建筑，它建成于公元八五七年。此乃古建筑学界一件盛事。

7月12日，林徽因等沿滹沱河经繁峙到代县。听说南线的平汉路、同蒲路火车不通，改由北线平绥路回北平。

7月15日，傍晚林徽因从迟到的报纸上得知"日军猛烈进攻我平郊据点，抗日战事已爆发"。

约7月中旬，林徽因自北平给正随姑母在北戴河避暑的女儿梁再冰写信，告知她父母已平安回到北平。信中林徽因还表达了抗战决心。

7月24日，林徽因向朱自清描述佛光寺情景。

7月28日前几天，宋哲元部队在林徽因家门前挖战壕准备抗战，郊外的清华大学教授周培源、钱端升、叶公超三户全家大小十余口人集中住进城内林徽因家，备好罐头食品等物资，决心投入抗战，"与城共存亡"。

7月28日，夜间宋哲元部队悄悄撤走。

7月29日，北平沦陷。

8月1日，《文学杂志》第一卷第四期出版，未连载《梅真同他们》第四幕，另发表林徽因诗《去春》，署名林徽因。随即抗战爆发，《文学杂志》因战事被迫停刊，《梅真同他们》永远缺了最后一幕。

是月，中国营造学社因战事临时解散，梁思成、林徽因将学社大量资料存入天津英租界的英资银行的保险库。

9月初，梁思成接到日寇"东亚共荣协会"请柬，为此梁思成、林徽因有出走北平打算。临行前林徽因往医院检查病体，医生严重警告她不宜远行，林徽因的态度是："但警告自警告，我的寿命是由天的了。"

9月4日，梁思成、林徽因连夜收拾行装准备离开北平。

9月5日，梁思成、林徽因扶老携幼，清早六时匆匆乘火车往天津。梁再冰、梁从诫姐弟随姑母已先在天津。

9月5—24日，林徽因、梁思成和林徽因母亲、梁再冰、梁从诫全家五口暂时住在天津。

9月19日，梁再冰写信给费慰梅，林徽因在信后附言。

9月25日，林徽因一家自塘沽登海轮南下，与金岳霖、朱自清等清华、北大教授同行。

9月28日，林徽因等抵达青岛。

9月30日，林徽因等转车到达济南，随即再转车南下，当日夜半到达徐州。

10月2日，林徽因等经郑州到达武汉。

10月14日，林徽因、梁思成到达长沙。起初借居韭菜园教厂坪134号刘宅一所民屋。后移居长沙圣经学院。

约10月下旬，林徽因致信沈从文谈及此时的生活："我是女人，当然立刻变成纯净的'糟糠'。"

10月，《好文章》杂志"诗选"专栏选刊林徽因诗作《前后》。

11月9日，张君劢来访梁思成、林徽因。

11月9—10日，林徽因写长信致沈从文，提及全家西迁昆明的计划。

11月24日，日寇飞机空袭长沙，圣经学院被击中，林徽因死里逃生。住处顿成一堆瓦砾，当天借住张奚若处。

11月24日，致信费慰梅，细述遭空袭情景。

12月4日，陈之迈在长沙"潇湘酒家"设宴招待梁思成、林徽因夫妇及吴宓、顾毓等人。

12月8日，林徽因、梁思成告别众多朋友，全家单独离开长沙向西南昆明迁徙。张奚若、金岳霖送行。

12月9日，林徽因一行到达湖南沅陵，有沈从文长兄沈云麓接待。

12月中旬，行到湖南和贵州交界的晃县，林徽因患肺炎高烧四十度，幸同车旅客中有一位女医生为她治疗。因此全家暂住晃县县城小旅馆约两个星期。

在晃县旅馆，梁思成、林徽因认识一批杭州笕桥航校第七期学员。后来他们全部牺牲在战场。

12月24日，梁思成、林徽因一家重新上路往昆明。

约12月底，梁思成全家到达贵阳，住"中国旅行社"，停留、休息十二天，以期林徽因病后恢复健康。

是年，金岳霖在上海英文杂志《天下》月刊发表文章《真小说中的真概念》，此文论及林徽因作品《九十九度中》。

一九三八年　三十四岁

1月中旬，林徽因历经三十九天长途跋涉到达昆明，租居于翠湖边巡津街尽头的昆明前市长寓宅"止园"。不久梁思成背脊骨脊椎关节硬化症复发，病倒半年多不能直立。

约2月始，为对付昆明骤涨的房租，林徽因在云南大学任教英文补习课，每周六个钟点。她说，要"一星期来往爬四次山坡走老远的路"。

3月2日，致信费慰梅、费正清，细述迁徙昆明途中情景。

3月11日，吴宓来访，林徽因因病未能晤谈，由梁思成接待。

3月15日，朱自清来访，林徽因、梁思成招待午餐。林徽因对朱自清说，云南建筑物设计很合理。

3月28日，朱自清应邀往云南大学讲演，林徽因出席，并在演讲会上为朱自清介绍。

是月，金岳霖为新成立的西南联合大学购买图书先期到达昆明。

4月1日，朱自清与史先生（按，不详何人）来访，林徽因、梁思成招待午餐。

4月19日，西南联大常务委员会会议决定设立校舍建筑工程处，聘请梁思成任工程处工程师。

4月28日，西南联大外文系学生许渊冲读到《别丢掉》有感，即译成英文，刊《文学翻译报》。

约6月上旬，沈从文到达昆明，当日梁思成、林徽因即往车站接他。

6月10日，沈从文致其兄信中告及："联合大学（按，即西南联大）房子由思成夫妇设计，下年动工。"

7月27日，林徽因在沈从文住处，遇朱自清访沈。

7月29日，朱自清访梁思成、林徽因夫妇。

8月，梁思成、林徽因同被西南联大聘为校舍顾问。又为云南大学设计女生宿舍。

10月1—5日，沈从文长文《谈朗诵诗》连载于香港《星岛日报·"星座"副刊》，论及新诗创作："并不因为'扬弃'的威胁，依然继承北方所提出的原则而写作，到后来有五个作家的成就都很好……北平有林徽因女士。"

下半年，施蛰存在沈从文住处结识林徽因。

年底，止园主人收回梁思成租房，梁思成一家暂时借住于昆明西山一所别墅。不久移居巡津街九号，与清华大学汪姓教授夫妇合住，约一年。

是年，梁思成积极恢复"中国营造学社"，在止园重新开始工作。

一九三九年　三十五岁

1月2日，茅盾在朱自清主持的昆明文学界反日联盟会议上作"从反面观点看问题"的演讲，会后林徽因、梁思成夫妇与朱自清、茅盾一起在咖啡店聚饮。

2月5日，林徽因散文《彼此》发表于昆明《今日评论》第一卷第六期。

3月27日，林徽因参观办在罗念生家的庞薰琹西洋画展。

春，因敌机轰炸，林徽因一家又随中国营造学社与中央研究院历史语言研究所一起迁居昆明近郊离麦地村不远的龙头村。

4月14日，致信费慰梅、费正清，细述结识的一群年轻飞行员。

6月5日，沈从文致长兄沈云麓信中说道："(林)徽因等受一机关委托，征集手工艺品作样子，大规模仿造，以便拿出国换外汇，买军火，增加抗战力量，一面亦可以使乡村手工业兴起。"

6月28日，林徽因诗作《除夕看花》发表于香港《大公报·文艺副刊》，署名"灰因"。昆明时期还写有《三月昆明》《刺耳''的悲歌》，均佚。

7月12日，梁思成、林徽因夫妇出席 Norman France 和 Wiuian Empson 在昆明大旅社联合举行的宴会。

8月31日，朱自清看望梁思成、林徽因夫妇，归还借阅的林徽因散文《窗子以外》。

秋，林徽因、梁思成迁居昆明郊外麦地村的走空了尼姑的"兴国庵"。

秋，梁思成和刘敦桢、莫宗江、陈明达往四川西部四十个县进行长达半年的野外考察，林徽因和刘致平留守昆明营造学社。

11月16日，《吴宓日记》记，读林徽因所编《大公报文艺丛刊小说选》"数篇，均佳"。

是年，梁思成、林徽因设计云南大学宿舍。

是年，天津发生水灾，梁思成存于天津银行保险库的建筑测量资料遭毁。

约是年，林徽因曾往西南联大作关于戏剧的讲演。

一九四〇年　三十六岁

1月，英文刊物《中国作家》第三期发表 FLOWERS ON NEW YEAR'S EVE，署名"LIN HWEI YING"。此是林徽因《除夕看花》英语文本，未署译者，当是诗人自己的译笔或同题创作。

2月，梁思成等从四川野外考察归来。

3月9日，林徽因出席朱驭欧举行的宴会。席间林徽因述航空学校杂事及空军作战新闻。

3月11日，梁思成和钱端升宴请清华大学外籍教授温特，为温特北归饯行，有吴宓在座。

4月初，儿童节为梁再冰画头像。

5月，林徽因迁居离麦地村约两里的龙泉镇龙头村，并在龙头村设计、监制了自己和钱端升两家比邻的住房。她住龙头村期间，时常到附近的陶器作坊去看工人制造陶器。

暑假，赴西南联大任教的卞之琳往龙头村看望林徽因，并在梁家留宿一夜。林徽因与卞之琳长谈中向他称道《飞蛾与火焰》等几篇阿索林的小说。

8月，金岳霖在龙头村度暑假。

是月，教育部命令，中国营造学社可再次随中央研究院历史语言研究所一起迁出云南。

9月20日，林徽因给费正清、费慰梅夫妇写数千字长信，说到当时面对现实的心境。

9月下旬，林徽因致费慰梅短简，推荐卞之琳一个短篇小说。

是月，林徽因收到费慰梅寄来的一百美元，用这笔钱偿还了住宅建筑费用。

是月，日本侵略军占领越南北部地区，我国云南面临严重威胁。在昆明的中央研究院历史语言研究所等机构考虑迁徙四川。

11月，林徽因致信费慰梅，告知即将迁往四川。信中对冰心飞往重庆"做官"颇有微词。

是月，梁思成任营造学社社长，营造学社正式附属中央研究院历史语言研究所，随研究所一起迁往四川小镇李庄。

11月29日，林徽因和母亲、梁再冰、梁从诫一起随历史语言研究所离开昆明。当日到曲靖。梁思成临行时突然脚趾破了感染，因此暂留昆明治疗。

11月30日，林徽因一行到达宣威。梁从诫生病。

12月2日，由宣威到威宁。

12月3日，由威宁到达四川省毕节县。梁从诫又发烧，在毕节逗留三天。

12月6日，由毕节到叙永。

12月7日，由叙永到达泸州。

12月9日，本计划上午出发去宜宾，但因历史语言研究所的大件行李不得上船，林徽因和女眷及孩子在码头饿到天黑才上船。

12月10日，当晚船到宜宾县城，停留两天。

12月13日，林徽因终于到达李庄，住李庄镇边的上坝村张家大院。

12月20日左右，梁思成到达李庄。

年底，林徽因肺结核病复发，从此卧床不起。梁思成所患脊椎软组织灰质化的疾病也越来越严重。

一九四一年　三十七岁

春，美国友人邀梁思成赴美访问、讲学，并偕同林徽因在美治病、疗养，梁思成、林徽因夫妇谢绝。

3月14日，林徽因三弟林恒（空军飞行员）在空战中阵亡。

4月14日，梁思成离家已数月，料理完丧事回到李庄，才告诉林徽因林恒已壮烈牺牲。

6月30日，梅贻琦、罗常培作为清华大学校、系负责人往李庄巡视历史语言研究所，特地看望病中的林徽因。

6月，为女儿梁再冰作漫画，题词戏谑："鼓励你读书的嬷嬷很不希望可敬的袋鼠成了你将来的写照。喜欢读书的你必需记着同这漫画隔个相当的距离，否则……最低限度，我一定不会有一个女婿的。"

7月5日，梅贻琦、罗常培离开李庄之前再次去看望林徽因。此时金岳霖正住在李庄梁思成家休假。

8月11日，致信费慰梅、费正清。金岳霖、梁思成分别附言。

12月，美国政府宣布参加反法西斯战争。

是年，林徽因对汉朝历史和汉代美术发生浓厚兴趣，并喜欢英国著名传记作家斯特拉齐（Lytton Strachey）写的《维多利亚女王传》，于是想用英文写一本《汉武帝传》。

是年，费慰梅出版了研究汉代浮雕的著作，寄赠梁思成、林徽因一册。

一九四二年　三十八岁

春，林徽因写诗《一天》。

春，梁思成接受国立编译馆委托着手撰写《中国建筑史》，林徽因协助写作，其中宋、辽部分系林徽因执笔。

4月18日，傅斯年为梁思成、林徽因生活拮据事写信给当时任国民政府教育部长的朱家骅。信里说到,"(梁思成)夫人,今之女学士,才学至少在谢冰心辈之上。"

同日,傅斯年又致信翁文灏谈救济梁思成林徽因夫妇事。

约4月20日左右,林徽因得傅斯年信告,傅斯年为救济梁思成、梁思永两家生活困苦,正向教育部等部门申请资助金,即复信,感叹:"尤其是关于我的地方,一言之誉可使我疚心疾首,夙夜愁痛。日念平白吃了三十多年饭,始终是一张空头支票难得兑现。"

4月28日,傅斯年再以公函致朱家骅,内容与4月18日信相同,但有中央研究院总干事叶企荪和总务主任联合署名。

约4月底,又得傅斯年信,傅拟在"史语所"安排林徽因不负实际事务的岗位。林徽因再复信表明:"必需(须)让我担负工作,不能由思成代劳顶替。""不然,仍以卖物为较好之出路,少一良心问题。"

5月5日,傅斯年再致信朱家骅、杭立武,建议营造学社予林徽因固定薪金。信附林徽因的研究项目"中国的建筑"。

6月16日,傅斯年、李济在林徽因项目推荐书中说及,"徽因女士虽工作亦如其他营造学社社员,但并无独立之收入"。

夏,梁从诫小学毕业,因年龄过小未便远赴重庆入中学住宿就读,留李庄由林徽因家教一年。

9月20日,费正清再次来中国,任职美国情报协调局驻华首席代表。

9月28日,蒋介石因翁文灏、傅斯年申请报告特批的救济林徽因两万元款派人送至翁文灏处。

同日,时任国民政府经济部长兼资源委员会主任的翁文灏致信傅斯年,告蒋介石亲手拨款两万元救济梁思成、梁思永兄弟,由傅转交。

10月5日,林徽因致信斯年感谢他的关心。11月14日,费正清约请陶孟和伴行,乘船往李庄看望梁思成、林徽因夫妇,在李庄逗留一星期。

11月下旬,此时起,因梁思成的经济状况略有改善和营造学社工作转入正常,故林徽因病情有所好转。

一九四三年 三十九岁

1月19日,林徽因友人、女翻译家沈性仁(按,陶孟和夫人)因肺病发作病故于避居地兰州。费正清等原先有送林徽因去兰州疗养的安排因此而取消。

2月底,林徽因致信费正清,感慨李庄一些知识分子和他们的家属在困难环境中时常发生争吵。

是年春,当时任英国驻华使馆战时科学参赞的英国科学史家李约瑟来访李庄,曾与林徽因交谈。

6月18日,林徽因致信费正清,告梁思成想出版中国建筑史。

9月19日,费正清致信梁思成,告已经争取到一笔美国资助中国抗战时期困苦知识分子的款项。

是年秋,梁再冰升入李庄的同济大学附属中学高中部。

11月4日,林徽因致信陈岱孙。道及战时避居李庄的知识分子因生活窘迫而情绪烦躁,"大家好像愈来愈酸,对人好像倾向刻薄时多、忠厚处少,大可悲也"。

11月,闻一多选编《现代诗抄》,拟选篇目有林徽因一首《笑》。此书未得完成。

11月下旬,林徽因致信金岳霖,谈到梁思成正在撰写《图像中国建筑史》,林徽因为大量配图协助撰写英文文字解说,并执笔此著"前言"的大部分。当时金岳霖在美国。

是年,林徽因病情恶化势头相对平缓。梁思成背脊骨关节完全僵硬,但疼痛已不十分剧烈。

是年,林徽因参与复刊《中国营造学社汇刊》。

一九四四年 四十岁

春,林徽因写诗《忧郁》《哭三弟恒》。

3月底,林徽因旧病复发,至五月下旬,经常高烧,较去年为烈。

4月,上海《春秋》杂志署名"南山"文《记忆中的西南联大》,忆及联大生活:"演讲会定期的也不少,关于戏剧的,有陈铨、曹禺、林徽因主讲;文学方面的有沈从文、冰心。"

7月27日,梁思成送梁从诫往重庆参加中学入学考试。

8月5日,致信陈岱孙。说明前退回资助款"一万两千元"的原因,是刚得别处接济,"一时感到过于阔绰及自私,所以先寄还你那边接济其他需款之尤急者"。

8月,梁从诫同时考取清华附中和南开中学,犹豫后决定入学南开中学。

9月2日,致信陈岱孙,言及"今夏我的养病等于零"。

9月初，梁从诫考入迁在重庆的南开中学，梁思成送子入学。

9月16日，沈从文致信胡适，谈及林徽因对他作品的影响："这本书（按，指一个英译本的沈从文短篇小说集）内中各个篇章能产生和读者见面，得力于志摩、通伯、西林、今甫、徽因、叔华、宰平诸先生鼓励甚多，关系更大的还是先生。"

10月，林徽因散文《窗子以外》选入西南联大文学院自编教材《西南联大语体文示范》（朱自清编）。

初冬，林徽因写作诗歌《十一月的小村》。

一九四五年 四十一岁

初春，上海一度传闻林徽因患肺病在重庆一家小旅馆去世，境况很坏。

3月9日，梁思成致信梅贻琦，建议清华大学增设建筑学系。

3月，患感冒月余。

4月15日，印度加尔各答《The China Review Pictorial》（《中国评论画报》）为纪念泰戈尔八十五岁生日出版纪念特辑，刊当年随泰戈尔访华人员提供的中国从未披露的照片。一是林徽因单独与泰戈尔等四位印度客人合影。另一合影人员多达数十人，有林徽因、凌叔华，两人分列左右，之间相隔多人。当月，旅印任教于国际大学的梵文学者吴晓铃，题赠此画报给林徽因收存。

春，梁思成被国民政府任命为中国战地文物保护委员会副主任。由他负责领导编制的一套沦陷区文物目录标注在当时的军用地图上，并有一份送达周恩来。

夏，费慰梅作为美国驻华使馆文化专员再次来到中国。

8月15日，日本天皇宣布无条件投降。

8月中旬，费慰梅由梁思成陪行到李庄看望分别数年的林徽因。

约初秋，林徽因致信费慰梅谈到自己的病情："使我烦心的事比以前有些恶化，尤其是膀胱部位的剧痛，可能已经很严重。"

9月12日，李健吾在上海《文汇报》发表《咀华记余·无题》一文，写道："一位是时时刻刻被才情出卖的林徽因，好像一切有历史性的多才多艺的佳人，薄命把她的热情打入冷宫。"

9月中旬，林徽因顾虑李济父亲老牌观念，中秋节全家团圆饭不便外人与席，因此请访李庄下榻李家的英国国家博物馆馆长捷因来梁家过节，和捷因一同来李庄的费慰梅也正住在梁家。

9月20日，费慰梅与林徽因、梁思成欢度中国传统的"中秋节"。

10月，柯灵主编的"春秋文库"第一集《作家笔会》出版，其中载有西渭（李健吾）的《林徽因》一篇。文章写林徽因："她对于任何问题感到兴趣，特别是文学和艺术，具有本能的直接的感悟。生长高贵，然而命运坎坷；修养让她把热情藏在里面，热情却是她的生活的支柱，喜好和人辩论——因为她爱真理，但是孤独，寂寞，忧郁，永远用诗句表达她的哀怨。"

同月，林徽因所著论文《现代住宅设计的参考》发表于《中国营造学社汇刊》第七卷第二期，署名林徽因。

同月，林徽因作为《中国营造学社汇刊》这一期主编，撰写《编辑后语》，指出："战后复员时期，房屋将为民生问题中重要问题之一。"该期林徽因转载了费慰梅关于武梁祠石刻的文章，王世襄翻译，林徽因校对。

11月，梁思成陪同林徽因去重庆，住上清寺聚兴村中央研究院招待所。

11月，傅斯年来梁思成、林徽因寓所拜访。傅斯年有梁林与他疏远的感觉。

12月1日，昆明发生国民党当局镇压学生运动的"一二·一"惨案，林徽因写信给梁再冰记述此事。信佚。

是年底，因重庆与李庄间水路堵塞交通不便，林徽因暂留住重庆，拟赴昆明，梁思成回李庄。

是年底，林徽因携梁从诫出席美国特使马歇尔在重庆举行的招待会。林徽因关注与会的共产党领导人。

约是年底，驻重庆的周恩来曾派女共产党员龚澎以个人身份前去探望林徽因。

一九四六年　四十二岁

1月，林徽因赠傅斯年一罐啤酒。

1月18日，钱端升宴请费正清，并商谈林徽因移居昆明事。

是月，林徽因自重庆致信费正清，忧虑抗战胜利后祖国前景，并哀叹："我很可能活不到和平的那一天了。"

2月15日，林徽因乘飞机赴昆明治病，与张奚若、钱端升、金岳霖等重聚，头几天住在张奚若家里。

接着，张奚若为林徽因在园通山安排了一处别墅似的住房。系军阀唐继尧的祖居。

2月16日，朱自清来访林徽因。

2月28日，林徽因自昆明致信费慰梅谈及自己的病情："我的病情并未好转，甚至比在重庆时更厉害了——一到昆明我就卧床不起。"

3月5日，傅斯年给夫人俞大綵信里写道："林徽音的病，实在没法了……我看，不过一二年而已。"

4月20日，朱自清来访林徽因。

同月，梁思成完成《图像中国建筑史》著作。梁思成在此书《前言》说："最后，我要感谢我的妻子、同事和旧日的同窗林徽因。二十多年来，她在我们共同的事业中不懈地贡献着力量。"

5月26日，朱自清来访金岳霖与林徽因，长谈。

5月30日，朱自清来访梁思成。

5月下旬，梁思成、林徽因一家寓居重庆中央研究院招待所准备搭乘飞机回北平，在此等候了一个多月。

6月5日，林徽因举行生日茶会，朱自清等参加。

6月13日，西南联大即将恢复北大、清华、南开三校。朱自清先行返回清华园，为此向林徽因话别。

约春夏间，林徽因之子梁从诫在重庆南开中学参加学校组织的一次"反苏大游行"，已到昆明的林徽因写长信批评梁从诫此举。

上半年，林徽因创作了诗歌《对残枝》《对北门街园子》。

7月初，梁思成、林徽因夫妇分别自昆明、李庄聚会到重庆。

7月3日，梁思成、林徽因夫妇拜访梅贻琦。

7月4日，梅贻琦约请梁思成、林徽因一家及金岳霖午饭。

7月7日，费正清离开上海返回美国。

7月23日，梁思成与胡适、萨本栋、李济、傅斯年等联名致电闻一多夫人，吊唁闻一多遭国民党特务枪杀。

7月31日，梁思成、林徽因夫妇和金岳霖等西南联大教授们自重庆乘飞机直航北平。

初到北平暂时住在宣武门内国会街的西南联大复员教职工接待处。梁思成拟担任清华大学营建系主任，但随即应邀赴美国旅居近一年。

8月，林徽因住进清华大学教授宿舍新林院八号。

8月，梁再冰考入北京大学西语系。

是月，因梁思成远赴美国，吴柳生教授代为营建系主任，但许多系务都是林徽因实际操持。

是月，林徽因托王明之致信在上海的吴良镛，希望吴尽快到清华大学参加创办营建系工作。

8、9月间，西南联大学生王浩将赴美国留学，行前由金岳霖陪同拜访林徽因。

11月24日，林徽因散文《一片阳光》发表于天津《益世报·文学周刊》。

是年，《市政工程年刊》第二期发表林徽因《住宅供应与近代住宅之条件》，署名林徽因。

一九四七年　四十三岁

1月4日，林徽因诗作《孤岛》和《死是安慰》同时发表于天津《益世报·文学周刊》。

2月1日，林徽因致信费正清，表达对时局担忧："政治的混乱和觉悟的痛苦给清晰的地平线又增添了乌云，我几乎总是在消极地悲伤。"

3月，费慰梅返回美国，行前从南京赴北平专程与林徽因、金岳霖话别。

4月27日，清华大学校庆，林徽因往清华图书馆参观校庆美术展览。在一幅古代作品前评点，身边围满观众。

春，林徽因组织了清华建筑系师生考察北平恭王府，时间一周。林徽因给师生作关于这个考察课题的开题报告。

5月4日，林徽因诗作《诗三首》（含《给秋天》《人生》《展缓》）发表于天津《大公报·文艺副刊》。

7月，女作家赵清阁为编辑《无题集·现代中国女作家小说专集》曾致函林徽因约稿，林徽因正病重未能应约。

夏，林徽因病情恶化，须做肾切除手术。此时梁思成应邀在美国普林斯顿大学、耶鲁大学作学术访问，并由政府派往美国参加联合国大厦设计，不得不改变旅美计划提前回国。

10月初，林徽因住入北平西四牌楼中央医院，准备手术治疗。

10月4日，林徽因在病床上致信费正清、费慰梅夫妇，说到手术之前病体检查情况。

深秋，林徽因病情好转，一时未做手术，并与梁再冰、梁再冰的同学一起游览了颐和园。

11月10日，梁思成自美国回北平带来费慰梅礼物录音机，林徽因回信描述试听的可笑情状。

11月22日，梅贻琦为梁思成、陈梦家举行茶会。

12月20日，致信费慰梅，担心即将进行的手术失败。

约12月20日前后，林徽因为做肾切除手术，写诗《恶劣的心绪》。

12月24日，林徽因在白塔寺医院做了手术，手术成功。

冬，张幼仪以为林徽因不久于人世，应林徽因请，携徐志摩儿子徐积锴及孙子来医院看望。

是年，林徽因还创作诗歌《小诗(一)》《小诗(二)》《写给我的大姐》。

是年，林徽因倡议并带头组织了清华大学建筑系师生的工艺美术设计组，接受校外设计业务，所得设计费都作学生购买学习文具之用。

一九四八年　四十四岁

1、2月间，林徽因手术后回家致信费正清，谈及时事认识："右派愚蠢的思想控制和左派对思想的刻意操纵，足可以让人长时间地沉思和沉默。"

2月18日，林徽因创作诗歌《我们的雄鸡》，生前没有发表。

2月22日，林徽因的三组诗作《空虚的薄暮》(含《六点钟在下午》《黄昏过杨柳》)、《昆明即景》(含《茶铺》《小楼》)、《年轻的歌》(含《你来了》《一串疯话》)，同时发表于杨振声主编的北平《经世日报·文艺周刊》。其中《你来了》《黄昏过杨柳》(原名《过杨柳》)两首系重新发表。

3月21日，梁思成、林徽因结婚二十周年纪念日，一些亲密朋友聚会梁家，林徽因招待茶点，并作关于宋代都城的建筑学术报告，以此庆祝。

3月，梁思成当选为中央研究院院士。

4月5日，朱自清来访梁思成。

4月10日，朱自清致信林徽因，信佚。

5月，复刊的《文学杂志》第二卷第十二期发表林徽因诗作《病中杂诗九首》。

7月25日，《平明日报》副刊《星期艺文》发表林徽因的《录旧作三首》，含《山中一个夏夜》《深笑》《春天田里漫步》。第三首为今日各种林氏文集失收。

8月2日，林徽因诗作《桥》《古城黄昏》发表于沈从文主编的天津《益世报·文学周刊》。

8月19日，当局军警进清华园搜捕抗议政府的学生，此称"八一九大搜捕"。

8月下旬，清华学生剧团排演美国丽琳·海尔曼的反法西斯名剧《守望莱茵河》，林徽因抱病到排演现场指导。

约8月下旬，林徽因拜访吴柳生教授夫人，为来北平求学的福建籍女青年林洙请求在吴家借宿。林徽因开始每周二、五下午为林洙辅导英语。（按，因林徽因病重，辅导日子未能持久。又，林徽因病逝后，林洙成为梁思成续弦。）

8月，顾毓琇往清华园访友，到新林院看望梁思成、林徽因夫妇。

9月5日《平明日报》《星期艺文》发表《林徽因诗两首》，含《破晓》和《诗——自然的赠与》，也未收入各种林徽因文集。

9月29日，龚业雅（吴景超夫人）陪同来京的上海女作家赵清阁拜访林徽因。

约12月上旬，林徽因收到费正清寄自美国的他的第一部著作《美国与中国》。

12月12日，林徽因致费正清长信，感叹："也许我们将很久不能见面——我们这里事情将发生很大变化，虽然我们还不知道是什么样的变化，是明年还是下个月。但只要年青一代有有意义的事可做，过得好，有工作，其他也就无所谓了。"

12月13日，人民解放军进驻清华园，进逼北平城。

12月下旬，解放军代表由张奚若陪同登门梁思成家，请求在军用北平地图上标明需要保护的古建筑所在地点，以免解放军攻城时古建筑遭损。

是年，清华大学学生剧团在学校大礼堂用英语演出《守望莱茵河》，林徽因和梁思成、金岳霖一起前去观看。

一九四九年 四十五岁

约年初，清华大学校内演出大型革命秧歌剧《血泪仇》，林徽因虽然重病在身，却仍执意要去观看，终于因喘息不止，只得半途而返。

1月10日，钱俊瑞等代表中共北平军管会正式接管清华大学。

1月27日，梁思成致信沈从文，邀请沈从文到清华园休养。

1月28日，沈从文到清华园，在梁思成家用餐，宿金岳霖家。这一年春节沈从文在梁思成家度过。

1月31日，北平和平解放。

2月2日，张兆和致信林徽因、梁思成表示谢意。

3月，林徽因之女梁再冰要求参加"南下工作团"离开北平，林徽因起先不忍，最终还是支持女儿的选择。从林徽因病情看，女儿南下，可能就是母女诀别。

4月，梁再冰随"工作团"南下赴湖北。

5月，梁思成由新成立的北京市人民政府任命为北平都市计划委员会副主任。

9月27日，全国政协第一届大会通过国旗、国都、国歌决议；大会主席团决定，邀请专家另行设计国徽图案。

9月29日，梁思成致长信梁再冰，详述几周来他夫妇忙碌召集各地建造师来京情况，"技术工作全由妈妈负责指挥总其成，把你的妈妈忙得不可开交"。

10月23日，林徽因、莫宗江完成合作的国徽设计方案：以瑗——大孔玉璧为主体，中央是一颗大五角星，并另有四颗小五星、齿轮、嘉禾及国名，颜色分别是金、玉、红三色。同时张仃等美术家也完成另一个设计方案，图案中央是天安门。

10月，侯仁之往清华大学拜访梁思成、林徽因。侯年轻时听过林徽因《中国的塔》讲座，称："饮水思源，除颉刚老师外，我是更加受益于思成先生和徽因先生的。"以后多次参加林家客厅茶会。

是年，林徽因被清华大学聘为营建系客座教授。

是年，北京新政府召开复兴工艺美术座谈会，林徽因抱病与梁思成一起出席。

是年，钱锺书、杨绛夫妇从上海调入清华大学任教，与梁思成、林徽因夫妇毗邻而居。

一九五〇年　四十六岁

1月，著名记者黄裳由吴晗陪同访问梁思成、林徽因夫妇。

5月，梁思成、林徽因参加讨论改造北京旧城时，提出在城墙上辟建城墙公园的设想。

6月11日，政务院总理周恩来指定，以林徽因、张仃分别负责的两个国徽设计图案为基础，由梁思成组织清华大学营建系教师重新设计国徽图案。

6月12日，清华大学国徽设计组在梁思成家成立，梁思成、林徽因主持设计。

6月17日，梁思成、林徽因共同起草了具名"清华大学营建学系"的《中华人民共和国国徽设计说明书》。

6月20日，周恩来主持全国政协审议国徽设计方案的会议，确定清华大学设计组的设计方案。

6月23日，林徽因作为特邀人员参加全国政协一届二次全体大会。大会通过清华大学设计组设计的国徽图案。

6月28日，中央人民政府会议审议通过了国徽图案。林徽因以设计小组代表身份列席大会。

是月下旬，梁思成推荐清华大学营建系雕塑教授高庄完成国徽立体浮雕模型，徐沛贞协助工作。

是月，梁再冰调回北京工作。

是月，清华大学建筑系首届学生毕业，林徽因与全体毕业生杨秋华等七人合影。五十年后七人返校庆祝系庆，按当年合影位置再合影，站立中间的林徽因由梁再冰代替。

9月20日，毛泽东签署中央人民政府令，公布中华人民共和国国徽图案。

9月，梁从诫考入清华大学攻读史学专业。

约是年，林徽因批注戴念慈《历史遗产》等文稿（此稿因故未得发表），批评戴忽略民族传统。九十年代戴念慈这组文稿发表于《建筑师》杂志，戴在文后"补白"中公开接受林徽因当年批评。

是年，林徽因被任命为北京市都市计划委员会委员兼工程师。

是年，林徽因致信在美国的吴良镛，报告新中国大好形势，希望吴良镛赶快回国参加社会主义建设。

一九五一年　四十七岁

年初，林徽因为来北京参观的东北工学院建筑系师生在清华建筑馆作"示范讲课"，讲题是"建史与理论"。

2月，"敦煌艺术展览"在故宫午门城楼展出，林徽因抱病登楼参观。

4月，梁思成署名的文章《北京——都市计划的无比杰作》发表于北京《新观察》杂志第二卷第七、八期。梁思成在文章"跋"里说明本文是同林徽因分工合作的，后编入《林徽因集》。

5月19日，清华大学营建系在北京市特种工艺专业会议上作题为《景泰蓝新图样设计工作一年总结》的报告。报告由林徽因起草。

春夏之交，邵燕祥拜访梁思成，林徽因在座。

上半年，指导清华大学学生王其明、茹竞华毕业论文《圆明园附近清代营房的调查分析》，撰写评语。又建议并指导学生黄家源写作关于"北京旧店面"的毕业论文。

夏，梁再冰分配在新华通讯社总社工作。

7月，林徽因与梁思成共同为国际现代建筑学会（Congress Internationaux

d'Architecture Moderne，简称 CIAM) 文件《城市规划大纲》中文本写序。

8月13日，《光明日报》发表《景泰蓝新图样设计工作一年总结》的长篇摘要，署名清华大学营建系，楼庆西考订作者系林徽因。

8月16日，建筑论文《谈北京的几个文物建筑》发表于北京《新观察》杂志第三卷第二期，署名林徽因。

是月，林徽因与梁思成合作写成《〈苏联卫国战争被毁地区之重建〉译者的体会》。

9月，林徽因、梁思成夫妇参加北京市人民代表会议（尚未设置"人民代表大会"）撤除长安街东西三洞门讨论会，林徽因发言忠告，文物是不能复生的，拆了后悔就来不及了。最终意见被否认，禁不住嘤嘤啜泣。

是年，林徽因被任命为首都人民英雄纪念碑建筑委员会委员，并具体承担了设计碑座纹饰和花圈浮雕的任务。

是年，为工艺美术学院研究生讲课，并负责指导研究生常沙娜、钱美华、孙君莲等。

是年，林徽因开始筹划编绘《中国历代建筑图案集》。

是年，对戴念慈《历史遗产》等文章作批注，病逝后的一九九一年，刊于《建造师》杂志。

是年，林徽因深入民间工场作坊考察景泰蓝工艺程序及材料特点，创新设计并参与试制出一批造型、图案、配色都具有新时代特色的景泰蓝工艺品。

约是年至一九五三年，写作论文《敦煌边饰初步研究》，生前未刊，二〇〇五年首次收入陈学勇编《林徽因文存》。

一九五二年　四十八岁

1月1日，《新观察》半月刊是年第一期开辟"我们的首都"专栏，约请林徽因撰写介绍北京古代建筑的系列文章，均署名林徽因，本期发表第一篇《中山堂》。

1月16日，《新观察》第二期发表《北京市劳动人民文化宫》。

2月1日，《新观察》第三期发表《故宫三大殿》。

2月16日，《新观察》第四期发表《北海公园》。

3月16日，《新观察》第五期发表《天坛》。

春，东北工业学院建筑系师生来北京参观"伟大的祖国建筑"展览，请林徽因给他们作了关于中国古建筑的报告。

4月16日，《新观察》第六期发表《颐和园》。

5月1日，《新观察》第七期发表《天宁寺塔》。

5月3日，林徽因与梁思成一起署名的长文《达·芬奇——具有伟大远见的建筑工程师》发表于《人民日报》。

5月16日，《新观察》第八期发表《北京近郊的三座"金刚宝座塔"》。

5月林徽因与梁思成合作翻译并作序的《苏联卫国战争被毁地区之重建》（沃罗宁著）一书由上海龙门书局出版。

6月1日，《新观察》第九期发表《鼓楼、钟楼和什刹海》。

6月16日，《新观察》第十期发表《雍和宫》。

7月1日，《新观察》第十一期发表《故宫》。

8月11—25日期间，北京市召开各界人民代表会议专门讨论拆除长安左门、长安右门问题，林徽因在会上发言，反对拆除。

9月14日，英国建筑师斯金纳来清华园梁家访问梁、林夫妇。

9月16日，梁思成、林徽因共同署名的建筑学论文《祖国的建筑传统与当前的建筑问题》发表于《新观察》杂志一九五二年第十六期。此文批评旧中国建筑体系，从思想到技术的欧美化。

10月2日，林徽因作为中国代表出席在北京召开的"亚洲及太平洋区域和平会议"，会上林徽因与印度代表互赠头巾。

10月16日，林徽因的文章《和平礼物》发表于《新观察》杂志一九五二年第十八期。

是年，林徽因和梁思成参加中南海怀仁堂的内装修设计。

是年，据林徽因的创意，北京人民美术出版社约请梁思成、莫宗江等编绘《中国建筑彩画图案》准备出版。

是年，清华大学建筑系设计的北京大学中关园住宅小区建成，林徽因带领建筑系学生参观这一建国后新建设的民居，并阐述自己的民居建筑观念。

一九五三年　四十九岁

1月，《中学生》杂志发表林徽因文章《我们的首都——北京》。后分别选入《语文选读》(1954年)、《阅读文选》(1954年)、《语文课本》(1955年)。

约2月底或3月初，梁思成赴苏联访问。

3月10日，林徽因代表首都人民英雄纪念碑设计小组起草信稿致郑振铎、薛子正。

3月12日，林徽因致信梁思成，除家事外，谈到正在设计首都人民英雄纪念碑情况。

3月16日至17日，林徽因写信给梁思成，其中谈到自己的病情："病状比从前深点，新陈代谢作用太坏，恢复的现象极不显著，也实在慢。"

4月1日，《文物参考资料》刊出梁思成、林徽因《古建序论：在考古工作人员培训班讲演记录》。

春，为设计人民英雄纪念碑，关肇邺作为助手在林徽因家工作约两个月。

春，梁思成、林徽因在家里宴请正在清华大学建筑系讲学的苏联专家阿谢甫可夫。杨秋华做翻译。

夏，梁思成、林徽因在家里便饭招待刘敦桢、陈从周，林徽因亲自下厨。

次日，国家文物局局长郑振铎设宴招待专家，梁思成、林徽因、刘敦桢、陈从周等出席。在宴席上，林徽因当面指责与宴的分管文化工作的北京市副市长吴晗不保护北京的古建筑。

8月20日（一说28日），北京市副市长吴晗主持召开"关于首都文物建筑保护问题座谈会"，中央和文物部门领导人及专家郑振铎、马衡、叶恭绰、梁思成、林徽因等参加会议。林徽因在会上作长篇发言，全面阐释了关于古建筑的保护理论、保护原则、保护范围、保护作用。

9月23日，林徽因出席第二次全国文学艺术工作者代表大会。

是月，中国美术家协会副主席江丰在"美协"全国委员会全体会议所作的四年来工作报告中，把"清华大学建筑系的景泰蓝设计"列为一项主要成绩。

10月，中国建筑学会举行全国第一次代表大会。林徽因在会上发言。中国建筑学会成立，林徽因当选为第一届理事会理事，兼任中国建筑研究委员会委员，并担任《建筑学报》编委。

是年，梁思成在考古工作人员训练班作讲演，林徽因为他整理成《古建筑序论》，发表于《文物参考资料》第三期。

是年，林徽因为北京文物整理委员会编的《中国建筑彩画图案·清式彩画》一书审阅书稿并作序。

是年，林徽因在清华大学建筑系讲授"近代住宅"课程。

约是年，正在编辑的《中国建筑彩画图案》约林徽因撰写序言，她致编辑长信，对书稿提出坦诚率直的意见。

一九五四年　五十岁

1月，《中国建筑史》油印本因成，前言说明辽宋部分系林徽因执笔，二〇一四年以"《中国建筑史》第六章宋辽金部分"编入《林徽因集》。

春,林徽因与梁思成一同担任兴建西颐宾馆设计顾问。

春,林徽因约已经离开清华的常沙娜、钱美华、孙君莲一起参观罗马尼亚民间艺术品展览。林说,罗马尼亚以木器制品见长,而且有特色。

8月6日,北京市人民政府发函,确认林徽因为首届北京市人民代表。

8月10日,林徽因出席北京市人民代表大会开幕式,当日《北京日报》介绍她的简历。

8月中旬,出席北京市人民代表大会。

秋,林徽因病情严重恶化,完全不能工作。

12月,林徽因与梁思成、莫宗江合写的论文《中国建筑发展的历史阶段》发表于《建筑学报》第二期。同期还刊出林徽因与梁思成合译匈牙利领导人约·里瓦伊文章《匈牙利新建筑的问题》。

是年,林徽因一家由清华园新林院八号迁居胜因院十二号。冬天林徽因移居北京城内。

是年底,林徽因病危,住进同仁医院。

一九五五年 五十一岁

1月,梁思成患病也住进同仁医院,病室即在林徽因住的隔壁。

2月,全国建筑学界开始批判所谓的梁思成倡导的"复古主义""形式主义"。

约3月,林徽因学生钱美华往医院探视梁、林夫妇,插着输氧管的林徽因对钱美华说:"景泰蓝是国宝,不要在新中国失传。"

春,一次批判会后,吴景祥陪梁思成到医院探视奄奄一息的林徽因,相对无言,凄凉不堪。

4月1日,清早六时二十分,林徽因逝世。

4月2日,《北京日报》刊登林徽因逝世讣告。

4月3日,林徽因追悼会上午在北京金鱼胡同的贤良寺举行。追悼会后灵柩安葬于八宝山公墓。墓体系梁思成设计。

是年,林徽因撰序的《中国建筑彩画图案集》在她身后由人民美术出版社出版。

一九八五年

3月,人民文学出版社出版《林徽因诗集》,沈从文题签内封。此系林首次出版文学作品集。

一九八七年

中央政府追授梁思成、林徽因、莫宗江等人的项目"中国古代建筑理论及文物建筑保护的研究"以"一九八七年国家自然科学奖"一等奖。

一九九〇年

11月,北京、香港联合出版的《中国现代作家选集·林徽因》在香港三联书店出版。此系林徽因各类体裁文学作品的综合集首次出版。

一九九二年

5月,《中国现代作家选集·林徽因》由人民文学出版社出版。

一九九九年

4月,天津百花文艺出版社出版梁从诫编辑的《林徽因文集》"文学卷""建筑卷"。建筑文章首次结集。

二〇〇四年

6月10日,清华大学举行林徽因诞辰一百周年纪念大会。

10月,四川文艺出版社出版陈学勇编集的三卷本《林徽因文存》,为当时林徽因作品最为齐全的文集。

二〇〇八年

清华大学设立"梁思成林徽因励学基金"。

二〇〇九年

11月27日至29日、12月1日至6日,北京国家大剧院小剧场上演以林徽因为主角的歌剧《再别康桥》(水儿编剧、陈蔚导演)。

二〇一四年

4月至翌年1月,上海建筑学会等单位假座上海艺术礼品博物馆举办"永远的四月——林徽因诞辰一百一十周年纪念特展"。

12月,人民文学出版社出版四卷本《林徽因集》,此集据梁从诫编《林徽因文集》由梁从诫遗孀方晶修订、增补。迄今收集林徽因作品此集最为齐全,但尚也遗珠,如本著附录的《清代建筑略述》《住宅供应与近代住宅之条件》。

二〇一五年

4月,美国《纽约时报》"被遗漏的"专栏,于林徽因病逝六十年后补登"讣闻"以表纪念。

二〇一六年

1月15日,浙江话剧艺术剧院在杭州正式上演话剧《再见徽因》,此后演遍上海、北京、广州、武汉、天津等数十城市,至2019年8月举行"百场纪念"演出。

世系简表

表一

- 曾祖？
  - 林孝恂 字伯颖（配游氏）
    - 林长民 字宗孟（配叶氏 继室何雪媛 妾程桂林）
    - 林天民 字希实（配王氏 妾竹村淳美）
    - 林思聪（乳名，早夭）
    - 林泽民（女，嫁王熙农）
    - 二姑（早逝）
    - 林嫄民（女，嫁卓君庸）
    - 林丘民
    - 林子民
  - 二叔祖？
    - 八伯？——林鼎
    - 十伯？——秀玉
  - 三叔祖？
    - 十一伯？
    - 三叔林显民
    - 四叔林惠民
    - 公颜
  - 林孝扬 字眉叔（配梁氏）
    - 林肇民
    - 林尹民
- ？
  - 林孝颖 字可山
    - 林觉民（过继）

表二

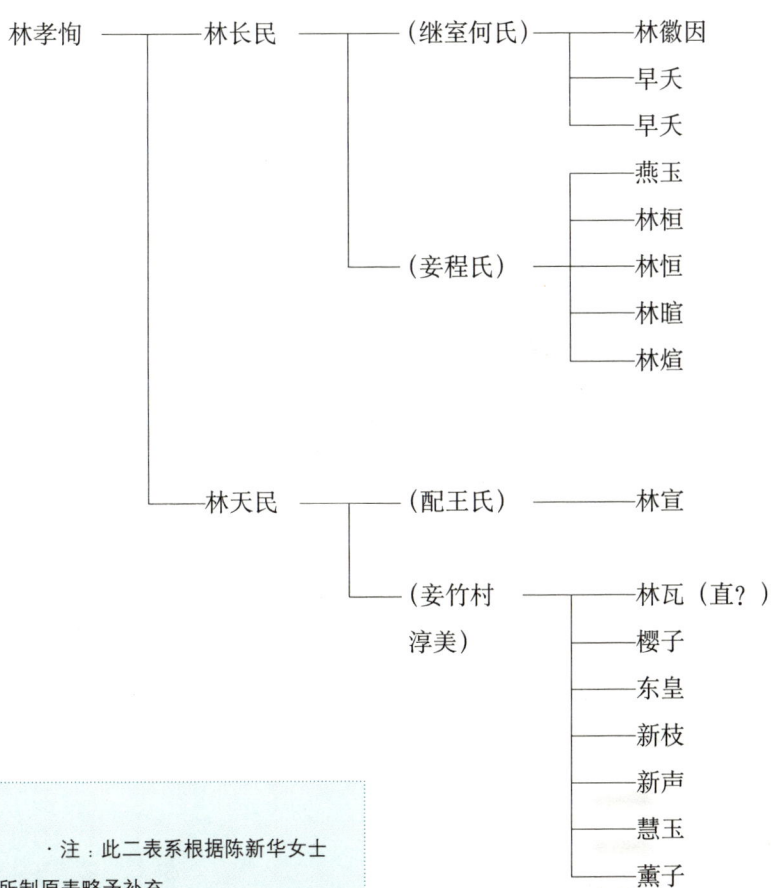

```
林孝恂 ─┬─ 林长民 ─┬─ (继室何氏) ─┬─ 林徽因
        │          │               ├─ 早夭
        │          │               └─ 早夭
        │          │
        │          └─ (妾程氏) ─┬─ 燕玉
        │                       ├─ 林桓
        │                       ├─ 林恒
        │                       ├─ 林暄
        │                       └─ 林煊
        │
        └─ 林天民 ─┬─ (配王氏) ─── 林宣
                   │
                   └─ (妾竹村 ─┬─ 林瓦（直？）
                      淳美)    ├─ 樱子
                               ├─ 东皇
                               ├─ 新枝
                               ├─ 新声
                               ├─ 慧玉
                               └─ 薰子
```

· 注：此二表系根据陈新华女士所制原表略予补充。

· 陈新华原注：福建师范大学陈宇先生采访林徽因堂妹林新声，经林新声回忆得闽侯林氏族谱。本世系表以陈宇先生抄寄之族谱为蓝本，并参考陈兴岭《林长民及其从兄弟》、梁敬《林长民先生传》、林杉《林徽因传》、《革命人物志》（台北中央文物供应社）、陈学勇《林徽因年表》整理而成。

林徽因佚诗、佚文

·佚诗·

唐缶小瓮

意识中一涌清泉,一种轻新,
希腊当年的微笑,
却像睡眠般无意底
献出一掬安静。
想这一小把黄泥
在聪明的眼或手前面变;
憧憬自然以外又以外的梦,
又留恋在人性边;
"创造"这薄弱的两字,
当年
却不是空叫响的声音,
迫切的直是一闪雷电!
黄泥和灰泥奇光中
挣扎,挂一滴欣喜的泪,
从一朝代到另一朝代,
擎起不止一次诞生的酒杯……
终于由线同型超度
在时间外腾飞!
如果此刻我陶醉于这一曲弧线,

我不仅惊讶朦胧中盛唐的色泽
或那日月昼夜一千年,
我的心更充溢感佩的热情,
渗入黄泥,混沌的无言,
膜拜从古以来人的精灵。

(刊 1936 年《大公报》国庆专刊)

春天田里漫步

春天田里，慢慢的，有花开，
有人说是忧愁，——
有人说不是：人生仅有
无谓的空追求！
那么是寂寞了，诗意的悲哀
心这样悠悠；
　　　　古今仍是一样，
　　　　河水缓缓的流。

青青草原，新才迫到眼前，
有人说是春风，——
有人说不是：季候正逢
情感的天空，
或许是自己呢，怀念远边，
心这样吹动？
　　　　古今永远不变，
　　　　春日迟迟中红。

　　　一九四〇——四川李庄，上题"初病后"
(刊1948年7月25日《平明日报》副刊《星期艺文》)

破晓

木格子窗上,支支哑哑的响。
泻向薄冰的纸上,一层微光。
早晨的睡眼见不到一点温暖
你同熄了的炉火应在留恋昨晚。

忽然钟声由冻骤的空中敲出,
悠扬的击节,寒花开在山谷!
这时,任何的梦该卷起,好好收藏
又一天的日子已迈过你的窗栏

三六,冬至,平西郊

(刊 1948 年 9 月 5 日《平明日报·星期艺文》)

诗——自然的赠与

花刺是花的幽默,
颜色,她的不谨慎。
花香是她留给你的友谊;
她残了,委屈里没有恨。

星光赠你的是冷;
夜深时你会暖□,
满天闪烁整宇宙智慧,
她们愿意照入你的心灵。

湖上微风是同你微笑;
她爱湖水情绪的激动。
□□,水藻,蜻蜓,和一切闲情,
你爱水底倒映认真的晴空。

红叶秋林是秋天的火焰,
终要烧成焦燥同凋零,
让她铺着山径为你的散步,
盼你踏着忧愁给草木同情。

自然这样默默的赠与；
种种的暗示都是安慰。
美丽对你永远慷慨，
你的情绪要从□上面映回。
(刊 1948 年 9 月 5 日《平明日报·星期艺文》)

看叶子

  红红的叶子,又到了秋天
  我纵知道自己的想念,
  我却画不出心里的方向,——
  我疑心你已变了模样!

  黄黄的叶子像火烧焦;
  我听到隔墙有人摇落笑,
  我拾起这偶来的别人欣喜,
  惋惜底(地)保存在自己眼泪里。

(据手稿)

独行

我像个灵魂,失落在街边,
望着十月的天上 十月的脸;
我向雾里黑影上涂热情,
悄悄的我看一团流动的月圆。

我也看人流着过去,来回
黑影中冲波浪;翻起星点。
数着桥上栏杆,龙样头尾,
我像坐条寂寞船,自己拉纤。

我像哭,像自语,惶惑又抱歉,
自己的焦心,同情,一把心紧似琴弦!
我说哑的,哑的琴,我知道;一出曲子
未唱,幻望的手指终不来到上面!

(据手稿)

· 佚文 ·

1931年在协和礼堂的演讲

女生们、先生们！建筑是全世界的语言，当你踏上一块陌生的国土的时候，也许首先和你对话的，是这块土地上的建筑。它会以一个民族所特有的风格，向你讲述这个民族的历史，讲述这个国家所特有的美的精神，它比写在史书上的形象更真实，更具有文化内涵，带着爱的情感，走进你的心灵。漫长的人类文明历程，多少悲壮的历史情景，梦幻一般远逝，而在自然与社会的时空演变中，建筑文化却顽强地挽住了历史的精神气质和意蕴，它那统一的空间组合、比例尺度、色彩和质感的美的形态，透视出时代、社会、国家和民族的政治、哲学、宗教、伦理、民俗等意识形态的内涵，我们不妨先看北平的宫室建筑。

北平城几乎完全是根据《周礼·考工记》中"匠人营国，方九里，旁三门，国中九经九纬，经涂九轨，左祖右社，面朝后市"的规划思想建设起来的。北平城从地图上看，是个整齐的"凸"字形，紫禁城是它的中心。除了城墙的西北角略退进一个小角外，全城布局基本是左右对称的。它自北而南，存在着纵贯全城的中轴线。北起钟鼓楼，过景山，穿神武门直达紫禁城的中心三大殿。然后出午门、天安门、正阳门直至永定门，全长8000米。这种全城布局上的整体感和稳定感，引起了西方建筑家和学者的无限赞叹，称之为世界奇观之一。

中国的封建社会，与西方有着明显的不同。中国的封建概念，基本上是中央集权，分层次的完整统一着。在这样的封建社会结构中，它的社会特征必然在文化上反映出来，其一是以"礼"立纲，建立封建统一的秩序，这是文化上的伦理性；其二是以"雄健"为艺术特征，反映出封建大国的风度。试想诸位先生、女士站在故宫的午门前，会有什么感想呢？也许是咄咄逼人的崇高吧！从惊惧到惊叹，再到崇高，这是宫殿建筑形象的感受心理。"左祖右社"是对皇宫而言，"左祖指的是左边的太庙,"右社"指的是右边的社稷坛。"旁三门"是指东、西、北面各两座城门。日坛和月坛分列在城东和城西,南面是天坛,北面是地坛。"九经九纬"是指城内南北向和东西向各有九条主要街道。而南北的主要街道同时能并列九辆车马即"经途九轨",北京的街道原来是宽的,清末以来逐渐被民房侵占,越来越窄了。所以你可以想象当年马可·波罗到了北平,就跟乡巴佬进城一样吓懵了,欧洲人哪里见过这么伟大气魄的城市!

吸引了马可·波罗的是中国建筑中表现出的人和天地自然无比亲近的关系。中国传统的建筑群体,显示了明晰的理性精神,最能反映这一点的,莫过于方、正、组、圆的建筑形态。方,就是刚才我讲过的方九里、旁三门的方形城市,以及方形建筑、方形布局;正,是整齐、有序、中轴、对称;组,是有(由)简单的个体,沿水平方向,铺展出复杂、丰富的群体;圆,则代表天体、宇宙,日月星辰,如天坛、地坛、日坛、月坛。不过中国的建筑艺术又始终贯彻着人为万物之灵的人本意识,追求人间现实的生活理想和艺术情趣,正是中国的建筑所创造的"天人合一",及"我以天地为栋宇"的融合境界,感动了马可·波罗。"面朝后市"也是对皇宫而言,皇宫前面是朝廷的行政机构,所以皇帝面对朝廷。"市"是指商业区,封建社会轻视工商业,因此商业区放在皇宫的后面。现在的王府井大街,是民国以后才繁荣起来的。过去的地安门大街、鼓楼大街是北平为贵族服务的最繁华的商业区。前门外的商业区原来是在北平城的西南,元朝的大都建在今天北平城的位置,当然与金旧都有联系。

这种"左祖右社,面朝后市"的棋盘式格局,城市总体构图整齐划一,而中南海、景山、北海,这三组自然环境的嵌入,又活跃了城市气氛,增添了城市景观的生动感,这是运用规划美和自然美的结合,取得多样统一,正如古罗马斗角场的墙壁,随着椭圆形平等轨迹而连续延伸,建筑的圆形体,显得完整而统一,但正面效果上,因为各开间采用券柱式构图,形成了直线与弧线、水平与垂直、虚面与实面的强烈对比,这是运用几何手段,求得建筑美的多样统一。但这种美不是形象的,而是结构的。它的艺术魅力因顿悟而产生,其结果却是伦理的,这也是中国古代文化和艺术中的一个重要特征。

先生们,女士们!今天我们讲了中国的皇城建筑,在下一个讲座里,我要讲的是中国的宗教建筑，在此之前，我想给诸位读一首我的朋友写的诗：《常州天宁寺闻礼忏声》，这首诗所反映的宗教情感与宗教建筑的美是浑然天成的：

我听着了天宁寺的礼忏声！

这是哪里来的神明？人间再没有这样的境界！

这鼓一声，钟一声，磬一声，木鱼一声，佛号一声……乐音在大殿里，迂缓的，曼长的回荡着，无数冲突的波流谐和了，无数相反的色彩净化了，无数现世的高低消灭了……

这一声佛号，一声钟，一声鼓，一声木鱼，一声磬，谐音盘礴在宇宙间——解开一小颗时间的埃尘，收束了无量数世纪的因果；

这是哪里来的大和谐——星海里的光彩，大千世界的音籁，真生命的洪流：止息了一切的动，一切的扰攘；

在天地的尽头，在金漆的殿椽间，在佛像的眉宇间，在我的衣袖里，在耳鬓边，在官感里，在心灵里，在梦里……

在梦里，这一瞥间的显示，青天，白水，绿草，慈母温软的胸怀，是故乡吗？是故乡吗？

光明的翅羽，在无极中飞舞！

大圆觉底里流出的欢喜，在伟大的，庄严的，寂灭的，无疆的，和谐的静定中实现了！

颂美呀，涅槃，赞美呀，涅槃！

（张京辑录，刊《出版参考》2004年8期。所引徐志摩诗，略前半首，文字与韩石山编《徐志摩诗歌全编》中此诗有小异，以括号注明。诗行按"全编"排列。）

希望不因《软体动物》
的公演引出硬体的笔墨官司

八月二日在这刊上，我根据两位小剧院的设计人，关于《软体动物》的"设计"和"幕后"提到的几点困难，不避嫌疑的用技术眼光，讨论起来。公平说，天是这样的热，小剧院这次的公演的成绩又是打破记录的成功，委实不该再"求全责备"有像我那样煞风景的讨论！看到本月九日陈治策先生标题答复我的文字，我怔了，生怕又因此引出真正硬体的笔墨官司，来增加剧界的烦恼，更增加我个人的罪过。

好在陈先生标题虽然有"答复"字样，来得怕人，其实对于我提到诸点，并没有技术上的驳难，也没有准确的答复，只有表示承认和同意，所以现在可不必再提了。他另有几个责问，现在我回答他：

（一）"干吗不牺牲一晚的工夫看一看他们的公演"？

答：因为鄙人是卧病在西山四个来月的一个真正的"软体动物"，没有随便起来的自由，更提不到进城看戏（虽曾提议却被阻止了），这是个人没有眼福，并不是不肯"牺牲一晚的工夫"（不幸今天报上又误载鄙夫妇参与跳舞盛会的新闻，就此声明省得犯诳言欺人之罪）。

（二）"两次幕后生活""只是一种趣话""引人入胜""可否作为批评根据"？

答：我认为根据设计人员自己说的"设计"和"幕后"来讨论他们的设计和幕后问题是再对没有了。尤其是我所提出讨论的并没有与事实有不符之处，更没有引用别人"口传"关于他们布景的毛病，或是臆造他们公演时，布景上种种的弊病，只是对于他们幕后组织和设计态度上发了疑问。陈先生的"幕后"虽全是些趣话却也呈露出内容真相不少，所以我这不知趣的人也就因此求全责备了的讨论起来。

（三）"你忽略了'完成了化妆排演'这些字了"又"有些误会"又"化妆排演和正式公演常有天渊的不同呢"。

答：我并未误会他们如何一桩事（陈先生亦未说明误会了些什么），我现在更要郑重声明我并未将他们化装排演误会作正式公演，不止如此，他们正式公演的情景，我知道得很详细，我所以不引用别人报告传说的缘故，就是要公平，要慎重，不敢"根据别人口头传说"。至于化装排演和公演并不该有"天渊之别"是浅而易见的：排演的目的是练习次日公演时所有各方面的布景，试验各种布景之有无弊病以备次日改良的。化装排演太乱，道具与次日公演时用的太不相同，则这化装排演基本功用和意义已失去不少，次日公演的成绩必会受其影响的。

（四）"那篇文章如果是看了之后写的，你一定会批评得对喽"。

答：前篇文章是根据他们设计人的文章写的，差不多全是讨论，无所谓批评。讨论诸点如（一）布景不该因为有困难而"处处将就"。（二）"借"在布景艺术里是常情，不应将这困难看过重了。（三）因为他们本来要白单子而又换了毛毡（深色的）使我对于他们色彩设计怀疑，疑心他们对于色彩调和问题并未顾到；疑心他们对于色彩问题，根本不讲究；疑心他们不理会到寻常白色在台上之不相宜。（四）如窗子玻璃等小技巧，他们未曾实验些较妥方法，似乎不算卖尽力气的认真。

这些问题我希望都没有议论错了。陈先生对第二点已完全同意，别的却也未指出我不"对"的地方。

（五）"公平的批评""成功不成功"问题。

答：我没看到公演，所以我文里第一段即将我的立足点表明了。我说"读到文章……所得印象"，等等。即对于布景也是因为没有看到公演，所以没有胡乱批评一句话。我是根据看过的人不满意的意思（并且公开发表出来的），再根据当事人所述的幕后的确实情形，用技术原则，探讨其所以不满人意的原由。在事前我虽详细的问过八九个对新剧有见识的朋友，他们那一晚对于布景的印象和意见（失望或是满意），我却没有引用这"口头传说"为的是谨慎、公平。现在陈先生既要"看过那戏的人"公平批评，我只得老实说，他们多人没有称扬只有不满这次布景，是个不能否认的事实。也因此我有"成绩上有失败点"的话（注意点字），这并不是说他们这次公演不算一个总成功。请别"误会"。

其实演新剧最招物议的常常是布景，而新剧的布景也实在不容易讨好。被评论本不算什么一回事，布景人宜早预备下卖力气不怕批评的勇气才好。再说，一新剧本来最负责的人（也就是最易受评论的人）是导演人，这次各方面文章里"导演"两字竟没有人提到，更不说有人评论，这个到底是导演人之幸与不幸还是问题。

我承认这次布景上文字，本来只是设计人自己的几句"趣语"，不巧遇着我这样不知趣的人过于认真写了一大篇。俗语说"冤家怕是同行"！不过每件学问的促进常是靠着"同行"的争论的，希望两位设计人特别大量谅解和优容。

（六）关于时间欠从容问题。

严格说，时间是在设计人的预算之内，根本就该从容的，除非有不得已的情形和意外。协和礼堂不能早借，这情形的困苦，我是知道的，并且表十三分的同情。区署不准演的确是意外，如果已办妥应办手续。天下雨却不在例内，"道具"不早借而要等"最后一晚"也未免奇怪。陈先生提到如何大雨不能骑车、折回等情，是否足够做布景不能如愿的阻碍，好像和我上次设下的比喻"起晚了没有买到钉子"相类的不能成立。

末了，天实在是太热，人也很病，我诚意的希望这回不成了笔墨官司，互相答复下去。我的"软体动物"期限一满，不难即和小剧院同人握手的。看守人迫我声明，这是最末次的笔答，不然这官司怕要真打到协和医院的病房里去。

（刊 1931 年 8 月 23 日北平《晨报副刊》）

第一幕

我想象到编剧时，一个作者对他的"第一幕"是怎样个态度，我总替作者难为情。好像一个母亲请客以前，在一堆孩子中间，对她的大女儿带着央求的口气说："你是大姊姊呢，你总得让一点，你还得替妈妈多帮点忙才是好孩子！"于是大姊姊脸红着，知道做大姊姊真是做大姊姊，你一点不能含糊，你自己的自尊心和骄傲就不容你。

于是一样是一幕，第一幕的肩膀上却多背上许多严重的责任，累得一身汗却不能令人知道你在忙些什么，回头好让弟弟妹妹干干净净，脸圆圆的，眼珠发着亮，还许带着顽皮相，一个接着一个出来，使人看了欢喜。

作者捧着一堆宝贵的材料，和第一幕商量：你看这一堆人物事实，我要告诉这全世界这些这些话，我要他们每个都听到，我还要他们都感到这些这些问题，这些这些人生的症结，花样，我要他们同我一样感触，疑虑，悲苦，快畅……你替我想想我该从哪里开始。

你看，作者手指着幻想中的千万观众给第一幕看，这许多人老远的跑到这里来，老老实实的化了钱买了票，挤在人群中坐着等你，等你把我这一堆宝贵的材料好好的展览出来。你得知道我们时间真不多，你得经济，敏捷，一样一样的不露痕迹的介绍起来——地点，时间，人物的背景，互相的关系，人物每个的本身！

说起人物，作者更郑重的对着第一幕非常认真的脸望，说起人物，这可又要麻烦你特别的加小心，这里要紧的是明晰，不是铺张，出场的每一个人观众都不认识，说话里所提到的每一个亲戚，朋友，闲人，也都不能糊里糊涂，令人摸不着头脑。并且中坚人物之外，所有合作的配角，人数形状职务也要你第一幕自己选择。记着处处要经济，这些人物在剧文中既不是均等的重要，你第一幕就得帮忙观众节省精力，不要滥废了不必需的注意力，集中他们的精神抓住剧情的枢纽，或是人物的性格，或是其动作，计划的或偶然的，或是一件主要物事。

说到这里问题又严重了，第一幕的工作自然是介绍，在短时间中，你得介绍出来许多关系人物，但是事实人物之中又都有轻重之处，你陈列出来一堆事一堆人，观众对他们既都是陌生的，你又如何使他们不茫然不知何去何从呢？

如果你慌慌张张，把所有主要角色事物都捧出来，挤在混乱中间，等观众慢慢去猜想，或会悟那几个是重要的，自动的由混乱中集中注意，别说时间不经济，多数的观众根本就嫌太吃力，懒得用心到那样程度。观众本来不是到剧场去绞尽脑浆猜想作者用意所在的！

因此介绍是绝对不能不有秩序，并且在介绍最主要的人物之前，一定需要相当的准备，一等介绍出来则观众不能不给他特种的注意。这准备是可以事半功倍的，所以值得研究。

那么能引起观众特别注意的到底是什么？对于这点，观众从来不曾骗过作者，他们说：老实告诉你，你要引不起我们的兴趣，你就别想我们给你注意，更别说什么同情。（一个人尽可以在台上自杀，捶胸痛哭，观众可以很不高兴想怎样去□车回家睡觉。）这句话很干脆，作者如果不太糊涂，他自然就得先逗起观众的兴趣——一种好奇心——就拿这逗起来的兴趣，作向导来引人入胜。所以一个剧的开始时，所引起的兴趣是大大的有责任的。它是前面打着的灯笼，一路上照着整个剧本的线索。佛来弟急着刚要去给他母亲雇车时和卖花女撞个满怀①，花篮掉在地上他也没有理的走了，剩下卖花女不断的埋怨，用她那可笑的乡伧语言。这里好处不止是引起观众的兴趣，要紧的是不着痕迹的介绍卖花女，和她的怪腔调的语言。等一会旁人再告诉卖花女，后面有个人在那里她的每一句话，观众的注意便一直引到了剧情的最主要的关键上去。

如果第一幕只为着热闹，讨好于观众，无端的要逗起他们乐一回，那只是错引了他们的注意到岔道上去，等到观众忽然感觉到走岔了道儿，那时的恼羞成怒，一股怨气作兴全要派到作者的头上去。

易卜生写他的《社会柱石》时，写信给人说，第一幕常是最难的一幕，这话不是无因的，经验教训了他，使他匆匆重写他的第一幕。他的《罗斯马庄》的初稿（"白马"）与后来发表的颇不相同。最大的分别也就在那迷信白马来临一节的提前，引起一个可怕的空气，加上牧师绕道不敢走那条板桥，因为"那桩事谁也不容易忘记"等等，令人不能不对那迷信好奇。

总而言之，第一幕最大的任务是介绍。不论其为背景人物，介绍的工作除明晰外，还要引导观众集中注意，不靡费精力。要观众集中注意的唯一方法则是引逗他们发生兴趣，在剧情的最有关键的地方。

那么一开头就得引逗兴趣，无疑的是个非同小可的工作。它所取的方式需要灵活或明显，要自然，不露痕迹，要来得早，来得干脆，别等到别人家咳嗽，摇着剧单，互相耳语表示不耐烦。并且这工作须彻底的懂得他本身的使命，不在无端的讨好观众，却是为其剧情关键作重要的准备——是集中的工作，不是枝节的点缀。

萧伯纳的《康第达》第一幕中一介绍完了声望极著的谟勒牧师之后，由牧师及其男女书记口中便引起观众对牧师爱妻康第达的非常浓挚的兴趣。等到康第达出场之后，观众的兴趣又立刻被引到青年佑瑾身上。佑瑾出场以后，观众立刻便又对着他们中间互相的关系发生兴趣，这互相的关系本来就是这剧情中的关键所在。

奥尼尔的《奇异的插曲》(Strange Interlude) 第一幕所介绍的，最重要的便是妮娜的心理变态，观众的兴趣便被作者由一开头一间书房起，一步一步由查利的回想，而老父的苦痛，而妮娜自己的行动走上去，达到妮娜决定离家的一个大的"悬点"(Suspense) 上，注意完全集中在妮娜的将来。

表现派中剧文简单到的"机器算盘"，它的第一幕也能极无痕迹的，把观众的兴趣引到那在场两个角色的生活上。在场上一共只有夫妇两人，丈夫躺在床上，老婆站着梳头，预备睡觉，嘴中单独的说出他们单调生活中所引起的，极委琐丑陋的简单思想，这里唯其是单调委琐到令人悲惨，所以才会令人对这躺在床上的人的生活发生同情，希奇他日间过得是怎样个日子！所以等到看到第二幕里，那单调的办公室中记账员生活，观众所有的怜悯心，便早已有了彻底的根据。

一本好剧的第一幕，都是有两个可贵的肩膀，上面能挺着许多艰难的工作的。每一个剧本如果要成功，是绝不能缺乏这么一个任劳任怨的大女儿的。作者在未动笔以前自是难为情的说：“你还是大姊姊呢”，但是同时也毫不客气的，把许多责任加在这要撑面子的大女儿身上！

① 原注：萧伯纳的《卖花女》第一幕。

(刊 1934 年 5 月 26 日《华北日报·剧艺周》)

住宅供应与近代住宅之条件
——市政设计的一个要素

人民工作永远在"住"与"行"之间展动。住与行两方面同时得到解决就是全国工作效率的增加。没有一个现代国家对这个问题可以忽略。

我们知道人民的住与行的合理解决，已经是欧美诸强大国家今日所重视的责任。为政治计，为经济计，为国家进步计，为民族生存计，他们许多都市改善计划都是以"住宅供应"为其要素之一；与道路交通，区域划分，及公共设备，一样的为改善的主要项目。许多办法已日夜由他们政府领导筹划，在推进中了。他们的决心是由教训中得来的。我国现在正倡言建设，对这基本的人们"安居"问题，岂能永远茫无头绪，毫不努力准备？大多数市民经常陷于痛苦，一方面，不能取得现代生活之便利并享受健康，另一方面，他们也不能供给国家现代的工作效率；正所谓两败俱伤，而一切仍为国家的消耗及损失。

日本这次未经我们大规模反攻便迅速投降，我们沦陷区大城市幸而受敌人有计划的破坏尚轻，但是抗战以来各省已被剧烈的炸毁，或全体破坏的城市乡镇已不算少。战前未经合理计划而发展的拥挤城市，一切落伍尚无充分设备者更不在少数，复员以来，处处发生极度的房荒已是不可免的事实，而住宅供应却仍渺无征兆。

寻常住宅供应如没有事先划出区域决定数量成为城市全体设计的一部，则在极度房荒的时候，常会引起应时而生的不正常建筑活动。它的目的近于疯狂投机的营业投资。其活动趋势可极度混乱，甚不利于进步的城市的统筹设计，且时常扰乱区域地价，等等，产生许多弊病。商营住宅过于密集且不遵循全市的分区计划途径，分配与数量，则影响所及常致贻害于道路交通区域秩序，及人民生活健康。欧美十九世纪以来，在工业骤然发展的市镇中，已不乏深刻的教训。因为急于建造过于拥挤而且简陋的市屋，就是为日后制造贫民窟的根源，间接的成为社会，经济，教育，卫生等严重问题。

这次我们复员后极度的房荒，在各处均因受到物价高涨的影响，不曾产生激动的凌乱的建筑狂，为将来城市秩序留下问题，也可以说是不幸中之幸。但是救济房荒的任何合理的努力，则也为了同样的理由而未产生。

中国将来的问题中，最大一部（分）即在生产上。生产的效率靠人民的集中精力安心服务。人民之所以能集中精力安心服务，则靠他们时间之可以节省，生活之可以维持安定与健康。节省时间关键在交通的便利。维持安定与健康则可以有许多方法。主要的一个说法：即是每个家庭需要良好的经济情形。这情形最低条件亦就是以他们正常收入，可以换得合理的，足以维持卫生的，"衣""食"与"住"的供应。为人民计，为生产计，政府都该无疑的在这上面努力。

当战事初起在时，后方之城市，如陪都，昆明，成都及贵阳等，一时都陷于房荒，且因有轰炸的威胁，问题尤为复杂，但这些城市在不相同的情形下，都有环境，资源及材料的良好条件。如果当时政府及地方当局曾认清人民的安定即为抗战的力量，临时建造的整体即为日后建设的基础，则对房屋的修造必加以重视。当时如果政府或地方以战时的政令很早协助，并便利商业团体在近郊，分散的，取得适当的地区，作有秩序的建造，（乃至于以建造出赁住屋为市府本身的经营，按着住户的需要，分期建造低租的住所，）两年内本可以完成足以解决临时的住所的数量。简朴的建筑其工材本极简易，在西南几省是绝无问题的。故住房的卫生与合理，租金的低廉与安定，日后城市的秩序与基础，在抗战最初两年中本可以指日可待，而无困难的。不幸因种种之失计，蹉跎延误，一切任凭偶然事势及单独人力的转动！结果八年之中，各大城市均未曾及时解决过人民居住的痛苦。凌乱的建筑，既不敷用又不经济，又因轰炸而愈加骚乱。时间愈过，物价，工价，房价愈激增不已。直至恶性通货膨胀之时，大部善良有用的人民已如失业游民，或丧家之狗。或有职业而无居所，或得住处，而无法接近工作地点，又形成宿舍，交通，食店，及旅舍的拥挤。全市在这点上，所耗损的精力，时间，与金钱，如有统计必可令人痛哭。

如果这情形再延及复员后每个城市，那恐怕我们的市镇建设在一世纪中都无法走上轨道。现在因工料价之高涨，营造事业更是无形停顿，但我们正可利用这时间着手调查作缜密的计划，以逐步实施，省得将来头痛医头，脚痛医脚，又陷于纷乱。

住宅设计，以小单位论，是人民个别福利的要求，以集体论，是地方解决人民生活条件的答案。它牵涉着道路交通，都市中公共设备，市中心的分配，户口密度的限制，普通的卫生机构，及土地的使用等，所以它是市政，乃至于国策的一部。住屋不但是专家技术上问题，如材料的使用，结构及布置，形体的艺术支配，或对地形，土壤，天气等的了解。它也是每一个人解决其日常生活中最切身的问题。人人可以根据每日生活的必需活动，来理解各种住宅所要求的最低或最理想的条件，以促进团体作改善的努力。对于市中房屋的不便即不卫生，交通之不合需要；房荒之日见严重；租金的威胁，人人为其自身或团体福利计，都可以供给经验上的资料。任何关心市政的团体都可以收集实例，时常发表以促进社会起来研讨。

试想今日有若干居民每日向着他的相识，发出以下这样的问话：

"请问你们可知道那处有一所或一两间，与我们合适的房子或房间出租？"

这种问话若干年来我们已是多么耳熟，所以这里每次所等候的回答使多数的我们都发生极大兴趣。但是这里被问的朋友必只会显出受窘的表情无话可答。

如果地方上建筑已有若干活动乃至于有了计划，这受托觅屋的朋友则可能反而对觅屋者作以下一些问话：

"你所谓'合适'是怎样解释？是几间房间？你一家几口人？你能出多少租金？"如果觅屋者是个中产阶级公务员，问话可以继续着："你要什么程度的卫生设备？你希望什么样子的炉灶与取暖的便利？你有无男女工役？你对周围环境有何要求？还有你在城区那一带供职？你的孩子学校在那一带？是否有小学走读年龄的儿女？"即使想租房者是个低薪资的工人，对于这些问题除却关于卫生，取暖及环境，他从来没有希望过什么之外，其他问题如够住几人，及厨灶做饭的便利如何，租价是否与他合适，地点是否与他方便等，则仍是相同的。

所以这种问话在两分钟内，不但把一家人与一个单位的住宅问题□（原刊脱字）到，且把复员后我国全国的一个迫切的市镇建设问题——需要庞大的决心，缜密的筹划的问题——暴露出它实际方面的一个轮廓来。这里所指示的是人民日常繁复生活与工作所产生的不可免的需要，所以它也就是关心人民福利的团体及政府当局必须予以解决的。

近日有几位建筑专家，谈到这个问题，都感叹到我国现时一个可悲的现象。

他们说：“我们先不说'住'的种种复杂方面未有合理的解决，只说最基本的一点：我们虽然知道每个人每晚都要睡觉，就很少人问到大多数的中国人，每晚在什么样的地方，什么样情况下安睡。随便举例：我们可以说，今日有一个庞大数目的中国人民每晚睡在临时的铺板上，门板上，拼起来的茶馆空桌上，楼板上；在一家父子，母女，姊妹，兄弟，三人或四人可以同挤的一张床上；在穿堂里；在任何有遮蔽的廊上；在灶火的旁边；在办公室里；在一间万能的房间里；在五六人，十数人，或数十人共用的，本来只可住两三人的空间，而现在尊称做宿舍的里面。"

这情形不但在战时如此，恐怕好几世纪以来，中国都不断曾经如此！不过在这次抗战期中，许多本来站在少数特殊阶级一边的士大夫们及其眷属也都在后方，轮到尝遍这种活动性，有碍健康的睡眠方式而已。

睡眠是人的基本休息，也就是工作之另一面，日出而作，日入而息，即是最原始最简朴的人也不能避免或放弃的。

工作愈勤的人，不管是劳力或是劳心者，睡眠于他亦更为重要。睡是最主要的卫生条件。一个国家即使不解决其人民之高度标准，复杂条件之"住"的问题，最低限度，也该解决人民睡的问题。

解决睡的问题，——即是解决住的问题的一个缩影——简单说来，它的主要点在每个人能取得固定的，有遮蔽的一个单位的空间，使他可以横着伸开他的六尺身躯在一张正式用以睡眠的床上。如果这样一个单位不但接近他的工作地点，而且与他的家庭在一处，并可能以合理廉价取得，则睡的问题自然是合理的解决了。

由此类推，比这睡的问题稍稍复杂的住的问题，也同样是一家人能在他们工作场所附近，获得固定的有墙壁，有遮蔽的，一个单位的空间，来施展他们处置生活上所必需的操作，饮食，及休息，住的每个单位，虽不是如同解决睡的单位那样简单，有一个约三尺宽六尺余长的确定标准面积可以计算，但住的最低限度的面积也要根据生活动作上，平均每一事，每一人或每数人所应占的空间来计算的。如一个座位，一张数人共食的饭桌；一张床；一个灶；一个面盆；恭桶；或一个可以解决沐浴的水盆；伸手可及的架子；挂得开一件长衣的衣橱衣架；可以工作写字的桌几，足以备餐的条案，一切无不都是人的长短及动作所需要的面积作基本标准的。近代计算住屋方法，则更以每人所需的空气，每室所需的光线包括在内。

近代市政上一个极基本目的便是，由于政府辅助力量，多数市民家庭能用他们可能负担的代价，得到这样一个合用的单位，在优良街道环境里。各国努力于此已有许多可靠的统计，据英国最近计算，以面积论，低价住宅的厨房最小，面积亦需一百方呎左右，以伯明罕市中租金作参考，则市政府所营的住屋中，最小的为两室，无厅，租金每周七先令余。（他们有业贫户则能负担的租金在每周七八先令至十八先令之间。）他们全市的便利与卫生，人口密度之分配，就是以这种人民生活与经济来计算进行的。

美国在一九三八年，在某中级工业城市中试验建造五十所贫民住宅。这种房子包含一间可以做饭的大起居室，一间有卫生设备的小浴室及两卧室，内部总面积约为五百方呎，租金每周为二元伍角美金。（那里有业贫民经济最低能力平均每月房租可以担负至十二元左右。）

住的问题的解决，简单说，是人民按其经济力量取得健康的安身食宿之所。它不但关系于材料结构，且亦着重于空间面积大小适当之分配。所谓健康亦基于精神方面的，包含便利与美术的两个因素。便利包括面积的经济与设备之卫生。分述如下：所谓面积经济是以最小空间取得最大发展功能的效果的意思，以经济的空间控制造价的低廉，间接便达到低廉租金的效果。所谓卫生包括遮蔽风雨，收纳阳光，防范潮湿，消除污秽，解决厕浴问题，等等之处置。这种设备可以简朴，也可以繁复。可以随着房子的种类而有所增减的，并非奢侈之谓。随着人类聚居而发生的污秽情形，是不可免的。但如果垃圾能由各单位房子去解决而得消除，住区的卫生环境便可得到。美卫比较难下定义，但约略说来，有了物质上适当处置之后，人的精神方面必会有所要求。最使感官愉快的是颜色。最能满足审美感觉的是大小高低的关系。颜色可以由阳光，由花木，或由建筑材料的质素上得来。也可以由器皿、家具及陈设得来，它属于住房者生活个性或经济能力方面的发展。大小高低则属于房子基本的一部，不是人人之所能处置。因要符合每处结构及功用的自然，它们需要建筑专家的布置。

但每一小单位，或小集体的住宅，纵使解决得尽善尽美，如果在同一城市或乡镇之内，多数的单位与其他建筑物相互之间没有适当分离与集合的标准，则在环境的愉快及交通的便利上便都有了问题。所以住宅的全盘计划能完满时，尚有市镇设计专家，倚赖其他市政上重要的设施。例如市区工商业中心的分布，市郊的交通，卫生工程的设备，风景区的保留，每住区的与商市之距离，每住区附近学校，公园，图书分馆，商场，小剧院等的数目与位置等皆是。谋人民共同生活中，个别的福利及相互间的秩序与组织，是住宅设计的大目标。所以在原则上，解决住所是社会问题，在时代理想设施上，它属于市政的领域，在计划与建造上，它是许多部门的技术的合作。

安居然后乐业，不合理的住屋侵害人民的精力、健康乃至于道德。一个进步的国家，绝不能使其大部分的人民迁移不定，沦为丧家之狗，或拥挤聚居，任凭疾病流行。联合大国今日无论是资本主义或社会主义，均以建筑住宅整顿市镇为其要务之一。苏联为社会主义国家，一切自然由政府统筹办理；英美两国为工商业发达资本私有的国家，这次则在战事方酣之际，政府地方或商业团体已有组织，派专家分别调查住户实况，草拟计划以备战后实行，不致损失时间。

今日诸大强国中，有许多是资本私有的国家，一切社会改进事业均用科学眼光作实际应付。我们已经知道的有几点：

（一）他们不以建造低租住宅为慈善伤感的负担，或无限制的由政府捐助经费。政府只居指导地位，通过或修正一些法案，便利人民居住上的福利。建造计划常由地方行政当局给予协助，取得适宜的地带，由社会团体主持，采用商业投资的方式来完成。此种投资乃为社会服务，故取息合法，可能很低，加以当局所给予的种种便利，(如廉价的地皮，调用失业救济会的工人等。) 房子造价可以极端减省。这种低价而完善的住屋数量愈多，则愈可以牵制营业的房主，为着竞争，努力改善他们所营造的住屋，而不敢任意勒索高租。

（二）欧美许多城市，近数十年来得到拥挤的教训，他们觉悟，在建造新区住宅之前，必须先有全市的通盘筹划，不是单单增加住宅的数目而已。他们深痛从前发展的错误。增造市屋填满市心的空地，又侵占四郊的绿野，只使市镇的性质愈加恶劣及枯燥，交通发生过度的拥挤。最近的改善原则是：先分散全市的工商业中心成为合理的各组单位 (Dcceiitralizatioii) 配合着其附带住区及公共设备，保留适当的绿荫隙地以调剂空气，开辟最主要的交通线网以直线与周绕的干路配合。如此则城市在发展中，可以在其外围增辟若干单位自有其中心与附带的住区，与原有若干单位互相联络，而不增加原有住户密度。住户的密度增加，即增加疾病的来源，市围过大，及增加交通的拥挤；一切均不利于市政。

（三）近来英美区别各种各级的住宅，不但在材料之优劣或房间之多寡上计算，并且还以在每一英亩中建造几所为标准，英国已有一英亩二十四所或十二所或六所等试验。美国新村亦约略如此。英国设计住屋时，常附带为单身人，无亲属之老年夫妇，或有幼童的家庭作特殊的筹划及设备。在地区拥挤，而户口较多的地带，则酌量建造集合住宅，或多层公寓的住楼。

（四）他们的一切设施均经过一个实地调查的程序。根据着多数人民生活相类的情形及所发生的问题，予以最有效的解决。在他们调查之中，以一个工人的午餐时间来决定最理想的从工厂至住宅的距离；以一个女人为丈夫及孩子备餐的次数，与方式，来决定厨房与餐室及洗涤储藏等处分配的办法；以老年的生活及情趣来决定他们住所的地点等等皆是。

我们现在已在复员的开始，对于行的问题，缺乏解决困难的筹备；对于这个居住的问题，就是有人顾虑到；距离实行办法，自然尚远。我们必须及早草拟合理公正的处置或限制方法。在任何市镇中，我们不能使住宅成为投机牟利者的目标，再来压迫许多清苦的人民。我们不能放任许多有资产者各自为政的活动，以影响地价的纷乱，产生工程材料操纵与争夺。我们也不愿政府，或地方，无限制的统制及专营，而生出许多弊病。政府应鼓励许多合法的服务机关，商业团体，及慷慨公共事业者，协助这庞大的工作。

第一次大战之后，英国大城（市）如伦敦等均受过痛苦的教训。所以英国这次不待战事结束，三年前已着手调查测量。他们尽量利用战争所产生的破坏与疏散的变动，做了一个极缜密的整理伦敦大计划。大工业城如伯明罕，亦自动的作种种测量调查及统计的报告，计划出建设草案。这种计划有了实际情形及科学理想双重的根据，逐步实现，自然是同时可能而又合理的。

我国城市无一个可以比拟英国这样两个复杂拥挤的城市。我们工商业基础如此简单，各市的城郊皆是空旷，开展极为容易。只要地方主持公正，应辟的地区与道路，除却地主封建与自私之外并无复杂的阻碍。筹划合于现代生活而且美好的住区，与调查旧有的美好住宅，由市府营缮指导租赁事宜，两事是可以同时进行的。地势，技术，美术及经济方面都无大困难，所难者当全在人事方面。防（妨）害人民福利及国家进步者总是在社会服务的公正精神薄弱，及私人利害观念浓厚这两点毛病上。

美国这几年曾不断的在实验低廉租金的住宅建造，用减债基金，贷金抵押的商业方法来完成新村。并不加重政府及地方的经济负担，亦不倚赖慈善的捐助。许多方法我们都可以采用。

我们迫切的希望政府当局决心领导提倡，不厌在住屋问题的繁琐，明瞭它在人民全体健康生活上的重要。我们希望由政府或地方协助社会商业团体,技术专家,及爱国的有资产人民共同进行整顿市镇及救济房荒的计划。和平世纪在我们前面，我们必须追上注重教育，卫生及生产的建设时代。建造住宅已不是少数有资产者的特殊权利，我们必须实行使人民各得其所的市政理想。

（署名林徽因，载1946年《市政工程年刊》2期）

清代建筑略述

　　吾国近年建筑，采取中国式日渐加多；而吾人所可参考之现存实物，自以清代者为最多，故所采之本国式亦不期然而趋重于清代式。但清代式较之历代之式，优劣之点安在？暨所适宜于现代者安在？应加改进者安在？吾人若非先有详晰之研究与明白之认识，势必随波逐流，依违抄袭，甚至舍长取短，得粗遗精：不但不足表现固有之特长，而且成为一种降而愈下之制作。其所关固非细故也。清代建筑，就大体而论可谓完全沿袭明代，其间稍殊异者，为康熙以来之吸收欧式及采用回藏式。然并未能达融化之域，且仍为局部的。故清代只能称为明代式之附庸，而远不及宋元式之有特色与匠心，例如房屋之平面，清式概为四合头（指北方）。此式乃明代所创，清代充分完成其用；但只觉呆滞而缺变化。再就屋架结构而论，清代柱之配列，亦极呆板，绝未顾及室内空闲之需要，使柱之配列增减，不致与之相妨。至用料一层，不知是否因缺乏相当材料所致，致发生拼凑迁就，（如箍扎披麻等做法）不但减少美观，而且多违建筑原则。又如宋元式梁之横断面，恒为一与二或二与三之比，与现代科学上法则暗合。清代则恒为八与十或十与十二之比，如此则横断面称为方形，徒增加梁之分量，而于全屋架之承重力，绝少增加。此外斗拱益形缩小，数虽加多而承力愈减，致完全变为装饰物。至屋面各装饰以及雕刻彩画等等大抵趋于繁碎软弱纤巧，失去以前浑雅壮严之致。故综论清代建筑，实罕堪以取法之点。此非有意苛责，盖事实本来如是，吾人亦不容故为辩解也。吾人今日而欲真明我国建筑之优点，及如何取则，固非由清溯明，上逮宋元，以远追六朝及唐代不可，窃愿同志于此加之意焉！

（署名林徽音，刊 1936 年《中国建筑展览会会刊》）

主要参考书目

- 林徽因文存（三卷本） 陈学勇编 四川文艺出版社
- 建筑师林徽因 清华大学建筑学院编 清华大学出版社
- 窗子内外忆徽因 刘小沁编 人民文学出版社
- 林徽因寻真 陈学勇著 中华书局
- 不重合的圈 梁从诫著 百花文艺出版社
- 梁思成与林徽因 费慰梅著 中国文联出版社
- 费正清对华回忆录 费正清著 知识出版社
- 美国与中国 费正清著 内部出版
- 梁启超和他的儿女们 吴荔明著 上海人民出版社
- 困惑的大匠梁思成 林洙著 山东画报出版社
- 梁思成传 窦忠如著 百花文艺出版社
- 梁思成全集 梁思成著 中国建筑工业出版社
- 梁启超年谱长编 丁文江、赵丰田编 上海人民出版社
- 徐志摩散文全编 韩石山编 百花文艺出版社
- 徐志摩诗歌全编 韩石山编 百花文艺出版社
- 志摩的信 虞坤林编 学林出版社
- 凌叔华文存（上下卷） 陈学勇编 四川文艺出版社
- 凌叔华佚作及年谱 陈学勇编撰 上海书店出版社
- 冰心全集 卓如编 海峡文艺出版社
- 沈从文全集·书信编 张兆和主编 北岳文艺出版社
- 金岳霖的回忆与回忆金岳霖 刘培育主编 四川教育出版社
- 萧乾全集 湖北人民出版社
- 胡适日记 曹伯言整理 安徽教育出版社
- 胡适来往书信选（上中下） 社科院近代史所中华民国史组编 中华书局
- 朱自清全集·日记卷 朱乔森编 江苏教育出版社
- 京派文人：学院派风采 高恒文著 上海教育出版社
- 京派文学批评研究 黄健著 上海三联书店
- 新月怀旧 叶公超著 学林出版社
- 吴良镛学术文化随笔 吴良镛著 中国青年出版社
- 李庄往事 岳南著 浙江人民出版社
- 林长民致林徽因信（复印件） 未刊林氏亲属提供
- 林长民旅欧日记（复印件） 未刊林氏亲属提供

后记

为林徽因立传的想法起始于一九九〇年,这一年我以访问学者方式随严家炎先生进修,需要一个进修题目。严先生说,林徽因值得研究。那时林徽因还是个陌生名字,专门研究现代文学的人往往将性别不同的林徽因(音)与林微音混作一人,甚至混在一本很有影响的现代小说史著里,一般读者的陌生程度就不用说了。萧乾与林徽因曾多有过从,我的题目即得到萧老热忱支持,他给了我一批资料,有费慰梅回忆林徽因的英文打字稿复印件,有他自己译此稿一些片段的手书,还有他主编的《大公报·文艺副刊》(香港版),那上面可能有林徽因作品(果然从中发现了林徽因佚诗)。老人珍藏了数十年的报纸,黄得赛如烤干的烟叶,稍不留意便掉下纸屑。带着一卷老报纸回来,我一路小心,犹如捧个炸弹。由此我与萧老开始了一段珍贵的忘年交,实在是很幸运的意外收获。后来老作家赵清阁先生也屡屡驰函鼓励,她讨厌媒体歪曲林徽因的文字,说林徽因"在徐志摩传记里出现过多次,没什么意思"。又感叹道:"她被文学界遗忘了。"当我完成《林徽因年表》后产生知难而退的情绪,赵先生则多加勉励:"《新文学史料》之林年表看了,不易。《林徽因评传》你来信谈过,她的作品虽不多,可从多方面去'评',只要研究有深度,还是可以写出丰富内涵的,希望你执着地写下去,(做)学问就得有点顽强劲,勿畏难!你能为林做些宣传,公允评价,林地下有知必含笑铭谢,我也为之感同身受!"

两位老人话说得如此感人,可是,直至他们先后谢世我仍迟迟没有动笔。有负前辈的遗憾可想而知,但我没有悔意,当时实在太缺乏起码的立传素材。林徽因生前没有出版过著作;身后谈论她的文章极少;零零碎碎见到的一些,多谬误讹传;翻阅民国时期原报原刊则无异海里捞针。尽管陈钟英、陈宇合作编辑了《林徽因诗集》《中国现代作家选集·林徽因卷》，我仍以为支持立传的材料还是薄弱。勉强写出来的话，必定距前辈要求的深度和丰富性很远。无奈之下暂且转移到关于凌叔华、陈衡哲的研究，因为搜寻林徽因资料的时候不时碰见她俩的名字。

未曾料到，几年后，徐志摩之热又波及了和他交往过的女性，林徽因热也接踵而至，大报小刊连篇累牍刊登她的遗闻逸事，林氏传记也相继出版。想来传记著者也是感到素材的不足，他们靠想象、虚构来补救。文学色彩的传记也是传记写法的一种，不妨有对话，有情节，有心理描述，不必太过拘泥史料，但是要可信，要不悖传主的经历、性格、思想，不能出格。然而它们虚构失了分寸的现象很是显眼，早出的几种尤为肆意放任。林徽因的学生们一再说："任何艺术形式再现的林徽因都无法让我们这些和她接触过的学生们认可。"（《中国第一位女建筑师林徽因先生》）"市面上出现过不少版本的《林徽因传》……作为他们（梁、林）的学生，在他们晚年有一定接触的人看来，这些作品往往没有把她的一些最令人敬佩、怀念的优秀品质表达出来。"（《忆林徽因先生二三事》）报上终于刊出严厉批评的文章，指陈林传写作中的"任情揣测、媚俗媚商"，文章的标题责问："林徽因传"离林徽因有多远？（姚雅欣文）认真的作者知难而退了，一位写过几本其他人物传记的作家，已经接受出版社的林传约稿，可是他搜集材料越多越气馁，认为别人的林传没写好，又觉得自己不配写。于是："还是谁也别写了，只把她的材料收集起来出本书，让人们去看吧。"我很有同感，也悄悄跟着退却，再度放弃了为林立传的夙愿，单在编排史料和考辨史实上花力气。结果出了一本《林徽因寻真》，副题是"林徽因生平、创作丛考"，其中的一半是较为详尽的林徽因"年谱"。正是这本书，引来人民文学出版社编辑的关注，他热心为该社组织林徽因传记新的书稿，断定我为合适的著者。此前我谢绝过一家出版社，这回一开始仍是婉谢，最后还是答应了。我有个弱点，心态不从容便难以下笔。设了时限，限得哪怕再长，心态紧张的压力还是有过于时间匆促之感。写作中时间并没抓紧多少，心态并不从容。

书稿虽然如期完成，可它和我心目中那本林传还有距离。原想写出一个欧美自由主义的中国女知识分子典型，她跨越两个敌对政权的社会，必有其曲折隐约的思想历程。也想客观地显示林徽因常人的一面，她有常人的弱点，不像今日年轻读者远远望去女神似的完美。我更想以闲散笔墨写林徽因，尝试随笔体的传记。这些都未完全落实。李健吾近距离看到的林徽因："她爱真理，但是孤独，寂寞，抑郁，永远用诗句表达她的哀愁。"我只能略有同样的感受，却难以淋漓地去充分呈现。尽管随处有一点就事论事的感想，但未经整理，未加分析，对这么一位历史人物的认识仍不敢言形象清晰。即以记录传主行迹而言，也还遗下不少不该遗漏的事例、细节，未能从容顺畅地组织进去。譬如，徐志摩见着留学归来的林徽因，"亦能吸烟卷喝啤酒矣"。多么显示精神的材料，无奈仅此一句，未便"演义"，连这一句也割爱了。而诗意的林徽因本该以诗意的笔调去描摹，还偏偏取了个诗意的书名，我的笔墨，竟十分枯涩，连我往日文字固有的闲散意味也都难见其一二。为了这些不足，我的惶恐只有自己知道。

稍给我自信的是它内容与精神的真实。林徽因的为人和文艺观，核心是一个"真"字。梁从诚先生回忆："母亲要我从小 be yourself（按自己的本色做人），她自己也特别强调写作心态的诚实。"面对若干失实的林传，我的第一原则便是忠于史实，言必有据。眼下读者正需要离林徽因更近的本色的历史人物。我努力用史笔，不作丝毫的"演义"，希望经得起学者们引证。可能有些失误，那是归咎学力不逮，非关态度。第二原则，力求写出一个完整人生的林徽因，防止笔墨过分偏于恋情、婚姻。她还有重要的事业、众多的交往，乃至困惑、矛盾。这一本林传篇幅不长，但希望它提供的信息最多。

所附年表，是我此前出版的林氏年谱的简化，但它据新收集的材料有些纠正，有些补充，当可注意。

此传借鉴了诸多著述，书目皆附录于后。没有他们的成果，不可能完成这部书稿。这里一并感谢。

业师吴小如先生是沈从文、俞平伯的高足，也得到过金岳霖指点。

吴老先生今年高龄八十有六,四十年代后期协助沈从文编辑过报纸副刊,写了不少书评,大概可以说是健在的最后一位京派文人。老人为本书题签,我深感师长对学生的关爱,这已不只是一声"感谢"能表达心意的了。

愿今后有重写此传的机会,不过肯定不在三两年内所能为之,非得好好一番修炼后才能着手。我很乐意没有就此舍弃林传情结,它会继续给我以后的生活带来一点动力一点乐趣。

二〇〇八年二月于银花苑寓所

第二版后记

三年前出版此传记时交稿很是匆促，后记里曾期待："愿今后有重写此传的机会，不过肯定不在三两年内所能为之，非得好好一番修炼后才能着手。"不意未到三年要出修订版，若干内容需重写，我的修炼还远没有到家，时间则仍是匆促，甚至更甚。我不能倚马可待，再三要求宽缓，责任编辑设法变通，才争取到两个月来修修补补，当然谈不上重写。现在所做，首先是补充材料，新增内容倒也不算太少。再是润色字句。最想修补的是作些评点，但依旧力不从心，尽管有几处词意勉强达到了。林徽因对徐志摩热烈追求的有无回应，学界分歧颇大，定论有待新材料披露。此外，修订版配图绝大多数由林氏亲属提供，据照片原件洗印。特别感谢林洙先生、方晶先生、吴荔明先生和已故梁从诫先生的大力支持。

闻说出版社发行部正要第五次加印初版，得知修订版在做，即时中止，为的是让路修订版。初版告终，我赶紧托编辑代购几册以自存，闻出版社书库告罄，竟孩子似的几日不快。这点于初版的偏嗜似乎可笑，而生活总得容许某些可笑。

修订版加附了新发现的几篇（首）林徽因佚文、佚诗，系赵国忠先生提供。它们为各种林徽因作品集失收，所以附录，在于方便"林迷"及研究者检阅。特致谢赵先生。

二〇一一年七月于南京秦淮河畔"左岸名苑"寓所

第三版后记

此传记要出第三版,又得照例写几句"后记"了。然而看一下第二版后记,想说的意思那里几乎都说了,甚至引述初版里这句话:"愿今后有重写此传的机会,不过肯定不在三两年内所能为之,非得好好一番修炼后方能着手。"现在仍是很想说的一句。已经过去了两个三两年,可见我太不进步。

修订的空间并不小,然而掣肘于学力不逮、精力不济,这回又只是零敲碎打罢了。正文增添万余字,年表补正数十条,附录也加附两篇新发现的林徽因佚作。近年发现的林徽因佚文为数可观,而《住宅供应与近代住宅之条件》一篇特提请读者注目。钟爱、崇拜林徽因的读者,尤其是年轻读者,大多是文学青年,特倾倒于林徽因才貌。能否视线放宽一些,进一步了解建筑学者的林徽因呢。这篇文章谈的虽是建筑,却渗透了人文精神。若不知她建筑学家的作为,岂不是仅仅认识了半个林徽因。《清朝建筑略述》由武汉大学陈建军先生提供,谨致谢意。

丙申夏于金陵秦淮新河南岸

增订本重印附记

增订本《莲灯诗梦林徽因》重印，本想藉此梳理一下书稿，改正若干欠通欠准欠妥处（还有错字衍字），并融入一些近年对林徽因及其作品的一些思考，我只得想想而已了。在不变动原版的前提下，重印仍有些微增添、变动。

植入两首林徽因诗歌的英文译本，一首是著名翻译家许渊冲先生的译作，另一首出自诗人自己手笔。

增补改正"年表"五十余条。

原本附录两首佚诗，因已辑入梁从诫编《林徽因集》，便不再附后。另附四首，三首皆为新披露的佚诗，唯《诗——自然的赠与——》，虽《林徽因集》已收录，但迻录多有遗漏，漏字、漏句、漏节，实为残篇，故据原刊文本校核补全。

本著系南通大学中国现代文学出版研究院成果。

愿有再事修改增订本的日子，开印在即，匆匆。

著者　二〇二一年二月